农村金融创新团队系列丛书

中国农村金融前沿问题研究
（2015—2022 年）

罗剑朝　著

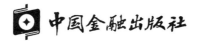

中国金融出版社

责任编辑：张怡姮
责任校对：孙　蕊
责任印制：王效端

图书在版编目（CIP）数据

中国农村金融前沿问题研究. 2015-2022 年／罗剑朝著 . -- 北京：中国金融出版社，
2024. 10. -- ISBN978 - 7 - 5220 - 2551 - 3

Ⅰ. F832. 35 - 53

中国国家版本馆 CIP 数据核字第 2024MW0047 号

中国农村金融前沿问题研究（2015—2022 年）

ZHONGGUO NONGCUN JINRONG QIANYAN WENTI YANJIU（2015—2022 NIAN）

出版
发行　　**中国金融出版社**

社址　　北京市丰台区益泽路 2 号
市场开发部　（010）66024766，63805472，63439533（传真）
网 上 书 店　www. cfph. cn
　　　　　　（010）66024766，63372837（传真）
读者服务部　（010）66070833，62568380
邮编　　100071
经销　　新华书店
印刷　　北京七彩京通数码快印有限公司
尺寸　　185 毫米×260 毫米
印张　　25
字数　　518 千
版次　　2024 年 10 月第 1 版
印次　　2024 年 10 月第 1 次印刷
定价　　108. 00 元
ISBN978 - 7 - 5220 - 2551 - 3
如出现印装错误本社负责调换　联系电话（010）63263947

农村金融创新团队系列丛书
编委会

序言一

农村金融是农村经济发展的"润滑剂",农村金融市场是农村市场体系的核心。党和国家历来重视农村金融发展,党的十八届三中全会明确提出了扩大金融业对内对外开放,在加强监管的前提下,允许具备条件的民间资本依法发起设立中小型银行等金融机构,进一步发展普惠金融,鼓励金融创新,丰富农村金融市场层次和产品,同时赋予农民对承包地占有、使用、收益、流转及承包经营权抵押、担保权能,为下一步农村金融改革指明了方向。2004—2014年连续11个中央"一号文件"从不同角度提出了加快农村金融改革、完善农村金融服务、推动农村金融制度创新,这些农村金融改革创新的政策、决定对建立现代农村金融市场体系、完善农村金融服务、提升农村金融市场效率起到了积极的推动作用。但是,当前农村金融发展现状距离发展现代农业、建设社会主义新农村和全面建成小康社会的目标要求仍有较大差距,突出表现在:农村金融有效供给不足且资金外流严重、农村金融需求抑制、市场竞争不充分、市场效率低下、担保抵押物缺乏等,农村金融无法有效满足当前农村发展、农业增产和农民增收的现实需要。进一步推动农村金融改革、缓解农村金融抑制、加快农村金融深化、鼓励农村金融创新以及提升农村金融服务效率,任重道远。

根据世界各国经济发展的经验,在城市化进程中,伴随着各类生产要素不断向城市和非农产业的流动,农村和农业必然会发生深刻的变化。改革开放以来,中国经济取得了举世瞩目的成就,农村经济体制改革极大地调动了亿万农民的积极性,经济活力显著增强。经济快速发展的同时,城乡发展不平衡、城乡收入差距扩大、农村经济落后等问题也日渐凸显,"三农"问题则是对这些突出矛盾的集中概括。"三农"问题事关国家的发展、安全、稳定和综合国力的提升,历来是党和政府工作的重中之重。金融是现代经济的核心,农村金融发展对农村经济发展至关重要,解决"三农"问题离不开农村金融支持。由于中国农村金融不合理的制度安排,农村金融抑制现象严重,农村金融与农村经济并未形成互动共生、协调发展的局面,农村金融资源配置功能并未真正得到发挥,滞后的农村金融在一定程度上抑制了农村经济的发展。

1978年改革开放至今,农村金融改革的步伐不断加快,经历了农村金融市场组织的多元化和竞争状态的初步形成、分工协作的农村金融体系框架构建、农村信用社主体地位的形成,以及探索试点开放农村金融市场的增量改革四个阶段。农村金融改革取得初步成效,多层次、多元化、广覆盖的农村金融体系基本形成,农村金融供求矛盾逐步缓解，农村金融服务水平显著提高，农村金融机构的经营效率明显提升，农村信用环境得到有效改善。然而，农村金融仍然是农村经济体系中最为薄弱的环节，资金约束仍然是制约现代农业发展和新农村建设的主要的"瓶颈"。在统筹城乡发展、加快建设社会主义新农村以及推进现代农业发展的大背景下，农村金融如何适应农村及农业环境的快速变化、如何形成"多层次、广覆盖、可持续"的农村金融体系、如何破解农村"抵押难、担保难、贷款难"的困境，推动农村金融更好地为农村经济发展服务，让改革的红利惠及6.5亿农民，依然是需要研究和解决的重大课题。

可喜的是，在西北农林科技大学，以罗剑朝教授为带头人的科研创新团队，2011年12月以"西部地区农村金融市场配置效率、供求均衡与产权抵押融资模式研究"为主攻方向，申报并获批教育部"长江学者和创新团队发展计划"创新团队项目（项目编号：IRT1176）。近3年来，该团队紧紧围绕农村金融这一主题，对农村金融领域的相关问题进行长期、深入调查和分析，先后奔赴陕西、宁夏等地开展实地调研10余次，实地调查农户5000余户、涉农企业500余家，走访各类农村金融机构50余家，获得了大量的实地调研数据和第一手材料。同时，还与中国人民银行陕西省分行、中国人民银行宁夏回族自治区分行、陕西农村信用社联合社、杨凌示范区金融工作办公室、杨凌示范区农村商业银行、高陵县农村产权交易中心等机构签订了合作协议，目前已拥有杨凌、高陵和宁夏同心、平罗4个农村金融研究固定观察点。针对调查数据和资料，该团队对西部地区农村金融问题展开了系统深入的研究，通过对西部地区农村金融市场开放度与配置效率评价、金融市场供求均衡、农村产权抵押融资试验模式等的研究，提出以农村产权抵押融资、产业链融资为突破口的农村金融工具与金融模式的创新方案，进而形成"可复制、易推广、广覆盖"的现代农村金融体系，能够为提高农村金融市场配置效率及农村金融改革政策的制定和实施提供依据。本项目调查研究取得了比较丰硕的科研成果，其中一部分纳入本套系列丛书以专著的形式出版。虽然其中的部分观点可能还有待探讨和商榷，但作者敏锐的观察视角、务实的研究作风、扎实的逻辑推导、可靠的数据基础，使得研究成果极具原创性和启发性，这些成果的出版，必然会对深刻认识农村金融现实、把握农村金融的运作规律提供有益的依据参考和借鉴。

实现全面建成小康社会的宏伟目标，最繁重、最艰巨的任务在农村。要解决农村发展问题，需要一大批学者投入农村问题的研究当中，以"忧劳兴国"的精神深入农村，深刻观察和认识农村，以创新的思维发现和分析农村经济发展中的问题，把握农村经济发展的规律，揭示农业、农村、农民问题的真谛，以扎实的研究结论为决策部门提供参考，积极推动农村经济又好又快发展，以不辱时代赋予的历史使命。

我相信，此套农村金融创新团队系列丛书的出版，对于完善西部地区农村金融体系、提高西部地区农村金融市场配置效率，推动西部地区农村经济社会发展具有重要意义。同时我也期待此套丛书的出版，能够引起相关政策的制定者、研究者和实践者对西部地区农村金融及农村金融改革问题的关注、积极参与和探索，共同推进西部地区农村金融改革的创新和金融市场配置效率的提高。

　　是为序。

国务院发展研究中心副主任、研究员　韩俊

二〇一四年八月三十日

序言二

　　金融是现代经济的核心，农村金融是现代金融体系的重要组成部分，是中国农业现代化的关键。当前，我国人均国民生产总值（GDP）已超过 4000 美元，总量超过日本，成为世界第二大经济体。如何在新的发展阶段特别是在工业化、信息化、城镇化深入发展中同步推进农业现代化，构建起由市场配置各种要素、公共资源均衡覆盖、经济社会协调发展的新型工农关系、城乡关系，破解推进农业现代化的金融难题和资金"瓶颈"，是实现"中国梦"绕不过去的难题。

　　改革开放以来，党中央、国务院先后制定并出台了一系列促进农业和农村发展的政策与文件，在农村金融领域进行了深入地探索，特别是党的十八大、十八届三中全会提出"完善金融市场体系""发展普惠金融""赋予农民对承包地占有、使用、收益、流转及承包经营权抵押、担保权能"，农村金融产品与服务方式创新变化，农户和农村中小企业金融满足度逐步提高，农村金融引领和推动农村经济社会发展的新格局正在形成。但是，客观地说，农村信贷约束，资金外流，农村金融供给与需求不相适应、不匹配等问题依然存在，高效率的农村资本形成机制还没有形成，农村金融与农村经济良性互动发展的新机制尚待建立，农村金融依然是我国经济社会发展的一块短板，主要表现在以下几个方面：

　　1. 金融需求不满足与资金外流并存。据调查，农户从正规金融机构获得的信贷服务占 30% 左右，农村中小企业贷款满足度不到 10%。同时，在中西部地区，县域金融机构存贷差较大，资金外流估计在 15%～20%。农村资金并未得到有效利用，农村金融促进储蓄有效转化为投资的内生机制并没有形成。

　　2. 农村金融需求具有层次性、差异性与动态性，不同类型农户和中小企业金融需求存不同，多层次的农村金融机构与农村金融需求主体供求对接的有效机制尚待形成。农户资金需求具有生产性、生活性并重且以生活性为主的特点，农村中小企业多属小规模民营企业，对小额信贷需求强烈，加之都没有符合金融机构要求的抵（质）押品，正规金融服务"断层"现象依然存在。

　　3. 农村金融市场供求结构性矛盾突出，市场垄断、过度竞争与供给不足同时并存。从供给角度看，农村金融的供给主体以农业银行、农村信用社、邮储银行等正规金融为主，其基本特征是资金的机会成本较高、管理规范，要求的担保条件比较严格；从需求的角度看，农村金融需求主体的收入、资产水平较低，借贷所能产生的利润水平不高，且其金融交易的信息不足。尽管存在着借款意愿和贷款供给，但供求双方的交易却很难达成，金融交易水平较低。因此，要消除这种结构性供求失衡，就要充分考虑不同供给与需求主体的特点及他们之间达成交易可能性，采取更加积极的宏观政策与规范，建立多层次、全方位、高效率、供求均衡的现代农村金融体系。

必须改变用城市金融推动农村金融的理念和做法，以及单方面强调金融机构的调整、重组和监管的政策，从全方位满足"三农"金融需求和充分发挥农村金融功能的视角，建立农村金融供求均衡的、竞争与合作有效耦合的现代农村金融体系。按照农村金融供求均衡理念，对农村金融机构服务"三农"和农村中小企业做适当市场细分，实现四个"有效对接"，推进农村金融均衡发展。

第一，实现正规金融供给与农业产业化龙头企业金融需求的有效对接。由于农村正规金融机构的商业信贷供给与农业产业化龙头企业的金融需求相适应，正规金融机构的商业信贷交易费用较高，交易规模较大，客户不能过于分散，担保条件要求严格，而龙头企业在很大程度上已参与到了城市经济的市场分工中，在利润水平及担保资格都能够符合正规金融机构要求的情况下，有些企业甚至能够得到政府的隐性担保，加之建立有相对完善的会计信息系统，能够提供其经营状况的财务信息，信贷信息不对称现象也能有所缓解，因此，二者具有相互对接的可行性。尽管农村正规金融发展存在诸多问题，但从其本身特点以及龙头企业发展角度看，实现正规金融供给与龙头企业金融需求对接具有必然性。所以，中国农业银行应定位为农村高端商业银行，在坚持商业化经营的前提下，加大对农业产业化龙头企业的支持力度，主要满足大规模的资金需求。通过政策引导，把农业银行在农村吸收的存款拿出一定比例用于农业信贷，把农业银行办成全面支持农业和农村经济发展的综合性银行。

第二，实现正规中小金融机构的信贷供给与市场型农户、乡镇企业、中小型民营企业金融需求的有效对接。正规中小型金融机构的小额信贷与市场型农户、乡镇企业、中小型民营企业的金融需求相相应，市场型农户、乡镇企业、中小型民营企业的金融需求主要用于扩大再生产，所需要的资金数额相对较大，借贷风险较大，不易从非正规金融机构获得贷款；由于其自身在资产水平存在的有限性，使得他们不能像龙头企业那样，从正规金融机构获得商业贷款。而正规中小型金融机构，尤其是农村商业银行、农村合作银行、村镇银行等，相对于大银行，在成本控制上存在较大优势，而且较易了解市场型农户、乡镇企业、中小型民营企业的生产经营状况，可根据其还款的信誉状况来控制贷款额度，降低金融风险；中小型金融机构倾向于通过市场交易过程，发放面向中小企业的贷款，按市场利率取得更高收益，市场型农户、乡镇企业、中小型民营企业是以市场为导向的，接受市场利率，也倾向于通过市场交易过程获得贷款，二者之间交易易于达成。另外，正规中小金融机构具有一定优势：其资金"取之当地、用之当地"；员工是融入到社区生活的成员，熟悉本地客户；组织架构灵活简单，能有效解决信息不对称问题；贷款方式以"零售"为主，成本低廉、创新速度快；决策灵活，能更好地提供金融服务，二者之间实现金融交易对接具有必然性。目前，农村正规中小型金融机构发展较为迅速，应继续鼓励和引导农村商业银行、农村合作银行、村镇银行发展，构建起民营的、独资的、合伙的、外资的正规中小型金融机构，大力开展涉农金融业务。

第三，实现正规金融、非正规金融机构的小额信贷供给与温饱型农户金融需求的有效对接。农村小额信贷，主要指农村信用合作社等正规金融机构、非正规金融机构提供的农户小额信贷，是以农户的信誉状况为根据，在核定的期限内向农户发放的无抵押或少抵押担保的贷款。正规金融机构、非正规金融机构的小额信贷供给与温饱型农户金融需求相应，他们之间的交易对接具有充分的可行性。目前，温饱型农户占整个农户的40%~50%，他们的借贷需求并不高，还贷能力较强，二者之间的信贷交易易于达成。农信社和其他非正规金融机构的比较优势决定其生存空间在农村，从国外银行业的发展情况看，即使服务于弱势群体，也有盈利和发展空间。农信社应牢固树立服务"三农"的宗旨，通过建立良好的公司治理机制、科学的内部激励机制，切实发挥农村金融主力军作用；适应农村温饱型农户金融需求的特点，建立和完善以信用为基础的信贷交易机制，提高农户贷款覆盖面；通过农户小额信贷、联户贷款等方式，不断增加对温饱型农户的信贷支持力度。当前，农户小额信贷存在的问题主要有：资金缺口大、贷款使用方向单一、贷款期限无法适应农业生产周期的需要、小额信贷额度低等。针对这些问题，应采取措施逐步扩大无抵押贷款和联保贷款业务；尝试打破农户小额信贷期限管理的限制，合理确定贷款期限；尝试分等级确定农户的授信额度，适当提高贷款额；拓展农信社小额信贷的领域，由单纯的农业生产扩大到农户的生产、生活、消费、养殖、加工、运输、助学等方面，扩大到农村工业、建筑业、餐饮业、娱乐业等领域。

第四，实现非正规金融机构的小额信贷与温饱型、贫困型农户金融需求的有效对接。民间自由借贷的机会成本相对较低，加上共有的社区信息、共同的价值观、生产交易等社会关系，且可接受的担保物品种类灵活，甚至担保品市场价值不高也能够较好地制约违约，与温饱型、贫困型农户信贷交易易于达成，实现二者之间的有效对接具有必然性。发达地区的非正规金融，其交易规模较大、参与者组织化程度较高，以专业放贷组织和广大民营企业为主，交易方式规范，具备良好的契约信用，对这类非正规金融可予以合法化，使其交易、信用关系及产权形式等非正式制度得到法律的认可和保护，并使其成为农村金融市场的重要参与者和竞争者；欠发达地区的非正规金融，其规模较小、参与者大多是分散的温饱型、贫困型农户，资金主要用于农户生产和生活需要，对此类非正规金融应给予鼓励和合理引导，防止其转化成"高利贷"。同时，积极发展小规模的资金互助组织，通过社员入股方式把资金集中起来实行互助，可以有效解决农民短期融资困难。应鼓励和允许条件成熟的地方通过吸引民间资本、社会资本、外资发展民间借贷，使其在法律框架内开展小额信贷金融服务。

总之，由于商业金融在很大程度上不能完全适应农村发展的实际需求，上述市场细分和四个"有效对接"在不同地区可实现不同形式组合，不同对接之间也可实现适当组合，哪种对接多一点、哪种对接少一点，可根据情况区别对待，其判断标准是以金融资本效率为先，有效率的"有效对接"就优先发展。

为了实现以上四个"有效对接"，还必须采取以下配套政策：一是建立新型农村贷款抵押担保机制，分担农业信贷风险。在全面总结农户联保、小组担保、担保公司代为担保等成功经验的基础上，积极探索农村土地使用权抵押担保、农业生物资产（包括农作物收获权、动物活体等）、农业知识产权和专利、大型农业设施、设备抵押担保等新型农村贷款抵押担保方式，降低农贷抵押担保限制性门槛，鼓励引导商业担保机构开展农村抵押担保业务。二是深化政策性金融改革，引导农业发展银行将更多资金投向农村基础设施领域。通过发行农业金融债券、建立农业发展基金、进行境外融资等途径，拓展农业发展银行资金来源，统一国家支农资金的管理，增加农业政策性贷款种类，把农业政策性金融机构办成真正的服务农村基础设施等公共物品、准公共物品投融资的银行。三是建立政府主导的政策性农业保险制度。运用政府和市场相结合的方式，制定统一的农业保险制度框架，允许各种符合资格的保险机构在总框架中经营农业保险和再保险业务，并给予适当财政补贴和税收优惠。四是加强农村金融立法，完善农村金融法律和监管制度。目前，农村金融发展法律体系滞后，亟须加以完善。建议在《中华人民共和国公司法》《中华人民共和国商业银行法》中增加农村金融准入条款，制定《民间借贷法》，将暗流涌动的农村民间金融纳入法制化轨道。适当修改《中华人民共和国银行业监督管理法》，鼓励农村金融机构充分竞争，防范农村金融风险；以法律形式明晰农业银行支农责任，督促其履行法定义务，确认其正当要求权；明确农业发展银行开展商业性金融业务范围，拓展农村基础设施业务，以法律形式分别规制其商业性、政策性业务，对政策性业务进行补贴；限制邮储银行高昂的利率浮动，加强对其利率执行情况的监督、检查力度。制定《金融机构破产法》，建立农村金融市场退出机制，形成公平、公正的农村金融市场竞争环境。制定《农村合作金融法》，规范农村合作金融机构性质、治理结构、监管办法，促进农村信用社等农村合作金融机构规范运行。

教育部2011年度"长江学者和创新团队发展计划"
创新团队（IRT 1176）带头人
西北农林科技大学经管学院教授、博士生导师
西北农林科技大学农村金融研究所所长

二〇一四年八月三十日

目　录

农业信用担保制度篇

农村信用社改革与发展篇

18 ◎农地抵押贷款借贷行为对农户收入的影响

——基于 PSM 模型的计量分析/231

农村普惠金融篇

农村金融市场篇

农户与家庭农场信贷行为篇

1　不同收入层次下的农户借贷需求意愿

1.1　引言

随着我国农业和农村经济的快速发展，农户在实现收入不断增长的同时，内部出现了明显分化，不同收入的农户因其行为偏好和需求偏好的不同，借贷需求意愿呈现差异化。因此，从农户收入差异角度来分析农户借贷需求意愿，细化借贷需求特征和影响因素，有利于为不同收入类型农户提供适用性强、匹配性高的金融服务，降低农户借贷成本，提高借贷可得性。

农户的收入状况是影响农户进行借贷的重要因素。以往关于农户借贷的文献中，国内学者多是将农户作为一个同质性的群体，用农户家庭年收入对农户借贷需求意愿和影响因素进行研究。王曙光分析了 460 户农户家庭的调查数据，用平均非农收入、非农收入占总收入的比例来表示农户收入情况，发现低收入农户有很强的贷款意愿，但获得贷款的可能性（信贷可及性）较低，高收入农户的贷款意愿反而较弱；刘辉煌和吴伟说明借贷需求在不同收入水平家庭中存在差异，收入水平高的农户借贷需求较高，但谭燕芝和罗午阳研究发现农户家庭总收入越高对正规借款需求和非正规借款需求也越低；从影响因素来看，由于借贷主体自身因素、家庭因素、政策因素等条件的限制，使农户对金融借贷形成了不同的需求偏好。曾学文、张帅指出农户所在地与金融机构的距离、借贷利率等是影响农户借贷意愿的显著因素；曹俊勇、张乐柱对创业农户的借贷意愿进行分析，得出创业农户家庭收入越高、家庭结余越多，其参与借贷的意愿越强。

农户嵌套于村庄，由于村庄在地理位置、经济发展等方面存在差异，必然会对农户的借贷意愿产生一定的影响。所以本章在考虑农户收入差异的条件下，选取村庄和农户家庭两层影响因素，采用分层模型来探索影响农户借贷需求意愿的因素，以丰富研究内容。

1.2　研究方法与理论模型

本章通过调查研究 14 个村庄和不同收入层次下的 250 户农户的数据来研究借贷需求意愿，具有典型的分层结构，常规的回归计量模型只能在单一层次上进行变量之间关系分析，没有考虑调查数据存在层次结构，由于回归系数混合了群体效果和个体效果，导致分析结果通常是有偏差的。而采用分层模型来分析具有多层结构特点的数据，在研究不同层次变量之间的相互关系时具有优势，该方法不受线性、正态、方差齐性和样本独立性等传统统计假设的严格限制。把实地调研数据分为两层：村庄层和农户层，因变量是农户是否有借贷意愿，是一个二分变量。因为离散型因变量与自变量之间通常不是简单的线性关系，所以采用广义分层线性模型。

1.2.1 层次差异对农户借贷需求的影响

就本章的研究对象而言，在农户水平和村庄水平上都不包含任何自变量，用来分析检验村庄层及农户层是否对造成农户借贷需求意愿有显著影响，表达式如下：

$$Prob(Willing_{ij} = 1) = \varphi_{ij}$$

层次 1：农户层 $Ln\left(\dfrac{\varphi_{ij}}{1-\varphi_{ij}}\right) = \eta_{ij}$

$$\eta_{ij} = \beta_{0j} + \varepsilon_{ij}$$

层次 2：村庄层 $\beta_{0j} = r_{00} + \mu_{0j}$

完整方程：$\eta_{ij} = r_{00} + \mu_{0j} + \varepsilon_{ij}$

其中，$Willing_{ij} = 1$ 代表在第 j 个农村的第 i 个农户对金融借贷需求意愿为"是"，i，j 取值均为 1，2，3…；φ_{ij} 代表需求意愿取值为 1 的概率，η_{ij} 代表借贷需求意愿发生比的对数，即 Logit 连接函数的值。β_{0j}、r_{00} 分别代表各层的截距项，ε_{ij}、μ_{0j} 分别代表各层的随机效应项。根据层次 1 的方差分量（$Var(\varepsilon_{ij}) = \sigma_1^2$）和层次 2 的方差分量（$Var(\mu_{0j}) = \sigma_2^2$）计算出村庄层级的方差在总方差中的比例，这个比值在分层线性模型中称之为组内相关系数 $\rho\left(\rho = \dfrac{\sigma_2^2}{(\sigma_1^2 + \sigma_2^2)}\right)$。$\sigma_2^2$ 的数值越大，组内相关系数值越大，反映出在借贷意愿影响因素的总方差中村庄层（层次 2）的方差所占比例大，说明村庄特征对因变量的解释效果显著，可以采用分层模型分析。如果在这种情况下仅对借贷意愿进行农户层次个体变量的常规回归，意味着分析结果将会产生较大偏差。

1.2.2 不同层次特征因素对农户借贷意愿的影响

在上述两层的分层模型中，加入农户和村庄特征的自变量，分别考察农庄层次和农户层次特征因素对借贷意愿的影响。具体的模型设定如下：

$$Prob(Willing_{ij} = 1) = \varphi_{ij}$$

层次 1：$Ln\left(\dfrac{\varphi_{ij}}{1-\gamma_{ij}}\right) = \eta_{ij}$

$$\eta_{ij} = \beta_{0j} + \beta_{1j}X_{1ij} + \beta_{2j}X_{2ij} + \cdots + \beta_{pj}X_{pij} + \varepsilon_{ij}$$

层次 2：$\beta_{0j} = \gamma_{00} + \gamma_{01}Z_{1j} + \gamma_{02}Z_{2j} + \cdots + \gamma_{0q}Z_{qj} + \mu_{0j}$

完整方程：$\eta_{ij} = \gamma_{00} + \sum_{q=1}^{q}\gamma_{0q}Z_{qj} + \sum_{p=1}^{p}\beta_{pj}X_{pij} + \varepsilon_{ij} + \mu_{0j}$

其中，X_{pij} 为层次 1 的自变量，Z_{qj} 为层次 2 的自变量，β_{pj} 为层次 1 中自变量对因变量的影响系数，γ_{0q} 为层次 2 中自变量对因变量的影响系数，p，q 取值均为 1，2，3…，其他符号含义同上。本章利用 HLM 软件，采用极大似然估计方法，对分层模型进行估计，考虑村庄层与农户层两个层次的影响因素，基于农户对金融借贷的需求意愿差异将这两个层次对因变量的影响加以剥离，同时对自变量的影响程度进行测算及检验。

1.3 实证分析

1.3.1 数据来源

本章数据主要来源于对内蒙古包头市东河区的农户实地调研。调研内容主从农村和农户两个方面展开，采用分层随机抽样的方法，共选取 14 个农村的 250 户农户，村庄层问卷调查对象为熟悉村庄情况的村干部，农户层问卷则用于入户访谈调查。

1.3.2 样本描述

1. 样本村庄情况

样本村庄位于内蒙古包头市东河区河东镇，所调查样本农户主要收入来源于农业经营收入，具有较大的资金需求，且农户收入与支出水平较为均衡，调研数据具有一定的普遍性和统计性，代表性较强。村庄层调查问卷不存在主观问题，调查内容为村庄基本情况，14 份村级问卷均为有效问卷。

2. 样本农户情况

共发放问卷 250 份，有效问卷为 225 份，问卷有效率为 90%，其中 181 份为对于借贷意愿具有决定权的户主，占总数的 80.4%，数据有较高的代表性和可信度。如表 1-1 所示，从户主年龄分布来看，60 岁以上的农户占 9.3%，30 岁及以下的农户占 13.8%，30 至 60 岁农户占比高达 76.9%，说明大多数农户正值壮年，农业劳作能力较强。从户主受教育程度看，小学及以下和初中学历的占 60.9%，说明农户整体受教育水平比较低，但是大专及以上学历的农户占 12.4%，反映目前农户教育水平已有很大提高，接受技术培训、新产品和新事物的能力较强，容易掌握先进的农业生产经营知识，具备从事现代农业基本技能的素质。

表 1-1 样本农户基本情况

统计指标		频数	比例	统计指标		频数	比例
户主	是	181	80.4%	性别	男性	163	72.4%
	否	44	19.6%		女性	62	27.6%
户主年龄	30 岁及以下	31	13.8%	家庭规模	3 人以下	16	7.1%
	31~45 岁	99	44.0%		3~5 人	120	53.3%
	46~60 岁	74	32.9%		6~8 人	76	33.8%
	60 岁以上	21	9.3%		8 人以上	13	5.8%
户主受教育程度	小学及以下	60	26.7%	年人均收入	5000 元及以下	27	12.0%
	初中	77	34.2%		5001~10000 元	59	26.2%
	高中或中专、高职	60	26.7%		10001~15000 元	80	35.6%
					15001~20000 元	35	15.6%
	大专及以上	28	12.4%		20000 元以上	24	10.7%

从农户家庭规模来看，以中等规模 3~5 人的家庭为主，占 53.3%，3 人以下和 8 人以上的家庭占比相对较少分别为 7.1%、5.8%。根据调查数据实际情况，将年人均收入划分为 5 个等级，即 5000 元及以下为低收入户，5001~10000 元为中低收入户，10001~15000 元为中等收入户，15001~20000 元为中高收入户，20000 元以上为高收入户。按照此标准，农户年人均收入大多处于 5000~20000 元这个区间，占总体的 77.4%。由此可看出农户年总收入总体处于中等水平。

3. 农户借贷需求意愿分析

本章以访谈和问卷调查形式收集农户的真实借贷意愿，分析其借贷偏好和需求，通过模型对农户的借贷意愿进行测度，研究不同收入层次下农户的借贷需求意愿及其影响因素。收入与资产一样，被视为还款能力的标志，从农户收入水平与借贷需求的关系看，农户既定的收入水平约束着其借贷需求的总体水平，农户借贷需求与其收入水平呈正相关关系。我国农户具有"内源融资"的偏好，当农户在生产生活中发生资金周转困难时，首先考虑的是通过自身积累解决资金短缺问题，以避免因借贷发生债务负担。因此，若农户收入可以满足基本生活和经营需要，则不需要外部资金。反之，如果农户收入无法满足其基本的需要，则会产生借贷需求意愿。

表 1-2 的结果表明，收入层次与农户借贷意愿之间有重要关系：有借贷需求意愿的农户按不同收入组依次为 33.3%、37.3%、60.1%、65.7% 和 66.7%，低收入组农户的借贷意愿要远低于高收入组农户，且随着收入增加，有借贷需求意愿的农户比例增加，无借贷需求意愿的农户比例减少。说明收入高农户对金融借贷的依赖程度高，对外融资需求意愿更强烈，反映出农户借贷需求意愿会随着收入提高有增加的趋势。18.7% 的农户对金融借贷有强烈的需求意愿；33.8% 的农户表示需要金融借贷，说明现有资金并不能完全满足农户借贷需求；18.2% 的农户认为"无所谓"，持中立态度；29.3% 的农户认为目前自己的资金可以满足需求，无须向农村金融机构进行借贷。由此可得，样本村庄中有超过一半的农户（占 52.5%）有借贷需求意愿。

表 1-2　不同收入层次农户借贷需求意愿　　　　　单位:%

需求意愿	很需要	需要	无所谓	不需要
整体农户	18.7	33.8	18.2	29.3
低收入组	14.8	18.5	18.5	48.1
中低收入组	13.6	23.7	18.6	44.1
中等收入组	18.8	41.3	17.5	22.5
中高收入组	20.0	45.7	22.9	11.4
高收入组	33.3	33.3	12.5	20.8

1.3.3　变量选择

分析农户借贷需求意愿既要注重农户自身层面因素，也要分析其所处村庄的影响。

村庄层面：不同村庄因信用等级不同，从而借贷利率存在差异，利率是农户借贷成本的首要因素。村庄地理位置和村庄附近金融机构的数量由于涉及农户借贷的便利性问题而成为影响农户借贷的重要因素。农户层面：其自身特征、家庭状况和金融意识，都会对农户借贷需求意愿产生影响。因此，分析农户借贷需求意愿应考虑村庄层面和农户家庭层面的双重影响。

村庄层选取 3 个自变量（村庄类型 X1、村庄所处地理位置 X2、村庄周围金融机构数量 X3），农户层选取 3 大类 6 个自变量，即农户特征（年龄 X4、受教育程度 X5）、家庭特征（主要收入来源 X6、收入的稳定性 X7）、金融意识（政府重视程度 X8、借贷优惠政策 X9）进行分析。因变量 Y 选取农户对金融借贷需求意愿的评价，相关变量定义和描述性统计见表 1-3。

表 1-3　相关变量定义和描述性统计

变量名称	代码	变量定义	均值	标准差
农户对借贷的需求意愿村庄层	Y	很需要=4，需要=3，无所谓=2，不需要=1	2.42	1.090
村庄类型	X1	1=低息村，2=免息村，3=正常利息村	1.75	0.957
地理位置	X2	1=接近城市，2=农区，3=郊区	2.00	0.816
周围金融机构数量家庭层	X3	1=2 个以下，2=2~3 个，3=3 个以上	1.75	0.957
农户特征				
户主年龄	X4	30 岁及以下=1，31~45 岁=2，46~60 岁=3，60 岁以上=4	2.38	0.837
户主受教育程度	X5	小学及以下=1，初中=2，高中、中专、高职=3，大专及以上=4	2.25	0.987
家庭特征				
主要收入来源	X6	农作物收入=1，外出务工=2，做生意=3，其他=4	1.60	0.840
收入稳定性	X7	稳定=1，不稳定=0	0.42	0.495
金融意识				
政府重视程度	X8	1=不重视，2=不知道，3=一般，4=很重视	2.46	0.963
借贷优惠政策	X9	借贷优惠政策是否会激励农户借贷意愿：1=会，0=不会	0.48	0.501

1.4　模型估计与分析

1.4.1　零模型估计结果

从表 1-4 零模型估计结果分析农户借贷需求意愿的差异，其中村庄间方差 t（组间差异）为 0.99，农户家庭层方差 σ^2（组内差异）为 0.51，组内相关系数 ρ 为 0.66，且十分显著，表明农户对农村金融借贷的需求意愿差异有 66% 是由村庄层的差异导致的，而另外 34% 的差异来自农户自身。

表1-4　零模型估计结果

参数	系数
村庄层次方差 t（组间差异）	0.99
家庭层次方差 σ^2（组内差异）	0.51
组内相关系数 ρ	0.66

1.4.2　随机截距模型估计结果

表1-5结果显示5个模型估计中，村庄层因素对农户借贷需求意愿有重要影响。在整体农业收入组中，村庄类型、所处地理位置、周边金融机构数量，户主年龄、受教育程度、收入稳定性，政府重视程度对农户借贷需求意愿均有显著影响；从分组结果看村庄类型和收入稳定性是影响所有农户借贷需求意愿的共同因素，而农户家庭主要收入来源和借贷优惠政策均对各收入层次农户无显著影响，其他因素对不同收入层次农户的影响存在差异。

表1-5　随机截距模型的估计结果

变量	整体收入组	低收入组	中低农收入组	中等收入组	中高收入组	高收入组
	系数	系数	系数	系数	系数	系数
截距	2.197 ***	2.302 *	2.635 ***	2.669 ***	0.312	−0.582
P 值 村庄特征	0.000	0.066	0.001	0.001	0.556	0.501
村庄类型	0.722 ***	0.727 **	0.632 ***	0.588 ***	0.479 **	0.379 *
P 值	0.000	0.045	0.005	0.008	0.006	0.057
地理位置	0.488 ***	0.712 **	0.245	0.371 **	0.465 ***	0.333
P 值	0.000	0.024	0.206	0.072	0.003	0.106
周边金融机构数量	−0.886 ***	−0.794 ***	−0.828 ***	−0.949 ***	−0.299	−0.045
P 值 农户特征	0.000	0.002	0.000	0.000	0.142	0.779
户主年龄	−0.259 ***	−0.589 ***	−0.244 **	−0.125	−0.054	0.049
P 值	0.000	0.000	0.021	0.231	0.507	0.640
受教育程度	−0.086 *	−0.255	0.173 *	−0.218 ***	0.307 ***	0.278 *
P 值 家庭特征	0.074	0.056	0.100	0.008	0.004	0.066
家庭主要收入来源	0.061	0.093	−0.101	−0.019	−0.024	−0.01
P 值	0.207	0.347	0.355	0.844	0.632	0.908
收入稳定性	−0.633 ***	−0.743 ***	−0.647 ***	−0.309 **	−0.526 **	−0.803 **

续表

变量	整体收入组	低收入组	中低农收入组	中等收入组	中高收入组	高收入组
	系数	系数	系数	系数	系数	系数
P 值 金融意识	0.000	0.006	0.001	0.049	0.015	0.029
政府重视程度	0.239***	0.316	0.085	0.391***	0.253**	0.535**
P 值	0.000	0.152	0.298	0.001	0.027	0.000
优惠政策激励	−0.069	−0.668	0.106	−0.262	0.032	−0.098
P 值	0.427	0.220	0.439	0.101	0.770	0.596

注: *、**、*** 分别表示 10%、5%、1% 的显著水平。

1. 村庄特征

（1）村庄类型对所有收入层次农户借贷需求意愿均有显著影响

村庄按照信用等级划分为免息借贷村庄，低息借贷村庄和正常利率借贷村庄，直接关系到整体村庄社区资金借贷利率水平。对于免息借贷村庄和低息借贷村庄的农户来说，由于村庄层面享受的免息或低息借贷政策，该村金融借贷利率水平普遍较低，农户借贷需求意愿自然就高于正常借贷利率水平的村庄。

（2）地理位置对中低收入与高收入组借贷需求意愿无显著影响

村庄"地理位置"是影响农户选择金融机构的关键性因素，如果村庄位于经济活跃地区，交通便利、信息畅通、接近金融网点，农户可以及时了解到优惠借贷政策信息从而增加借贷意愿。但在实际调研中，正规金融机构在农村地区网点覆盖率较低，农户需借助交通工具到达正规金融机构网点，接受金融服务需付出时间和交通成本，一些交通不便利地区甚至缺乏最基本的金融服务。

当农户收入处于较低水平时，自有资金积累不足导致投资能力相对较弱，因为缺乏合适的投资机会，信贷需求相对不足，其贷款需求多为满足日常基本开支的生活性借款，且正规金融机构的贷款利率和贷款条件相对较高，超出其承受范围，即使金融机构位置便利，也不会考虑去借款；高收入农户的生产经营较为丰富，投资机会较多，拥有较多的社会资源和便利的交通工具，贷款需求旺盛，高等收入农户的借贷需求意愿不受地理位置限制。而位于中等收入组和中高收入组农户的人数最多，有一定的经济实力和创收能力，是融资需求的主力军，便利的地理位置使其可以及时获得投资信息和金融知识，接受金融服务成本相对较低，借贷需求意愿自然增加。

（3）周边金融机构数量对中高与高收入组借贷需求意愿无显著影响

周边金融机构数量对高收入组农户影响不显著的原因，与其不受地理位置限制的原因一致。但金融机构数量对低收入组、中低收入组和中等收入组农户均产生负向显著影响，随着收入递增，影响系数分别是−0.794、−0.828、−0.949。由于低收入组、中低收入组和中等收入组农户多数居住在离乡镇较远、位置偏僻的村庄，交通闭塞且离最近金融机构网点的距离较远，现有的金融机构无法满足农户实际融资服务需求，且随着收入增加，农户受到的融资约束加大，必然影响农户的借贷需求意愿。

2. 农户特征

（1）低及中低收入组户主年龄与借贷需求意愿成负相关

样本统计显示不同收入层次农户有如下特点：农户收入程度越高，其平均年龄越低，其平均受教育年限越高。农户特征中户主年龄因素对低及中低收入家庭有显著影响，系数分别为-0.589、-0.244，反映户主年龄与借贷需求意愿呈负相关关系，即年龄越大的农户借贷需求意愿越低。低收入农户的户主年龄往往偏大，思想相对保守，在资金基本可以满足生活和经营需要的情况下不愿轻易尝试对外借贷。

（2）受教育程度对低收入组农户家庭无显著影响

户主受教育程度对低收入组农户家庭没有显著影响，但对其他收入组均影响显著，受教育程度与农户借贷需求意愿呈正向关系。收入高农户的受教育程度越高，越能了解并熟悉金融机构借贷流程且知晓国家惠农借贷政策，能够有效获得惠农资金以发展生产，所以借贷需求意愿也就越强。

3. 家庭特征

（1）家庭主要收入来源对所有农户借贷需求意愿均无明显影响

样本中除个别农户以外出务工或做生意等其他方式作为家庭主要收入，大多数农户以农业经营收入作为主要经济来源，所以家庭主要收入来源不是影响农户借贷需求意愿的重要因素。

（2）收入稳定性对所有农户的借贷需求意愿均有显著影响

收入稳定性对借贷需求意愿的影响恰恰相反，它对不同收入组农户的借贷需求意愿均有负向显著影响，即收入稳定的家庭往往借贷意愿较低，收入不稳定的家庭则有较强的借贷需求意愿。因为农户手中有稳定并足以维持生计的资金就会降低农户借贷意愿；相反，如果收入不稳定，农户为了维持生计或发展生产则必须通过借贷来解决自有资金不足的问题。并且按收入从低到高影响系数分别是-0.743、-0.647、-0.309、-0.526、-0.803，呈U形，反映出位于收入层次两端农户受到的影响最大，低收入组和高收入组农户处于收入分化状态，收入水平有向中间收入水平靠拢趋势，分别向高收入或低收入农户转换。

4. 金融意识

（1）政府重视程度对低收入和中低收入组农户无显著影响

从制度环境角度来看，政府对金融借贷的重视程度，除对低收入和中低收入组农户无显著影响外，对其他收入组农户均有显著影响，尤其是对于中高收入组农户来说，政府的重视程度是影响其借贷需求意愿的关键。根据以往的文献可以得出，农户收入水平越高，其扩大种植经营的意愿也就越强烈，种植规模的扩大使得农户所需经营成本随之增加，而通过金融借贷可以缓解中高收入农户的资金压力。同时，中高收入水平农户认为政府重视度决定政府对村庄金融借贷政策的投入力度，进而降低利率，这直接降低了农户扩大种植经营时所需要的资金成本，所以中高收入的农户对政府重视程度敏感性比较高，他们会密切关注政府对金融借贷政策的动向，并及时获得优惠的借贷资金。而收入水平较低的农户本来投资意愿就很低，不会关注有关借贷方面的政府政策。

（2）优惠政策激励对所有农户借贷意愿无显著影响

这与政府重视程度对农户借贷需求意愿的分析结论相矛盾，可能的原因是，样本农户认为现有贷款优惠政策不足以激励农户通过融资扩大现有经营规模，从而不会对农户的借贷需求意愿产生显著影响。

1.5 结论与建议

本章通过零模型分析得出影响农户借贷需求意愿的因素包括村庄和家庭两层因素，进而通过随机截距模型验证了两层具体因素对农户借贷需求意愿的影响程度和方向，得出以下几点结论：

第一，影响农户金融借贷需求意愿除了农户自身因素外，农户所在村庄类型、村庄所处地理位置以及周边金融机构的数量也是影响借贷需求意愿的主要原因。

第二，村庄类型、村庄所处地理位置、周边金融机构数量，户主年龄、受教育程度、家庭收入稳定性与政府重视程度对整体农户借贷需求意愿有显著影响；从收入分组结果看，村庄类型和收入稳定性是影响不同层次农户借贷需求意愿的共同因素，而农户家庭收入来源和优惠政策激励对不同层次农户借贷需求意愿都无显著影响，其他因素对不同层次收入的农户的影响存在差异。

第三，低收入与高收入农户借贷意愿受农户个体特征和金融环境的影响不大。村庄层3个自变量中，村庄地理位置对中低收入组与高收入组借贷需求意愿无显著影响、周边金融机构数量对中高收入组与高收入组借贷需求意愿无显著影响；在农户层6个自变量中，低收入组及中低收入组户主年龄与借贷需求意愿呈负相关、受教育程度对低收入组农户家庭无显著影响、政府重视程度对低收入组和中低收入组农户无显著影响。分析结果表明，处于收入层次两端农户的借贷意愿与农户个体特征和金融环境的关系不大，尤其是低收入农户存在一定的金融排斥，既包括对金融机构排斥，也包括农户自我排斥。高收入农户因为自身资本积累的优势和较高的信息获取能力，正在转变为具有一定生产规模的新型农业经营主体，而收入较低的农民因为自身资本积累不足和外源资本获取能力较差，使其所受到的金融排斥程度较大。因此，要多渠道提高低收入农户的收入，缓解农户的金融排斥程度。

依据实证分析结果，建议国家、政府、村庄和农户四者共同努力和配合，一方面，积极创造良好的交通通信等基础"硬"环境，另一方面，营造良好的金融服务"软"环境，提高农户金融知识水平。

第一，国家从政策层面加大对农村金融扶持力度，对于不同经济区域村庄，制定差别惠农借贷政策；增加对农村地区基础设施建设的资金投入，降低农村金融机构准入门槛，完善农村地区金融体系建设，减少金融服务真空地带。

第二，当地政府重点把握所管辖地区农村金融借贷的实际情况，扶持高收入农户向新型经营主体，种植大户和家庭农场转型，积极关注低收入农户的增收问题，加快其转变为中高收入农户群体；加强金融知识入村入社区宣传活动，使农户了解金融机构业务和操作流程，减少资金供需双方的信息不对称，降低农户借贷"自我排斥"程度；在县域农村金融中加强守信农户、信用村、信用镇的建设，促进整体金融生态环境的提升。

第三，村干部应及时将国家和当地政府的惠农政策信息传达给农户，普及更新产业政策和金融知识，提高村庄信用等级；大力发展"一村一品"优势产业发展，促进村民增收。

第四，农户一方面应当时刻关注国家惠农政策的出台以便及时知晓惠农信息，另一方面还需不断加强自身学习，提高文化程度，正确认识和了解借贷政策和掌握借贷办理流程，提高自身借贷积极性和成功率。

2 社会资本与农户融资约束

——基于农户分化和农地金融创新的异质性检验

2.1 引言

农村经济的发展离不开金融的支持。当前，在国家大力推进乡村振兴和共同富裕的背景下，农业生产经营规模不断扩大，农户借贷需求不断增多，与非正规信贷相比，正规信贷以其低利率优势能更好地满足农户的信贷需求。长期来看，正规金融在中国农村金融市场中的主导作用进一步凸显。然而，正规信贷的约束在中国农村地区普遍存在，突出表现为农户"融资难、融资贵、融资久"以及"抵押难、担保难"。数据显示，有借贷需求的农户中，其正规信贷可得性仅为 27.6%，可见农户面临着严重的正规信贷约束。农户信贷约束的原因可以从两方面分析：一方面，从农户自身的角度看，由于其认知偏差、规避风险成本和交易成本等而压抑自身的金融需求，主动放弃借款，进而形成需求型融资约束；另一方面，从金融机构的角度看，出于风险控制的需要，正规金融机构要求贷款申请者提供有效抵押物，而农户普遍缺乏有效抵押物，同时银行对农户的信息搜寻成本和监督成本较高，在此情形下银行对农户实行信贷配给，仅向优质客户发放贷款，从而形成供给型融资约束。

综上所述，农户融资约束是供给端金融机构和需求端农户自身因素共同作用的结果。不同类型融资约束的影响因素存在较大差异，而现有研究往往将信贷约束笼统地作为一个整体，而不是将其区分成供给型和需求型分别进行研究。此外，长期以来，农村金融改革的重点在供给侧，出台的相关政策更多地偏向供给型融资约束，对融资约束的需求侧重视不够。因此，为了更有针对性地解决农村居民融资难的问题，根据成因区分农户融资约束类型，识别影响不同类型融资约束的关键因素，并在此基础上提出针对性建议措施是十分必要的。

中国农村是传统的"熟人"社会，基于地缘、血缘和业缘关系而建立起的社会资本在农户融资过程中发挥着重要作用。研究表明，社会资本具有替代抵押品的功能，对提升农户的融资能力、提高借贷可获性以及缓解融资约束均具有重要影响。已有研究虽然探讨了社会资本对农户融资约束的影响，但是没有将融资约束的类型进行细分，而社会资本对不同类型融资约束的影响存在差异。此外，当前中国农村经济处于转型时期，农户分化严重，农户经营类型多样化，收入差距拉大，农户分化使得农户对资金的需求存在差异性，同时农村金融创新（例如农地金融的发展）也会影响农户融资可获性。在此背景下，社会资本对农户融资约束的影响是否存在异质性，还需要进一步检验。因此，本章基于 2017 年陕西、宁夏和河南三省区农户调研数据，对上述问题进行回答。本章的特点在于，将农户融资约束细分为需求型和供给型，首先分析社会资本对不同类型融资约束的具体影响，进一步检验基于农户分化和农地金融创新视角下社会资本影响的异质性效应，最后采用倾向得分匹配法对实证结果进行了稳健性检验。

2.2 理论回顾与研究假设

2.2.1 社会资本对农户融资约束的理论分析

Helliwell 等将社会资本界定为一种横向关系网络，通过相互协调产生信任和规范，有利于提高社会运行效率。也有学者认为社会资本是一种资源，这种资源是由情感关系、工具关系以及混合关系构建而成，也可以将其展开为网络、组织、信任、团结和集体行动五个维度。进一步地，李庆海等将社会资本细分为正式社会资本和非正式社会资本，他认为不同类型的社会资本在缓解融资约束中的作用存在差异。随着中国农村市场化程度的提高以及农户经营规模的扩大，在此过程中农户为了满足资金需求所构建的社会网络更加复杂，其功能也存在差异，因此对社会资本影响的研究应更细化。

学术界在社会资本对家庭信贷约束的影响方面已经开展了一些探索。基于意大利的样本发现，社会资本水平较高的家庭其正规信贷可得性更高，也有学者发现，借款人的社会关系对于获得非正规贷款的作用更显著。申云进一步发现，社会资本对农户的银行信贷和民间融资可获性均有显著促进作用。也有学者将社会资本进一步细分，考察不同维度的社会资本对农户信贷约束的影响。研究发现，加入合作组织的农户更容易获得正规融资，而非正式社会网络则有助于农户获得非正规融资。李庆海等也得出了类似的结论，即非正式社会资本对农户非正规信贷约束的缓解作用更大。通过文献梳理发现，既有研究得出了社会资本对家庭融资约束具有缓解作用，而没有研究进一步考察社会资本对不同类型融资约束的影响，并比较对需求型和供给型融资约束影响的差异。

需求型融资约束是指农户有信贷需求但主动放弃申请贷款，具体包括以下几种类型：由于自身认知偏差而主动放弃提出贷款申请、担心信贷风险过高而失去抵押品以及需要付出的借款交易成本过高而放弃申请。理论上，基于社会网络产生的信任可以促进合作，从而降低农户所感知到的借款交易成本。此外，农户通过社会网络可以进行信息共享而降低风险，从而增加农户申请贷款的概率。学者们基于不同地区数据也进行了实证研究，李庆海等基于江苏和山东两省的数据发现，社会资本有助于农户跨越主观门槛，即缓解农户的需求型融资约束。魏昊等发现社会关系、亲戚政治关系和组织关系有助于降低农户正规信贷需求抑制。因此，本章提出假说 H1。

H1：社会资本对农户需求型融资约束具有缓解作用。

供给性融资约束是指农户向金融机构提出了申请但没有获得贷款或没有获得足额贷款。一方面，从金融机构的角度来看，社会资本具有替代抵押品的功能，可以传递给农户还款能力信号，从而降低金融机构和借款申请者之间的信息不对称。另一方面，社会资本水平较高的农户面对的外部监督和舆论压力往往更大，农户为了维护信誉和名声也会按时还款，从而降低了农户贷款违约率。综上所述，社会资本对提高农户贷款可得性具有积极作用。张建杰统计研究表明，社会资本水平较高的农户正规信贷的实际发生率较高，且信贷规模较大。王性玉等将社会资本和信贷配给进行细分，实证发现社会资本在缓解农户信贷配给方面整体显著。类似地，张珩等研究证实，社会资本对农户正规贷款响应比民间借贷更为强烈，且在社会资本子变量中拥有良好银行关系的农户对正规贷款响应更为积极。因此，基于上述分析，本章提出假说 H2。

H2：社会资本对农户供给型融资约束具有缓解作用。

2.2.2 农户分化视角下社会资本影响农户融资约束的异质性理论分析

目前，中国农村经济结构正在经历深刻转型，农民群体由原来的同质化开始出现分化，具体体现在以职业分化为特征的水平分化和以收入差距为主的垂直分化。因此，本章在分析社会资本对农户融资约束的影响时，引入了农户分化因素，同时包括职业分化和收入分化。理论上讲，农户的职业特征不同，其生产活动周期不同，农户的贷款需求不同，社会资本对农户融资约束的影响程度存在差异。与纯农业型农户相比，兼业和非农业类型农户其生产活动对贷款需求往往更大，社会资本在其中发挥的作用可能会更大。此外，农户职业分化随之带来的农户收入存在较大差距，相较于收入较低的农户，收入较高的农户对社会资本的依赖程度会有所降低，社会资本对高收入农户融资约束的影响可能会减弱。因此，本章提出假说 H3。

H3：农户分化视角下，社会资本对农户融资约束的影响具有异质性。

H3a：职业分化视角下，社会资本对农户融资约束的影响具有异质性。

H3b：收入分化视角下，社会资本对农户融资约束的影响具有异质性。

2.2.3 农地金融创新视角下社会资本影响农户融资约束的异质性理论分析

近年来，中央一号文件多次提出加快农村金融创新，其中推动农地金融发展的理论和试点经验受到学界的广泛关注。随着《农村承包土地的经营权抵押贷款试点暂行办法》的制定和发布，农地承包经营权抵押贷款在全国试点地区展开。理论上，土地经营权抵押贷款对农户融资约束具有缓解作用，那么在农地金融发展的背景下，农户对社会资本的依赖程度是否会降低，即社会资本对试点地区和非试点地区农户融资约束的影响可能有所不同。因此，本章提出假说 H4。

H4：农地金融创新情形下，社会资本对农户融资约束的影响具有异质性。

2.3 数据来源与研究方法

2.3.1 数据来源

本章的数据来源于 2017 年课题组开展的农村金融调查，选择陕西、河南和宁夏三省份作为样本省份。调查采取抽样调查的方法，陕西省选取户县和宜君县，河南省选取固始县，宁夏选取平罗县作为样本县。在每个县，视乡镇的数量，随机抽取部分乡镇，在每个乡镇随机抽取 1~2 个村进行农户随机调查。调查的方式为问卷调查，收集了 3530 份问卷，其中宜君县 390 份，户县 2500 份，固始县 251 份，平罗县 389 份，在剔除关键信息缺失及异常值等无效问卷后，得到有效样本 2993 份。问卷内容包括农户的个体特征、家庭特征、收入支出、借贷情况等方面。

2.3.2　变量

1. 核心解释变量。参考杨汝岱、李庆海等研究者的做法，将社会资本细分为两个方面，即正式社会资本和非正式社会资本。其中正式社会资本用家庭成员或亲戚朋友是否在政府部门任职来度量，非正式社会资本用家庭礼金支出来衡量。

2. 被解释变量。本章的被解释变量是融资约束，参考程郁等和李成友等的研究，将融资约束分为需求型融资约束和供给型融资约束两种类型，概念界定如图 2-1 所示。农户有正规信贷需求，但未提出贷款申请的为需求型融资约束，若提出贷款申请但未申请到贷款或未申请到足额贷款的界定为供给型融资约束。

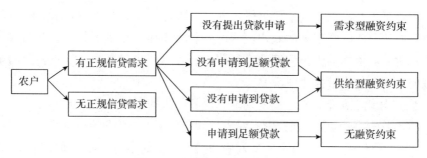

图 2-1　农户融资约束概念框架

3. 控制变量。除了重点考察的社会资本变量外，本章参考已有研究，从农户的个人特征选取性别、年龄、教育变量。从家庭特征中选取家庭人口规模、家庭劳动力人数、土地面积、上年总收入、上年人均支出、上年家庭生产性固定资产、银行存款、医疗支出和上年非农支出，综合反映农户特征，变量的描述性统计结果如表 2-1 所示。

表 2-1　描述性统计

变量	含义	样本数	均值	标准差	最小值	最大值
creditc-d	需求型融资约束，是=1，否=0	2993	0.325	0.469	0.00	1.00
creditc-s	供给型融资约束，是=1，否=0	2993	0.169	0.374	0.00	1.00
ifsc	非正式社会资本，家庭礼金支出（万元）	2993	0.291	0.358	0.00	5.00
fsc	正式社会资本，家庭成员或亲戚朋友在政府部门任职（过），是=1，否=0	2993	0.068	0.251	0.00	1.00
gender	性别，男=1，女=0	2993	0.621	0.485	0.00	1.00
age	年龄	2993	48.742	12.325	18.00	80.00

变量	含义	样本数	均值	标准差	最小值	最大值
edu	教育，文盲＝1，小学＝2，初中＝3，中专及高中＝4，大专及以上＝5	2993	2.905	1.013	1.00	5.00
population	人口规模（人）	2993	4.708	1.508	1.00	12.00
labor	劳动力人数（人）	2993	2.928	1.157	0.00	6.00
land	土地面积（亩）	2993	6.781	15.231	0.00	255.00
income	家庭总收入（万元）	2993	6.443	7.628	0.10	171.20
consume	人均支出（万元）	2993	0.986	1.208	0.04	16.50
fix	生产性固定资产（万元）	2993	51.709	60.152	3.00	237.00
savings	银行存款，无＝1，1万元以下＝2，1万~2万元＝3，2万~5万元＝4，5万元以上＝5	2993	1.035	0.341	1.00	5.00
health	医疗支出，最近三年患病花费（万元）	2993	0.443	1.446	0.00	35.00
nagr	年非农业收入/家庭总收入	2993	0.754	0.303	0.00	1.00

2.3.3 研究方法

本章使用 Probit 模型来考察社会资本对农户融资约束的影响，设定计量模型如式（2-1）所示：

$$Probit(Y) = \alpha sc + \beta X + \varepsilon \tag{2-1}$$

其中，Y 表示农户融资约束，包括需求型融资约束和供给型融资约束两种类型，sc 表示社会资本，包括正式社会资本（fsc）和非正式社会资本（ifsc），X 是影响农户融资约束的控制变量，控制变量的具体名称和符号如表2-1所示。ε 是服从均值为0，方差为 σ^2 正态分布的随机误差项。

2.4 社会资本对农户融资约束的影响：实证分析

2.4.1 相关性分析

本章首先分析了社会资本与农户融资约束的相关关系（见图2-2），其中，横轴表示社会资本，纵轴表示农户遭受融资约束比例，柱形图表示需求型融资约束比例，折线图反映的是供给型融资约束比例。

首先，从正式社会资本与融资约束的相关性看，一方面，正式社会资本与需求型融资约束的统计结果显示，正式社会资本高的农户受到需求型融资约束的比例为20.40%，而正式社会资本低的农户遭受需求型融资约束的比例为30.34%，可见，正式社会资本越高，农户出现需求型融资约束的比例越低，两者呈现负相关关系。另一方面，在正式社会资本与供给型融资约束方面，正式社会资本高的农户出现融资约束比例为11.20%，而正式社会资本低的农户受到供给型融资约束比例为15.06%，显然，正式社会资本高的农户出现供给型融资约束比例更低。因此，无论是需求型融资约束抑或供给型融资约束，正式社会资本均与融资约束负相关。

其次，从非正式社会资本与农户融资约束的统计结果看，在需求型融资约束方面，随着非正式社会资本水平的提高，需求型融资约束的比例从34.93%（ifsc=1）下降到17.95%（ifsc=6），非正式社会资本与农户需求型融资约束存在负相关关系。在非正式社会资本与供给型融资约束的相关性方面，从图2-2中可以直观地看出，随着非正式社会资本的提高，样本农户受到供给型融资约束的比例逐步降低，二者负相关。因此，可以得出非正式社会资本与农户融资约束存在负相关关系。

综上所述，正式社会资本和非正式社会资本与融资约束均存在负相关关系，且在不同类型的融资约束中均成立，即社会资本与融资约束之间存在负相关关系。

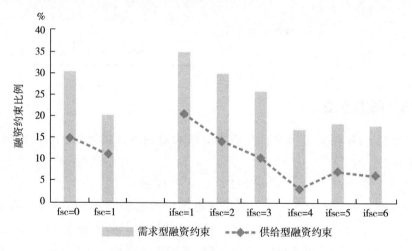

图2-2 社会资本与融资约束：相关性分析

注：为便于统计并进行相关性分析，本章将非正式社会资本变量（ifsc）进行分段处理，[0，0.2）赋值为1、[0.2，0.4）赋值为2、[0.4，0.6）赋值为3、[0.6，0.8）赋值为4、[0.8，1）赋值为5、大于等于1赋值为6。

2.4.2 回归分析——全样本

上文仅分析了社会资本与农户融资约束之间的相关性，接下来进一步采用Probit模型分析社会资本对农户融资约束的具体影响。表2-2报告了社会资本对农户融资约束影响的回归结果。其中，第1列和第2列考察社会资本对需求型融资约束的影响，第3列和第4列是对供给型融资约束的影响，在第2列和第4列中控制了区域的影响。整体上，社会资本对农户融资约束具有显著负向影响。具体来看，第1列在未控制区域这一变量时，非正式社会资本和正式社会资本对需求型融资约束的缓解作用均在5%的水平上显著，而第2列在控制区域变量后，非正式社会资本负向影响的显著性由5%变为10%。此外，第1列和第2列结果表明，与非正式社会资本相比，正式社会资本对农户需求型融资约束的影响更大。类似地，第3列在未控制区域变量时，结果显示非正式社会资本对供给型融资约束的缓解作用在1%的水平上显著，正式社会资本虽然影响为负，但不显著，这可能是因为随着农村正规金融的发展，银行渠道的贷款供给增加以及贷款程序的规范化，家庭成员的政府干部身份对申请到贷款的作用有所减弱，所以正式社会资本对供给型融资约束的影响不显著。而非正式社会资本礼金支出在1%的水平上显著降低了农户的供给型融资约束，农户礼金支出的对象除了具有血缘关系的亲戚外，还包括为了利益而有意识建立起的社会关系，这部分社会资本在农户申请贷款时具有类似抵押品的功能，很大程度地提高了农户信贷可得性，因此非正式社会资本对供给型融资约束的缓解作用显著。第4列在控制区域变量后，非正式社会资本和正式社会资本的影响仍然为负，但均不再显著。

表2-2　社会资本与融资约束

变量	需求型融资约束	需求型融资约束	供给型融资约束	供给型融资约束
ifsc	-0.054^{**} (0.027)	-0.048^{*} (0.028)	-0.056^{***} (0.021)	-0.021 (0.021)
fsc	-0.069^{**} (0.033)	-0.070^{**} (0.033)	-0.001 (0.022)	-0.005 (0.023)
income	-0.006^{***} (0.002)	-0.006^{***} (0.002)	-0.002^{*} (0.001)	-0.002^{**} (0.001)
gender	-0.012 (0.018)	-0.012 (0.018)	0.003 (0.011)	0.003 (0.011)
age	0.038 (0.036)	0.038 (0.036)	0.012 (0.022)	0.011 (0.023)
age2	-0.006 (0.005)	-0.007 (0.005)	-0.002 (0.003)	-0.002 (0.003)
edu	-0.015 (0.010)	-0.015 (0.010)	-0.025^{***} (0.006)	-0.029^{***} (0.006)
population	0.016^{**} (0.006)	0.015^{**} (0.006)	0.009^{**} (0.004)	0.006 (0.004)
labor	0.004 (0.009)	0.004 (0.009)	0.010^{*} (0.005)	0.008 (0.005)
land	-0.001 (0.001)	-0.001 (0.001)	-0.016^{***} (0.001)	-0.011^{***} (0.002)
consume	0.004 (0.006)	0.004 (0.006)	0.003 (0.004)	0.005 (0.004)
fix	-0.000 (0.000)	-0.000 (0.000)	0.000^{*} (0.000)	0.000 (0.000)

续表

变量	需求型融资约束	需求型融资约束	供给型融资约束	供给型融资约束
savings	-0.039 (0.032)	-0.039 (0.032)	-0.062 (0.072)	-0.049 (0.069)
health	0.027*** (0.006)	0.027*** (0.006)	0.006* (0.003)	0.007** (0.003)
nagr	-0.008 (0.031)	-0.015 (0.032)	-0.048** (0.020)	-0.055*** (0.021)
区域	未控制	控制	未控制	控制
observations	2993	2993	2962	2962

注：*、**、*** 分别表示系数在 10%、5% 以及 1% 的水平下显著，括号中的值为标准误差，下同。

从控制变量的角度来看，家庭总收入对农户两种类型融资约束的影响均显著为负，农户家庭收入越高，可以提供的抵押品和担保物也越多，抗风险能力也越强，其受到的融资约束就越低。受教育程度有利于降低农户供给型融资约束，且该影响在 1% 的水平上显著，而家庭人口规模在 5% 的水平上提高了农户融资约束程度。家庭土地面积对农户供给型融资约束具有显著的缓解作用，这是因为样本地区中平罗县和固始县为国家农地抵押贷款试点地区，拥有土地面积较多的农户通过土地抵押申请到贷款的可能性越大，因此土地面积的增加有利于降低农户的供给型融资约束。医疗支出显著提高了农户需求型融资约束和供给型融资约束程度，因为农户整体收入水平不高，当医疗支出较多时，不仅降低了农户的相对收入水平，同时也意味着农户抵御风险的能力降低，一方面，农户自身担心能力有限难以还清贷款而放弃申请贷款，即农户遭受的需求型融资约束程度提高；另一方面，即使农户申请了贷款，金融机构在进行客户信用评估时，可能会由于授信风险过高而不予批准，即提高了农户供给型融资约束水平。此外，非农收入比重对农户供给型融资约束具有显著的降低作用。

2.4.3 农户分化视角下社会资本影响农户融资约束的异质性检验

1. 农户职业分化。本章将农户分为纯农业、农业为主、非农为主和非农业四种类型，估计结果如表 2-3 所示。可以发现，社会资本对以农业经营为主的农户融资约束具有显著的缓解作用，对其他经营类型的农户影响虽然为负，但并不显著。原因是，对经营类型为纯农业的农户而言，农业生产以小规模种植和养殖为主，正常情况下不需要借款，即使需要借款，由于资金需求量小他们会更多地选择向亲戚朋友借款而不是向正规金融机构申请贷款，因此社会资本在缓解融资约束中发挥的作用不明显。对经营类型为非农业为主及完全非农业的农户而言，主要从事工商业经营，相当比例的收入来自务工渠道，一方面这类农户的认知水平往往更高，形成自我配给的概率大大降低，即不容易产生需求型融资约束；另一方面由于所从事的生产活动以非农业为主，当生产活动需要资金周转而向正规金融机构申请贷款时，与农业生产相比往往具备更有效的抵押物，社会资本充当替代抵押物缓解供给型融资约束的功能将会减弱。从上述两个方面来看，社会资本对非农经营类型农户融资约束的影响不显著。综上所述，本章的假说 H3a 得到验证。

表 2-3　社会资本与融资约束：职业分化

职业	变量	纯农业	农业为主	非农为主	非农业
需求型融资约束	ifsc	-0.031 (0.058)	-0.149** (0.070)	-0.047 (0.043)	-0.000 (0.038)
	fsc	-0.010 (0.096)	-0.219*** (0.062)	-0.067 (0.045)	0.074 (0.088)
供给型融资约束	ifsc	-0.000 (0.001)	-0.113** (0.051)	-0.087** (0.041)	0.009 (0.031)
	fsc	0.000 (0.001)	-0.030 (0.030)	0.035 (0.040)	-0.085 (0.058)
观测值	observations	344	623	1590	433

2. 农户收入分化。上文的实证结果表明，农户收入对融资约束具有显著的负向影响，即社会资本和收入对农户融资约束具有缓解作用，与已有的研究具有一致性。一方面，有学者认为社会资本的作用会随着收入的提高而减弱；另一方面，收入较高的农户有能力进行"人际关系"投资来维系和巩固社会网络，随着农户收入水平的提高，其社会资本得以巩固和拓展，使得社会资本发挥的作用更显著。因此，社会资本对不同收入水平农户融资约束的影响异质性还需要进一步检验。在收入的分组上，本章参考《中国住户调查年鉴（2018）》的做法，将样本家庭收入水平分成五个组别，即低收入组、中等偏下收入组、中等收入组、中等偏上收入组和高收入组，每个组别的比例均为 20%，实证结果如表 2-4 所示。

表 2-4　社会资本与融资约束：收入分化

收入	变量	低收入	中低收入	中等收入	中高收入	高收入
需求型融资约束	ifsc	0.059 (0.093)	-0.016 (0.082)	-0.189** (0.074)	-0.022 (0.062)	-0.019 (0.031)
	fsc	-0.013 (0.124)	-0.155** (0.064)	-0.036 (0.082)	-0.049 (0.063)	-0.042 (0.052)
供给型融资约束	ifsc	-0.091 (0.105)	-0.065 (0.055)	-0.139** (0.054)	-0.041 (0.049)	-0.001 (0.004)
	fsc	0.140 (0.122)	-0.045 (0.029)	0.033 (0.064)	0.027 (0.049)	-0.011 (0.011)
观测值	observations	647	642	631	442	592

可以发现，整体上社会资本仅对收入处于中低水平和中等水平农户融资约束有缓解作用，而对收入水平处于两端的低收入和高收入群体影响不显著。有学者研究表明，与低收入农户相比，高收入水平组的农户收入来源稳定，其信贷配给程度往往较低（何广文等，2018），因此，社会资本对高收入农户融资约束的影响可能会减弱。也有学者研究发现，随着农户收入水平的提高，社会资本对农户的贷款响应降低（张珩等，2018）。就中等收入群体而言，仅非正式社会资本对中等收入农户的需求型和供给型融资约束具有显著的负向影响，而正式社会资本的影响不显著。综上所述，本章的假说 H3b 得到验证。

2.4.4　农地金融创新视角下社会资本影响农户融资约束的异质性检验

本章以土地承包经营权抵押贷款为例，检验农地金融创新视角下社会资本对农户融资约束影响的异质性。本章使用的调查数据包括陕西省宜君县和户县，宁夏平罗县和河南省固始县，其中平罗县和固始县均为土地承包经营权抵押贷款试点地区，而宜君县和户县为非试点地区。从表 2-5 的检验结果可以发现，社会资本仅对陕西省样本农户需求型融资约束和供给型融资约束具有显著负向影响，对平罗县和固始县农户的融资约束缓解作用并不显著。原因在于，宁夏平罗县和河南固始县均为全国土地抵押贷款试点县，农户以土地经营权作抵押获得贷款，土地承包经营权是影响贷款可得性的重要因素。范香梅等发现，社会资本对农地抵押贷款可得性没有显著的直接影响。与土地承包经营权相比，社会资本是一种相对更"软"的软信息，两者相比，金融机构更愿意接受土地承包经营权作为抵押物。开展土地抵押贷款为农户提供了新的贷款渠道，农户通过土地抵押更容易获得贷款，这大大降低了农户对社会资本促进贷款可获性这一作用的依赖。因此，在开展土地抵押贷款的试点地区，社会资本对农户融资约束的缓解作用变得不再显著。综上，本章的假说 H4 得到验证。

表 2-5　社会资本与农户融资约束：农地金融创新

区域	变量	宜君县+户县 非试点地区	平罗县 试点地区	固始县 试点地区
需求型融资约束	ifsc	-0.044 (0.035)	-0.000 (0.002)	0.060 (0.103)
	fsc	-0.074** (0.035)	0.003 (0.009)	-0.094 (0.198)
供给型融资约束	ifsc	-0.092** (0.036)	0.000 (0.000)	-0.034 (0.032)
	fsc	-0.011 (0.028)	0.000 (0.000)	-0.004 (0.057)
观测值	observations	2707	148	121

2.4.5 稳健性检验

考虑到农户社会资本可能会受到某些不可观测因素的影响，而这些因素或许与融资约束有关，从而使得式（2-1）中的 sc 和 ε 相关，直接对方程进行回归可能导致计量结果存在偏差。为了验证上述结论的可靠性，本章进一步采用倾向得分匹配（Propensity Score Matching，PSM）法进行稳健性检验。采用该方法的原因在于，与传统的回归分析相比，倾向得分匹配法不要求事先假定函数具体形式、参数约束及误差项分布，因此在解决变量的内生性问题时存在明显优势。在选择匹配方法时，考虑到不同的匹配方法存在一定的测量偏差，但是在运用多种匹配方法获取的结果一致时，则意味着匹配结果稳健，因此本章运用了一对一匹配、K=4 近邻匹配、半径（卡尺）匹配和核匹配四种主流匹配方法，以保证匹配结果的可比性和稳健性，具体结果如表 2-6 所示。

表 2-6 报告了正式社会资本与农户需求型融资约束的 PSM 检验结果，可以发现，除了 K=4 近邻匹配方法结果不显著外，其余匹配方法中社会资本的平均处理效应均在 5%的水平下通过了显著性检验，表明正式社会资本对农户需求型融资约束具有显著的负向影响，与前文实证结论一致。类似地，非正式社会资本对农户供给型融资约束的缓解作用显著，而正式社会资本对农户的供给型融资约束影响为负，但不显著，进一步验证了前文的回归结果具有稳健性。

表 2-6 社会资本与农户融资约束：ATT

正式社会资本与农户需求型融资约束			
匹配方法	平均处理效应	标准误	T 检验值
一对一匹配	-0.064**	0.046	-1.695
K=4 近邻匹配	-0.041	0.035	-1.152
半径（卡尺）匹配	-0.076**	0.031	-2.394
核匹配	-0.082***		-2.647

2.5 研究结论与政策启示

本章基于 2017 年陕西、河南和宁夏三省份农户实地调研数据，分析了社会资本对农户融资约束的影响。具体地，将社会资本分为正式社会资本和非正式社会资本，将融资约束细分为需求型融资约束和供给型融资约束，基于全样本考察了社会资本对农户融资约束的影响，并基于农户分化和农地金融创新的视角检验了社会资本的异质性效应，最后通过倾向得分匹配（PSM）法对实证结论进行稳健性检验，得到如下研究结论。

首先，相关性分析发现，社会资本与农户融资约束之间负相关关系显著。将社会资本分类来看，正式社会资本和非正式社会资本均与融资约束存在负相关关系，且这种关系在两种融资约束类型中具有一致性。其次，基于全样本的估计结果表明，正式社会资本和非正式社会资本对农户需求型融资约束均具有显著的缓解作用，且正式资本的影响更大；从供给型融资约束看，仅非正式社会资本的负向作用显著。家庭特征变量方面，家庭总收入对两种类型融资约束均具有显著的负向影响。进一步实证分析发现，农户分化和农地金融创新视角下社会资本对农户融资约束的影响存在异质性；随着农户收入水平的提高，社会资本对高收入农户的影响不再显著；同时，在已经开展土地抵押贷款地区，农户融资可获性提高，社会资本对农户融资约束的缓解作用弱化。最后，实证结论具有稳健性。

基于上述结论，本章得出以下政策启示。第一，农户和金融机构应充分认识到社会资本对融资约束的重要影响，同时辩证地看待这种影响。一方面，本章发现非正式社会资本显著缓解了农户供给型融资约束，而农村非正式社会资本较多的往往是"精英"人群，虽然随着市场化进程的推进，农村金融体系在不断完善，但可能仍然存在金融资源配置扭曲现象，应进一步规范信贷业务流程，减少"关系贷"和"人情贷"，为更多农户搭建良好的信贷平台；另一方面，应认识到社会资本替代抵押品的功能——可以降低金融机构和农户之间的信息不对称程度，金融机构应大胆创新具有互助性质的农村金融产品，同时在实践中采用多种形式鼓励农户参与合作社等组织以积累社会资本。第二，完善农地抵押贷款制度设计，鼓励金融产品创新、制度创新和政策创新。基于农地金融创新视角，在开展土地抵押贷款的试点地区，社会资本对农户融资约束的缓解作用弱化，这表明开展土地抵押贷款，大幅提高了农户的融资可获性。因此，破解农户融资难题，着力点更多地应该放在金融创新方面，要进一步完善农地抵押贷款制度，适度提高抵押率，加强农村金融制度和政策创新，进一步拓宽农户融资渠道，缓解农户融资约束。

3 社会资本、金融素养与农户创业融资决策

3.1 引言

中国作为农业大国，农户是农业生产经营的主要组织形式，推动农户创业是促进农村经济增长、实施创新驱动发展战略的重要载体。党的十九大报告提出实施乡村振兴战略，大力推进农村"双创"工作尤其是创业活动，充分调动亿万农民的积极性和创造性。习近平总书记强调，"促进农村一二三产业融合发展，支持和鼓励农民就业创业，拓宽增收渠道"，2018 年和 2019 年中央"一号文件"也相继指出要"加强扶持引导服务，实施乡村就业创业促进行动"，"支持建立多种形式的创业支撑服务平台，鼓励地方设立乡村就业创业引导基金"。农户创业通过在生产、销售等领域应用先进科学技术及组织方式，实现从生产规模小、科技含量低的"小农"生产向规模化、专业化生产以及其他经营模式、业态进行转变，这有利于加快农业领域的创新驱动，实现农业发展的新旧动能转换，推进中国农业供给侧结构性改革。此外，农户在当地创业不但可以促进农民就业、增加农民收入，而且有利于解决子女教育、赡养老人等社会问题。因此，在我国城乡发展不平衡、农村劳动力大量富余的背景下，农户创业是解决我国"三农"问题的有效途径。

然而，由于信息不对称、信用担保体系不健全、风险管理体制缺失等原因，农户创业始终面临融资难、融资贵的问题，农户较难获得有效的金融服务，甚至根本得不到基本的金融服务，融资困难的问题依然严峻，创业农户面临的融资约束制约着中国农户创业提档升级，迫切需要深化农村金融产品和服务供给的创新。中国农村是一个以血缘、亲缘与地缘为中心的"熟人社会"，在中国农村社会，传统农业和现代工业并存，乡土社会的典型特征依然存在，农户的经济行为也经常围绕社会资本展开，从而导致社会资本在农村经济社会中有举足轻重的影响，起着信息共享、风险分担及集体行动等作用。金融素养能够促使个人做出正确的金融决策，成为个人和家庭实现财富积累的保障。由于一般农户金融知识欠缺、认知水平较低且金融知识的应用能力较弱，对风险认识不足，致使其参与金融市场的方式有限，尤其是在创业活动中无法真正判断自己所需要的金融服务，无法合理选择金融服务方式，这在很大程度上降低了创业农户的金融可得性，并直接影响到农户创业绩效和农村经济发展。因此，在中国现阶段"乡村振兴"农民创新创业的大背景下，有必要分析我国农户创业融资情况和融资决策影响因素，对社会资本、金融素养如何影响农户创业融资方式选择进行探究，从而提出针对性的政策建议，以期为政府部门制定农村金融政策提供参考借鉴。

3.2 文献回顾与评述

农户创业往往是具备一定创业资本和能力的农户或家庭在寻找与开拓市场空间的基础上，通过重组各项生产要素资源、开辟新的生产领域或创新经营形式，以达到自身利益最大化和扩大劳动力就业的过程，具体表现为进行传统农业的规模化经营、新技术新产品的运用与推广等。创业必须要有创业资金，90%的农户认为资金短缺是其创业过程中的最大困难。对于资金与创业的关系，已有研究较为丰富。著名经济学家熊彼特很早就指出，资金能够促进企业家进行创业并进行创新组合，富有的家庭相较于低财富家庭更有可能创业成功。除去家庭固有财富支持，信贷市场是创业者最重要的资金来源。完善的信贷市场和充分的创业信贷支持将有利于促进农户创业，使得那些缺乏初始启动资金的人获得融资，并能降低农户的风险程度，提高个人的创业倾向。然而，创业者融资时往往会面临流动性约束问题，金融体系不完善也会导致一些潜在创业者无法从金融机构或金融市场获得资金。一方面，创业农户的项目大多以农业为主，规模小、周期较长、风险较大，难以达到正规金融放贷条件；另一方面，创业农户自身文化素质普遍偏低，对融资认识不足，且缺乏方便快捷容易被认可的抵押物，融资难度大。在融资方式选择上，研究表明，个人与家庭的积蓄是农户创业启动资金的最重要来源，民间借贷、正规银行贷款以及政府项目扶持位列其后。

从已有文献来看，社会资本是影响农户融资行为的重要因素。社会资本源于人际关系网络，主要包括农户所拥有的社会资源和社会网络，具体指"在特定的社区内社区成员累积的优势和机会"或者"社会关系形成的个人资源"。可以说，社会资本有利于创业者获取财务资源、信息资源、情感支持与联络介绍，有助于提升创业者整合、吸收和利用资源的动态能力。社会资本不仅可以通过提升对外融资的可得性，显著缓解农户创业选择中的正规金融约束，而且能通过缓解信息不对称问题，促进民间借贷。因此，在金融交易中，社会资本具有类似抵押品的功能，并在一定情况下影响着农户参与农村金融服务的积极程度。既有研究发现，社会资本对农户不同融资形式的影响有所差异，胡枫和陈玉宇发现社会资本对农户正规金融借贷的影响极为显著，对非正规借贷的影响较小；而申云的研究结果则显示，相较于正规金融借贷，社会资本在农户非正规金融借贷中的影响更为突出。

金融素养理论的研究起源于1992年，Noctor等最早提出金融素养的概念，他们认为金融素养是指资金使用和管理的能力，这种能力能使居民家庭做出明智的判断和有效的决策。此后，学界对金融素养的定义从金融知识、能力和目的等不同层面进行了探讨。本章倾向于经济合作与发展组织（OECD）对金融素养的定义，即做出合理金融决策和最终实现个人金融福利的意识、知识、技术、态度和行为的有机结合。国内外关于金融素养的大量调查和研究显示，金融素养是影响家庭金融决策行为的重要因素，不当的金融决策往往是由于缺乏金融素养而引起的，学历水平低、没学过经济学课程、女性、无工作经验的人往往金融素养较低，容易做出不当的金融决策。而金融素养较高的个人能够更合理地配置资产负债结构，积极参与信贷市场，并更多地选择正规借贷方式。

梳理已有文献可以看出，社会资本、金融素养作为两种不同的资本在农户融资过程中扮演着重要的角色，是农户借贷行为的重要影响因素。社会资本中复杂的人际连带关系，不仅可以通过弥补农户贷款抵押或担保物的缺失，还可以通过缓解借贷双方信息不对称状况，促进农户参与融资。金融素养不仅反映了农户的金融知识水平，也是农户风险识别能力和参与金融服务积极性的体现。但在已有研究中，定量分析社会资本对农户创业借贷行为影响的研究较少，且金融素养方面的研究主要着眼于城镇居民，将社会资本与金融素养综合考虑分析农户融资决策行为的研究更是鲜见。因此，本章综合社会资本和金融素养两个维度探究农户创业融资决策机理，分析二者对农户创业融资意愿及方式选择的影响，提出针对性的对策与建议，以期打开内嵌于农村社会的关系网络，弥补农村普惠金融教育短板，为增强创业资源可得性，缓解农户融资约束提供决策参考，进而有效提升农户创业绩效。

3.3　模型设计与数据说明

3.3.1　样本来源

本章研究所指的创业项目是指围绕现代农业建设、农村一二三产业融合发展的涉农创业创新项目，包括农业生产（种养殖类）、农产品加工流通、休闲农业与乡村旅游、农业社会化服务、农村电商等产业以及各类农业农村新产业新业态新模式。本章数据源于课题组 2018 年对宁夏、陕西、山东、江苏 4 省（区）农户的入户调查。宁夏、陕西位于西部地区，主要以农牧业为主；山东、江苏位于东部地区，主要以农业、渔业为主。调查地区涵盖我国东西部不同地区，选取的省份经济发展水平存在差异，民族成分不同，农户创业形式多样，具有一定的代表性。调查采用分层抽样与简单随机抽样相结合的方式。首先，在东部地区，选取山东、江苏 2 个代表性省份；在西部地区，选取宁夏、陕西 2 个代表性省份。其次，依据省域农业生产和经济发展情况，在每个省份随机抽取 2~4 个县。再次，根据县域农户创新创业情况每个县分别选择 3~5 个村庄。最后，根据村庄规模大小，在每个村庄随机抽取 20~40 个农户。此次调查总共抽取 4 个省份 14 个县44 个村庄 1301 个农户的信息，剔除无效样本后，最终获得 1263 份有效问卷，问卷回收率为 97%。

样本中，具有创业融资意愿的农户占 59.8%，共计 755 户。755 户意愿融资农户中，选择正规金融融资方式的占比为 69.7%，计 526 户。总体来说，样本农户创业融资意愿较高，且融资方式青睐于正规金融。对获得数据进行统计分析可见，样本农户家庭户主以男性居多，占样本总数的 83.2%；户主年龄集中在 30~59 岁范围内，占样本总数的83.4%；户主多为初中文化程度，占比为 51.2%，高中及以上文化程度户主的占比为15.3%；农户家庭劳动力占比总体较高，劳动力占比在 25%~50% 的家庭居多，占比为44.6%，是主要群体。样本农户的基本特征见表 3-1。

表 3-1　样本基本特征统计

调查内容	分类指标	比例（%）	调查内容	分类指标	比例（%）
性别	男	83.2	文化程度	文盲	10.5
	女	16.8		小学	23.0
年龄	20~29 岁	10.7		初中	51.2
	30~39 岁	25.5		高中	10.8
	40~49 岁	38.1		大专及以上	4.5
	50~59 岁	19.8	劳动力占比	25% 及以下	4.8
				25%~50%	44.6
	60 岁及以上	5.9		50%~75%	26.3
				75%~100%	24.3

3.3.2　模型构建

创业农户是否有融资意愿和农户如何选择融资方式是两个不同的决策阶段。农户是否有创业融资意愿表征了农户进行创业的积极性，而农户选择何种融资方式则直接反映了农户的融资决策行为，进而影响创业融资的效率和绩效。因此，本章将创业农户融资决策过程分为两个阶段：第一阶段是创业农户是否有融资的意愿，第二阶段是有融资意愿的农户如何选择融资方式。

只有当农户有创业融资意愿时，才能观测到农户选择融资的方式，故本章研究存在样本选择偏误问题，应该建立样本选择模型解决该问题。可构建如下模型：

$$y_{i1}^* = X'_{i1}\alpha + \mu_{i1} \tag{3-1}$$

$$\begin{cases} \text{当} y_{i1}^* > 0 \text{时，} y_{i1} = 1 \\ \text{当} y_{i1}^* \leq 0 \text{时，} y_{i1} = 0 \end{cases}$$

$$y_{i2}^* = Z'_{i2}\beta + \mu_{i2} \tag{3-2}$$

$$\begin{cases} \text{当} y_{i2}^* > 0 \text{时，} y_{i2} = 1 \\ \text{当} y_{i2}^* \leq 0 \text{时，} y_{i2} = 0 \end{cases}$$

式（3-1）代表结果方程，本章中为农户创业融资方式选择。式（3-2）代表选择方程，即农户的创业融资意愿，其基本选择机制为：当且仅当 $y_{i2}=1$ 时，y_{i1} 才能被观测到。式（3-1）与式（3-2）中，y_{i1} 和 y_{i2} 代表两个潜变量；y_{i1} 和 y_{i2} 代表两个因变量；X'_{i1} 和 Z'_{i2} 代表两个自变量向量；α 和 β 代表相应的待估系数；μ_{i1} 和 μ_{i2} 代表残差项，二者均服从标准正态分布，其相关系数为 ρ，即 $corr(\mu_{i1}, \mu_{i2}) = \rho$；$i$ 代表观测样本。

基于式（3-1）、式（3-2）及样本选择机制，可建立无条件概率模型如下：

$$Prob[y_{i2} = 0 \mid X, Z] = 1 - \Phi(Z'\beta) \tag{3-3}$$

$$Prob[y_{i1} = 1 \mid X, Z] = \Phi_{i2}(-X'\alpha, Z'\beta, -\rho) \tag{3-4}$$

$$Prob[y_{i1} = 1, y_{i2} = 1 \mid X, Z] = \Phi_{i2}(X'\alpha, Z'\beta, \rho) \tag{3-5}$$

基于式（3-3）~式（3-5），可构建对数似然函数如下：

$$LnL = \sum_{n_1} Ln\Phi(-Z'\beta) + \sum_{n_2} Ln\Phi_2(-X'\alpha,\ Z'\beta,\ -\rho)$$
$$+ \sum_{n_3} Ln\Phi_2(X'\alpha,\ Z'\beta,\ \rho) \tag{3-6}$$

式（3-6）中，n_1 代表 $y_{i2}=0$ 时的样本量，n_2 代表 $y_{i2}=1$、$y_{i1}=0$ 时的样本量，n_3 代表 $y_{i2}=1$、$y_{i1}=1$ 时的样本量，LnL 代表对数似然值，$\Phi(\cdot)$ 代表累积标准正态分布函数，$\Phi_2(\cdot)$ 代表累积二元正态分布函数，其他符号的含义同式（3-1）与式（3-2）。

考虑到数据可获得性与本章研究目的，本章以农户创业融资方式选择（y_1）与农户融资意愿（y_2）作为可观测因变量，以农户社会资本（x_1，z_1）和金融素养（x_2，z_2）为核心自变量，选取样本农户户主性别、年龄、文化程度 3 个农户个体特征，劳动力占比、土地规模和贷款经历 3 个农户家庭特征，以及金融机构数目、金融机构距农户家庭的交通便利程度 2 个机构特征作为控制变量。上述变量均出现在式（3-1）与式（3-2）中。然而，为保证式（3-2）估计的可识别性，式（3-2）中必须要至少包含一个不等式（3-1）中出现的变量，且这些变量对式（3-2）中的因变量"农户融资意愿"有直接影响效应，但对式（3-1）因变量"农户创业融资方式选择"没有直接影响效应，这些变量被称为识别变量。本章选取"创业前景""是否参加创业知识讲座或技能培训""是否有合适创业项目"作为识别变量。基于此，将式（3-3）、式（3-4）和式（3-5）扩展为本章的实证分析模型如下：

$$Prob[y_{i2}=0\mid x,\ z] = 1 - \Phi\left(\beta_0 + \sum_{k=1}^{n}\beta_{ki}z_{ki}\right) \tag{3-7}$$

$$Prob[y_{i1}=0,\ y_{i2}=1\mid x,\ z] = \Phi_2\left(-\alpha_0 - \sum_{j=1}^{n}\alpha_{ji}x_{ji},\ \beta_0 + \sum_{k=1}^{n}\beta_{ki}z_{ki},\ -\rho\right) \tag{3-8}$$

$$Prob[y_{i1}=1,\ y_{i2}=1\mid x,\ z] = \Phi_2\left(\alpha_0 + \sum_{j=1}^{n}\alpha_{ji}x_{ji},\ \beta_0 + \sum_{k=1}^{n}\beta_{ki}Z_{ki},\ \rho\right) \tag{3-9}$$

式（3-7）、式（3-8）和式（3-9）中，α_0 和 β_0 代表两个常数项，其他符号的含义如上所述。结合式（3-6）~式（3-9），考虑到数据量较大，本章采用两步法估计待估系数。

3.3.3 变量选择

1. 核心自变量：社会资本和金融素养

在社会资本的测度中，我们将其分为一般资本和特殊资本两个维度，其中一般资本以农户家庭与亲友间的来往频率表示，特殊资本选择农户家庭是否有成员或亲戚担任村干部、是否有成员或亲戚是银行职员、是否有成员或亲戚在政府部门工作这三个变量表示。一般而言，在亲属担任村干部的情况下，由于工作关系，村干部往往与金融机构联系比较频繁，对农村信贷服务政策更为了解，也更容易取得金融机构的信赖，且由于拥有固定的工资收入和一定的社会声望，违约的概率小，信用记录更易获得，银行审贷业务相对更便捷，相对更容易参与到银行的信贷业务中。与此类似，有亲属在政府或金融机构工作的农户，更容易获悉信贷支农政策，并且，有这类亲属作为"中间人"或担保人，农户可以获得借贷便利，其参与农村信贷服务的积极性也较高。

在金融素养的测度上，本章借鉴 Hung、廖理等、胡振和臧日宏等的研究思路，将金融素养区分为客观金融素养和主观金融素养。客观金融素养可以直接影响金融决策，并通过主观金融认知而间接影响金融决策。此外，主观金融素养也能对个人金融决策造成影响，即使在感知的知识水平超出其实际知识水平时，感知的金融知识也能独立于实际金融知识而对人们的金融决策产生影响。因此，考虑到本章旨在分析农户的金融素养对融资决策的影响，结合中国农村金融与农村居民的实际特点，本章对农户金融素养指标进行了改进，通过询问农户金融基础知识、参与金融培训、风险判别、金融规划等方面的问题，请农户进行作答得到其客观金融素养综合得分，主观金融素养则通过询问农户对自身参与金融服务的能力评估得出。

2. 个人特征变量

（1）户主性别。一般而言，男性在家庭中主要承担着维持家庭生计与提高生活水平的责任，女性由于其自身生理特征的影响，创业能力弱，致富能力相对较差。因此，在创业融资过程中男性相较于女性更具有创业动机，进行创业融资的意愿相对更强。

（2）户主年龄。随着年龄的增大，农民思想较为保守，进行创业的积极性逐渐下降，且接触的新政策和信息较少，贷款经历也相对单一，融资意愿较低。

（3）文化程度。通常来说，受教育程度越高的人，思想会较为开放，对新事物的认同较为迅速，创新创业致富能力也较强，其对贷款投资收益的预期程度相应较高，对资金的需求愈发旺盛。

3. 家庭特征变量

（1）劳动力占比。一方面，农户家庭劳动力越多，其家庭劳动收入相对越高，对资金的需求会相应减少；另一方面，家庭劳动力人口越多，其改善家庭经济状况的意愿也越强，进行农业创业创新发展获取更多资金的积极性更高，也更需要大额资金的支持，对贷款的需求反而提升，因此家庭劳动力人数对农户创业融资的影响方向不确定。

（2）土地规模。随着家庭农业生产土地面积的增加，各项生产资料和设备的投入也随之增加，相应需要的资本也更为丰厚，农户的创业融资需求预计随着土地规模的扩大呈现递增趋势。

（3）贷款经历。一般而言，农户贷过款就会了解一般的贷款流程及手续，与银行联系也相对密切，良好的贷款经历会减少金融机构对担保人、担保物等附加条件的要求，能显著缓解农户的信贷约束，同时也能提高农户创业融资的需求。

4. 金融机构特征变量

（1）机构数目：金融机构数目的多寡在一定程度上反映了当地金融生态环境的发展程度，一般来说，金融生态环境较好的地区，农户的资金需求相对较容易转化为借贷行为，因此，机构数目多，农户参与融资可能相对较为积极。

（2）交通便利：通常情况下，农户家庭到农村金融机构距离越近，农户获取信贷信息越迅速，对贷款政策的了解程度也越强，且距离金融机构较近的农户外出也较为便利，获取致富信息也较为迅速，创业致富的能力也可能较强，两者均可能促进农户进行创业融资。

本章选取"创业前景""是否参加创业知识讲座或技能培训""是否有合适创业项目"作为识别变量，原因如下：首先，农户对创业前景的预测，决定着其创业的积极性，直接影响着农户创业融资的意愿；其次，具有创业知识和技能的农户，一般更容易进行创业，其创业能力愈强，对资金的需求也相对比较旺盛，创业融资的意愿也较强；最后，农户有合适的创业项目，其创业动机愈发强烈，带动作用也较强，能够提高农户的创业融资积极性。这3个变量均对农户是否有创业融资需求产生影响，但对农户具体选择何种融资方式没有直接影响。

本章主要变量的说明及描述性统计见表3-2。

表3-2　主要变量说明及描述性统计

变量	变量名称	赋值说明	均值	标准差
因变量	创业融资意愿	是否有创业融资的意愿：1=有，0=无	0.60	0.491
	融资方式选择	融资方式的选择：1=正规金融，0=非正规金融	0.70	0.460
核心自变量	社会资本	四类社会资本指标平均值	0.08	0.277
	金融素养	五类金融素养指标平均值	0.62	0.486
	户主性别	1=男，0=女	0.83	0.374
	户主年龄	1=20~29岁，2=30~39岁，3=40~49岁，4=50~59岁，5=60岁以上	2.85	1.045
	户主文化程度	1=文盲，2=小学，3=初中，4=高中，5=大专及以上	2.76	0.938
	劳动力占比	1=25%及以下，2=25%~50%，3=50%~75%，4=75%~100%	2.70	0.891
	土地规模	家庭土地经营规模	31.13	78.675
	贷款经历	1=有，0=无	0.55	0.498
	机构数目	1=非常少，2=比较少，3=一般，4=比较多，5=非常多	2.88	0.651
	交通便利	1=非常不方便，2=不方便，3=一般，4=方便，5=非常方便	4.06	0.540
	创业前景	1=创业有前景，0=创业无前景	0.64	0.482
识别变量	创业知识技能	1=有创业知识技能，0=无创业知识技能	0.47	0.499
	创业项目	1=有合适项目，0=无合适项目	0.43	0.495

注：（1）数据根据问卷相关指标整理所得。（2）社会资本包括一般资本和特殊资本，一般资本指标为亲友来往频率，根据频次高低进行赋值：1=频率低，2=频率较低，3=一般，4=频率较高，5=频率高；特殊资本涵盖亲属是否有村干部、银行职员、政府工作人员，根据是否分别赋值为1和0，统计时对一般资本指标和特殊资本四类指标作等量纲处理，根据因子分析确定权重新赋值后各指标数值在（0，1）区间内。金融素养包括客观金融素养和主观金融素养，客观金融素养包括回答金融基础知识正确与否、是否参与金融培训、是否具有风险意识、是否具有合理金融规划，根据是否分别赋值1和0。主观金融素养为农户对自身参与金融服务能力的高低评估，根据高低水平进行赋值：1=能力低，2=能力较低，3=能力一般，4=能力较高，5=能力高，统计时对客观金融素养和主观金融素养五类指标作等量纲处理，根据因子分析确定权重新赋值后各指标数值在（0，1）区间内。（3）机构数目、交通便利均指的是正规金融机构。

3.4 社会资本、金融素养对农户创业融资意愿及方式的影响

本章首先探究社会资本及其子维度对农户创业融资决策的影响效应，其次探究金融素养及其子维度对农户创业融资决策的影响效应，最后剖析社会资本与金融素养对农户融资决策行为的交互影响效应，具体实证结果见表3-3。

所有模型的 WaldX^2 检验值均在1%水平上显著，这表明实证模型整体拟合较好，适用于现有样本数据分析。

表3-3　社会资本与农户创业融资决策行为

解释变量	（1）		（2）	
	融资方式	融资意愿	融资方式	融资意愿
社会资本变量	0.3002*	3.9440***	—	—
	(0.1609)	(0.2315)		
一般资本	—	—	-0.1945	1.8206
			(0.1374)	(0.0892)
特殊资本	—	—	0.2285**	1.4699***
			(0.0912)	(0.1975)
户主性别	-0.0136	0.3803***	-0.0387	0.3374***
	(0.0526)	(0.1137)	(0.0533)	(0.1209)
户主年龄	-0.0062	-0.1303***	0.0005	-0.1148**
	(0.0185)	(0.0424)	(0.0186)	(0.0450)
户主文化程度	-0.0140	-0.2038***	-0.0068	-0.1347***
	(0.0206)	(0.0471)	(0.0202)	(0.0494)
劳动力占比	-0.0068	-0.0435	-0.0026	-0.0467
	(0.0196)	(0.0471)	(0.0197)	(0.0501)
土地规模	-0.0005***	0.00117*	-0.0005**	0.0006
	(0.0002)	(0.0006)	(0.0002)	(0.0007)
贷款经历	0.1392***	0.1677	0.1142***	0.0974
	(0.0356)	(0.1224)	(0.0364)	(0.1289)
机构数目	0.0415	-0.0030	0.0462*	-0.0556
	(0.0259)	(0.0654)	(0.0261)	(0.0686)
交通便利	0.0115	-0.1251	0.0198	-0.0982
	(0.0305)	(0.0767)	(0.0305)	(0.0815)
创业前景	—	-0.0835	—	-0.0240
		(0.1166)		(0.1243)
创业知识技能	—	0.2904***	—	0.3084***
		(0.0950)		(0.1000)

续表

解释变量	（1）		（2）	
	融资方式	融资意愿	融资方式	融资意愿
创业项目	—	0.0531	—	0.1051
		(0.0857)		(0.0912)
截距项	0.4334**	0.4361	0.6478***	0.0536
	(0.1798)	(0.4205)	(0.2120)	(0.4464)
WaldX^2	341.90***		520.03***	

注：*、**、*** 分别表示 10%、5%、1%的显著性水平，括号内数值为回归标准误，下同。

3.4.1 模型估计结果及解释

本章可从社会资本变量、金融素养变量、主要控制变量、识别变量四个方面分析影响农户创业融资决策的因素及影响机理。

1. 社会资本变量

表3-4中方程（1）的回归结果显示，社会资本对农户创业融资意愿和农户选择正规金融均具有正向影响，分别在1%和10%的显著性水平上通过检验。这表明，农户的社会资本越高，其参与创业融资的积极性越强；在愿意创业融资的农户中，农户的社会资本越高，其越倾向于选择正规金融方式进行融资。可以说，在金融交易中，社会资本扮演了类似抵押品的角色，能够在一定程度上促进农户参与农村金融服务，从而增强农户的创业融资意愿；社会资本越高，农户所能利用的"关系"资源越多，其越容易获得正规金融机构的青睐，选择正规金融机构进行融资是这类农户与金融机构双向选择的优选结果。

为进一步分析社会资本不同维度变量对农户创业融资决策的影响，本章将社会资本分为一般资本和特殊资本两个维度。表3-4中方程（2）反映了一般资本和特殊资本对农户融资意愿和方式选择的影响。其中，一般资本在1%的显著性水平上能激发农户的创业融资意愿，但对融资方式选择并无显著影响，而特殊资本在1%的显著性水平上促进了农户参与创业融资，且对农户选择正规金融机构进行融资具有显著正向影响。也就是说，一般资本和特殊资本两项资本越高，农户的融资意愿越强；拥有较高的特殊资本能够驱使意愿融资农户选择正规金融机构进行融资，而一般资本对农户的融资方式选择没有影响。具体来看，一般资本反映农户与亲友之间的交往密切程度，而特殊资本则体现农户在普通亲友外是否具有其他关系网络的资源，这些资源体现在亲属中是否有村干部、银行职员、政府工作人员，这些资源在农村社会中影响颇大，具有较强的社会动员与沟通交流能力，农户这类资本水平越高，往往越能够获得正规金融机构的融资，而无须寻求民间渠道。由此可见，在农户融资过程中，特殊资本相对于一般资本更能影响农户决策。

2. 金融素养变量

表 3-4 中方程（3）的回归结果显示，金融素养对农户创业融资意愿和农户选择正规金融均具有正向影响，且均在 1% 的显著性水平上通过检验。也就是说，农户的金融素养越高，农户越愿意进行创业融资，在愿意进行创业融资的农户中，其金融素养越高，越青睐于正规金融机构融资。可以说，金融素养体现了个人对金融知识的掌握、应用等多方面能力以及对风险的意识、态度等，具有较高金融素养的农户能够合理地分析自身或他人在融资过程中的利弊关系，理性进行资金规划，提高创业融资积极性，并选择正规金融机构来平衡投资与风险的关系。

表 3-4　金融素养与农户创业融资决策行为

解释变量	(3)		(4)	
	融资方式	融资意愿	融资方式	融资意愿
金融素养变量	1.2612*** (0.1412)	1.1128*** (0.1480)	—	—
客观金融素养	—	—	0.9220*** (0.1001)	0.6017*** (0.1938)
主观金融素养	—	—	0.3349*** (0.0600)	0.3883*** (0.0932)
户主性别	-0.0320 (0.0550)	0.3399*** (0.1025)	-0.0190 (0.0558)	0.3332*** (0.1027)
户主年龄	-0.0035 (0.0221)	-0.1516*** (0.0379)	-0.0098 (0.0225)	-0.1489*** (0.0380)
户主文化程度	0.0011 (0.0179)	-0.0996** (0.0417)	0.0002 (0.0179)	-0.0934** (0.0419)
劳动力占比	-0.0015 (0.0157)	-0.0383 (0.0422)	-0.0033 (0.0157)	-0.0352 (0.0424)
土地规模	-0.0003* (0.0002)	0.0008 (0.0005)	-0.0002 (0.0002)	0.0008 (0.0005)
贷款经历	0.0853* (0.0492)	0.1916* (0.1097)	0.1019** (0.0507)	0.1994* (0.1099)
机构数目	0.0474** (0.0207)	0.0471 (0.0585)	0.0512** (0.0209)	0.0528 (0.0587)
交通便利	0.0932*** (0.0235)	0.0125 (0.0697)	0.0943*** (0.0235)	0.0113 (0.0697)
创业前景	—	0.1236 (0.1055)	—	0.1132 (0.1058)

解释变量	(3)		(4)	
	融资方式	融资意愿	融资方式	融资意愿
创业知识技能	—	0.1930** (0.0850)	—	0.1794** (0.0854)
创业项目	—	0.0665 (0.0772)	—	0.0721 (0.0773)
截距项	−0.6040** (0.2435)	−0.3770 (0.3988)	−0.6718*** (0.2493)	−0.3471 (0.3995)
WaldX^2		365.45***		368.25***

为进一步探究金融素养不同维度变量对农户创业融资决策的影响，本章将金融素养划分为客观金融素养和主观金融素养两个维度。表3-4中方程（4）的估计结果表明，客观金融素养与主观金融素养均对农户的融资决策具有显著正向影响。具备丰富的金融知识、参与金融培训、具有良好的风险态度、会制定合理的金融规划，这些都能够促进农户积极选择正规金融机构进行创业融资。此外，农户对自身金融素养的主观判断也相当重要，农户对自身金融参与能力的判断在一定程度上是基于农户过往的投资、理财、借贷等经验，对自身金融素养评价较高的农户更愿意进行创业融资，在愿意参与融资的农户中，主观金融素养评价较高的农户越愿意选择正规金融机构进行融资。

3. 主要控制变量

由表3-3和表3-4可见，户主的性别、年龄、文化程度、土地规模、贷款经历、金融机构数目以及交通便利情况等，都对农户的融资决策具有显著影响。在融资过程中，户主的性别对农户的创业融资意愿具有显著正向影响，年龄、文化程度对农户融资意愿具有显著负向影响，这表明，在乡土社会，男性往往具有维持家庭生计的期望和责任，相对女性户主而言，男性户主更具有创业动机，融资致富的意愿更强。随着年龄的增大，农户的创业积极性逐渐下降，思想越趋于保守，融资意愿也随之降低，但文化程度越高的农户越不愿意进行创业融资，这可能是因为文化程度越高，农户改变家庭境况的积极性越弱，往往越容易安于现状，导致其不愿意通过借贷进行创业。家庭的土地规模正向影响农户的创业融资意愿，但对农户融资方式选择呈负向影响，可能的原因是：农户的家庭土地规模越大，农户生产和再生产所需要的种子、化肥、农药等支出越高，农户的资金需求也更加旺盛，有必要通过融资获取资金，且农户拥有的土地可以作为其创业资本，促进农户创业，这也激发了农户的融资意愿。土地规模对农户选择正规金融具有显著负向影响，这表明在愿意创业融资的农户中，家庭土地规模越大，农户越倾向于选择非正规金融机构进行融资，这也印证了我们在调查中的发现，而造成这一现象的原因是：土地规模越大的农户，融资需求越高，正规金融机构考虑到农业的自然风险、市场风险等，难以满足客户提出的资金需求，使得拥有大规模土地的农户在资金缺乏时转而选择非正规金融机构进行融资。家庭以往的贷款经历对农户融资意愿和选择正规金融均具有显著正向影响。这意味着，家庭以往具有贷款经历的农户对一般的贷款流程及手续较为了解，与银行联系密切，能够促进农户创业融资意愿，且贷过款的农户一旦具有融资意愿，出于对贷款流程和抵押担保物等程序的了解，往往直接就选择正规金融机构进行借贷。正规金融机构数目和交通便利情况对农户融资方式的选择具有显著正向影响，但对农户融资意愿没有显著影响。这表明，对于创业融资农户，正规金融机构数目与交通便利程度是其选择是否进行正规金融借贷的重要考量指标，选择多、交通越便利，农户的资金需求越容易转化为借贷行为。

4. 识别变量

3 个识别变量中，仅创业知识技能对农户的创业融资意愿具有显著正向影响，而创业前景、创业项目对农户的融资意愿不具有显著影响。这意味着，从农户角度来看，具有创业知识和技能更为重要，目前广大农村的大多数农户往往由于缺乏创业知识和技能而无法一展身手，因此对于农户来说，具有一定的创业知识和技能相对更容易进行创业，其创业能力越强，越容易进行创业融资。

3.4.2　社会资本与金融素养的交互效应

由表 3-5 中社会资本与金融素养的交互影响效应的结果可知，社会资本与金融素养对创业融资农户选择正规金融有显著的交互作用，且交互项系数为负。而社会资本和金融素养对农户的融资意愿和融资方式选择均有显著正向影响。由此可见，随着农户社会资本的增加，金融素养较高的农户更倾向于选择非正规金融方式进行融资。这意味着，在创业融资决策中，社会资本与金融素养对农户选择正规金融具有一定的替代作用。

表 3-5　社会资本与金融素养的交互效应影响分析

解释变量	融资方式	融资意愿
社会资本	0.5939** (0.2398)	3.9493*** (0.6052)
金融素养	1.4980*** (0.1219)	1.0278*** (0.2425)
社会资本×金融素养	-0.6572** (0.2572)	-0.0363 (0.9389)
户主性别	-0.0174 (0.0406)	0.3859*** (0.1155)
户主年龄	-0.0043 (0.0143)	-0.1369*** (0.0431)
户主文化程度	-0.0099 (0.0162)	-0.2200*** (0.0477)
劳动力占比	-0.0009 (0.0150)	-0.0338 (0.0478)

解释变量	融资方式	融资意愿
土地规模	-0.0003 * (0.0001)	0.0011 * (0.0006)
贷款经历	0.0915 *** (0.0275)	0.1397 (0.1251)
机构数目	0.0463 ** (0.0200)	0.0365 (0.0674)
交通便利	0.0859 *** (0.0235)	-0.0897 (0.0789)
创业前景		-0.0120 (0.1190)
创业知识技能		0.2445 ** (0.0971)
创业项目		0.0434 (0.0870)
截距项	-0.7883 *** (0.1771)	-0.3817 (0.4585)
WaldX^2	798.47 ***	

对社会资本和金融素养两个维度变量进行交互影响效应分析，结果见表3-6。可以看出，同时具有一般资本和客观金融素养的农户融资意愿会更加显著，但在融资方式选择上显著倾向于非正规金融，而随着客观金融素养的提升，特殊资本的存在会降低农户融资意愿，并促使农户选择非正规金融方式。由此可见，客观金融素养对一般资本和特殊资本在农户融资方式选择中的替代作用较为明显。

表3-6 社会资本与金融素养的多维交互效应分析

解释变量	融资方式	融资意愿
社会资本	0.7431 *** (0.2460)	4.3147 *** (0.6627)
金融素养	1.5317 *** (0.1091)	0.8511 *** (0.2522)
一般资本×客观金融素养	-0.2758 *** (0.0919)	1.0887 *** (0.3166)
一般资本×主观金融素养	0.0417 (0.0470)	0.2006 (0.1724)

续表

解释变量	融资方式	融资意愿
特殊资本×客观金融素养	-0.5811^{**} （0.2811）	-3.9218^{***} （0.9194）
特殊资本×主观金融素养	-0.0007 （0.1267）	1.1377^{**} （0.4690）
截距项	-0.8350^{***} （0.1835）	-0.6620 （0.4878）
Waldχ^2	788.80^{***}	

注：限于篇幅，本表未列出其他控制变量的回归结果。

3.5 研究结论与政策启示

本章利用中国东西部宁夏回族自治区、陕西、山东、江苏4省（区）1263户农户数据，考虑到实地调研数据存在样本选择偏误问题，运用样本选择模型实证分析了社会资本、金融素养对农户创业融资决策的内在影响机理。主要研究结论如下：（1）样本农户参与创业融资的意愿较强，具有创业融资意愿的农户占59.8%；在愿意进行创业融资的样本农户中，选择正规金融的农户占比较高，达到69.7%。（2）良好的社会资本能够显著提升农户创业融资意愿，并促进农户选择正规金融机构进行创业融资；与亲友来往密切的农户创业融资意愿较强；家庭成员或亲戚中有村干部、银行或政府工作人员的农户，其参与创业融资的积极性较高，且更倾向于选择正规金融。（3）客观金融素养和主观金融素养的改善均能提高农户创业融资意愿，促进农户选择正规金融。（4）社会资本与金融素养对创业融资农户选择正规金融具有一定的替代作用，且客观金融素养对社会资本的替代作用更为明显。

根据以上研究结论，本章得出以下政策启示：

首先，引导农户积极参与村庄事务，健全农村创业服务体系。研究结果表明，农户的特殊资本越高，其越容易进行创业并向正规金融机构融资。因此，有必要大力引导农户参与政府、村委会活动，扩大政府部门、银行的信息外溢范围，优化农村创业环境，支持各类农业合作组织的建立，鼓励有创业想法的农户参与村委会工作，加强其与政府部门及村庄成员间的联系。同时，政府还应鼓励农户通过参与集体活动、关注媒体等方式，积极构建农户的其他社会关系，拓宽信息渠道，激发其创业热情。

其次，大力普及金融知识，加强金融基础教育和技能培训。推动政府、金融相关部门和高校等开展农村金融知识宣传教育，组织金融机构就近开展金融业务介绍，通过手机、互联网等渠道传递金融资讯，不断提升农民的金融知识水平，增强其金融意识，提高小农户和新型农业经营主体融资可得性，实现金融普惠；此外，拓展农民继续教育、强化农民创业教育，通过对农民进行创业技能培训，为农户搭建一个创业交流平台，促进农户创业成长，营造良好创业氛围。

最后，持续推进农村信用体系建设，适当提升农户创业融资规模。全面开展信用乡镇、信用村、信用户创建活动，推行守信联合激励和失信联合惩戒机制，通过客户信息整合和筛选，创新农村经营主体信用评价模式，改善农户的融资增信机制；金融机构在有效防范风险的前提下，要积极创新金融产品和服务方式，鼓励农户参与到农村"两权"抵押融资业务中，促进农村土地资产转化为金融资源，合理确定贷款的额度、利率和期限，吸引更多规模经营农户参与融资，提升农户创业能力。

4 家庭农场主贷款满意度影响因素研究

——以河南省 305 个家庭农场为例

4.1 引言

伴随着城镇化程度日益加深，农业从业人口不断减少，土地流转行为频繁，这为实现农业适度规模经营提供了机会，以家庭为单位的家庭农场应运而生。家庭农场产生于传统农户并将与传统农户长期共存，其以农户为经营主体，建立在农村家庭承包制之上，既能兼顾农业生产的特殊性质，又能发挥家庭经营的特殊优势。家庭农场的发展，有利于积极稳妥地推进农业规模经营进程，同时保证粮食生产稳定。2013 年，中央一号文件首次对家庭农场发展作出指示："要扶持发展专业大户、家庭农场和农民专业合作组织等经营主体"，为家庭农场的发展指明了方向。截至 2014 年年底，全国经农业部门认定的家庭农场有 13.9 万家，承包耕地流转面积达到 4.03 亿亩，在工商部门登记注册的家庭农场达到 10.6 万家，其中种植业、养殖业和其他行业分别占 77%、19.8% 和 3.2%。家庭农场发展过程中流转土地、整理地块、购置农机、购买农资、改善生产设施和临时雇工都需要投入大量资金，且投入期限较长，资金短缺成为制约家庭农场发展的瓶颈之一。为了支持家庭农场发展，解决家庭农场资金短缺问题，中国人民银行在 2014 年 2 月发布了《中国人民银行关于做好家庭农场等新型农业经营主体金融服务的指导意见》，引导金融机构为家庭农场等新型农业经营主体发展提供贷款支持。分析该项政策的实施效果，对于改善农村金融市场产品供给，促进家庭农场发展有重要意义。农场主是家庭农场的经营者，是家庭农场贷款行为的主要执行者，能够对贷款情况进行客观评价，分析家庭农场主的贷款满意度，探讨现有农村金融产品和服务对家庭农场贷款需求的满足程度，可为金融机构创新产品和服务，提升农村金融服务水平，从而推进农村金融制度改革提供参考。

4.2 文献回顾

顾客满意度的研究成果主要有两种观点，一种观点认为满意度是顾客事后的一种感受，Woodside 和 Daly 认为顾客满意度是顾客在消费之后的一种整体态度，反映了顾客对于产品和服务认同或不认同的程度，是影响消费者行为的主要因素。Phillip 等认为顾客满意度是顾客对于服务过程整体满意或满足的程度。另一种观点则认为，顾客满意是事先期望与事后感知的比较结果，Howard 和 Sheth 提出顾客满意度是购买者通过对比得到与付出之后而产生的一种认知状态；Tse 和 Wilton 从过程方面认为顾客满意度是事后对消费行为的评估，主要来自顾客预期与实际感受的差别。不同的理论体系对满意度有不同的认识,尤其是在市场营销、企业管理和服务管理领域,学者们对满意度的定义更加多样。就本章而言,家庭农场主贷款满意度是指家庭农场主在办理贷款业务过程中,通过与金融机构业务人员接触,了解、申请、使用贷款产品以后,对贷款产品、服务的综合评价。

目前应用最为广泛的满意度分析模型是顾客满意度模型(CSI),在此模型的基础上结合各国实际情况,形成了美国顾客满意度指数模型(ACSI)、欧洲顾客满意度指数模型(ECSI)、中国顾客满意度模型(CCSI),学者们参考上述模型对金融机构顾客满意度的影响因素进行了研究。

国外学者对影响家庭农场主贷款满意度因素的研究集中在农场主因素和银行因素两方面。农场主因素方面,Peris 对肯尼亚银行农业贷款顾客满意度的研究表明年龄、性别、受教育程度、收入、婚姻状况、就业状况与满意度有直接关系。Erdogan 等的研究表明,农场主年龄和教育水平、农场规模、家庭劳动力、财务比率、购买保险的意愿、农业信贷的来源、信贷类型以及信用卡的使用等因素,对土耳其家庭农场主的贷款满意度影响显著。银行因素方面,Stamatis 等的研究结果表明,影响希腊农场主贷款满意度最重要的因素是交易成本,第二因素是服务、设备的人性化程度,第三因素与农场主个人因素(年龄、教育)有关,第四因素是贷款条款。Kom-bo 的研究表明,影响客户满意度的最重要因素是银行分支机构的广泛可用性,造成顾客不满意的最大因素是高价的产品和服务。

家庭农场在我国属于新生事物并处于探索阶段,家庭农场主贷款满意度的研究成果较少,已有农业贷款满意度的研究主要集中在农户这一主体,家庭农场正处于由传统农户向家庭农场转变阶段,与传统农户家庭经营之间存在着既有区别又有联系的特殊关系,贷款情况也不例外。因此,研究家庭农场主贷款满意度需要借鉴农户贷款满意度研究成果。国内学者对农户贷款满意度的研究集中在内部因素和外部因素。内部因素,农户个人因素中的文化程度、贷款了解程度对贷款满意度影响显著;家庭因素中的耕地面积、供养比、贷款经历、农地估值、是否有亲朋好友担任村干部对贷款满意度影响显著;农户贷款满意度随着收入水平、经营规模变化而呈现出差异,资产评估值对高收入农户贷款满意度影响明显,农地估值对于专业大户贷款满意度影响显著。外部因素,学者们对金融机构因素、政策因素进行了研究,交通便利程度、银行网点、工作人员服务态度、办理业务效率、银行产品、贷款金额等对农户贷款满意度影响显著。

国内学者对家庭农场的贷款情况进行了研究,认为随着经营规模扩大、经营水平提高,专业大户逐步转变成家庭农场,农业经营方式、经营规模、经营类型均发生变化,家庭农场从传统农户小额短期的低层次生存性资金需求转向大额长期的高层次发展性资金需求,对于贷款金额、期限、利率、还款手续等要求与传统农户存在差别。同时,家庭农场处于初级发展阶段,存在注册率低、经济效益差、盈利能力不强、财务制度不健全、缺乏抵押品、参与保险程度低等因素,达不到银行的贷款要求,导致贷款获批难、贷款额小、期限短等问题,不能满足家庭农场的资金需求;同时学者林乐芬等实证检验了造成新型农业经营主体银行融资障碍的因素,表明新型农业经营主体自身的经营规模、对融资的金额要求和期限要求、银行提供的针对性信贷融资产品和服务情况、政府的支农资金担保和农村征信体系建设等方面的因素影响显著；银行融资障碍越大，家庭农场贷款需求越难被满足，贷款满意度越低。

学者们对家庭农场主贷款满意度的研究存在以下不足：国内外的土地所有制度、农村金融体系、家庭农场的性质、经营模式、发展程度等存在较大差异，需要有选择地借鉴国外研究成果；当前家庭农场在我国处于初级发展阶段，对家庭农场贷款问题的研究主要集中在分析贷款需求、贷款难的原因方面，研究家庭农场主贷款满意度的研究成果较少，且缺乏实证检验。

综上所述，本章选择家庭农场主贷款满意度这一主题，利用河南省 305 个家庭农场的实地调研数据，分析家庭农场的贷款需求满足现状，使用多元有序 Logistic 模型对影响家庭农场主贷款满意度的因素进行分析，为改善农村金融服务质量，提高家庭农场主贷款满意度，支持家庭农场发展提供实证依据。

4.3 数据来源、描述性统计分析与变量选择

4.3.1 数据来源

河南省是我国粮食生产核心区之一，在保障国家粮食安全方面有着重要的地位，发展家庭农场是河南作为农业大省实行农业经营方式转型升级的必然选择。截至 2013 年 9 月底，河南省符合农业部统计调查条件的家庭农场有 15538 家，耕种总面积 287.5 万亩，平均耕种面积 185 亩，经工商部门登记的家庭农场 3810 户，其中，个体工商户 2120 户，个人独资企业 1685 户，有限公司 5 户，发展势头良好。

目前，国内对家庭农场缺少严格、统一的界定，不同地区在参考《农业部关于促进家庭农场发展的指导意见》的基础上，结合当地的实际情况制订了家庭农场的认定标准。本章所调研的家庭农场就参考了河南省郑州市的家庭农场认定标准。课题组于 2015 年 12 月、2016 年 1 月对河南省家庭农场进行实地调查，首先从当地农业局了解每个调研地区家庭农场发展的整体情况，对家庭农场按照经营规模分成 3 个等级水平，从各等级中随机抽取若干样本，随后以一对一形式对农场主进行访谈。调查地点选择了豫西、豫中、豫东、豫北和豫南的三门峡市、洛阳市、汝州市、漯河市、周口市、商丘市、新乡市、南阳市和信阳市，共计 9 个市、37 个县（区）、118 个乡（镇）、232 个村庄；调查的家庭农场经营类型包括粮食类、经济作物类、养殖类、种养结合类和休闲农业类，涵盖了当前家庭农场经营的主要类型。样本选择区域、经营规模、经营类型较为全面，能够较好地代表河南省家庭农场发展状况。调查共发放问卷 500 份，有效问卷 471 份，有效率为 94.2%，其中有 305 个家庭农场有贷款经历，由这些农场主对贷款整体情况进行评价，得出家庭农场主贷款满意度，将其作为研究对象。

4.3.2 描述性统计分析

在农场主基本特征方面（见表 4-1），受访者以男性（86.89%），年龄为 40~49 岁

（50.16%），文化程度为初中（46.89%）为主。可见，农场主年龄较大，文化程度较低。在组织特征方面，家庭农场以工商注册（28.85%）、粮食生产（62.30%）、经营规模在199亩及以下（61.97%）为主，既符合河南省粮食主产区的农业定位，又符合我国家庭农场发展指导思想。

表4-1 家庭农场基本情况

调查内容	分类指标	数量	比例（%）
农场主性别	男	265	86.89
	女	40	13.11
农场主年龄	29岁及以下	13	4.26
	30~39岁	62	20.33
	40~49岁	153	50.16
	50~59岁	66	21.64
	60岁及以上	11	3.61
农场主文化程度	小学	36	11.80
	初中	143	46.89
	高中	90	29.51
	大专及以上	36	11.80
注册情况	未注册	148	48.52
	个体工商户	88	28.85
	公司性质	69	22.62
经营类型	粮食为主	190	62.30
	经济作物为主	74	24.26
	养殖业为主	8	2.62
	种养结合	21	6.89
	休闲农业	12	3.93
经营规模	199亩及以下	189	61.97
	200~499亩	68	22.30
	500亩及以上	48	15.74

家庭农场主贷款满意度是由有贷款经历的农场主对贷款情况进行综合评价，分为5个等级：非常不满意、比较不满意、一般、比较满意、非常满意。在总体样本中（见图4-1），非常满意的比例最低（3.61%），比较满意的比例为22.95%，即评价为满意的比例合计为26.56%，比较不满意为21.31%，非常不满意的比例为9.18%，不满意（30.49%）的比例高于满意（26.55%），且大多数农场主认为贷款情况一般（42.95%），说明农场主贷款满意度偏低。

造成农场主不满意的原因集中在贷款条件和贷款情况两方面。贷款条件表现为抵押物范围窄、担保人要求高，除了房屋产权证以外，家庭农场拥有的其他资产（农村宅基地、农业机械、设施大棚、冷藏库、林木、禽畜等）不能成为有效抵押物，阻碍家庭农场获得贷款，降低了贷款满意度；家庭农场主能够找到的合格贷款担保人通常是在编人民教师和公务员，或者 3 户、5 户联保，一方面受限于职业数量较少，另一方面要产生较高的人情负担，增加贷款难度，降低贷款满意度。贷款情况表现为贷款需求难以满足，家庭农场的贷款需求主要是 10 万元以上、期限为 1 年以上，实际贷款却以 10 万元以下、1 年以内为主，说明家庭农场的资金需求被满足程度低。

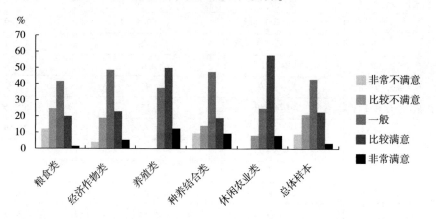

图 4-1 总体样本及不同经营类型家庭农场主贷款满意度特征

不同经营类型的家庭农场主贷款满意度差异较大，养殖类家庭农场主的非常不满意和比较不满意比例均为 0，是所有类型中不满意比例最低的，非常满意的比例最高（12.5%）；休闲农业类家庭农场主的非常不满意比例也为 0，比较满意比例最高（58%）；粮食类家庭农场主的非常不满意（12.11%）、比较不满意比例（24.74%）均为最高，非常满意比例最低（1.58%）。粮食类家庭农场主的销售渠道较为固定，销售范围有限，导致农场主市场营销能力较弱，市场信息搜集能力较差，对于贷款政策了解不够充分，与银行之间的信息不对称较为严重，导致贷款满意度较低。相比之下，养殖类和休闲农业类家庭农场主市场营销能力更强，更注重搜集市场信息，包括各类贷款信息，对贷款政策了解较深，能够选择适合的产品和贷款方式，贷款满意度较高。

4.3.3 变量选择

家庭农场是以农户家庭经营为基础，融合科技、金融、信息、农业机械等现代经营理念，实行规模化经营、专业化生产、社会化协作的新型现代微观经济组织，既是家庭生产又有组织性质，并且正处于由传统农户、经营大户向家庭农场转变的过程中，因此在分析影响因素时，内部因素中既要考虑农场主个人及家庭因素，还要考虑家庭农场的组织特征；外部因素考虑针对家庭农场的银行贷款产品供给和政府贷款优惠政策。

本章选取家庭农场主贷款满意度评价作为因变量，参考已有的研究成果，选择 4 类共 15 个自变量，家庭农场主个人特征包括年龄、文化程度、是否获得过先进模范称号、是否有亲戚朋友在银行工作；家庭农场经营特征包括经营面积、总资产、注册性质、经营类型、示范等级、是否购买保险、银行距离；银行贷款供给情况包括专门的家庭农场贷款产品、针对家庭农场贷款的服务态度；政府贷款优惠政策包括家庭农场主贷款担保费优惠政策、利率优惠政策（各变量的变量定义、统计性描述见表4-2）。在这里需要特别说明的是利率因素，虽然利率是影响家庭农场主贷款满意度的重要因素之一，然而在当前的金融市场中，利率尚未市场化，对于家庭农场贷款而言属于外生因素，故而未将利率作为影响贷款满意度的因素放入模型当中。

表4-2　变量说明及描述性统计分析

变量名称及代码			变量定义	极小值	极大值	均值	标准差
因变量	家庭农场主贷款满意度 Y		1=非常不满意，2=比较不满意，3=一般，4=比较满意，5=非常满意	1	5	2.880	0.984
自变量	农场主个人特征	年龄　X1	1=29岁及以下，2=30～39岁，3=40～49岁，4=50～59岁，5=60岁及以上	1	5	3.000	0.858
		文化程度　X2	1=文盲，2=小学，3=初中，4=高中，5=大专及以上	2	5	3.413	0.847
		模范称号　X3	1=有，0=无	0	1	0.128	0.334
		银行关系　X4	1=有，0=无	0	1	0.131	0.338
	家庭农场经营状况	经营规模　X5	土地经营面积对数	2.303	7.741	5.003	1.046
		总资产　X6	资产总和对数	0	17.557	10.385	4.825
		农场性质　X7	0=未注册，1=个体工商户，2=企业	0	2	0.741	0.804
		经营类型　X8	1=粮食生产为主，2=经济作物为主，3=养殖业为主，4=种养结合，5=休闲农业	1	5	1.659	1.080
		示范等级　X9	1=未评级，2=县级，3=地市级，4=省级，5=国家级	1	5	1.351	0.785
		农业保险　X10	1=有，0=无	0	1	0.344	0.476
		银行距离　X11	与办理贷款业务银行间距离（千米）	0.7	15	5.371	2.596
	银行贷款供给	专门贷款产品　X12	1=有，0=无	0	1	0.098	0.298
		服务态度　X13	1=非常差，2=比较差，3=一般，4=比较好，5=非常好	1	5	1.600	1.021
	政府政策	担保费优惠政策　X14	1=有，0=无	0	1	0.121	0.331
		政策利率优惠　X15	1=有，0=无	0	1	0.46	0.491

注：土地面积是截至2015年年底家庭农场经营的土地面积；资产总和是截至2015年年底家庭农场拥有的除土地以外的资产总和。

4.4 研究假设与计量模型

4.4.1 研究假设

家庭农场作为新生事物，与其相关的管理措施、银行贷款业务及政府扶持政策均处于探索阶段，关于家庭农场主贷款满意度的研究也不例外，需要在借鉴农户贷款满意度研究成果的基础上，分析家庭农场主贷款满意度影响因素。

1. 农场主个人特征与贷款满意度。农场主的个人特征包括年龄、文化程度、模范称号和银行关系等，这些特征会影响农场主的个体感知，造成贷款满意度评价差异。随着年龄的增长，农场主具有更加丰富的从业经验、贷款经验，使其能够更好地对家庭农场的发展前景及贷款需求做出理性判断，选择满足其发展需要的贷款，提高贷款满意度；随着文化程度提高，农场主能够更好地解读家庭农场贷款政策，了解贷款产品，贷款障碍减少，提高贷款满意度；获得过先进模范称号的农场主，通常是当地农业生产领域的知名人士，较容易取得与家庭农场相关的贷款产品，满意度较高；有亲戚朋友在银行工作，使其能够及时获得更为详细的家庭农场贷款产品的信息，并提供相应的申请材料，降低贷款获得难度，并提高农场主贷款满意度。在此基础上提出研究假设：

H1：农场主个人特征正向影响贷款满意度。

2. 家庭农场经营状况与贷款满意度。经营状况反映了家庭农场的发展阶段、盈利能力、规范程度等，可分为规模特征、性质特征、潜力特征等。规模特征包括经营规模和总资产，随着经营规模及总资产的增加，家庭农场在当地的影响力逐步扩大，尤其是大型家庭农场通常会成为当地农业部门重点关注的对象，能够获得贷款支持，满意度较高。性质特征包括农场注册性质和经营类型，注册类家庭农场意味着通过了资质的认定和审批，通常能够降低贷款障碍，提高农场主贷款满意度；经营项目的盈利能力不强是导致新型农业经营主体融资困难的主要原因，粮食类家庭农场初始投入资金较其他类型家庭农场高，而净收益却最低，贷款需求较难被满足，满意度也比较低。随着经营类型转变为经济作物类、休闲农业类，收益状况改善，贷款情况好转，满意度随之提高。潜力特征包括示范等级、是否购买农业保险，通常示范等级高的家庭农场盈利状况较好、发展比较规范、经营前景良好，偿债能力较强，比较容易获得贷款，满意度通常较高；购买了农业保险的家庭农场，降低了经营风险，使未来收益有最低保障，降低了银行贷款发放风险，提高了贷款可得性，通常满意度较高。与办理贷款业务银行间的距离关系到家庭农场办理贷款业务的方便程度与效率，通常距离越近，办理业务越便利，满意度越高。在此基础上提出研究假设：

H2：家庭农场规模特征正向影响贷款满意度。

H3：家庭农场性质特征正向影响贷款满意度。

H4：家庭农场潜力特征正向影响贷款满意度。

H5：与办理贷款业务银行间距离负向影响贷款满意度。

3. 银行贷款供给情况与贷款满意度。银行贷款产品和服务会对顾客的满意度产生影响，如果银行针对家庭农场主贷款需求开发出专门的贷款产品，减少家庭农场银行贷款障碍，能够更好地满足家庭农场的贷款需求，通常会提高家庭农场主贷款满意度；良好的服务态度能够弥补产品不足，缓解农场主对于贷款产品不满意的负面情绪，有效降低农场主的贷款不满意程度。在此基础上提出研究假设：

H6：银行贷款供给情况正向影响贷款满意度。

4. 政府支持政策与贷款满意度。政府支持政策不到位是造成新型农业经营主体融资难的重要原因，现有的支持政策大多数停留在规划层面，缺乏可操作性，如果政府颁布了具体可行的担保费优惠政策和利率优惠政策，将会显著减少家庭农场融资障碍，缓解家庭农场的贷款难题，提高家庭农场主贷款满意度。在此基础上提出研究假设：

H7：政府支持政策正向影响贷款满意度。

4.4.2 模型设定

本章对影响家庭农场主贷款满意度的因素进行分析，解释变量家庭农场主贷款满意度的评价属于有序多分类变量，按照李克特量表将其由低到高划分为 5 个等级。本章选用多元有序 Logistic 模型对家庭农场主贷款满意度影响因素进行实证检验。其模型形式为：

$$P(y = j \mid x_j) = \frac{1}{1 + e^{-(\alpha + \beta X_i)}} \tag{4-1}$$

在此基础上建立累积 Logistic 模型：

$$\ln\left(\frac{P(y \leq j)}{1 - P(y \leq j)}\right) = \alpha + \sum_{i=1}^{n} \beta X_i + \mu; \quad (j = 1, 2, 3, 4, 5) \tag{4-2}$$

其中，X_i 表示第 i 个指标，y 代表家庭农场主对贷款满意度评价为某一等级的概率，α 为常数项，μ 为随机干扰项，β_i 为影响因素的回归系数，$P(y \leq j)$ 表示分类 j 以及 j 以下类别的累积概率。

4.5 家庭农场主贷款满意度实证分析

在回归之前，进行多重共线性检验，自变量最大 VIF 值为 2.92，说明数据不存在多重共线性问题。运用 Stata12.0 统计软件对河南省家庭农场实地调研数据作多元有序 Logistic 回归处理，估计结果见表 4-3。

模型 1 是将所有变量代入回归方程检验结果，模型 2 是剔除不显著变量后带入回归方程检验结果。结果显示，2 个模型的对数似然比检验的显著性水平均为 0.000，说明模型整体拟合性较好，通过检验。实证结果显示，农场主文化程度（X2）、银行关系（X4）、家庭农场的经营规模（X5）、总资产（X6）、经营类型（X8）、示范等级（X9）、银行服务态度（X13）、政府的利率优惠政策（X15）对样本家庭农场主贷款满意度影响通过了显著性检验，回归系数均为正。

1. 农场主个人特征。文化程度（X2）在模型 1、模型 2 中分别通过了 10%、5% 的显著性检验，且回归系数均为正，说明随着农场主文化程度的提高，他们对家庭农场的发展前景、银行贷款产品供给、政府相关扶持政策理解更深刻，能够有针对性地申请贷款，与贷款满意度呈正向变化。银行关系（X4）在模型 1、模型 2 中分别通过了 5%、10% 的显著性检验，说明拥有银行关系的农场主能够获得关于贷款的更多信息，熟悉贷款流程，了解贷款内容，使其贷款过程更加顺畅，对贷款满意度产生正向影响。农场主年龄（X1）和是否获得模范称号（X3）尽管在统计水平上并不显著，但是 2 个变量的回归系数均为正，说明两者对家庭农场主贷款满意度产生正向影响。以上结果验证了 H1。

2. 家庭农场经营状况。经营规模（X5）在模型 1、模型 2 中分别通过了 5%、10% 的显著性检验，回归系数为正，说明随着经营规模扩大，家庭农场在当地的影响力随之扩大，能得到政府部门的重视，可以获得贷款政策倾斜，贷款满意度随之提高；总资产系数（X6）在模型 1、模型 2 中分别通过了 10%、5% 的显著性检验，回归系数为正，说明家庭农场的资产虽然难以成为银行贷款抵押物，但是资产量能够反映家庭农场的资金实力和经营能力。随着资产增加，经营能力不断提升、经营风险逐步降低，贷款需求逐步被满足，家庭农场主贷款满意度也随之提高，验证了 H2。经营类型（X8）在模型 1、模型 2 中均通过了 1% 的显著性检验，回归系数为正，说明从事种养结合、休闲农业的家庭农场主的经营状况、财务状况优于粮食类农场，更容易获得银行贷款，满意度更高，与描述性统计分析的结论相一致，部分验证了 H3；农场性质（X7）没有通过检验，且回归系数为负，说明注册类家庭农场主的贷款满意度低于未注册类家庭农场，可能是因为针对家庭农场的贷款产品较少，注册类家庭农场只能以个人身份申请贷款，造成了农场主对贷款的不满意。示范等级（X9）在模型 1、模型 2 中均通过了 10% 的显著性检验，回归结果为正，说明随着家庭农场示范等级提高，其经营规范程度也随之提高，并且能得到更多政策上的倾斜，贷款满意度随之提高，部分验证了 H4。农业保险（X10）没有通过显著性检验，且回归系数为负，说明购买了农业保险的农场主满意度低于未购买农业保险的农场主，可能是由于当前的农业保险赔付条件高、金额小、手续复杂，规避经营风险的效果并不显著，难以起到有效降低融资障碍进而提高贷款满意度的作用。银行距离（X11）没有通过显著性检验，但是回归系数为负，与 H5 一致。

3. 银行贷款供给。银行的服务态度（X13）在模型 1、模型 2 中均通过了 1% 的显著性检验，回归结果为正，说明银行工作人员服务态度的提升，能够加强与客户的沟通，改善客户关系，弥补贷款产品的不足，影响农场主对于贷款现状的评价，显著提升家庭农场主的贷款满意度，部分验证了 H6。专门贷款产品（X12）没有通过显著性检验，且回归系数为负，说明专门贷款产品降低了农场主的贷款满意度，可能是一方面提供专门贷款产品的金融机构数量极少，对满意度的影响较小，另一方面金融机构并不真正了解家庭农场的贷款需求，提供的所谓专门贷款产品不能有效满足家庭农场贷款需求，反而降低了农场主的满意度。

4. 政府政策。政府的家庭农场贷款利率优惠政策系数（X15）在模型 1、模型 2 中均通过了 1% 的显著性检验，回归系数为正，说明利率优惠政策受到农场主重视，一方面该政策能够降低贷款成本，直接支持家庭农场发展，另一方面使未得到财政补贴的家庭农场能够享受到利率优惠，显著地提高贷款满意度，部分验证了 H7。家庭农场贷款担保费优惠政策（X14）没有通过显著性检验，且回归系数为负，说明担保费优惠政策降低了农场主的贷款满意度，可能是由于尽管出台了担保费优惠政策，但是能够向家庭农场提供担保服务的担保机构数量较少，并不能缓解担保难问题，担保费优惠政策因此不能充分发挥作用，降低了农场主贷款满意度。

表 4-3 家庭农场主贷款满意度估计结果

变量			模型 1		模型 2	
			系数	P>z	系数	P>z
贷款满意度评价	非常不满意		3.068		2.889	
	比较不满意		5.109		4.881	
	一般		8.027		7.747	
	比较满意		11.549		11.210	
农场主个人特征	年龄	X1	0.112	0.429	—	—
	文化程度	X2	0.286*	0.068	0.351**	0.020
	模范称号	X3	0.578	0.142	—	—
	银行关系	X4	0.778**	0.036	0.642*	0.076
家庭农场经营状况	经营规模	X5	0.330**	0.042	0.233*	0.076
	总资产	X6	0.043*	0.099	0.056**	0.029
	农场性质	X7	−0.008	0.966	—	—
	经营类型	X8	0.529***	0.000	0.499***	0.000
	示范等级	X9	0.386*	0.082	0.417*	0.052
	农业保险	X10	−0.210	0.450	—	—
	银行距离	X11	−0.050	0.333	—	—
银行贷款供给	专门贷款产品	X12	−0.352	0.581	—	—
	服务态度	X13	0.583***	0.002	0.558***	0.000
政府政策	担保费优惠政策	X14	−0.426	0.231	—	—
	利率优惠政策	X15	2.401***	0.000	2.216***	0.000
对数似然比（LogLikelihood）			−316.898		−321.172	
伪判决系数（Pseudo-R²）			0.241		0.231	
LRχ²			201.47		192.93	
Prob>χ²			0.000		0.000	

注：*、**、*** 分别表示 10%、5%、1% 的显著性水平。

鉴于多元有序 Logistic 模型的特殊性，上述变量的回归系数仅能说明影响方向，不能充分衡量该变量对家庭农场主贷款满意度的影响程度，需要通过计算各个变量的边际贡献值来衡量影响程度。本章中的多元有序 Logistic 模型有 5 个值，即回归方程有 5 个，需要计算不同方程的边际贡献值，在 5 个方程中各个变量的边际贡献值有所不同，但是各个变量边际贡献值的排序相同，受限于篇幅，只汇报方程 1 的边际贡献值结果，见表 4-4。

表 4-4　各变量的边际贡献值

解释变量	dy/dx	标准差	z	p
文化程度	−0.024	0.011	−2.24	0.025
银行关系	−0.045	0.026	−1.75	0.081
经营规模	−0.016	0.009	−1.73	0.083
总资产	−0.004	0.002	−2.16	0.030
经营类型	−0.035	0.001	−3.68	0.000
示范等级	−0.029	0.015	−1.88	0.060
服务态度	−0.038	0.011	−3.41	0.001
利率优惠政策	−0.154	0.027	−5.68	0.000

根据表 4-4 所示内容，解释各变量对家庭农场主贷款满意度影响程度中，利率优惠政策影响程度最高，相对于没有享受到利率优惠政策的家庭农场，享受利率优惠政策的家庭农场主贷款非常不满意的概率低 15.4%；其次是银行关系，相对于没有亲戚朋友在银行或信用社工作的家庭农场而言，有亲戚朋友在银行或信用社工作的家庭农场主贷款非常不满意的概率低 4.5%；总资产的影响程度最低。其他变量的影响程度具体排序依次为服务态度、经营类型、示范等级、文化程度、经营规模。

4.6　提升家庭农场主贷款满意度的政策建议

本章基于河南省实地调研数据，采用多元有序 Logistic 模型分析影响家庭农场主贷款满意度的主要因素，得出以下结论：（1）26.56% 的家庭农场主对贷款情况综合评价为满意，满意度偏低；不同经营类型的家庭农场主贷款满意度差异较大。（2）农场主的文化程度、银行关系、家庭农场的经营规模、总资产、经营类型、示范等级、银行的服务态度以及政府的利率优惠政策对农场主贷款满意度具有显著正向影响。（3）对家庭农场主贷款满意度影响程度最高的变量是利率优惠政策，最低的是总资产。

基于上述研究结论，提出以下政策建议：（1）制定明确、可行的家庭农场贷款利率优惠政策。由于家庭农场主贷款满意度受利率优惠政策影响程度最高，因此金融主管部门应从当地家庭农场发展状况及金融生态状况出发，制定出明确、详细、具体、可操作性强的家庭农场贷款利率优惠政策，促进家庭农场发展，提高家庭农场主贷款满意度。（2）根据经营规模、示范等级调整家庭农场授信等级。家庭农场主贷款满意度受到经营规模、示范等级的显著影响，因此建议金融机构将家庭农场经营规模和示范等级纳入贷款发放条件，对于经营规模大、示范等级高的家庭农场，适度提高授信额度，更好地满足家庭农场贷款需求，提高农场主贷款满意度。（3）为不同经营类型的家庭农场设计差异化的贷款产品。不同类型家庭农场主的贷款满意度有显著差别，因此金融机构应当根据不同经营类型家庭农场的生产周期、生产成本、销售范围、市场波动、盈利状况、技术更新周期等全面信息，结合资金需求状况，设计差异化的贷款产品，满足不同经营类型家庭农场贷款需求，提高农场主贷款满意度。（4）加强农场主培训，提高贷款满意度。文化程度对农场主贷款满意度影响显著，同时也会影响家庭农场经营生产，因此要加强农场主培训学习，提高农场主管理水平，增强农场主对于各项政策的敏锐度及市场信息的辨识力，使家庭农场规范发展，提高家庭农场的盈利能力，提高金融机构对于家庭农场的认可度，从而提高农场主贷款满意度。

农业信用担保制度篇

5 农业信用担保业务供给意愿及其概率预测

5.1 引言

"三农"问题已成为制约中国经济发展的"瓶颈",而信贷约束导致的贷款难问题是制约中国农村经济发展的首要障碍。为解决"三农"贷款难问题,推动农村经济发展,财政部、农业部、银监会于 2015 年 7 月 22 日在《关于财政支持建立农业信贷担保体系的指导意见》中明确提出:"要推动形成覆盖全国的政策性农业信贷担保体系,且以建立健全省级农业信贷担保体系为重点,切实解决农业发展中的'融资难''融资贵'等问题。"农业信用担保体系具有"财政+金融""政府+市场"属性,是中国"三农"政策体系的重要组成部分,农业信用担保体系在一定程度上发挥了金融杠杆的作用,能解决农村金融市场上的资金供需矛盾,增强农业生产经营群体的正规借贷资金可得性,符合中国现阶段农村经济发展趋势。

目前,中央一号文件已连续五年对全国农业信用担保体系工作作出部署,部分省、自治区及直辖市开展了农业信用担保体系建设工作,农业信用担保体系已初步形成。金融机构作为农业信用担保体系主体之一,对农业信用担保体系建设具有重要作用。研究金融机构对农业信用担保业务的供给意愿及其概率预测,对金融机构扩大农业信用担保业务覆盖面、促进农业信用担保体系建设、破解"三农"贷款难问题具有重要的现实意义。在推广农业信用担保业务过程中,金融机构开展农业信用担保业务的意愿如何?影响金融机构供给农业信用担保业务的因素都有哪些?金融机构供给农业信用担保业务的概率有多大?这是本章试图研究的关键问题。

为客观揭示金融机构对农业信用担保业务的供给意愿及其概率预测,本章以金融机构客户经理为访问对象,这是由于金融机构在规避信用风险时会采取严格的问责制度,即金融机构客户经理在决定是否发放贷款时拥有一定的独立决策权。他们不仅负责收回由其发放的每笔贷款,而且贷款收回质量的高低直接与其经济利益挂钩,金融机构客户经理在贷款业务上的态度实质上是金融机构对开展相关业务态度的反映。因此,本章以金融机构客户经理开展农业信用担保业务的意愿来衡量金融机构的供给意愿,从而对影响客户经理开展农业信用担保业务的因素展开实证研究,并对其供给农业信用担保业务意愿的概率作出预测。

5.2 文献回顾与问题提出

鉴于农业信用担保体系建立的现实性和紧迫性,越来越多的学者开始致力于农业信用担保的研究。目前,农村金融市场上的担保困境主要体现在农户等群体缺乏金融机构认可的抵押品及合适的担保人或担保机构，且金融机构对抵押品存在选择偏好。同时，农业信用担保体系存在供需失衡、供给侧业务品种单一、需求侧需求结构多样、农村金融制度及征信体系不健全等问题，而抵押担保品产权交易市场约束、担保手续的法律及相关服务约束易导致农村金融市场需求侧产生担保困境。因此，消除农村金融市场上的担保困境，关键在于构建完善的信用担保体系。一方面，应优化信用担保公司的担保模式，建立可推广的信用担保模式，如建立现代农业担保基金、成立龙头企业担保公司、以合作经济组织作为金融联结中介以及建立政策性农业保险等。另一方面，农村金融市场上的信用担保存在极大的外部经济，属于高风险行业，而农业信用担保业务也具有"准公共产品"性质，离不开政府财政支持，故有学者认为政府应解决金融教育和农村信贷准入问题，以促进信贷业务规模扩张。

农业信用担保作为解决农户和新型农业经营主体等涉农主体信贷约束的有效途径，在农村金融体系建设中尚处于初级阶段。农业信用担保对于促进信贷资金投向农村融资主体、缓解农业贷款难起到一定作用。实际上，发挥新型农业经营主体对小农户的带动作用，是促进小农户与现代农业发展有机衔接的关键，加强农业金融扶持，增强小农户发展的硬实力是中国特色小农振兴道路的重要政策保障。然而，新型农业经营主体融资难问题却日益突出。究其原因，林乐芬等认为新型农业经营主体受自身弱质性、金融机构金融服务滞后和外部环境制约等因素影响而产生融资障碍。王吉鹏等认为新型农业经营主体融资时面临融资成本居高不下、贷款条件偏高、信贷担保体系不完善、信贷风险分担机制不健全等问题。因此，解决新型农业经营主体融资难题，关键在于新型农业经营主体应增强自我信用意识和能力，政府应加大政策和制度创新力度，转变对农业的扶持方式，建立财政金融支农联动机制，加大对新型农业经营主体的扶持力度。同时，政府可通过发展商业性担保机构和民间信用担保制度，使担保机构的信息得到充分有效的补充，担保机构也应增强外部风险管理。

事实上，信用担保不仅可以使高品质借款人在道德风险与逆向选择的市场条件下获得信贷资金，而且可以降低借款者违约风险。此外，具有地缘、人缘优势的农业信贷担保公司作为金融机构和农村融资主体之间的中介，可以克服信息不对称和降低交易成本，农业信用担保机构可通过市场化方式化解信贷风险。毋庸置疑，农业信用担保是破解农村金融市场上信用担保困境的重要金融工具。梳理已有文献，已有研究主要以问题导向型研究为主，偏重理论分析，少数实证研究也主要从农户视角出发，鲜有学者从金融机构视角切入，研究农业信用担保业务供给意愿及其概率预测。然而，从现实角度来看，农业信用担保体系的建立、业务的推广不仅建立在农户等借款人的单方面需求上，还与金融机构是否愿意供给存在十分密切的关系。针对以上不足，本章引入担保机构特征、被担保人特征、受保人特征及地方金融环境特征，建立 Oprobit 模型实证分析各特征对金融机构供给农业信用担保业务意愿的影响。在此基础上，对金融机构供给农业信用担保业务意愿的概率进行预测，从而为金融机构、政府等主体开展农业信用担保业务，建立农业信用担保体系提供现实参考。

5.3 研究设计

5.3.1 数据来源

宁夏回族自治区和江苏省是开展农业信用担保业务的代表性地区。考虑到江苏省已建成覆盖全省、上下联动的农业信用担保服务网络体系，宁夏回族自治区已形成"资源联手开发、信贷集合加工、风险共同管理、责任比例分担"的农业信贷担保模式。因此，结合宁夏回族自治区和江苏省农业信用担保业务运行现状，研究金融机构客户经理农业信用担保供给意愿及其概率预测，有利于促进农业信用担保整体发展，对其他地区金融机构供给农业信用担保业务开发也可提供现实参考。本章使用的数据源于课题组 2019 年 8 月和 12 月在宁夏西吉县与江苏阜宁县展开的实地调研，调研对象为参与当地农业信用担保业务的金融机构。为保证样本代表性，先根据金融机构规模、经营水平等将金融机构分层。在此基础上，再根据分层结果随机抽取金融机构进行调研。调研共获取 215 份数据，剔除 28 份无效数据，最终得到 187 份有效数据。其中，宁夏西吉县有效数据 83 份，江苏阜宁县有效数据 104 份。

5.3.2 变量设置

本章被解释变量是金融机构客户经理供给农业信用担保业务的意愿。为准确、全面地反映制约金融机构客户经理供给农业信用担保业务意愿的因素，选取解释变量时涵盖了农业信用担保业务中的各个主体，包括担保机构特征、被担保人特征、受保人特征及地方金融环境特征。具体如下：

1. 担保机构特征。担保机构在农业信用担保业务中起到"桥梁"作用，联接受保人与被担保人。缺乏担保机构，农业信用担保体系将无法形成。因此，选取担保机构业务规模、内部控制及风险防范变量来反映担保机构特征对金融机构客户经理供给农业信用担保业务意愿的影响。对金融机构而言，担保机构业务规模、内部控制和风险防范是直接影响其供给农业信用担保业务的重要因素，也是金融机构客户经理决定是否开展农业信用担保业务的重要参照。

2. 被担保人特征。被担保人是农业信用担保业务的参与主体之一。被担保人的农地规模化程度越高或农业资产价值越大，越可能成为抵押品供金融机构选择。专业大户、家庭农场、农民合作社及农业企业等新型农业经营主体比一般农户更易受到金融机构青睐。同时，被担保人文化程度的高低会影响其对农业信用担保业务的认知，被担保人信用水平的高低在一定程度上反映了其潜在的违约风险概率。因此，对金融机构而言，农地规模化程度、农业资产价值、被担保人性质、被担保人文化程度及被担保人信用水平等指标是其决定是否向被担保人发放贷款的重要参考。

3. 受保人特征。农业信用担保供给意愿会受到金融机构自身特征的影响。从实际情况来看，被调研的金融机构均拥有完整的农业信用担保业务体系。农业信用担保作为破解"三农"融资难题的有效工具，较一般信贷产品而言更具有政策属性。因此，本章在选取受保人特征时主要考虑了金融机构业务操作流程规范度、业务发展前景及政府政策扶持。这三个因素不仅会影响金融机构供给农业信用担保业务，而且会影响其业务经营绩效。

4. 地方金融环境特征。农业信用担保业务的顺利开展不仅需要受保人、担保人和被担保人的积极参与，而且也受地方金融环境特征影响。同时，由于农业信用担保业务具有较强政策属性，政府通过成立政策性农业信用担保公司以促进农业信用担保体系完善。可见，农业信用担保体系完善程度会影响金融机构开展农业信用担保业务的热情。同时，市场竞争压力越大，金融机构开展农业信用担保业务越激烈，对受保人和担保人而言，其业务风险越小。因此，本章选取农业信用担保体系完善程度和市场竞争压力作为地方金融环境特征。

5.3.3 模型设定

金融机构客户经理供给农业信用担保业务的意愿为典型的离散型排序数据，而 Oprobit 模型适用于一切离散排序数据。若直接使用多项 Logit 或多项 Probit 等模型将忽视供给意愿的内在排序。此外，普通 OLS 回归会将排序视为基数来处理，其具体模型如式（5-1）所示：

$$S_i = \alpha_1 + \beta_1 X_i + \varepsilon_i \qquad (5-1)$$

式（5-1）中，S_i 表示第 i 个客户经理农业信用担保业务的供给意愿，X_i 表示一系列解释变量，包括担保人特征、被担保人特征、受保人特征和地方金融环境特征，α_1 和 β_1 为待估计参数，ε_i 为随机扰动项。事实上，由于 OLS 回归将排序视为基数处理可能会降低模型估计效率，故本章未使用 OLS 回归，而使用了 Oprobit 模型，其表达式如式（5-2）所示：

$$S_i^* = \alpha_2 + \beta_2 X_i + \varepsilon_i \qquad (5-2)$$

式（5-2）中，除 S_i^* 外其余变量的定义与式（5-1）类似，不再赘述。S_i^* 表示第 i 个客户经理农业信用担保业务供给意愿的潜变量，与 S_i 存在一定数量转换关系，具体如式（5-3）所示：

$$S_i = \begin{cases} 1, & S_i^* \leq r_1 \\ 2, & r_1 < S_i^* \leq r_2 \\ 3, & r_2 < S_i^* \leq r_3 \\ 4, & r_3 < S_i^* \leq r_4 \\ 5, & r_4 < S_i^* \end{cases} \qquad (5-3)$$

式（5-3）中，$r_1 < r_2 < r_3 < r_4$ 为待估参数，称为切点。当 S_i^* 小于等于临界值 r_1 时，客户经理非常消极地供给农业信用担保业务大于 r_1 但小于等于临界值 r_2 时，客户经理较消极地供给农业信用担保业务，其他同理。概率预测的本质是通过构造每一个金融机构客户

经理供给农业信用担保业务意愿的似然函数，再利用极大似然估计对模型参数进行估计。此时，假设 $\varepsilon_i \sim N(0, 1)$，$X$ 表示所有解释变量，β 表示所有待估参数，$\Phi(\cdot)$ 表示累积分布函数，则第 i 个客户经理供给农业信用担保业务意愿的概率表达式如式（5-4）所示：

$$\begin{cases} P(S_i = 1) = \Phi(r_1 - X\beta) \\ P(S_i = 2) = \Phi(r_2 - X\beta) - \Phi(r_1 - X\beta) \\ \quad\quad\quad\quad\quad \vdots \\ P(S_i = 5) = 1 - \Phi(r_4 - X\beta) \end{cases} \quad (5-4)$$

5.4 描述性统计分析

5.4.1 金融机构客户经理基本情况

表5-1呈现了金融机构客户经理的基本信息。从金融机构客户经理的年龄分布来看，其年龄主要集中在20~40岁，占样本总数75.40%，说明办理农业信用担保业务的客户经理以中青年为主；42.24%的客户经理从业年限为3年及以下，而此类从业时间较短的客户经理可能会欠缺一定的业务经验，从而影响农业信用担保业务的供给；71.66%的客户经理为大学本科学历，研究生学历的客户经理占整体的17.65%，说明金融机构客户经理学历分布较为集中。此外，仅6.42%的客户经理非常消极地供给农业信用担保业务，而63.64%的客户经理愿意积极供给农业信用担保业务。

表5-1 金融机构客户经理基本情况统计

基本情况	类型	人数（人）	占比（%）
年龄/岁	20~30	65	34.76
	31~40	76	40.64
	41~50	46	24.60
	50以上	0	0.00
从业年限/年	0~3	79	42.24
	4~6	73	39.04
	7~9	27	14.44
	10~12	8	4.28
学历	专科及以下	20	10.69
	本科	134	71.66
	硕士及以上	33	17.65
供给意愿	非常消极	12	6.42
	较消极	22	11.76
	一般	34	18.18
	较积极	62	33.16
	非常积极	57	30.48

5.4.2 变量描述性统计

表5-2呈现了解释变量的基本信息。从担保人特征来看，62.57%的客户经理认为担保机构业务规模大，44.39%的客户经理认为担保机构风险防范好，但41.71%的客户经理认为担保机构内部控制差，表明担保机构可能较为重视业务拓展和风险防范，而在一定程度上忽略了内部控制。从被担保人特征来看，农户资产价值普遍集中在10万~15万元，学历以小学、初中为主，而51.34%的客户经理认为农户农地规模化程度高，92.51%的客户经理愿意向新型农业经营主体提供农业信用担保业务，仅9.63%的客户经理认为农户信用水平差，而上述数据事实表明尽管农户受教育程度一般，但其农业生产需求旺盛，信用水平良好。从受保人特征来看，43.85%的客户经理认为农业信用担保业务操作流程不规范，28.88%的客户经理认为农业信用担保业务扶持政策不完善，而这可能是由于农业信用担保业务开展时间较短、金融机构和政府政策扶持经验不足导致的。但55.08%的客户经理认为农业信用担保业务发展前景好。此外，从地方金融环境特征来看，57.75%的客户经理认为农业信用担保体系完善程度不高，而这可能是由于作为新兴业务，农业信用担保业务尚未形成完善的担保业务体系。42.78%的客户经理认为农业信用担保业务市场竞争压力大，说明农业信用担保业务供给存在较激烈的竞争。

表5-2 变量描述性统计

变量名称	变量赋值	均值	标准差
担保机构业务规模	非常小=1，较小=2，一般=3，较大=4，非常大=5	3.62	1.11
担保机构内部控制	非常差=1，较差=2，一般=3，较好=4，非常好=5	2.79	1.19
担保机构风险防范	非常不健全=1，较不健全=2，一般=3，较健全=4，非常健全=5	3.35	1.12
农地规模化程度	非常低=1，较低=2，一般=3，较高=4，非常高=5	3.32	1.21
农业资产价值	0~5万=1，6万~10万=2，11万~15万=3，16万~20万=4，21万及以上=5	2.96	1.25
被担保人性质	一般农户=1，专业大户=2，家庭农场=3，农民合作社=4，农业企业=5	3.60	1.18
被担保人文化程度	从未上过学=1，小学=2，初中=3，高中=4，大专及以上=5	2.59	1.04
被担保人信用水平	非常差=1，较差=2，一般=3，较好=4，非常好=5	3.63	1.00
业务操作流程规范度	非常不规范=1，较不规范=2，一般=3，较规范=4，非常规范=5	2.84	1.33
业务发展前景	非常差=1，较差=2，一般=3，较好=4，非常好=5	3.34	1.15
政策扶持	非常不完善=1，较不完善=2，一般=3，较完善=4，非常完善=5	3.55	1.41
担保体系完善程度	非常不完善=1，较不完善=2，一般=3，较完善=4，非常完善=5	3.25	1.18
市场竞争压力	非常小=1，较小=2，一般=3，较大=4，非常大=5	3.23	1.28
地区	宁夏西吉县=0，江苏阜宁县=1	0.56	0.50

5.5 模型估计与结果分析

5.5.1 农业信用担保业务供给意愿影响因素分析

在回归分析前，先计算解释变量的 VIF 值，其最大值为 1.301，最小值为 1.083，远小于 10，故模型不存在多重共线性问题。Oprobit 模型回归结果如表 5-3 所示。表 5-3 中，列（1）~ 列（4）具体判别了担保机构特征、被担保人特征、受保人特征和地方金融环境特征对金融机构客户经理供给农业信用担保业务意愿的影响。结果显示，在调整控制变量后，模型 Pseudo-R^2、对数似然值和 WaldX^2 逐渐变大，表明通过 Oprobit 模型分析农业信用担保业务供给意愿及其影响因素是合理的。此外，各解释变量显著性和系数基本不变，说明 Oprobit 模型结果具有较强稳健性。

在担保机构特征中，担保机构业务规模、内部控制和风险防范通过 1% 和 5% 的显著性检验，系数符号为正。表明担保机构业务规模越大、内部控制越好或风险防范越健全，金融机构客户经理越愿意供给农业信用担保业务。可能的解释是，担保机构业务规模越大、内部控制越好或风险防范越健全，说明担保机构担保业务越成熟，而金融机构客户经理供给农业信用担保业务所面临的坏账风险可能越小，从而会积极供给农业信用担保业务。

在被担保人特征中，农地规模化程度、农业资产价值、被担保人信用水平通过 1% 和 10% 显著性检验，系数符号为正，表明上述变量对金融机构客户经理供给农业信用担保业务意愿会产生显著正向影响。这可能是由于被担保人农地规模化程度越高，农业资产价值越高，越可能成为金融机构开展农业信用担保业务的反担保标的。同时，被担保人信用水平越好，其潜在违约风险便越低，从而有利于提升金融机构客户经理业务供给意愿。

表 5-3 农业信用担保业务供给意愿影响因素回归估计结果

变量	（1）	（2）	（3）	（4）
担保机构业务规模	0.2673 *** （0.0709）	0.2291 *** （0.0807）	0.3061 *** （0.0876）	0.2864 *** （0.0881）
担保机构内部控制	0.1951 *** （0.0722）	0.1836 ** （0.0756）	0.2256 *** （0.0774）	0.2048 ** （0.0806）
担保机构风险防范	0.3263 *** （0.0664）	0.3471 *** （0.0732）	0.3492 *** （0.0720）	0.3363 *** （0.0739）
农地规模化程度		0.1216 * （0.0726）	0.1448 * （0.0777）	0.1295 * （0.0767）
农业资产价值		0.1669 ** （0.0734）	0.2071 *** （0.0760）	0.2084 *** （0.0767）

续表

变量	（1）	（2）	（3）	（4）
被担保人性质		0.1130* (0.0679)	0.0765 (0.0690)	0.0793 (0.0700)
被担保人文化程度		0.0941 (0.0857)	0.1491* (0.0845)	0.1408 (0.0866)
被担保人信用水平		0.2949*** (0.0797)	0.2618*** (0.0869)	0.2476*** (0.0905)
业务操作流程规范度			0.3689*** (0.0784)	0.3845*** (0.0799)
业务发展前景			0.1146 (0.0897)	0.1130 (0.0902)
政策扶持			0.1187* (0.0626)	0.1122* (0.0621)
担保体系完善程度				0.1221* (0.0699)
市场竞争压力				0.0748 (0.0676)
地区				0.0230 (0.1708)
Pseudo-R^2	0.0646	0.1100	0.1658	0.1731
对数似然值	−256.47	−244.01	−228.71	−226.70
Waldχ^2	33.83***	50.03***	63.99***	79.69***

注：括号内数值为稳健性标准误；*、**、***分别表示10%、5%、1%的显著水平，下同。

在受保人特征中，业务操作流程规范度和政策扶持通过1%和10%显著性检验，系数为正。可能的解释是，金融机构农业信用担保业务流程越规范或政府政策扶持越完善，越有利于控制农业信用担保业务风险，减少业务供给成本，提高业务办理效率，从而促进客户经理积极开展农业信用担保业务。业务发展前景未通过显著性检验，可能是由于农业信用担保业务属于政策性担保业务，具有较强的政策属性，受政府大力支持，发展前景好；在地方金融环境特征中，担保体系完善程度通过10%显著性检验，系数为正，而市场竞争压力未通过显著性检验，这可能是由于调研地区信用担保体系较为完善，且农业信用担保业务只有和当地农业信用担保公司签订业务协议的金融机构才可办理，有可能形成业务垄断。同时，农业信用担保业务供给会在一定程度上被政府干预，从而可能导致市场竞争压力未通过显著性检验。

5.5.2 供给农业信用担保业务的概率预测

Oprobit 模型在不损失预测效率前提下可提供较为全面的概率预测。因此，本节将通过 Oprobit 模型预测：

1. 各解释变量对农业信用担保供给概率的影响。某一解释变量取值改变时，金融机构客户经理供给农业信用担保业务意愿的概率（见表5-4）。由表5-4可知，当金融机构客户经理对各解释变量评价发生变化时，其供给农业信用担保业务的概率也会随之改变。

表5-4 解释变量对农业信用担保业务供给意愿概率的影响

变量	Prob（y=1）	Prob（y=2）	Prob（y=3）	Prob（y=4）	Prob（y=5）
担保机构业务规模	-2.98*** (0.0107)	-2.87*** (0.0096)	-2.20*** (0.0071)	0.95 (0.0058)	7.09*** (0.0192)
担保机构内部控制	-2.13** (0.0090)	-2.05** (0.0088)	-1.57** (0.0067)	0.68 (0.0044)	5.07*** (0.0190)
担保机构风险防范	-3.50*** (0.0114)	-3.37*** (0.0084)	-2.58** (0.0062)	1.11* (0.0060)	8.33*** (0.0169)
农地规模化程度	-1.35* (0.0080)	-1.30 (0.0085)	-0.99* (0.0059)	0.43 (0.0034)	3.21* (0.0186)
农业资产价值	-2.17*** (0.0083)	-2.09** (0.0088)	-1.60** (0.0064)	0.69* (0.0042)	5.16*** (0.0183)
被担保人性质	-0.82 (0.0075)	-0.79 (0.0071)	-0.61 (0.0053)	0.26 (0.0025)	1.96 (0.0173)
被担保人文化程度	-1.46 (0.0091)	-1.41 (0.0092)	-1.08 (0.0069)	0.47 (0.0036)	3.49 (0.0213)
被担保人信用水平	-2.57** (0.0106)	-2.48** (0.0097)	-1.90** (0.0076)	0.82* (0.0048)	6.13*** (0.0221)
业务操作流程规范度	-4.00*** (0.0120)	-3.85*** (0.0092)	-2.95*** (0.0072)	1.27* (0.0067)	9.52*** (0.0176)
业务发展前景	-1.17 (0.0096)	-1.13 (0.0093)	-0.87 (0.0072)	0.37 (0.0036)	2.80 (0.0222)
政策扶持	-1.17* (0.0067)	-1.12* (0.0061)	-0.86 (0.0053)	0.37 (0.0025)	2.78* (0.0153)
担保体系完善程度	-1.27* (0.0073)	-1.22 (0.0075)	-0.94 (0.0057)	0.40 (0.0026)	3.02* (0.0177)
市场竞争压力	-0.78 (0.0071)	-0.75 (0.0070)	-0.57 (0.0054)	0.25 (0.0024)	1.85 (0.0171)

具体来看，当金融机构客户经理对担保机构业务规模的评价每提高一个层次，金融

机构客户经理选择"非常消极""较消极"或"一般"地供给农业信用担保业务的概率会分别降低2.98%、2.87%和2.20%，而"非常积极"地供给农业信用担保业务的概率会增加7.09%。而其余解释变量的结果解释与此类似，故不再赘述。需要注意的是，金融机构客户经理对被担保人性质、被担保人文化程度、业务发展前景和市场竞争压力评价的改变不会影响其农业信用担保供给概率。

2. 各解释变量取特定值时农业信用担保业务供给意愿概率。当解释变量分别取特定值时，金融机构客户经理供给农业信用担保业务意愿的概率（见表5-5）。表5-5呈现了各解释变量取特定值时农业信用担保供给概率。给定其他变量，在各解释变量取特定值时，金融机构客户经理供给农业信用担保业务的概率呈"倒U形"。当金融机构客户经理对担保机构业务规模的评价为3.62时，金融机构客户经理会在35.33%的概率下较积极地供给农业信用担保业务。其余解释变量的结果解释与此类似，故不再赘述。事实上，当只考虑被担保人性质、业务发展前景或市场竞争，不考虑其他控制变量时，金融机构客户经理对担保人的主观评价会影响其供给农业信用担保业务的概率。

表5-5 解释变量取特定值时农业信用担保供给意愿概率

变量	取值类别	Prob（y=1）	Prob（y=2）	Prob（y=3）	Prob（y=4）	Prob（y=5）
担保机构业务规模	3.62	6.25*** (0.0173)	10.80*** (0.0211)	17.64*** (0.0271)	35.33*** (0.0354)	29.98*** (0.0297)
担保机构内部控制	2.79	6.49*** (0.0177)	11.21*** (0.0217)	17.74*** (0.0267)	34.25*** (0.0339)	30.31*** (0.0280)
担保机构风险防范	3.35	6.01*** (0.0155)	11.04*** (0.0215)	17.99*** (0.0270)	35.12*** (0.0335)	29.85*** (0.0285)
农地规模化程度	3.32	6.37*** (0.0175)	11.16*** (0.0214)	17.83*** (0.0268)	34.54*** (0.0338)	30.10*** (0.0284)
农业资产价值	2.96	6.32*** (0.0176)	11.06*** (0.0215)	17.79*** (0.0269)	34.72*** (0.0348)	30.12*** (0.0285)
被担保人性质	3.60	6.81*** (0.0171)	11.29*** (0.0217)	17.65*** (0.0264)	33.78*** (0.0331)	30.47*** (0.0274)
被担保人文化程度	2.59	6.47*** (0.0176)	11.22*** (0.0217)	17.81*** (0.0269)	34.24*** (0.0337)	30.25*** (0.0278)
被担保人信用水平	3.63	6.23*** (0.0171)	11.07*** (0.0216)	17.81*** (0.0270)	34.81*** (0.0343)	30.08*** (0.0283)
业务操作流程规范度	2.84	6.89*** (0.0162)	11.03*** (0.0214)	17.06*** (0.0255)	33.96*** (0.0334)	31.06*** (0.0289)
业务发展前景	3.34	6.70*** (0.0176)	11.32*** (0.0217)	17.71*** (0.0266)	33.80*** (0.0332)	30.46*** (0.0276)

变量	取值类别	Prob（$y=1$）	Prob（$y=2$）	Prob（$y=3$）	Prob（$y=4$）	Prob（$y=5$）
政策扶持	3.55	6.19*** (0.0171)	11.05*** (0.0221)	17.86*** (0.0269)	34.92*** (0.0357)	29.99*** (0.0283)
担保体系完善程度	3.25	6.29*** (0.0175)	11.20*** (0.0217)	17.93*** (0.0269)	34.55*** (0.0341)	30.04*** (0.0277)
市场竞争压力	3.23	6.60*** (0.0176)	11.29*** (0.0219)	17.78*** (0.0267)	34.03*** (0.0336)	30.30*** (0.0275)

3. 客户经理开展农业信用担保业务的意愿概率。187 个客户经理供给农业信用担保业务意愿的概率（见表 5-6）。从表 5-6 可以看出，概率预测结果与客户经理的实际意愿选择结果较为接近，表明概率预测结果较为可靠、稳健。具体来看，宁夏西吉县和江苏阜宁县客户经理供给意愿分布存在一定差异。其中，宁夏西吉县客户经理持消极态度的概率比江苏阜宁县客户经理持消极态度的概率高 8.37%，而持积极态度的概率比江苏阜宁县客户经理持积极态度的概率低 7.10%。

表 5-6　客户经理供给农业信用担保业务意愿概率预测

供给意愿		问卷统计结果				概率预测结果		
		宁夏西吉县		江苏阜宁县		地区概率预测（%）		概率预测
		人数（人）	比例（%）	人数（人）	比例（%）	宁夏西吉县	江苏阜宁县	（%）
非常消极	$y=1$	6	7.23.	6	5.77	7.36	6.22	6.73
较消极	$y=2$	13	15.66	9	8.65	15.27	8.04	11.32
一般	$y=3$	14	16.87	20	19.23	17.08	18.35	17.69
较积极	$y=4$	26	31.33	36	34.62	31.25	35.90	33.82
非常积极	$y=5$	24	28.92	33	31.73	29.04	31.49	30.44

导致两地客户经理供给农业信用担保业务意愿概率出现差异的可能解释为：从宏观视角来看，与江苏相比，宁夏整体经济实力较弱，农业信用担保机构业务规模、内部控制和风险防范水平相对较低。目前，江苏省农业信用担保公司明确规定以"风险分担"为经营原则，并构建了多层次的风险防范体系，有效规避了业务风险，消除了金融机构客户经理的后顾之忧。同时，所调研的公司是专业从事农业信用担保工作的政策性担保公司，已与 15 家金融机构签订战略合作协议，实现了被担保人和受保人的有效对接。此外，江苏阜宁县农业信用担保业务的年担保费率不超过 1%，贷款利率执行优惠利率，担保额度上限为 1000 万元，且 10 万~300 万元不得低于总业务量的 70%。这一精准、规范的业务制度框架为农业信用担保业务供给创造了良好的金融生态条件，有利于促进当地金融机构客户经理开展农业信用担保业务；从中观视角来看，宁夏西吉县经济发展水平落后，是宁夏最后一个脱贫县，而江苏阜宁县为当地经济开发区，经济发展水平良好，当地农地规模化程度相对较高，农户农业资产价值相对较大。同时，两地政府财政收入

水平差异较大，而财政收入水平的高低对其当地农业信用担保体系的完善和风险基金规模的大小有直接影响，从而导致两地客户经理供给意愿产生差异。

5.5.3 内生性讨论

式（5-1）可能遗漏了同时影响金融机构客户经理农业信用担保业务供给意愿和随机扰动项的重要解释变量，如金融机构客户经理的业务经历、金融机构内部业务压力等因素。同时，金融机构客户经理供给农业信用担保业务的意愿可能与机构自身业务特征互相影响。如金融机构农业信用担保业务操作流程越规范，客户经理供给农业信用担保业务的意愿可能越高。相反，供给意愿越高，也可能促进金融机构进一步完善农业信用担保业务流程，从而产生反向因果问题，使得式（5-1）估计出现内生性。目前，Bioprobit 模型和 CMP 方法被学者们广泛应用于模型内生性问题的解决。

Bioprobit 模型和 CMP 方法的差别体现在 CMP 方法通过多种模型的混合过程对所设定的式（5-1）进行估计，而 Bioprobit 模型是通过完全信息极大似然估计法对式（5-1）进行估计。可见，通过 Bioprobit 模型和 CMP 方法不仅能有效控制内生性问题，而且能将二者计量回归结果进行对比，以佐证内生性检验结果是否具有稳健性。因此，本章尝试以客户经理在求学期间是否获得奖学金作为其业务操作流程规范度的工具变量，并通过 Bioprobit 模型和 CMP 方法验证该工具变量的合理性（见表 5-7）。理论上讲，是否在求学期间获得奖学金是金融机构客户经理学习能力和学习成绩的体现，与其自身条件密切相关，这也会影响到其后期的实际业务操作。同时，是否在求学期间获得奖学金并不会直接影响其供给农业信用担保业务的意愿。

表 5-7 内生性检验结果

变量名称	Bioprobit 模型		CMP 方法	
	第一阶段	第二阶段	第一阶段	第二阶段
业务操作流程规范度		0.4523*		0.5058**
		(0.2435)		(0.2603)
奖学金	0.6769***		0.6723***	
	(0.1793)		(0.1869)	
athroh	−0.0895			
	(0.3189)			
atanhrho 12			−0.1541	
			(0.3383)	
内生性检验参数 P 值	0.779	0.649		
其他控制变量	控制		控制	
Wald 检验	84.79***		177.80***	

表 5-7 中 Bioprobit 模型和 CMP 方法的一阶段回归结果表明，是否在求学期间获得奖

学金与其业务操作流程规范度在1%水平下显著正相关。同时，由二阶段回归结果可知，将奖学金这一工具变量引入模型进行回归，均在10%水平下显著正相关，满足工具变量的外生性。进一步来看，Bioprobit 模型和 CMP 方法的内生性检验参数 P 值分别是 0.779和 0.649，都表明金融机构业务操作流程规范度不是金融机构客户经理开展农业信用担保业务意愿的内生解释变量。另外，对客户经理开展农业信用担保业务的模型进行豪斯曼检验后发现，豪斯曼检验的 P 值是 0.657，即说明本章选取的担保机构特征、被担保人特征、受保人特征和地方金融环境特征均为外生变量，这也从侧面表明式（5-1）不存在严重内生性问题，同样表明，农业信用担保业务操作流程越规范，金融机构客户经理供给农业信用担保业务意愿的概率越高这一结论是可靠的。

5.5.4　稳健性讨论

为检验前文估计结果稳健性，本章共进行三种稳健性检验。第一，将被解释变量的赋值由五级变量调整为三级变量，即将非常消极和较消极归并为消极，将非常积极和较积极归并为积极，再对解释变量重新进行回归；第二，将所有解释变量的赋值由五级变量调整为三级变量，再重新对其进行回归；第三，将 Oprobit 模型替换为 Ologit 模型，并计算各解释变量的概率比，以反映前文基准回归结果和概率预测结果的稳健性。如表 5-8 所示，多种稳健性检验的结果均与前文基准回归结果相类似，表明表 5-3 关于农业信用担保业务供给意愿影响因素的回归估计结果具有稳健性。

表 5-8　稳健性检验结果

变量	（1）	（2）	（3）	（4）
担保机构业务规模	0.2631 *** (0.0912)	0.2803 ** (0.1357)	0.5695 *** (0.1635)	1.7674 *** (0.2652)
担保机构内部控制	0.3010 *** (0.1157)	0.2501 ** (0.1147)	0.3953 *** (0.1411)	1.4848 *** (0.1970)
担保机构风险防范	0.4870 *** (0.1054)	0.5965 *** (0.1125)	0.5656 *** (0.1438)	1.7605 *** (0.2444)
农地规模化程度	0.1965 ** (0.0897)	0.0622 (0.1042)	0.2429 * (0.1429)	1.2749 * (0.1650)
农业资产价值	0.2529 *** (0.0923)	0.3675 *** (0.1114)	0.3972 *** (0.1431)	1.4876 *** (0.1893)
被担保人性质	−0.0055 (0.0883)	0.0103 (0.1091)	0.1274 (0.1232)	1.1359 (0.1489)
被担保人文化程度	0.3252 ** (0.1276)	0.1465 (0.1311)	0.2703 * (0.1516)	1.3103 *** (0.1957)
被担保人信用水平	0.2590 ** (0.1276)	0.3734 *** (0.1311)	0.4245 *** (0.1564)	1.5289 *** (0.2378)

变量	(1)	(2)	(3)	(4)
业务操作流程规范度	0.1693 *	0.4358 ***	0.6616 ***	1.9379 ***
	(0.1015)	(0.1235)	(0.1469)	(0.2704)
业务发展前景	0.2267 **	0.1897 *	0.1881	1.2070
	(0.1082)	(0.1100)	(0.1684)	(0.1699)
政策扶持	0.0167	0.2111 **	0.2162 **	1.2414 **
	(0.0778)	(0.0974)	(0.1093)	(0.1333)
担保体系完善程度	0.0968	0.2133 **	0.1871	1.2058
	(0.0863)	(0.1012)	(0.1239)	(0.1476)
市场竞争压力	0.0623	0.1086	0.1070	1.1129
	(0.0736)	(0.1188)	(0.1195)	(0.1321)
Pseudo-R^2	0.2482	0.1668	0.1807	0.1807
对数似然值	−127.59	−228.44	−224.62	−224.62
WaldX^2	61.95 ***	91.82 ***	69.34 ***	
LRX^2				99.09 ***

5.6 结论及政策启示

基于宁夏西吉县和江苏阜宁县187份信贷员微观数据，通过Oprobit模型研究农业信用担保业务供给意愿影响因素及其概率预测。主要结论如下：（1）63.64%的信贷员愿意积极开展农业信用担保业务，表明现阶段金融机构供给农业信用担保业务意愿较高。（2）信贷员开展农业信用担保业务意愿的高低既与其对担保机构业务规模、内部控制、风险防范的评价正向相关，还与其对农户农地规模化程度、农业资产价值和农户信用水平的评价正向相关，也与其对农业信用担保业务操作流程规范、政策扶持和担保体系完善程度的评价正向相关。（3）给定其他变量，在各解释变量取特定值时，信贷员供给农业信用担保业务意愿的概率曲线呈"倒U形"。因此，信贷员在供给农业信用担保业务时，可以以概率曲线最高点所对应的解释变量取值作为是否供给农业信用担保业务的重要参考。（4）两地金融机构供给农业信用担保业务意愿的概率与问卷统计结果较为接近，但具体的意愿分布存在一定差异，而引起差异的主要原因既有宏观因素，也有中观因素。

基于上述研究结论，本章得出如下政策启示：第一，完善农业信用担保业务政策，加大政府财政资金投入。金融机构应完善农业信用担保业务相关政策措施，规范农业信用担保业务流程，淡化对被担保人的性质和文化程度的要求，重视对农户农地规模化、农业资产价值和信用水平的评判，从而缓解信贷员对农户违约风险的担忧。同时，政府应加大对农业信用担保机构的财政资金投入，为农业信用担保机构提供财政贴息、税收减免、风险补偿基金等财政支持，以充分发挥担保机构对金融机构供给农业信用担保业务的内在激励。第二，重视农户异质性和地方金融环境差异，因地制宜地开展农业信用担保业务。考虑到不同地区不同农户的农地规模化程度、农业资产价值和信用水平存在一定差异，金融机构可对被担保人的特征进行详细划分，充分重视农户异质性特征，并确定每个特征对业务开展的影响程度，结合概率预测结果来初步判定对某个农户开展农业信用担保业务的概率，提高农业信用担保业务处理效率。同时，政府和金融机构在制定农业信用担保业务政策时，需充分结合当地业务开展现状、经济水平及金融生态环境等，健全农业信用担保业务配套设施，切实发挥财政支农的信用担保杠杆作用，不能"一刀切"。例如，在经济水平高、农业发展快的地区，可积极扩大风险补偿基金规模，引入保险机构以降低金融机构对农业信用担保业务风险的顾虑。相反，在经济水平低、农业发展缓慢的地区，供给农业信用担保业务应积极发挥政府的引导作用，如积极推进农户信用评级工作，支持、引导农户向种养殖大户、农民合作社和家庭农场等经营方式过渡和衔接，为农户增信，以分散金融机构供给农业信用担保业务的金融风险。

6 家庭禀赋、政策认知与农业信用担保融资约束

——基于陕西、宁夏 765 份农户调查数据

6.1 引言

近年来，随着我国农村金融深化改革的推进以及数字金融的蓬勃发展，农户贷款难问题在一定程度上得到缓解。但农村金融市场仍面临着"融资难、抵押难、担保难"的困扰，农村有效担保物匮乏、农户政策认知不足、农业经营主体信用缺失以及相应信贷担保法律制度对农村环境的不适应等因素，是制约农村正规金融机构供给以及农民增收的重要原因。农业信用担保作为连接农业经营主体与金融机构的介质，是传导信贷需求、识别身份信息、评估信贷风险、建立信贷关系的重要条件，对于有效缓解农村金融市场供求矛盾具有关键性意义。2020 年，中央一号文件《关于抓好"三农"领域重点工作确保如期实现全面小康的意见》（以下简称《意见》）指出，发挥全国农业信贷担保体系作用，做大面向新型农业经营主体的担保业务。对机构法人在县域、业务在县域的金融机构，适度扩大支农支小再贷款额度。从国家的视角提出了农业信用担保体系任务的紧迫性和目标战略性。

一方面，中国农村是乡土社会、熟人社会，血缘、地缘关系使得人与人之间的生活紧密联系在一起，利用熟人社会的内部道德约束债务人和保证人，可以更好地保证银行资金安全。与抵押质押担保相比，保证担保没有特定的形式要件要求，不需要登记或交付以公示，保证合同的签订也比较灵活，可以签订合同书、保证条款、单方保函，甚至口头协议，只要银行接受即可。另一方面，农户及农村中小企业缺乏有效抵押物和质押物，农村地区农业信用担保的微观主体（即农业信用担保公司）稀缺，通过信用担保公司向银行贷款的农户相对较少。从而"自然人担保"和"中介组织担保"的第三方担保方式，即"以人为载体"的保证担保更具有优越性、适应性，成为大多数农户首选的担保贷款方式，并且保证担保在古罗马时代就被称为"最佳担保"。虽然村落内部的"捆绑式"担保使农户与金融机构之间信息不对称的问题得到了一定程度的改善，降低并分担了银行等金融机构的贷款风险，但依然存在融资需求缺口导致的农户收入水平低、增速慢等问题。

当前，国内学术界主要从农业信用担保贷款运行机制、农村信用担保机构发展、农户信用担保模式、农业信用担保制度、信用担保网络、信用担保与风险等方面分析了中国农业信用担保贷款运行机制、信用担保机构发展与运行效率，探讨了农户以及中小企业参与信用担保贷款可得性、模式与融资风险等情况。国外学术界主要是从农村信用担保机构、农村金融机构、中小企业以及政府等不同视角对农业信用担保计划运行效果、

农业信用担保体系风险、农业信用担保体系的支持政策等方面做了深入剖析，为完善信用担保体系和农村金融服务体系，提高信用担保体系运行效率提出经验借鉴。

梳理文献可知，已有研究存在以下不足：一是，虽然学术界已有农户融资模式、融资意愿、担保公司等因素对借贷行为的影响研究，但忽视了农村地区缺乏担保机构这个"放大镜"，缺少从农户本身出发即自然人担保或中介组织担保时所面临的融资困境分析；二是，有关农户家庭禀赋和政策认知对农业信用担保融资约束的影响研究还不够充分；三是，鲜有从农户融资需求缺口的视角分析农业信用担保融资约束，并对融资需求缺口带来的经济后果的研究。鉴于此，本章试图从理论上阐释家庭禀赋与政策认知影响农户融资约束的机理，基于农户家庭经营类型与家庭资产估值对样本进行分类，探究融资需求缺口对农户家庭收入水平的异质性影响，以期从需求侧视角探寻农业信用担保的能动性因素，补充和完善现有的农业信用担保理论研究，为推动我国农业信用担保制度在县域、乡（镇）基层的建立和进一步延伸提供实践经验和理论指导，为优化和创新符合农村区域特点的农业信用担保政策提供实证参考。

6.2 理论分析与研究假说

6.2.1 家庭禀赋影响农业信用担保融资约束的理论分析

家庭经济资本与社会资本对农户的融资能力均有显著影响。农户从正规渠道融资的能力主要受家庭初始经济水平影响，而从非正规渠道融资的能力不仅受到家庭经济资本的影响，还会受到社会资本的影响。家庭禀赋要素程度不同，则农户选择的贷款途径也不同。家庭人力资本越丰富，越有助于获得非正规金融机构贷款；农户家庭经济资本越丰富，其融资需求越难以被非正规金融机构满足，从而会向正规金融机构申请贷款；家庭社会资本越丰富，农户凭借"人脉关系"，越容易从正规金融机构获得贷款。

随着土地集中和农业生产的规模化，农户信贷需求与金融机构信贷供给之间存在结构性不匹配的问题，农地规模的扩大导致农户有效信贷需求难以满足，从而更容易受到信贷约束，同时，信贷约束会抑制留守农户耕地经营规模的扩大和生产性资本投入的提升。社会资本对农户不同金融渠道的信贷约束均起到一定缓解作用。然而，调查发现贫困户除了满足自身基本需求以外，并没有额外资本用于其他方面的投资，如人力资本、社会资本等。若给定社会网络，贫困户没有额外资本投资于社会网络用以扩展融资渠道，降低了民间借贷的可得性。另有研究表明，从信贷量的角度研究农户所受到的融资约束，测度农户金融需求的满足状况和信贷需求缺口，观测农村金融制度、金融产品和金融服务是否符合农村实际，是合理进行农村金融制度安排的基本前提。农户资产水平的高低与其能否从金融机构获得贷款以及能否获得足额贷款的能力具有正向关系，随着农户家庭财富的增加，其能够接受的抵押、担保等非价格条件就越多，能够获批的金额也会随之增加。但同时低资产农户的信贷需求缺口最大，高资产农户的信贷需求缺口最小。总体上讲，家庭经济资产、家庭社会资本、家庭人力资本等因素均对农户融资约束产生影响，但不同的禀赋因素对其产生的影响程度也不同。鉴于此，本章提出以下假说：

H1：家庭禀赋各要素对农业信用担保融资约束有异质性影响。

H1a：家庭人力资本对农业信用担保融资约束有负向影响。

H1b：家庭经济资本对农业信用担保融资约束有负向影。

H1c：家庭自然资本对农业信用担保融资约束有正向影响。

H1d：家庭社会资本对农业信用担保融资约束有负向影响。

6.2.2 政策认知影响农业信用担保融资约束的理论分析

信贷配给是指资金需求者有支付现行利率的意愿和能力，如果不能以该利率获得资金，则会受到信贷配给限制。担保贷款更依赖农户的社会关系和其家庭资产数量，金融机构发放担保贷款时最重视的因素主要是农户种植规模、能否找到合格的担保人和其资产价值；现收入水平对农户贷款可得性和贷款额度均有显著正向影响，农户家庭收入越高，贷款可得性和贷款额度优势越明显。农户家庭所拥有的土地资产、固定资产以及消费型耐用品越多，则越容易获得贷款。抵押和担保仍然是农户获得正规信贷的主要方式，要从根本改变农户金融约束状态，还需要从需求端进行结构调整，加强金融宣传教育和引导，提高农户的金融知识和金融意识、强化对互联网金融的认知，减少农户自我配给。农户信用担保贷款可得性的主要影响因素为农户的生产规模、家庭资产、户主年龄及文化程度、家庭收入水平、社会网络、金融知识等。

另外，政策认知度的高低在参保行为对农户化学要素投入倾向的作用发挥中起着重要作用。农户对化肥施用量、施用环境效应和减施政策认知程度越高，则越会减少化肥的施用。Asogwa 基于尼日利亚贝努尔州 130 位农民数据，分析了当地农民获得农业信贷的机会，发现家庭规模、政策意识等因素对农民获取农业信贷有重大影响，提出应努力使农民更加了解正规农业信贷政策，从而提高农民获得信贷的机会。农户对政策认知程度的提高，有助于农户做出理性决策。鉴于此，本章试图从政策认知的角度对农业信用担保贷款可得性的影响机理进行剖析。信贷政策认知程度越高，农户对申贷要求和贷款办理流程就越了解，从而在一定程度上提高了贷款意愿；同时，农户的风险责任意识也得到增强，其对农业生产投资选择、农业与非农业经营的比较收益、以及贷款违约带来的失信风险等能有较准确的衡量。因此，在农业信用担保贷款不受金融供给约束的情况下，良好的政策认知能够促进农户获得贷款。由此，本章提出以下假说：

H2：政策认知对农业信用担保融资约束有负向影响。

6.2.3 家庭禀赋与政策认知的交互作用影响农业信用担保融资约束的理论分析

家庭禀赋是多维度客观考量农户家庭所拥有的各类资源的集中指标，家庭禀赋可提升农户在借贷行为中的信用度和直接决定农户的授信额度，以人力资本、经济资本、社会资本、自然资本为主要维度的农户家庭禀赋越高，农户越容易获得银行贷款。政策认知则是农户自身对贷款政策以及办理流程的主观反映，农户对正规金融机构借贷政策认知程度越高，农户对申贷要求以及自身条件更加明确，有针对性地选择贷款产品，准确地申请贷款额度，有助于农户借贷需求的增加。理论上讲，政策认知为农户参与信用担保贷款提供了基础条件，有助于农户获得贷款；但农户政策认知又受到家庭禀赋的影响，例如家庭社会资本就对农户政策认知具有直接影响，所以，拥有不同家庭禀赋的农户对其贷款相关政策的了解程度不同。在已有的家庭禀赋资源基础上，当农户拥有较低的政策认知水平时，部分农户会降低申贷信心，影响农户的贷款行为预期和行为选择，导致长期信贷需求压抑，阻碍农户申请并获批贷款，形成不同程度的融资约束；而当农户拥有较高的政策认知水平时，有利于农户做出理性贷款决策，农户贷款可得性得到提高，进而缓解了融资约束。由此，本章提出如下假说：

H3：政策认知能够增强家庭禀赋对农业信用担保融资约束的缓解效应。

综上所述，总体上家庭禀赋和政策认知对农业信用担保融资约束具有不同程度的影响，其可能的影响机理（见图6-1）为：其一，家庭禀赋通过家庭人力资本的提升、家庭社会资本的积累、家庭经济水平的提高，进而缩小了农业信用担保融资需求缺口；其二，政策认知通过增加对农业信用担保贷款政策和业务办理流程的熟悉度，进而提高了农业信用担保贷款可得性，二者共同作用缓解农业信用担保融资约束。

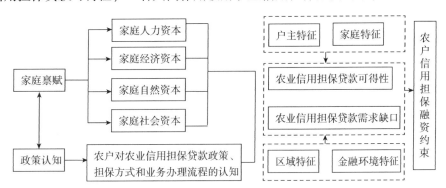

图6-1　家庭禀赋和政策认知对农业信用担保融资约束的影响机理

6.3　研究设计

6.3.1　数据来源及样本基本情况

本章数据源于西北农林科技大学农村金融研究所2019年7~8月在陕西永寿县、宁夏西吉县开展的主题为"农户对农业信用担保贷款融资意愿"的实地调研。陕西和宁夏作为西部地区农业大省，农业规模经营和产业化发展为当地农业信用担保贷款业务开展提供了重要支撑。调查组选取永寿县常宁镇、店头镇、渠子镇、马坊镇4个农业产业发展领先乡（镇），同时，兼顾乡（镇）经济发展水平差异，选取监军镇、甘井镇、永平镇3个一般乡镇进行抽样；调查组在西吉县选取吉强镇、将台堡镇、马莲乡、硝河乡、新营乡、田坪镇、马建乡等 10 个反映不同经济发展水平的代表性乡（镇）。在整个调查过程中，每个样本乡（镇）按照相同标准分层选取 2~3 个样本村（自然村），在每个样本村随机选择 20~30 个样本农户（主要为家庭生产经营决策人）进行访谈，保证了样本的随机性和代表性。本次调研共发放问卷 1041 份，筛选出具有贷款需求问卷 765 份，问卷有效率 73.49%，共涉及两省（区）两县，17 个乡（镇）45 个自然村。

样本基本情况如表 6-1 所示。可以看出，样本在陕西永寿和宁夏西吉的分布比例分别为 70.07% 和 29.9%。从个体基本特征看，样本中，男性和女性受访者的比例分别为 72.94% 和 27.06%；60 岁以下占 53.20%，60 岁以上占 46.80%，可见农村留守老人现象依旧普遍；受教育程度普遍为初中及以下水平，占比为 86.02%。从家庭特征看，家庭经营类型为纯农业、农业为主兼营其他、非农业为主兼营其他、非农业家庭的比例分别为 16.86%、23.01%、52.68% 和 7.32%；家庭土地经营面积主要集中在 10 亩及以下，占样本总量的 70.98%；家庭年收入水平多数集中在 10 万元及以下，占比为 86.15%。从农业信用担保贷款的参与情况来看，未参与和已参与的样本比例分别为 44.97% 和 55.03%。

表 6-1 样本农户基本情况

项目	变量	样本量	比例（%）	项目	变量	样本量	比例（%）
受访者性别	男	558	72.94	家庭经营类型	农业为主兼营其他	129	16.86
	女	207	27.06		纯农业	176	23.01
户主年龄	30 岁以下	40	5.23		非农业为主兼营其他	403	52.68
	31~40 岁	71	9.28		非农业家庭	56	7.32
	41~50 岁	156	20.39	家庭土地经营面积	10 亩及以下	543	70.98
	51~60 岁	140	18.30		11~50 亩	212	27.71
	60 岁以上	358	46.80		51 亩及以上	10	1.31
户主受教育程度	小学及以下	398	52.03	家庭年收入水平	5 万元及以下	427	55.82
	初中	260	33.99		5 万~10 万元	232	30.33
	高中（含中职）	82	10.72		10 万~20 万元	81	10.59
	大专及以上	25	3.2		20 万元以上	25	3.27
地区分布	陕西永寿	536	70.07	农业信用担保贷款参与情况	未参与	344	44.97
	宁夏西吉	229	29.9		参与	421	55.03

6.3.2 变量选取及描述性统计

1. 被解释变量。农业信用担保融资约束。本章从农业信用担保贷款可得性与融资需求缺口两方面分析农户面临的农业信用担保融资约束。其中，农业信用担保贷款可得性指农户以自然人或中介组织为担保，向正规金融机构申请贷款并能够获批贷款的经济行为；农业信用担保融资缺口指从信贷量的角度研究农户所受到的融资约束，测度农户金融需求的满足状况，参考何明生等，本章将农业信用担保融资需求缺口界定为农户贷款需求金额与贷款获批金额之间的差值。

2. 核心解释变量。

（1）家庭禀赋。家庭禀赋是指家庭成员及整个家庭所拥有的包括了天然所有的及后天获得的资源和能力，主要包括家庭的人力资本、经济资本以及社会资本等方面内容，其对于家庭成员的生存发展、行为决策有重要影响。鉴于此，结合中国农村实际，本章从家庭人力资本、家庭社会资本、家庭经济资本和家庭自然资本4个方面的禀赋出发设计家庭禀赋调查题项。在问卷中，分别用"户主年龄""户主工作经验""家庭供养比"来衡量家庭人力资本；用"是否有家庭成员或亲戚、朋友担任（过）村干部""是否有家庭成员或亲戚、朋友（曾）在银行、信用社、担保公司工作（过）""是否有家庭成员或亲戚、朋友在政府部门任职（过）"来衡量家庭社会资本；用"家庭资产估值"来衡量家庭经济资本；用"土地经营面积"来衡量家庭自然资本。

（2）政策认知。政策认知是本章另外一个核心解释变量，主要分为农户对农业信用担保贷款政策认知、农业信用担保方式认知和农业信用担保贷款办理流程认知，即通过这三方面考量政策认知。在问卷题项中，通过"您对农业信用担保贷款政策了解吗？"衡量农户对农业信用担保贷款政策的认知；通过"您了解的农业信用担保方式有几种？"衡量农户对农业信用担保方式的认知；通过"您是否了解农业信用担保贷款办理流程？"衡量农户对农业信用担保办理流程的认知。

3. 控制变量。本章选取受访者性别、年龄、受教育年限等来反映个体特征；用"当地农村金融机构设立的机构数目如何""家到达最近的农村金融机构的交通是否便利""当地信用社或者商业银行开展农业信用担保贷款业务是否积极""当地农村金融机构的信誉如何""当地农村金融机构工作人员的服务态度是否满意"来衡量区域金融环境；将地区分为陕西永寿县、宁夏西吉县，作为地区变量。为了尽量消除变量遗漏带来的估计偏差，同时考虑到农村家庭内部较强的异质性，本章还引入了其他相关变量，如"家庭经营类型""家庭成员累计受过政府表彰、社会表彰、（村）集体表彰、个人表彰及其他表彰次数""家庭有无银行欠款，大概多少？""您是否参与过当地的政策性农业保险？"等问题作为补充。所用变量的定义与描述性统计如表6-2所示。

表6-2 变量含义及描述性统计

变量名称	定义	均值	标准差	最小值	最大值
被解释变量					
信用担保贷款可得性	1＝是，0＝否	0.5503	0.4978	0.0000	1.0000
融资需求缺口	农户贷款需求金额与获批金额的具体差值（元）	53777.4900	78547.3900	0.0000	722000.0000
核心解释变量					
家庭禀赋					

续表

变量名称	定义	均值	标准差	最小值	最大值
年龄	具体数值（岁）	58.3686	15.4058	17.0000	88.0000
工作经验	年龄—受教育年限	45.2824	16.9655	0.0000	78.0000
家庭供养比	非劳动力/总人口	0.3939	0.2495	0.0000	1.0000
家庭资产估值	全部财产或资产估值（元）	268241.5000	295244.3000	2200.0000	5710000.0000
土地经营面积	当年实际经营面积（亩）	13.4837	73.0635	0.0000	2000.0000
家庭成员或亲戚朋友村干部、银行或政府任职情况	1=有，0=无	0.1869	0.3901	0.0000	1.0000
政策认知					
农业信用担保贷款政策认知	1=没听说过，2=听说过一点，3=一般，4=基本了解，5=非常了解	2.2706	1.2908	1.0000	5.0000
农业信用担保方式认知	所了解的农业信用担保方式有几种	1.2235	1.1422	0.0000	4.0000
农业信用担保贷款办理流程认知	1=没听说过，2=听说过一点，3=一般，4=基本了解，5=非常了解	2.1320	1.2331	1.0000	5.0000
控制变量					
家庭受表彰情况	家庭成员累计受过政府、社会、（村）集体、个人表彰等次数	1.1935	0.5916	1.0000	5.0000
家庭农业保险购买情况	1=购买，0=未购买	0.5569	0.4971	0.0000	1.0000
家庭正规金融机构负债情况	1=无，2=2万元以下，3=2万~5万元，4=5万~8万元，5=8万~10万元，6=10万元以上	1.6536	1.2060	1.0000	6.0000
性别	1=男，0=女	0.7294	0.4446	0.0000	1.0000
家庭经营类型	1=纯农业，2=农业为主兼营其他，3=非农业为主兼营其他，4=非农业	2.5072	0.8586	1.0000	4.0000
金融环境变量					
当地农村金融机构数量	1=非常少，2=比较少，3=一般，4=比较多，5=非常多	2.6013	0.8495	1.0000	5.0000
到金融机构交通便利情况	1=非常不方便，2=不方便，3=一般，4=比较方便，5=非常方便	3.6784	0.8599	1.0000	5.0000

续表

变量名称	定义	均值	标准差	最小值	最大值
金融机构开展农业信用贷款业务积极情况	1＝非常不积极，2＝不积极，3＝积极，4＝比较积极，5＝非常积极	3.1333	0.7995	1.0000	5.0000
金融机构工作人员服务态度	1＝非常不满意，2＝不满意，3＝满意，4＝比较满意，5＝非常满意	3.8510	0.6562	1.0000	5.0000
地区变量	陕西＝1，否＝0	0.7007	0.4583	0.0000	1.0000
	宁夏＝1，否＝0	0.2993	0.4583	0.0000	1.0000

6.3.3 模型设定

基于前文的理论分析，农户参与农业信用担保贷款行为可分为两个行为决策：第一个行为决策是农户是否获得贷款；第二个行为决策是农户所面临的融资需求缺口。只有当农户获得了贷款时，才能观测出农户的融资需求缺口。因此本章选择 Heckman 两阶段模型来克服存在的选择偏误问题。具体模型分为以下两个阶段：

第一阶段，利用所有观测数据，对农户是否获得了农业信用担保贷款采用二值 Probit 模型进行分析。考虑到 OLS 估计中可能存在样本选择性偏误，所以需要从式（6-1）中计算出逆米尔斯比率（inverse Millsratio）λ，作为修正参数纳入第二阶段进行估计。

$$Z_i^* = a_0 + a_1 X_i + a_2 C_i + \varepsilon_i \tag{6-1}$$

$$Z_i = \begin{cases} 1, & 若 Z_i^* > 0 \\ 0, & 若 Z_i^* \leq 0 \end{cases} \tag{6-2}$$

式（6-2）中 Z_i^* 为第 i 个农户信用担保贷款可得性的潜变量，若农户获得贷款即 $Z_i^* > 0$ 则 $Z_i = 1$，反之 $Z_i = 0$。X_i 为影响农业信用担保贷款可得性的家庭禀赋变量与政策认知变量，C_i 为控制变量，ε_i 为误差项。

第二阶段，选择 $Z_i = 1$ 的样本，利用 OLS 方法对方程进行估计，并将 λ 作为方程的一个额外变量以纠正样本选择性偏误，即：

$$Lny_i = b_0 + b_1 Z_i + b_2 C_i + b_3 \lambda + \mu_i \begin{cases} 可观测，若 Z_i = 1 \\ 不可观测，若 Z_i = 0 \end{cases} \tag{6-3}$$

式（6-3）中 Lny_i 为第二阶段的被解释变量，即农业信用担保融资需求缺口的对数值；$Z_i \supset X_i$ 为包含家庭禀赋、政策认知等影响农业信用担保融资缺口的解释变量，b_1、b_2、b_3 为待估系数，μ_i 为误差项。若系数 b_3 通过了显著性检验，即农户样本选择性偏误是存在的，则说明 Heckman 两阶段估计方法对于纠正样本选择性偏误效果明显，采用 Heckman 两阶段模型是合适的。

6.4　实证结果与稳健性检验

本章实证分析的顺序为：首先，探究家庭禀赋、政策认知以及各个维度指标对农业信用担保融资约束的影响；其次，同时加入两个变量各个维度指标的交互项，深入剖析家庭禀赋和政策认知的交互作用对农业信用担保融资约束的影响效应；最后，对模型结果进行稳健性检验。

6.4.1　家庭禀赋、政策认知分别对农业信用担保融资约束的影响分析

根据前文的模型选择，本章采用 Stata15.0 计量软件进行估计。从估计结果可以看出，逆米尔斯比率在1%的水平上显著。这说明，农户的信用担保融资行为存在样本选择性偏误问题，本章使用 Heckman 两阶段模型是合适的。根据表6-3中的模型估计结果，以下将重点探讨家庭禀赋和政策认知两方面因素对农业信用担保贷款可得性与融资需求缺口的影响。

1. 家庭禀赋因素。

（1）家庭人力资本。从估计结果来看，户主年龄和工作经验在两个模型中分别在1%、5%的水平上显著，但是其影响方向不同。户主年龄对农户能够获得信用担保贷款、融资需求缺口均具有负向影响，户主工作经验对农户能够获得信用担保贷款、融资需求缺口均具有正向影响。另外，家庭供养比均在1%的显著性水平上对农户能够获得信用担保贷款、融资需求缺口均具有负向影响。这表明青年户主、有工作经验的、家庭供养比较小的家庭更容易获得农业信用担保贷款，假说 H1a 得到证实。原因在于青年户主家庭正处于资本积累期，常面临大量的资金需求，申请贷款的意愿更加强烈，同时金融机构更倾向对年轻人发放贷款，因此青年户主主动申请并获得信用担保贷款的概率较大。根据舒尔茨人力资本理论，丰富的教育与工作经验能够使农户拥有良好的生产发展技能和社会网络关系，提高了家庭收入的稳定性，抗风险能力和贷款偿还能力得到增强，且易于找到担保人，参与并获得贷款的概率更大。供养比较小的家庭经济压力较弱，在有资金需求时，向银行申请贷款以及能够按时全额偿还贷款的信心更足，不易受到信用担保融资约束。

从融资需求缺口回归结果可以看出，年龄越大、工作经验越丰富的家庭面临的信用担保融资需求缺口更大。当中老年户主、工作经验丰富的家庭在生活以及生产经营资金需求较大时，受到60岁年龄限制，银行一般会缩减贷款发放额度，且相对年轻人来说，中老年户主对贷款利息的承受能力不高，因此其面临的大规模资金需求难以通过银行信用贷款得到满足，导致家庭面临较大的融资需求缺口。

（2）家庭经济资本。家庭资产估值均在5%的显著性水平上对农业信用担保可得性及融资需求缺口产生正向影响，假说 H1b 得到证实。家庭资产估值中最主要的是住房房产估值（即房屋经济价值）、门店估值及各类交通工具价值等，这些固定资产在一定程度上体现了一个家庭的财富水平。银行在发放信用担保贷款时出于风险考虑，也会将农

户固定资产作为重点参考标准，因此家庭资产估值越高，农户能够获得信用担保贷款的概率越高。但根据实地调研情况，由于农村家庭缺乏银行所需的抵押物，目前涉农银行发放农业信用担保贷款的额度还比较小，调研发现农业信用担保贷款获批金额在20万元及以上的仅占4.988%，贷款获批额度尚不能满足家庭资产估值较高家庭的资金需求，因此，目前农村地区家庭资产估值较高的家庭仍面临较大的融资需求缺口。

表6-3 Heckman两阶段模型估计结果

变量	具体指标	(第一阶段)农业信用担保贷款可得性		(第二阶段)农业信用担保融资需求缺口	
		系数	Z值	系数	Z值
核心解释变量					
家庭人力资本	户主年龄	-0.1792***	-9.49	-0.0258*	-1.81
	户主工作经验	2.3979***	5.16	0.4595**	1.88
	家庭供养比	-1.2567***	-3.17	-0.5169***	-2.48
家庭经济资本	家庭资产估值	0.0453**	2.36	0.1154**	2.12
家庭自然资本	土地经营面积	0.0121	1.52	0.0008**	2.21
家庭社会资本	家庭社会网络情况	0.3217***	3.63	0.0580	0.33
政策认知	贷款政策认知	0.1152**	2.06	0.1081**	2.42
	保方式认知	0.1808*	1.91	0.1096**	2.38
	贷款办理流程认知	0.1297**	2.48	-0.1041***	-2.43
控制变量	家庭受表彰情况	0.0844	0.38	0.1036	1.01
	家庭农业保险购买情况	0.5705***	2.81	0.1576*	1.70
	家庭正规金融机构负债情况	-0.5845***	-5.57	0.1039*	1.76
	受访者性别	0.3112	1.42	-0.1104	-1.18
	家庭经营类型	0.3302***	2.58	0.1400**	2.48
	金融机构数量情况	0.0609	0.46	-0.1265**	-2.28
	到金融机构交通是否便利	0.0595	0.47	0.0802	1.34
区域金融环境特征	银行开展信用贷款是否积极	0.2382	2.27		
	金融机构信誉情况	0.2165	1.06	-0.2040**	-2.43
	银行工作人员服务态度	0.2381***	2.54	0.2292	0.87
地区变量	陕西	0.2724	1.02	-0.1875*	-1.75
	宁夏				
常数项		0.4459***	5.17	8.2252***	9.38
逆米尔斯比率(λ)				0.5136***	2.60
Wald检验	106.03				
Prod>χ²	0.0000				

注：*、**、***分别表示在10%、5%、1%的水平上显著，下同。

（3）家庭自然资本。土地经营面积对农户信用担保贷款可得性有正向影响，该影响不显著；但对信用担保贷款融资需求缺口在 5% 的显著性水平下产生正向影响。假说 H1c 得到证实。原因是土地经营面积较大的农户一般为种植大户，贷款需求旺盛，连续多年与金融机构存在借贷关系，拥有良好的信用记录，且银行能够准确把握其贷款用途，因此土地经营面积对农户能够获批信用担保贷款产生正向影响。对于已经发放贷款的种植大户，随着种植规模的扩大，其面临的资金需求增多，但由于农业的弱质性，较高的生产风险、市场风险以及投资回报率低使得银行对农业的放贷额度仍然较低，种植大户面临的融资需求缺口也就越大。

（4）家庭社会资本。从实证结果来看，家庭成员或亲戚朋友是否有村干部、在银行或政府部门上班在 1% 的显著性水平上对农户能够获得信用贷款产生正向影响，假说 H1d 得到证实。这符合社会资本理论，也与以往的社会资本与贷款可得性相关研究结论一致（范香梅等，2012），即拥有丰富社会资源的农户家庭能够有更多的机会和优势获得信用担保贷款信息，这能够增加农户获得信用担保贷款的机会和概率。同时村干部家庭、银行职员家庭等公职人员家庭一般有稳定的收入与较高的信用意识，银行更愿意对其发放贷款。

2. 政策认知因素。对于政策认知而言，农户对农业信用担保贷款政策、担保方式以及贷款办理流程认知程度均与农户信用担保贷款可得性呈正相关，通过了显著性检验，表明贷款政策认知程度加深有助于农户获得信用担保贷款，假说 H2 得到证实。一般而言，对于农业信用担保贷款政策了解程度越高、担保方式以及贷款办理流程越熟悉的农户，对贷款相关政策和相关要求的认识就会更加清晰、明确，根据"理性人假设"，农户基于对政策与自身条件的了解，评估和判断自身能够参与的信用担保方式与可能获得贷款的概率，继而做出向银行申请贷款的决策，最终获批贷款的可能性也越高。此外，根据实地调研还发现，出现了部分小农户虽然对贷款政策比较了解，却由于缺乏正规的抵押物或担保人等因素，仍面临较大的融资需求缺口的分流现象，也就解释了贷款政策了解程度对融资需求缺口所产生的正向影响。

3. 控制变量。从控制变量实证结果可以看出，购买农业保险、正规金融机构负债较低的家庭更容易获得信用担保贷款，但是与农业家庭相比，非农业家庭获得信用担保贷款的可能性更高；受访对象的性别与家庭受表彰情况对农户能够获得农业信用担保贷款影响不显著。在区域金融环境特征中，金融机构数量、银行开展贷款业务的积极性、工作人员的服务态度均对农业信用担保贷款可得性有显著正向影响，表明在金融机构数量较多、银行开展信用贷款十分积极以及银行工作人员服务态度比较好的地区，该区域的农户能够获得信用担保贷款的概率较大，可见，当地金融机构的服务态度提高了农户获得信用贷款的可能性。到金融机构的交通便利程度没有通过显著性检验，说明随着普惠金融政策的推进以及数字金融的发展，金融机构服务下沉金融服务打通农村金融服务"最后一公里"取得显著成效，地理距离已经不再成为阻碍农户是否能够获得信用担保贷款的主要原因。

6.4.2　家庭禀赋和政策认知对农业信用担保融资约束的交互影响分析

通过上文分析发现，改善家庭禀赋与政策认知均能显著提高农业信用担保贷款可得性，但拥有丰富的家庭禀赋仍面临着较大的融资需求缺口，融资约束未能充分缓解，并且在现实中，对于多数农户而言，家庭禀赋需要长期投资与积累，短期内难以得到改善。因而从农户自身出发，在已有的家庭禀赋条件下，农户对农业信用担保贷款的政策认知显得尤为重要。基于此，本章进一步探究家庭禀赋和政策认知的交互作用对农业信用担保融资约束的影响。考虑到人力资本包含三个指标（户主年龄、户主工作经验、家庭供养比），首先运用客观赋权法熵值法对人力资本各指标进行赋权，测算家庭人力资本值，其他变量赋值与上文一致，交互作用实证结果如表 6-4 所示。

可以看出，（1）随着家庭人力资本水平的提升，对信用担保贷款政策了解程度较高的农户其贷款可得性显著提高，且融资需求缺口减小；而对担保方式和贷款办理流程认知程度较高的农户其贷款可得性得到提高，融资需求缺口有所扩大，但影响不显著。这表明，人力资本水平高且对担保政策比较了解的农户，能优先掌握农村金融机构发放信用担保贷款所需的条件，从而对自身是否申请贷款做出理性决策，也就更容易获得信用担保贷款，缩小家庭融资需求缺口。（2）随着农户家庭经济资本水平的提高，农户对贷款政策和贷款流程的了解程度越高，其信用担保贷款可得性越高，融资需求缺口越小。这表明，家庭经济资本水平高且对贷款政策和贷款流程更了解的农户，能够灵活利用所拥有的抵押物，充分得到银行认可，降低家庭融资约束。（3）从家庭自然资本实证结果来看，自然资本与贷款政策认知、担保方式认知以及贷款办理流程认知的交互作用对农业信用担保贷款可得性的影响同样不显著，这进一步论证了前文结论，即农户家庭土地经营面积对农业信用担保贷款可得性影响甚微。但相较于小而散农户，加强对规模农户的农业信用担保贷款政策宣传有助于缩小其面临的融资需求缺口。（4）随着家庭社会资本的逐渐累积，对信用担保贷款政策以及贷款类型更加了解的农户家庭，其贷款可得性显著提高，这表明家里有亲戚朋友担任村干部，或在银行和政府部门任职且对贷款政策比较了解的农户家庭，能够受到身边人传递的政策信息及资源影响，贷款政策认知水平随之提高，使得更容易获得贷款。通过以上分析结果得出，农户家庭禀赋对农业信用担保贷款可得性的正向影响效果会随着贷款政策认知的提高而增强，假说 H3 得到了证实。即在家庭禀赋短期内难以改善的制约下，提高农户政策认知水平能够有效缓解农业信用担保融资约束，表现在既能够显著提高农业信用担保贷款可得性，又能够有效缩小融资需求缺口。

表6-4　各家庭禀赋与各政策认知对农业信用担保融资约束的交互影响

变量名称	第一阶段（贷款可得性）		第二阶段（融资需求缺口）	
	系数	Z值	系数	Z值
人力资本×贷款政策认知	0.0552*	1.79	−0.0482*	−1.76
人力资本×担保方式认知	0.0074	0.83	0.0053	0.64
人力资本×贷款流程认知	0.0195	1.18	0.0013	0.18
经济资本×贷款政策认知	0.2198	0.67	−0.3770***	−2.60
经济资本×担保方式认知	0.0112	1.61	0.0649	1.14
经济资本×贷款流程认知	0.1181	0.98	−0.0883***	−2.08
解释变量自然资本×贷款政策认知	0.1480	1.68	0.0201	1.49
自然资本×担保方式认知	0.0039	0.45	−0.0051*	−1.70
自然资本×贷款流程认知	0.0087	0.91	−0.0031	−1.91
社会资本×贷款政策认知	1.5109*	2.03	−0.0218	−0.39
社会资本×担保方式认知	0.5318**	2.90	0.0252	0.45
社会资本×贷款流程认知	0.2019	1.07	−0.0395	−0.57
其他控制变量和常数项			已控制	

6.4.3　稳健性检验

为进一步验证家庭禀赋、政策认知对农户家庭信贷可得性与信贷缺口影响结果的有效性，本章进行下列稳健性检验。首先，运用Logit模型进行检验对比，解释变量和被解释变量与选择方程相同，结果如表6-5检验（1）所示。其次，对样本数据进行1%的异常值缩尾处理，用Heckman模型再次估计，结果如表6-5检验（2）所示。可以看出，稳健性检验结果与上文实证结果基本一致，模型结果较为稳健。

表6-5　稳健性检验结果

核心解释变量	指标	检验（1）		检验（2）	
		第一阶段	第二阶段	第一阶段	第二阶段
家庭人力资本	户主年龄	−0.3306*** (0.0306)	0.0161** (0.0064)	−0.1944*** (0.0213)	−0.0339** (0.0156)
	户主工作经验	3.6394*** (0.5550)	−0.0969 (0.1916)	2.9680*** (0.5548)	0.6514** (0.2905)
	家庭供养比	−1.5941** (0.6518)	0.1760 (0.1428)	−1.2434*** (0.3960)	−0.4929** (0.2093)
家庭经济资本	家庭资产估值	0.2082 (0.2020)	0.1331*** (0.0411)	−0.0513 (0.1275)	0.1026 (0.0572)

续表

核心解释变量	指标	检验（1）		检验（2）	
		第一阶段	第二阶段	第一阶段	第二阶段
家庭自然资本	土地经营面积	0.0287 ** （0.0130）	0.0006 （0.0004）	0.0210 * （0.0116）	0.0039 （0.0043）
家庭社会资本	家庭社会网络情况	0.2572 （0.2576）	0.1981 *** （0.0668）	−0.0956 （0.1839）	−0.3537 *** （0.0876）
政策认知	贷款政策认知	0.3017 * （0.1625）	0.0462 （0.0363）	0.0921 * （0.0911）	0.1106 * （0.0357）
	担保方式认知	0.3118 * （0.1664）	0.0799 ** （0.0374）	0.1747 * （0.0949）	0.1071 *** （0.0464）
	贷款办理流程认知	0.3927 ** （0.1663）	−0.0250 （0.0384）	0.1563 （0.0941）	−0.1006 ** （0.0437）
控制变量		已控制	已控制	已控制	已控制
地区变量		已控制	已控制	已控制	已控制
逆米尔斯比率（λ）					0.5528 ***
Wald 检验			101.57		
P 值		0.0000	0.0000	0.0000	0.0000

注：括号内数值为标准误。

6.5 对农业信用担保融资需求缺口经济后果的进一步分析

通过前文分析发现，在改善农户家庭禀赋的同时，提升政策认知水平能够有效提高农业信用担保贷款可得性，且缩小了融资需求缺口，农业信用担保融资约束得到进一步缓解。但在实地调研中发现，大多数农户在首次申请贷款或再贷款过程中依然面临着不同程度的融资需求缺口，对家庭的生产经营造成了不利影响。鉴于此，本章从家庭收入的视角进一步分析融资需求缺口对农户家庭产生的经济后果，以及对不同经营类型、不同经济条件的农户家庭，又会带来怎样的影响？该部分的实证思路为：首先，探究农业信用担保融资缺口对农户家庭收入水平的影响；其次，将农户按照家庭经营类型、家庭资产估值进行分类，依次加入家庭经营类型与融资需求缺口的交互项、家庭资产估值与融资需求缺口的交互项，深入剖析农业信用担保融资缺口对农户家庭收入水平的差异化交互影响效应。回归结果如表 6-6 所示，其中模型 1、模型 4、模型 7 报告了农业信用担保融资需求缺口分别对家庭总收入、农业收入和非农业收入的影响回归结果；模型 2、模型 5、模型 8 报告了不同家庭经营类型农户面临的融资需求缺口对家庭总收入、农业收入和非农业收入的影响回归结果；模型 3、模型 6、模型 9 报告了不同家庭资产水平农户面临的融资需求缺口对家庭总收入、农业收入和非农业收入的影响回归结果。

表6-6　不同类型家庭面临的融资需求缺口对其家庭收入水平的影响

变量		模型1~模型3 家庭总收入	模型4~模型6 家庭农业收入	模型7~模型9 家庭非农业收入
解释变量	融资需求缺口	-0.0235 (0.0019)	-0.0232 (0.0038)	-1.0371*** (0.0446)
	家庭经营类型×融资需求缺口	-0.1289*** (0.0258)	-0.0665 (0.0554)	-0.0027 (0.0468)
	家庭资产估值×融资需求缺口	-0.0292 (0.0248)	-0.2298 (0.0432)	-0.0281 (0.0398)
控制变量		已控制		

注：省略汇报控制变量及常数项回归结果。

从模型1、模型4、模型7估计结果可以看出，总体上农户面临的融资需求缺口对家庭总收入具有负向影响，进一步区分农业收入和非农业收入，发现农户面临的融资需求缺口主要对非农业收入具有显著负向影响，表明融资需求缺口对家庭非农业收入影响较大，阻碍了家庭总收入的提高。原因可能是农户申请信用担保贷款主要投向于加工等非农产业经营，农业生产投入资金相对较少，一般家庭能够负担，因此农户面临的融资需求缺口主要不利于家庭非农业收入水平的提高。为了厘清不同类型家庭面临的融资需求缺口对其家庭收入水平的异质性影响，进一步从家庭经营类型和家庭资产估值两方面细化农户家庭。

由模型2、模型5、模型8估计结果发现，家庭经营类型和融资需求缺口对家庭总收入具有显著的负向交互作用。这表明，相较于非农业家庭，农业家庭面临的融资需求缺口对其家庭总收入、农业收入和非农业收入的抑制作用更强，且主要表现在农业收入方面。这是因为普通农业家庭收入来源主要依靠农业生产，整体收入水平低，抗风险能力弱，囿于仍负担银行借款，当贷款获批额度未能满足生产所需时，融资需求缺口难以填补，从而影响了家庭财富积累；而非农业家庭整体上比农业家庭收入高，在面临融资需求缺口时，有更多的渠道或者办法进行弥补，从而降低了融资缺口对收入的不利影响，因此融资需求缺口对农业家庭收入水平的负向影响更强。

由模型3、模型6、模型9估计结果可知，家庭资产估值和融资需求缺口对家庭收入水平同样具有负向交互作用，即家庭资产估值越低，融资需求缺口对家庭收入水平提高的阻力越大，尤其在农业收入方面。其原因是，低资产估值家庭意味较低的家庭固定资产财富水平，当家庭面临信用担保融资缺口时，缺乏符合银行要求的抵押物，使得融资缺口更不利于家庭收入水平的提高。综上分析说明，融资需求缺口严重阻碍了农户家庭收入增长，这种阻碍效应对农业家庭和低资产家庭的影响更大。

6.6　结论与政策启示

本章基于陕西永寿县和宁夏西吉县765份农户调查数据，实证检验了家庭禀赋、政策认知对农业信用担保融资约束的影响，并从家庭收入水平的视角，针对不同类型农户家庭面临的融资需求缺口带来的经济后果进行了深入探讨。研究结果表明，第一，丰富的家庭人力资本、经济资本、社会资本禀赋均能够有效缓解农业信用担保融资约束，主要表现在能够显著提高农业信用担保贷款可得性，但未能够有效缩小信用担保融资需求缺口。第二，农户对农业信用担保贷款政策、担保方式以及贷款办理流程的认知程度能够显著提高农户信用担保贷款可得性，缓解融资约束。第三，家庭禀赋与政策认知的交互作用结果表明，家庭禀赋对农业信用担保贷款可得性的正向影响效果会随着农户对政策认知的提高而增强，即在家庭禀赋短期内难以得到改善的制约下，农户的政策认知程度越高，更容易获得贷款，缩小融资需求缺口。第四，研究进一步证实，融资需求缺口严重阻碍着农户家庭收入水平的提高。相较于非农业家庭和高资产家庭，农业家庭和低资产家庭所面临的融资需求缺口对其家庭收入增长的抑制作用更大。

根据上述结论，本章提出以下四方面建议。第一，大力培养"爱农业、懂技术、善经营"的新型职业农民，加强农户家庭禀赋积累。结合当地实际发展状况着重开展农业经营主体带头人技能培训，逐渐形成满足不同层次培训需求的新型职业农民培育体系，提高农户农业技能水平，强化农村基本医疗卫生保障，综合提升农户家庭资本。同时强调农户应充分利用教育资源和当地产业发展资源加强自身禀赋的积累，实现供需两端协同发力，推动我国农业信用担保贷款在县域、乡（镇）基层的进一步延伸。第二，充分发挥社会网络、互联网移动平台作用，多渠道提升农户政策认知水平。充分利用农村社会网络、手机电脑等网络设备加强对农户的农业信用担保贷款政策宣传力度，特别应侧重对规模化农户家庭或资产估值较低家庭的宣传。以村为单位定期组织开展农业信用担保贷款业务办理流程以及手机银行 APP 模拟操作培训活动，同时鼓励农户积极参加正规的金融知识讲座，提高农户贷款信息获取能力，增强自身贷款政策了解程度，多渠道提高农户政策认知水平。第三，针对"小而散"以及家庭禀赋较弱的农户，在提高其贷款政策认知水平的基础上，建立"农户—农民专业合作社/涉农企业—银行"三方联动的信用合作平台，消除小农户与银行之间的信息不对称，降低银行农业信用担保贷款风险，改善家庭生计。与此同时，当地有关金融监管部门应加强农村正规信贷市场秩序管理，减少正规金融机构的"关系型贷款"，增强金融服务的普惠性。第四，针对不同农户群体创新出差异化的信贷产品，缩小融资需求缺口，助力家庭收入增长。鼓励金融机构充分运用金融科技，创新信用担保融资新模式与新业态，开发出贷款利率、贷款金额、还款期限、贷款用途的差异化和多样化的信用担保融资产品，以满足多样化、多层次化农户的融资需求，缩小农村长尾群体融资需求缺口，助力家庭收入稳步提高。

7 农业信用担保贷款与农户家庭收入：抑制抑或促进

7.1 引言

"三农"问题是全党工作的重中之重，提高农民收入一直是"三农"问题的现实难点。2021年，中央一号文件明确指出，"十四五"时期农村依然是最艰巨、最繁重的任务，主要是实现农民收入继续增长，持续缩小城乡居民收入差距。为农户提供农业生产性服务、土地托管和购买农业机械等服务，满足农户正规借贷需求是推动农民收入增长的重要途径。然而，由于我国农村金融有效供给长期不足，农业农村普遍存在"抵押难""担保难""贷款难"问题，农户借贷需求无法得到有效满足，正规信贷可得性依旧较低，这已成为制约我国农业农村发展的瓶颈。为解决农户抵押担保难造成的贷款难问题，进而提高农户正规借贷可得性，促进农户收入增长，农业信用担保业务试点正在迅速开展。2015年7月22日，财政部、农业农村部、银监会印发《关于财政支持建立农业信贷担保体系的指导意见》，明确提出要建立健全覆盖全国的政策性农业信用担保体系，推进农业信用担保业务，解决农户融资难题。

农业信用担保是金融机构为克服农业信贷领域债务人与债权人之间信息不对称而采用的一种金融手段，是解决农户等借款人"抵押难""担保难""贷款难"问题的一种金融方式和制度安排，其本质是农户等借款人通过向金融机构提供抵质押物或第三方担保而获取金融机构资金支持的一种政策性担保融资方式。农业信用担保既是农户等借款人和金融机构之间的信用媒介，也是保障金融机构债权人权利的必要手段。农业信用担保在一定程度上保证了农户等借款人向金融机构传递信息的真实性，降低了金融机构的信息搜寻成本，便于金融机构有效判断农户等借款人的潜在风险，从而抑制农户等借款人和金融机构之间的逆向选择和道德风险。同时，从制度经济学视角来看，若农村金融市场是完全竞争的市场类型，则农业信用担保机制的存在既增加了金融机构和担保机构间的信贷合作激励，也增加了农户等借款人的信贷违约机会成本，从而有利于提高金融机构和担保机构的利润预期。

农业信用担保对于促进信贷资金投向农村融资主体、解除农业信贷约束、提高农业经营主体信贷可得性具有重要现实作用。然而，我国农业信用担保体系目前存在供需失衡、供给侧业务品种单一、需求侧需求结构多样、农村金融制度及征信体系不健全等问题。同时，农业产业弱质性约束、实际财产分布约束、抵押担保品产权交易市场约束、担保手续的法律及相关服务约束导致农村金融市场需求侧产生担保困境。我国农村金融市场上的担保困境主要体现在农户等群体缺乏商业银行认可的担保人或担保机构。消除担保困境，关键在于构建完善的信用担保体系。首先，创新并建立多方配合的农户贷款担保机制；其次，优化信用担保公司的担保模式、建立可推广的信用担保模式，并通过信用担保合同中的反担保设计有效解决农户抵押品不足的困境；最后，考虑到农业信用担保具有准公共产品性质，政府应加大财政支持，成立农业信贷担保计划基金，并建立完善的外部风险管理措施，控制农业信贷担保机构业务风险，以扩大担保业务的覆盖面。

已有的研究文献可能存在以下不足：一是研究内容，已有文献对农业信用担保贷款的研究多聚焦于农业信用担保贷款的作用、现存问题和解决对策，鲜有文献从农户视角出发，探讨农业信用担保贷款对农户家庭收入的影响；二是研究方法，已有文献多通过定性方法分析农业信用担保贷款对农户家庭收入的影响，而定性分析无法从计量角度给出可靠结果，分析结果缺乏说服力。因此，本章构建了两期模型以分析农业信用担保贷款对农户家庭收入的影响，并基于陕西和宁夏两地农户调研数据，以 OLS 和 Probit 模型为参照，通过 Logit 模型剖析农户参与农业信用担保贷款的影响因素。在此基础上，采用倾向得分匹配中的 6 种匹配方法测算农业信用担保贷款对农户家庭农业收入、非农收入和总收入的净影响。进一步分析净影响在不同户主年龄、文化程度和耕地面积下的组群差异，并运用分位数回归模型实证检验农业信用担保贷款对不同收入水平农户的具体影响。本章的研究结果不仅有利于丰富有关农业信用担保贷款福利效应的研究，而且为全国各地区开展农业信用担保贷款业务提供一定现实参考，推动农业信用担保贷款业务进一步发展和完善。

7.2 理论分析和研究假说

考虑到农业信用担保贷款对农户家庭收入影响的滞后性和农业信用担保贷款"用之于农"的政策属性，本章假定农户将农业信用担保贷款主要用于农业生产投资。结合已有研究，本章构建两期模型以反映农业信用担保贷款对农户家庭收入的影响。同时，农户为实现农业信用担保贷款效用最大化，需满足以下假设：（1）农户关于农业和非农业生产的资源配置均是为实现产出最大化而做出的理性决策；（2）农户时间禀赋只能用于闲暇和劳动；（3）农户只选择能实现其效用最大化的农业投资水平；（4）农户可通过农业信用担保贷款缓解其资金流动性不足。因此，若农户在现期以利率 r 向金融机构申请到 $Loan$ 额度，贷款期限为 1 年的农业信用担保贷款，并将 $Loan$ 用于平滑家庭消费或用于农业生产投资以增加第二期生产投入，则农户农业信用担保贷款效用最大化问题可表示为：

$$\text{Max}: U = U(C_1, C_2, t_1, t_2) \tag{7-1}$$

其中，C 代表消费；t 表示闲暇。此时，农户为实现农业信用担保贷款效用最大化所面临的约束条件为：

$$s.t. \begin{cases} p_1 f(l_1, k_1) + \omega_1 work_1 + Loan = C_1 + I \\ p_2 f(l_2, k_2) + \omega_2 work_2 = Loan(1+r) + C_2 \\ T_1 = l_1 + work_1 + t_1 \\ T_2 = l_2 + work_2 + t_2 \\ k_2 = I \end{cases} \tag{7-2}$$

其中，p 为农产品价格，f（·）为农户生产函数，ω 为农户从事非农工作的工资率，*work* 为农户从事非农工作的时间，T 为农户时间禀赋，由农户农业劳动时间、非农劳动时间和闲暇组成，I 为投资，Y 为总产出。假定农户将现期向金融机构申请的农业信用担保贷款 *Loan* 都用于下一期农业生产投入，则农户本期消费水平不变。同时，排除其他因素影响，农户下一期农业产出和农业收入均会相应增加。此时，假定农户农业生产投资回报率大于农业信用担保贷款利率，则农户下一期收入水平会增加，但农户仍需面临 *Loan*（1+r）的还款压力。依据生产函数理论的一般情形，若农户家庭劳动力数量在短期内既定，则相比未参与农业信用担保贷款的农户，参与农业信用担保贷款可使其资本要素需求量增加，进而有利于发挥农业信用担保贷款的投资效应，最终促进其家庭收入增长。因此，本章认为农业信用担保贷款的担保机制有助于缓解农户信贷约束，从而有利于农户增加农业生产投资，进而提高其家庭收入。

相反，若农户将 *Loan* 用于现期消费，则农户现期消费效用将会增加。同时，若农户未来农业生产投入和生产技术不变，则农户出于还款压力 *Loan*（1+r）的考虑，会减少第二期消费。因此，当农户通过农业信用担保贷款缓解其流动性不足时，农户总效用水平的变化不仅取决于农户自身对现期消费和未来消费的偏好，而且取决于农业信用担保贷款的贷款利率。不同的是，农户下一期消费水平取决于农业投资回报率和贷款利率。若农户农业投资回报率显著大于贷款利率，则农户下一期消费将会增加，反之则降低。因此，基于上述讨论，可知：$\partial C_1 / \partial Loan > 0$、$\partial K_2 / \partial Loan > 0$，从而可得：$\partial Y_2 / \partial Loan > 0$，即农业信用担保贷款对农户家庭收入增长具有一定促进作用。

事实上，由于传统农业生产效率相对低下，农户储蓄率相对较低，农户很难依靠自身储蓄来扩大农业生产规模，增加农业生产投资。但随着乡村振兴战略不断推进，农业产业不断融合，农村地区农业生产投资机会逐渐增多。若农户用于农业生产投资的借贷需求能得到满足，则农户收入水平和生活条件均会得到提升。此外，农业本身的弱质性和高风险性及农户收入来源的单一性会制约农户农业生产经营规模。为破解农户因资金投入不足引起的农业缓慢发展问题，农业信用担保贷款应运而生。农业信用担保贷款作为政策性担保贷款，具有"用之于农"的针对性，是促使农户由传统农业生产向现代农业生产转变的关键金融诱因。综上，本章提出如下假说：农业信用担保贷款有利于促进农户家庭收入增长，且对农业收入的促进作用大于对非农收入的促进作用。

7.3 研究设计

7.3.1 数据来源

农业信用担保贷款是由政府、银行和担保机构等主体共同合作、共享信息、共同管理的一种创新的信用担保贷款模式。各地政府以此模式为基础，结合地区实际特点和各类农业经营主体融资需求创新完善农业信用担保贷款，如陕西农业信用担保公司已推出"厚稷担·政银担""厚稷担·立稷贷""厚稷担·惠农 e 贷""厚稷担·邮农宝"四大业务模式供农户选择；宁夏农业信用担保公司在"政银担"业务模式的基础上推出了"塞上·兴农贷"，并成为宁夏唯一一家有自己信贷担保核心业务产品的担保公司。陕西和宁夏农业信用担保公司始终坚持为农惠农不离农的宗旨，不断结合地区实际创新农业信用担保业务，以促进"三农"抵押担保融资难题有效解决。为确保农户充分了解农业信用担保这一政策红利，陕西和宁夏农业信用担保公司通过摸底调查、建档立卡的工作机制，对符合条件的农户按照不遗漏一户的工作原则，采取拉网式的工作办法，由业务员亲自上门进行摸底调查和建档立卡。目前，陕西农业信用担保机构已与中国农业银行、中国邮政储蓄银行、秦农银行等 20 家银行签订战略合作协议，累计惠及 97 个县区的数万名农户，宁夏农业信用担保机构已与中国农业银行、中国邮政储蓄银行、宁夏银行等 15 家银行签订"塞上·兴农贷"战略合作协议，总授信额度达 271 亿元。

陕西和宁夏农业信用担保业务的共同之处在于，陕西省政府和宁夏回族自治区人民政府的财政部门通过财政资金建立风险分担资金，并对担保费率进行补贴，尽可能地降低当地农户融资成本。同时，陕西永寿县和宁夏西吉县的县政府也会积极参与农业信用担保贷款业务，即负责向当地银行和农业信用担保机构推荐合格的农户，并与其共同开展贷款监督和违约农户的贷款追偿等工作。当地银行负责向有担保的农户授信和发放贷款，农业信用担保机构则负责为农户提供担保并收取一定比例的担保费，在其违约后对贷款承担连带责任。因此，通过对陕西永寿和宁夏西吉的入户调研数据，研究农业信用担保贷款对农户家庭收入的影响，有利于促进农业信用担保业务进一步发展，对陕西、宁夏和我国其他地区解决农户融资难题具有现实参考价值。

本章使用数据来源于研究团队于 2019 年 7~8 月对陕西永寿县和宁夏西吉县农户的入户调查。此次问卷调研主要围绕农户基本信息、农户农业信用担保融资经历与评价、农业信用担保融资政策落实情况、未来融资需要与打算及意见和建议五大部分展开。为保证样本代表性，此次调研采取多阶段分层抽样和随机抽样相结合的方式，以尽可能地克服样本选择偏差。首先，根据当地经济发展水平和人口规模在永寿县和西吉县随机抽取调研乡镇，受调研人力和物力影响，调研组最终在永寿县选取 7 个乡镇，在西吉县选取 15 个乡镇；其次，在样本镇内随机抽取 2~3 个自然村；最后，再在调研村内随机访问 5~25 户农户。此次入户调研共涉及 124 个自然村，累计发放问卷 2950 份，收回问卷 2880 份，剔除无效问卷 232 份，有效问卷 2648 份，问卷有效率 91.94%。

7.3.2 变量选取和描述性统计

1. 被解释变量。考虑到农户信贷的增收效应具有滞后性，而部分文献直接将农户当年的信贷参与情况和家庭收入作为因果变量，导致无法准确预测农户信贷对家庭收入的影响，最终导致估计偏差。因此，本章借鉴已有文献做法，将实验组农户定义为 2015—2017 年参与过农业信用担保贷款的农户，对照组农户则与之相反。如此不仅可以平滑农户信贷增收效应的滞后性，而且可以提高模型估计结果的真实性和可靠性。因此，本章的被解释变量为农户 2018 年度家庭收入，具体包括农业收入、非农收入和总收入。为保证数据平稳性，本章对农户 2018 年度各项家庭收入做了对数化处理。

2. **核心解释变量。**本章核心解释变量为农户是否参与农业信用担保贷款，若农户在 2015—2017 年度内参与过农业信用担保贷款，则赋值为 1，反之为 0。

3. **协变量。**为了剖析农户参与农业信用担保贷款的影响因素，进一步测算农业信用担保贷款对农户家庭收入的影响，结合已有文献，本章选取户主个人特征、农户生产特征和金融机构特征为协变量。其中，户主个人特征包括户主年龄、性别、文化程度和村干部经历；农户生产特征包括土地耕种面积、新型农业经营主体、政策性农业保险和农业技术培训；金融机构特征包括担保机构业务门槛、担保机构数量、农担体系健全、第三方担保、贷款贴息政策、与业务员熟悉程度和金融机构服务态度。

上述变量的定义、赋值和描述性统计如表 7-1 所示。

表 7-1 变量定义、赋值及描述性统计

变量	变量赋值及单位	全样本	实验组（A）	对照组（B）	差值（A－B）
总收入	当年家庭总收入，在模型中采用对数值	11.54	11.57	11.51	0.06***
农业收入	当年家庭农业收入，在模型中采用对数值	10.75	10.77	10.70	0.07***
非农收入	当年家庭非农收入，在模型中采用对数值	10.94	10.97	10.91	0.06***
年龄	户主年龄（岁）	42.03	42.92	40.65	2.27**
性别	女=0，男=1	0.72	0.84	0.54	0.30
文化程度	文盲=1，小学=2，初中=3，高中=4，大专及以上=5	3.02	3.00	3.05	－0.05
村干部	无村干部经历，有村干部经历	0.34	0.27	0.46	－0.19***
土地耕种面积	农户经营的所有土地面积，含流转地（亩）	2.13	2.04	2.27	－0.23**
新型农业经营主体	未加入，加入	0.71	0.8	0.57	0.23***
政策性农业保险	未购买=0，购买=1	0.66	0.74	0.53	0.21***
农业技术培训	未参加=0，参加=1	0.61	0.75	0.40	0.35***
担保机构业务门槛	非常低=1，较低=2，一般=3，较高=4，非常高=5	3.79	3.76	3.84	－0.08**
担保机构数量	非常少=1，较少=2，一般=3，较多=4，非常多=5	3.24	3.38	3.03	0.35*
农担体系健全	不健全=0，健全=1	0.37	0.30	0.48	－0.18*
第三方担保	不易获得=0，易获得=1	0.33	0.25	0.45	－0.20*
贷款贴息政策	不了解=0，了解=1	0.25	0.17	0.37	－0.20**
与业务员熟悉程度	非常不熟悉=1，较不熟悉=2，一般=3，较熟悉=4，非常熟悉=5	3.10	3.35	2.72	0.63***
金融机构服务态度	非常差=1，较差=2，一般=3，较好=4，非常好=5	2.93	3.22	2.48	0.74**

注：**、***分别表示参与组和未参与组农户的变量均值差值在 5%、1% 的水平上显著。

表 7-1 描述性统计结果显示，实验组农户 1510 户，占总样本 57.02%，对照组农户

1138 户，占总样本的 42.98%。本章使用 Stata15.1 的 ttable2 命令，运用独立样本 t 检验分析了实验组和对照组农户在各个变量之间的均值差异。具体来看，实验组和对照组农户的各变量差值均值都在 1% 或 5% 水平上显著，强烈拒绝实验组和对照组农户无系统性差异的原假设。相比于对照组农户，实验组农户的户主个人特征呈现出年龄偏高、男性为主和村干部经历较少等特征；在生产经营方面呈现出加入新型农业经营主体、购买农业政策性保险和参加农业技术培训等特征；在金融机构特征方面呈现出认为担保机构业务门槛较低、担保机构数量较多、与业务员较熟悉和金融机构服务态度较好等特征。此外，描述性统计结果还显示实验组农户家庭的各项收入高于对照组农户家庭的各项收入，且均值差异都在 1% 水平上显著。考虑到农户参与农业信用担保贷款是其"自选择"行为，家庭收入的差异并不完全源于农业信用担保贷款。因此，有必要通过构建反事实框架和 PSM 方法克服农户"自选择"问题，从而准确测算农业信用担保贷款对农户家庭收入的具体影响。

7.3.3　模型构建

为度量农业信用担保贷款对农户家庭收入的影响，本章先构建农户参与农业信用担保贷款的影响因素模型，模型表达式为：

$$loan_i = 1(\alpha + \beta x_i + \varepsilon_i > 0) \tag{7-3}$$

其中，$loan_i$ 表示农户 i 是否参与农业信用担保贷款，α 为常数项，β 为估计系数，x_i 为控制变量，包括户主个人特征、农户生产特征和金融机构特征，ε_i 为随机扰动项。然而，考虑到农户参与农业信用担保贷款可能受某些不可观测因素影响，而这些不可观测因素可能与农户家庭收入相关，从而导致估计结果偏误。与单一方程 OLS、Tobit 等模型相比，PSM 既不要求解释变量严格外生，也不需要事先假定函数形式、参数约束和随机扰动项分布，具有克服样本"自选择"所导致的选择偏差优势。PSM 的基本思想是通过匹配方法对参与和未参与农业信用担保贷款的农户进行匹配，使实验组和对照组农户处于均衡可比状态，然后再比较农户家庭收入。农户参与农业信用担保贷款的倾向匹配得分为既定条件下农户参与农业信用担保贷款的概率，通常由 Logit 模型得出，具体表达式为：

$$P(loan_i) = P(LOAN_i = 1/loan_i) = \Lambda(loan'\beta)$$
$$\equiv exp(loan'\beta)/(1 + (loan'\beta)) \tag{7-4}$$

其中，$P(LOAN_i = 1/loan_i)$ 为农户参与农业信用担保贷款的概率或倾向匹配得分，$loan_i$ 为匹配变量。得到倾向匹配得分后，再选择合适的匹配方法对实验组和对照组农户匹配。在实践中，若不同匹配方法结果类似，则说明结果稳健，不依赖于具体匹配方法（陈强，2014）。因此，本章将通过 k 近邻匹配（$k=4$）、卡尺匹配、半径卡尺匹配、核匹配、局部线性回归匹配和马氏匹配对实验组和对照组农户匹配。其中，k 近邻匹配是为每个实验组农户寻找倾向得分值最接近的 k 个对照组农户（本章将 k 设定为 4，进行一对四匹配），并将其加权平均得到一个样本，将该样本作为参与农业信用担保贷款农户的匹配样本；卡尺匹配是通过限制倾向得分的绝对距离，在给定卡尺范围内寻找 k 近邻匹配。经过计算，本章将卡尺范围设定为 0.01，进行一对四匹配；半径卡尺匹配是事先设定半径，然后再将所有设定半径范围内的单位圆中的控制样本作为实验组农户的匹配对象；核匹配是先设定核函数和带宽后再进行匹配，本章使用默认核函数和宽带进行匹配；局部线性回归匹配可通过默认核函数和宽带为每个观测值确定权重，再进行匹配；马氏匹配是进行有放回且允许并列的 k 近邻匹配，通过回归方法估计偏差，从而得到偏差校正匹配估计量。通过上述匹配方法对实验组和对照组农户匹配完成后，可通过实验组农户的平均处理效应（ATT）反映农业信用担保贷款对农户家庭收入的净影响，其表达式为：

$$ATT = E(income_{1i} \mid LOAN = 1) - E(income_{0i} \mid LOAN = 1)$$

$$= E(income_{1i} - income_{0i} \mid LOAN = 1) \tag{7-5}$$

其中，$income_{1i}$ 表示实验组农户 2018 年的收入，故 E（$income_{1i}$ | $LOAN=1$）可被观测到，而 $income_{0i}$ 表示假定实验组农户 2015—2017 年未参与农业信用担保贷款可能的收入，故 E（$income_{0i}$ | $LOAN=1$）无法被观测，是一个反事实结果，需要通过 PSM 构造替代指标。

7.4　实证分析结果

7.4.1　农户参与农业信用担保贷款的影响因素分析

为实现样本农户参与和未参与农业信用担保贷款的数据匹配，需先估计农户参与农业信用担保贷款的影响因素。鉴于农户是否参与农业信用担保贷款可用二元离散变量表示，同时结合式（7-4），故本章以 OLS 和 Probit 模型为参照，通过 Logit 模型对其进行实证估计，进而检验所选取的协变量是否稳健，估计结果如表 7-2 所示。鉴于 Logit 和 Probit 模型估计结果只能给出影响方向和显著性等有限信息，本章进一步计算了协变量的边际效应。从表 7-2 的估计结果可知，本章选取的协变量对农户参与农业信用担保贷款影响显著且稳健。

表 7-2　农户参与农业信用担保贷款方程的估计结果

	OLS		Logit		Probit	
变量						
	边际效应	标准误	边际效应	标准误	边际效应	标准误
年龄	0.0060	0.0044	0.0064	0.0045	0.0061	0.0045
年龄平方	−0.0001	0.0001	−0.0001	0.0001	−0.0001	0.0001
户主个人特征性别	0.2130	0.0225	0.1819"	0.0180	0.1826	0.0184
文化程度	−0.0123**	0.0067	−0.0111	0.0063	−0.0115	0.0063
村干部	0.0852*	0.0364	0.0911	0.0474	0.0811	0.0442
土地耕种面积	−0.0337**	0.0129	−0.0311*	0.0126	−0.0309	0.0125

续表

	OLS		Logit		Probit	
变量						
	边际效应	标准误	边际效应	标准误	边际效应	标准误
新型农业经营主体农户生产特征	0.3156*	0.0670	0.3202	0.0780	0.3159**	0.0741
政策性农业保险	0.2357***	0.0470	0.2245**	0.0601	0.2156*	0.0585
农业技术培训	0.2102	0.0195	0.1802*	0.0153	0.1831	0.0158
担保机构业务门槛	−0.0054	0.0088	−0.0017	0.0089	−0.0007	0.0090
担保机构数量	0.0444	0.0087	0.0449	0.0088	0.0432**	0.0088
农担体系健全	0.1548*	0.0456	0.1511	0.0602	0.1381	0.0585
金融机构特征第三方担保	0.0754**	0.0348	0.0921	0.0516	0.0919	0.0484
贷款贴息政策	0.0781	0.0479	0.0734	0.0436	0.0782	0.0433
与业务员熟悉程度	0.0314*	0.0075	0.0269***	0.0065	0.0267**	0.0066
金融机构服务态度	0.0418*	0.0068	0.0424**	0.0069	0.0423*	0.0070
F 值	64.94*					
R-squared 模型信息	0.2640					
Waldchi^2			492.0	6*	581.61	
Pseudo-R^2			0.2	158	0.2	153

注：*、**、*** 分别表示在10%、5%、1%水平上显著，下同。

从户主个人特征来看，户主年龄及其平方项未通过显著性检验，说明户主年龄不是影响农户参与农业信用担保贷款的关键因素，但从影响方向来看，户主年龄的增大对其参与农业信用担保贷款的影响先促进后抑制，可能的解释是随着户主年龄增大，家庭资本积累越多，受正规借贷约束的可能性越小，便容易产生农业信贷需求。但是当户主年龄超过某个峰值时，其劳动技能和身体素质逐渐下降，进而导致农户农业信贷需求变弱。同时，按照家庭生命周期假说，年轻户主更愿意通过贷款从事生产经营活动，而年长户主更愿意储蓄，且易受"无债一身轻"传统观念影响，故不易申请农业信用担保贷款。户主性别和村干部变量对农户参与农业信用担保贷款影响显著为正，即男性户主和具备村干部经历的农户更易参与农业信用担保贷款，而户主文化程度的影响显著为负，即户主受文化程度增加1单位，农户参与农业信用担保贷款的概率平均下降1.11%。可能的解释是男性户主思想相对开放，对新兴事物接受度较高，易通过农业信用担保贷款满足其生产需要，而村干部经历作为特殊的社会资本，其联保属性和反担保属性可成为农户参与农业信用担保贷款的优势。相反，文化程度较高的农户通常具有稳定的工作，较少参与农业生产，进而降低了参与农业信用担保贷款的概率。

从农户生产特征来看，土地耕种面积增加1亩，农户参与农业信用担保贷款的概率平均下降 3.11%。相反，新型农业经营主体、政策性农业保险和农业技术培训均通过 1% 显著性检验，与农户参与农业信用担保贷款的概率显著正向相关，表明加入新型农业经营主体、购买政策性农业保险和参加农业技术培训，更有利于促进农户参加农业信用担保贷款。同时，从金融机构特征来看，除担保机构业务门槛对农户参与农业信用担保贷款无显著影响外，其余变量对农户参与农业信用担保贷款均具有显著正向影响。例如，若农户对担保机构数量的评价每提高 1 个层次，其参与农业信用担保贷款的概率平均增加 4.49%，可能的解释是担保机构作为农业信用担保体系的重要主体，对金融机构分散农业信贷风险和促进农业信用担保体系完善具有重要作用，同等条件下金融机构更愿意向具有担保的农户提供资金支持。同理，排除其他因素，若农户认为农业信用担保体系健全、易获得第三方担保、享受贷款贴息政策、与业务员越熟悉或金融机构服务态度越好，则农户参与农业信用担保贷款的概率会显著提升。

7.4.2 农业信用担保贷款对农户家庭收入影响的实证分析

1. 共同支撑域和 PSM 匹配结果。为保证样本农户匹配质量，本章在根据 Logit 模型得到各农户参与农业信用担保贷款的条件概率拟合值后，绘制核密度函数图以检验匹配前后的共同支撑域（见图 7-1 和图 7-2）。其中，实线代表参与农业信用担保贷款的农户（实验组），虚线代表未参与农业信用担保贷款的农户（对照组），纵轴为概率密度，横轴为倾向得分值。由图 7-1 和图 7-2 可知，匹配过后参与农业信用担保贷款的农户和未参与农业信用担保贷款的农户的倾向得分值区间具有较大范围重叠，说明匹配质量好，即通过 PSM 仅损失了少量样本。此外，由匹配结果可知，对照组和实验组累计损失了 17 个样本，样本损失率为 0.64%，同样说明本章通过 PSM 仅损失了少量样本，从而保证了样本估计的有效性。

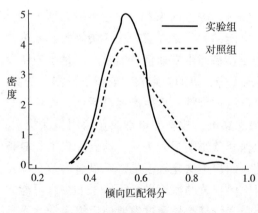

图 7-1　匹配前的共同支撑域

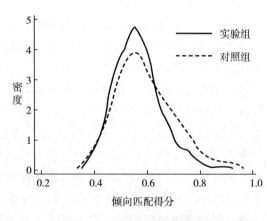

图 7-2　匹配后的共同支撑域

2. 平衡性检验。倾向得分估计的一个主要目的是为了平衡对照组和实验组农户之间解释变量的分布，故本章在对农户样本进行匹配后，进一步检验了对照组和实验组农户之间解释变量差异的显著性。限于篇幅，本章只报告了农户家庭总收入的平衡性检验结果（见表7-3），剩余平衡性检验结果留存备索。由表7-4可知，在对样本农户匹配后，解释变量的标准化偏差减少，总偏误明显降低。同时，根据Rosenbaum等的研究可知，若样本在匹配后的标准化偏差大于20%，则表明匹配失败，即样本数据不适用PSM模型。本章对样本农户匹配后的标准化偏差小于20%，说明本章对样本农户的匹配是成功的。农户总收入的LR统计量由匹配前的114.70下降至11.67~52.57，伪R^2由匹配前的0.032下降至0.003~0.013。上述平衡性检验结果表明，PSM显著降低了对照组和实验组解释变量分布的差异，最大限度地修正了样本选择偏误，同样表明本章对样本农户的匹配是成功的。

表7-3 倾向得分匹配前后解释变量平衡性检验结果

匹配方法	伪R^2	农户总收入LR统计量	标准化偏差（%）
匹配前	0.032	114.70	8.2
k近邻匹配（$k=4$）	0.003	12.73	2.4
卡尺内k近邻匹配	0.003	14.07	2.3
半径（卡尺）匹配	0.004	16.54	2.6
核匹配	0.003	11.67	2.7
局部线性回归匹配	0.007	27.66	3.7
马氏匹配	0.013	52.57	4.5

3. 农业信用担保贷款对农户家庭收入的影响。本章显示了6种匹配方法下农业信用担保贷款对农户家庭农业收入、非农收入和总收入的影响效应。由匹配结果可知，尽管采用了6种匹配方法，但匹配结果基本相同，说明匹配结果具有稳健性。

表7-4 农业信用担保贷款对农户家庭收入影响的估计结果

匹配方法	农户农业收入		t值	农户非农收入		t值	农户总收入		t值
	ATT	标准误		ATT	标准误		ATT	标准误	
一对四匹配	0.0291***	0.0089	3.28	0.0248***	0.0075	3.32	0.0268***	0.0081	3.31
卡尺匹配	0.0316***	0.0088	3.58	0.0268***	0.0074	3.63	0.0290***	0.0080	3.62
卡尺半径匹配	0.0242***	0.0084	2.89	0.0211***	0.0070	3.00	0.0225***	0.0076	2.95
核匹配	0.0241***	0.0082	2.93	0.0211***	0.0069	3.07	0.0224***	0.0075	3.01
局部线性回归匹配	0.0203**	0.0100	2.02	0.0178**	0.0083	2.14	0.0189**	0.0091	2.08
马氏匹配	0.0358***	0.0070	5.12	0.0311***	0.0059	5.32	0.0332***	0.0063	5.23
均值	0.0275			0.0238			0.0255		

由表 7-4 可知，经过 PSM 的反事实估计后，农业信用担保贷款对农户家庭各项收入和总收入的影响效应均在 1% 或 5% 水平上正向显著。虽然不同匹配方法得到的 ATT 略有差异，但从影响方向来看，6 种匹配方法所得到的实证结论是一致的。同时，表 7-4 最后一行给出了 6 种匹配方法测算结果的均值。农户总收入的 ATT 均值为 0.0255，表明在排除其他因素影响下，参与农业信用担保贷款可使农户总收入平均增加 2.55%；农户农业收入的 ATT 均值为 0.0275，说明排除其他因素影响，参与农业信用担保贷款会促使农户农业收入平均增加 2.75%；农户非农收入的 ATT 均值为 0.0238，表明在排除其他因素影响下，参与农业信用担保贷款会促使农户非农收入平均增加 2.38%。

综合来看，农业信用担保贷款对农户农业收入的促进作用大于对非农收入的促进作用，本章假说得以验证，这一结果充分反映了农业信用担保贷款"用之于农"的政策属性。理论上讲，农户在农业信用担保贷款还本付息的刚性约束下，出于促进收入增长和规避违约风险的双重考虑，不得不将信贷资金主要投入农业生产经营和其他非农投资活动中，以尽可能地使预期投资回报高于农业信用担保贷款的本息之和，从而发挥农业信用担保贷款的增收效应，并降低其参与农业信用担保贷款的违约风险。

7.4.3　稳健性讨论

为验证前文基准回归结果是否稳健，本章共进行三种稳健性检验，具体如下：

1. 内生性检验。尽管本章使用 PSM 方法可以有效避免样本自选择而带来的选择偏差问题，但无法克服由遗漏变量或双向因果引起的内生性问题。为进一步解决模型潜在的内生性问题，本章选取"农户对农业信用担保政策的了解程度"作为其是否参与农业信用担保贷款的工具变量[*]。因此，本章通过工具变量法，利用 IV-2SLS 和 IVTobit 模型克服模型潜在内生性问题。IV-2SLS 模型一阶段 F 值为 23.72，大于 Stockand Yogo 的经验值 10.932，说明工具变量不是弱工具变量。此外，IV-2SLS 和 IV Tobit 模型二阶段估计结果表明，农业信用担保贷款对农户家庭收入增长具有促进作用，有效地支撑了 PSM 匹配结果的稳健性。

2. 样本缩减。对农户总体回归样本上下缩减 0.5% 后再通过倾向得分匹配对实验组和对照组农户进行匹配，匹配结果表明[**]，相较于对照组农户，参与农业信用担保贷款可使农户家庭总收入、农业收入和非农收入分别平均增加 2.22%、2.31% 和 2.15%。可见，对回归样本缩减后所得到的估计结果与上文类似，说明本章实证结果较为稳健。

3. 调整匹配方法。本章主要采取了三种调整策略，第一，令 k 近邻匹配中的 $k=6$；第二，将卡尺匹配中的卡尺范围限定在 0.015，再进行一对四匹配；第三，将卡尺匹配中的卡尺范围限定在 0.015，在进行卡尺半径匹配。上述匹配方法所得到的 ATT 与表 7-4 估计结果类似，同样表明上文基准回归结果具有稳健性。

7.5 进一步分析

7.5.1 组群差异分析

前文通过 PSM 测算了农业信用担保贷款对农户家庭收入的影响效应，但无法根据 ATT 反映实验组和对照组农户的家庭结构差异。户主作为一家之主，是家庭融资决策的主要决定者，户主年龄和文化程度是金融机构贷款审核的重要人力资本因素。同时，农户耕地规模反映了农户家庭农业生产规模，与农业生产融资需求正向相关。因此，本章以户主年龄、户主文化程度和农户耕地规模作为分类标准，限于篇幅，本章通过 k 近邻匹配（$k=4$）测算农业信用担保贷款对不同农户家庭的组群差异，从而为政府、金融机构和担保机构完善农业信用担保贷款提供理论参考。不同年龄、文化程度和耕地规模下的 ATT 通过一对四匹配方法给出，具体结果如表 7-5 所示。

1. 基于户主年龄的组群差异分析。尽管户主年龄对农户参与农业信用担保贷款无显著影响，但在农户参与农业信用担保贷款后会显著影响农业信用担保贷款的增收效应。具体来看，户主年龄处于 46~55 岁的农户参与农业信用担保贷款会使得家庭农业收入、非农收入和总收入分别平均增加 6.52%、5.45% 和 5.92%，表明农业信用担保贷款对户主年龄处于 46~55 岁的农户家庭农业收入促进作用大于对非农收入的促进作用，与前文结论一致。从实际调研情况来看，户主年龄在 45 岁以下的农户基本上以务工收入为其家庭收入主要来源，其农业生产活动规模小，主要以自给自足形式为主，对农业信用担保贷款存在一定自我排斥。同时，户主年龄在 56 岁以上的农户更倾向于通过年轻时的储蓄、子女赡养和民间借贷等方式来满足其资金需求，对农业信用担保贷款的申请较为保守谨慎，且此类农户易受身体健康状况影响，甚至可能不从事任何农业生产活动，无较大农业信用担保贷款借贷需求，从而导致农业信用担保贷款的增收效应对此类农户不明显。相反，46~55 岁的户主多处于上有老，下有小的生活状态，他们多依赖于自身农业生产经营经验和外界有利信贷条件，可以在农业生产中投入大量精力以创造更多劳动价值。同时，此类农户拥有一定社会阅历和融资经验，可以理性判断农业信用担保业务风险和信贷违约风险，进而积极地通过农业信用担保贷款满足其资金需求，以农业生产和非农活动保障家庭收入来源，从而为家庭成员创造稳定的生活环境，最终促进家庭收入显著增加。

表 7-5　农业信用担保贷款对农户家庭收入影响的组群差异

分类标准		农业收入	非农收入	总收入
户主年龄	35 岁以下	−0.0016	4.9547e−06	−0.0008
	36~45 岁	0.0280	0.0232	0.0255
	46~55 岁	0.0652***	0.0545	0.0592***
	56 岁以上	0.0160	0.0156	0.0160

续表

分类标准		农业收入	非农收入	总收入
户主 文化程度	文盲	-0.0091	-0.0065	-0.0076
	小学	0.0268	0.0297	0.0280
	初中	0.0369**	0.0280**	0.0319**
	高中	0.0046	0.0039	0.0042
	大专	0.0328	0.0285	0.0305
农户耕地 规模	1~10亩	0.0247**	0.0207**	0.0225**
	10~20亩	0.0436**	0.0392**	0.0410**
	20~30亩	0.0041	0.0046	0.0044
	30亩以上	-0.0188	-0.0151	-0.0168

2. 基于户主文化程度的组群差异分析。文化程度不仅显著影响农户参与农业信用担保贷款，而且在农户参与贷款后对其家庭收入也具有重要影响。表7-5结果显示，户主文化程度为初中的农户，参与农业信用担保贷款会使其家庭农业收入、非农收入和总收入分别平均增加3.69%、2.80%和3.19%。户主文化程度为小学以下、小学和高中的农户，参与农业信用担保贷款不会显著影响其家庭收入。可能的解释是户主文化程度为小学以下或小学的农户认知能力有限，而户主文化程度为高中的农户多以非农劳动为主，无较大农业信贷融资需求，对农业信用担保贷款较为谨慎。相反，户主文化程度为初中的农户认知能力较小学以下或小学农户相比相对较高，具有较为丰富的农业生产投资经验，易瞄准农业生产投资项目，进而积极参与农业信用担保贷款，最终提高其家庭收入。从表7-5结果还可看出，农业信用担保贷款对大专文化程度的农户家庭收入增收效应不明显，这可能与其收入来源相对固定和资金使用用途有关。因此，若要充分发挥农业信用担保贷款的增收效应，则需将潜在客户定位在文化程度为初中水平的农户。另外，农业信用担保贷款对农户农业收入的增收效应显著大于非农收入的增收效应，故将农业信用担保贷款瞄准初中文化水平的农户，是促进农业信用担保贷款发挥农业增收效应、促进农业产业发展的有效途径。

3. 基于农户耕地规模的组群差异分析。土地作为农户农业生产要素的必要组成，不仅会显著影响农户农业信用担保贷款融资行为，而且在农户参与农业信用担保贷款后会影响其家庭收入。表7-5结果显示，农业信用担保贷款对农户的增收效应与其耕地规模呈"倒U形"，即农业信用担保贷款对农户家庭收入的影响随着土地规模的增加而先升后降。从表7-5结果还可看出，对于耕地规模在1~10亩的农户，参与农业信用担保贷款会使其家庭农业收入、非农收入和总收入分别平均增加2.47%、2.07%和2.25%；对于耕地规模在10~20亩的农户，参与农业信用担保贷款会使其家庭农业收入、非农收入和总收入分别平均增加4.36%、3.92%和4.10%。可见，农业信用担保贷款对耕地规模在10~20亩的农户的收入影响效应最大，而对耕地规模20亩以上的农户家庭收入影响不显著。从实际调研情况来看，耕地规模相对较小的农户可通过农业信用担保的协议放大倍数获得较大的资金支持，在信贷资金扶持下，他们通常会积极通过扩大农业生产规模以提升家庭收入。相反，对于耕地规模较大的农户，他们农业生产经验丰富，家庭收入来源相对固定，农业信用担保贷款对其家庭收入增长的边际效应较小，从而可能弱化了农业信用担保贷款的增收效应。

7.5.2 农户收入异质性分析

前文实证分析结果表明，农户参与农业信用担保贷款可在一定程度上改善农户家庭收入。但从实际调研来看，部分农户由于收入水平相对较低而无法获得农业信用担保贷款。同时，组群差异分析结果表明，农业信用担保贷款对不同户主年龄、文化程度和耕地规模的农户会产生不同影响。同理，鉴于不同农户家庭收入水平存在一定差异，农业信用担保贷款对不同收入水平的农户影响如何？这是本章进一步需解决的问题。因此，本章通过分位数回归考察农业信用担保贷款对不同收入水平农户的具体影响。分位数回归以残差绝对值的加权平均为最小化目标函数，能在最大程度上避免极端值影响，并提供条件分布 $y \mid x$ 的所有信息，提高模型估计效率。假设条件分布 $y \mid x$ 的总体 q 分位数 y_q (x) 是 x 的线性函数，即 $y_q(x_i) = x'\beta_q$，其中 β_q 为 q 分位数回归系数，其估计量 $\hat{\beta}_q$ 可通过式（7-6）定义：

$$\min_{\beta_q} \sum_{i > y_i \geq x'_i, \beta_q}^{n} q \mid y_i - x'_i, \beta_q \mid + \sum_{i > y_i < x'_i, \beta_q}^{n} (1-q) \mid y_i - x'_i, \beta_q \mid \qquad (7-6)$$

考虑到农户家庭各项收入的对数值标准差均值为 0.18，结合已有研究（李长生，2015），本章将分位数点设置为 0.2、0.4、0.6 和 0.8，对样本农户使用自助法重复抽样500 次进行分位数回归。

表 7-6　农业信用担保贷款对农户家庭收入的异质性影响

变量	q=0.2		q=0.4		q=0.6		q=0.8	
农业收入	0.0250***	0.0054	0.0233***	0.0129*	0.0440***	00194***	0.0588***	0.0322***
	(0.0075)	(0.0043)	(0.0140)	(0.0070)	(0.0041)	(0.0076)	(0.0118)	(0.0114)
非农收入	0.0200***	0.0044	0.0235***	0.0121**	0.0360***	0.0160***	0.0514***	0.0285***
	(0.0051)	(0.0034)	(0.0110)	(0.0055)	(0.0023)	(0.0058)	(0.0108)	(0.0096)
总收入	0.0222***	0.0047	0.0260*	0.0132**	0.0396***	0.0179***	0.0560***	0.0278***
	(0.0077)	(0.0039)	(0.0149)	(0.0063)	(0.0043)	(0.0067)	(0.0115)	(0.0106)
控制变量	NO	YES	NO	YES	NO	YES	NO	YES

表 7-6 结果显示，未引入控制变量时，农业信用担保贷款对不同收入水平的农户家庭农业收入、非农收入和总收入均具有显著正向影响，表明农业信用担保贷款对农户家庭收入增长的促进作用具有稳健性。表 7-6 结果还显示，引入控制变量后，除 0.2 分位点外，农业信用担保贷款对农户家庭农业收入、非农收入和总收入的影响在其他分位点均正向显著，同样表明农业信用担保贷款对农户家庭收入增长效应稳健。可见，对于收

入水平位于0.2分位点的农户，排除其他因素影响，参与农业信用担保贷款可使低收入水平农户家庭农业收入、非农收入和总收入显著增加。因此，金融机构在开展农业信用担保业务时，应尽可能地为低收入农户群体提供业务支持。此外，随着农户收入分位点的提高，农业信用担保贷款对农户收入的促进作用也在不断加强，说明农业信用担保贷款对高收入群体农户的增收效应更大。可能的解释是，农户随着收入水平不断提高，生产投资经验和融资经验越丰富，越能合理规划使用农业信用担保贷款，实现农业信用担保贷款的效用最大化，从而提高农业信用担保贷款使用效率，最终提高其家庭收入水平。理论上讲，金融机构更偏好于向高收入水平农户提高农业信用担保贷款额度。但从分位数回归结果来看，金融机构应合理量化对不同收入水平农户的农业信用担保贷款额度，通过农业信用担保贷款带动中低收入水平农户向高收入水平过渡，以充分发挥农业信用担保贷款的增收效应。因此，金融机构在开展农业信用担保贷款时可根据农户收入水平的异质性来优化贷款合同，而不是将低收入水平的农户直接排斥在农业信用担保业务之外。

7.6 结论与政策建议

本章使用陕西永寿和宁夏西吉的农户实地调研数据作为研究对象，构建两期模型分析农业信用担保贷款对农户家庭收入增长的作用机理，通过Logit模型剖析农户参与农业信用担保贷款的影响因素，采用PSM方法检验农业信用担保贷款对农户家庭农业收入、非农收入和总收入的影响。进一步地，比较农业信用担保贷款增收效应在不同户主年龄、文化程度和耕地规模下的组群差异，并利用分位数回归模型检验农业信用担保贷款对不同收入水平农户的具体影响。研究发现：（1）户主年龄和担保机构业务门槛不是影响农户参与农业信用担保贷款的关键因素，而户主其他个人特征、农户生产特征和金融机构其他特征对农户参与农业信用担保贷款均具有重要影响。（2）农业信用担保贷款对农户农业收入和非农收入增长具有双重促进作用，且农业信用担保贷款对农户农业收入增长的促进作用大于对非农收入增长的促进作用。（3）农业信用担保贷款对不同户主年龄、文化程度和耕地规模的农户增收效应存在一定差异。相对于其他年龄、文化程度和耕地规模的农户，农业信用担保贷款对户主年龄处于46~55岁、文化程度为初中水平和耕地规模在20亩以下的农户家庭的增收效应更强。（4）农业信用担保贷款对不同收入水平农户的增收效应存在一定差异。同时考虑农业信用担保贷款和其他因素后，农业信用担保贷款对低收入水平农户的增收效应并不明显，而对其他收入水平农户的收入增长都有一定促进作用，这一促进作用会随着农户收入分位点的提高而增强，且对高收入农户群体的增收效应更强。

本章认为，农业信用担保贷款是促进农民收入增长的重要金融手段。因此，基于上述结论，得出以下政策启示：第一，政府和金融机构需不断加大对农业信用担保贷款的宣传力度，激励业务经理积极下乡，深入农村一线，提高农户对农业信用担保贷款的认知。同时，政府要持续推进政策性农业保险，加强对农户的农业技术培训，推动小农户与新型农业经营主体的有效衔接，以有效发挥上述因素对农户参与农业信用担保贷款的积极影响。第二，金融机构应根据户主年龄、文化程度和耕地规模对农户制定更为细化的贷款申请条件，可将户主年龄处于46~55岁、文化程度为初中水平和耕地规模在20亩以下的农户纳入农业信用担保贷款的重点业务对象。第三，针对不同收入水平农户制定差异化的农业信用担保贷款政策，创新农业信用担保贷款业务的准入门槛，适当提高对高收入农户群体的贷款额度，以充分发挥农业信用担保贷款对此类农户更大的增收边际效应。同时，还需持续优化低收入水平农户参与农业信用担保贷款的准入条件，尽可能地降低对此类农户的金融排斥。

8 农户联保贷款参与意愿及其影响因素研究

——基于陕西永寿农户调查

8.1 引言

长期以来，农户抵押难、担保难、贷款难问题一直未得到有效解决，而联保贷款作为破解农户担保难问题的有效工具，将在一定程度上破解由抵押难、担保难所致的贷款难问题。农户彼此之间交往频繁，相互熟悉，且对彼此经济情况、道德品行和信用情况十分了解，可自由组成联保小组以申请贷款。对金融机构而言，可节约贷前调查成本，缓解与农户间的信息不对称。近年来，国家先后出台建立和完善联保贷款相关政策法规，如《农村信用合作社农户联保贷款管理指导意见》《农村信用社农户联保贷款问题指引》等文件，为农户联保贷款的实施提供了政策依据。然而，我国于 20 世纪 90 年代便引入了农户联保贷款，但农户联保贷款在一些地区事实上已处于"半流产"状态，实际运行发展很不理想，而农户联保贷款的担保方式在实践中也并不顺利。究竟是哪些因素影响农户联保贷款参与意愿，如何促进联保贷款进一步发展，已成为亟待解决的新焦点。针对影响农户联保贷款参与意愿因素进行实地调查和实证分析，为政府部门和金融机构解决农户融资难题提供依据和参考，以此进一步破解农户融资难题，从而对我国"三农"事业发展具有重要意义。

联保贷款起源国外，国外学者对农户联保贷款的研究已有较长时间，在理论和实践上都具有一定基础。国外学者普遍认为农户联保贷款具有横向监督、降低外部贷款人监督成本等功能，小组成员利用信息优势可获得成员私人信息，从而进行信息甄别，实现自我选择。在联保机制下，违约借款人会受到社会惩罚，而这种惩罚会增加贷款者的违约成本，降低小组成员的违约风险，从而提高担保团体还款率。如果联保贷款中小组成员居住集中且文化背景相近，借款人与社会外界关系则被视为一种刺激其偿还贷款的抵押品，且这些对外关系在一定程度上可提高借款人还款效率，从而实现帕累托改善，增加农户家庭收入，缓解农户信贷配给，但仍存在农户集体违约风险。

我国学者一直普遍关注农户联保贷款的可行性和借款人违约风险。在农户联保贷款的可行性研究中，赵岩青和何广文研究发现农户联保贷款在实际中可行性较低，即金融机构甄选农户客户群体时会出现"扶富不扶贫"现象，可能原因是联保贷款在制度设计上存在一系列问题。相反，郑毓盛和于点默认为联保贷款可以为传统金融市场不能覆盖到的贫困人口提供资金支持。在农户联保贷款中，联保农户既是保户又是被保户，很容易出现推诿责任、还款表现欠佳、策略性违约、集体违约等问题。

在农户联保贷款的借款人违约风险研究中，陈言和史建平发现农户会因自身问题、联保小组内部矛盾和小额贷款机构的问题而违约。经济发展水平会使小组成员之间借贷需求出现分化，而致金融机构将贷款方式从团体贷款向个人贷款转变。联保贷款中的连带责任所导致的"搭便车"会使金融机构产生较大的坏账风险，农户群体类型、投资回报、利息和违约惩罚是影响借款人退出联保小组的主要因素。若将联保小组成员限定在同一村庄内，将有利于商业银行改善贷款质量，从而促进其贷款规模扩张。但也有学者认为只有较密切的社会关系才可促进同伴监督，从而抑制农户违约风险。

总体而言，已有研究存在以下两点不足。第一，从研究内容上来看，已有研究主要集中在联保贷款可行性、功能和借款人违约风险等问题的分析，而对农户联保贷款参与意愿及其影响因素研究相对薄弱。第二，从研究层次上来看，已有研究以宏观和理论层次分析为主，较少涉及微观主体特别是农户层次的实证分析。基于此，本章基于理性小农理论，以陕西永寿县 2054 个农户的实际调查为样本，以农户联保贷款参与意愿为切入点，运用二元 Probit 模型，分析农户联保贷款需求与融资渠道，实证研究农户联保贷款参与意愿及其影响因素，以弥补现有研究不足，为政府部门和金融机构破解农户融资难题提供理论依据和价值参考，从而进一步促使农户联保贷款更加完善。

8.2　理论分析与研究假说

目前，学界对农户联保贷款参与意愿影响因素的研究尚未形成统一的研究框架，不同学者基于自身研究范畴选取了不同维度特征。基于理性小农理论，即农户在决策时追求经济利益最大化原则。农户作为"理性人"，其行为决策是基于自身客观条件、主观评价和外部环境等因素而做出的理性决策。因此，本章以农户对联保贷款的需求预期、收益预期和风险预期为核心解释变量，以农户个人特征、农户家庭经济特征和农户联保贷款认知为控制变量，研究农户联保贷款参与意愿影响因素，并在此基础上提出本章研究假说。

8.2.1　理性预期判断对农户联保贷款参与意愿的影响

农户是否愿意参与联保贷款，主要取决于农户对联保贷款理性预期判断的影响，他们会充分利用所得到的信息来判断联保贷款需求预期、收益预期和风险预期与自身融资需求是否匹配。其中，农户联保贷款需求预期是农户对联保贷款是否能满足其资金需求或解决资金困难程度而作出的理性预期判断。农户联保贷款需求预期包括联保贷款是否满足农户资金需求和联保贷款解决农户资金困难程度。资金需求满足程度会显著影响农户借贷意愿，若联保贷款能满足农户资金需求，则农户对联保贷款的参与意愿会提高。同时，若农户认为联保贷款能在一定程度上解决其资金困难，则农户对联保贷款的参与意愿也会提高；农户联保贷款收益预期是农户对其参与联保贷款后是否能促进收入增长或改善生活的理性预期判断。李明贤等研究发现农户融资对农村居民人均纯收入具有直接影响，这种收入促进作用会影响农户收益预期，从而影响农户借贷需求。因此，从理论上讲，若农户认为参与联保贷款可促进其收入增长或改善生活，那么农户会积极参与联保贷款，即提高联保贷款参与意愿；农户联保贷款风险预期是农户对其参与联保贷款后是否有能力按期偿还联保贷款，或是否愿意为他人担保而作出的预期风险判断。理论上讲，农户偿还联保贷款能力越强，表明农户参与联保贷款的预期违约风险越低。相反，若农户没能力按期偿还联保贷款，则农户易发生贷款违约，而发生贷款违约会造成各种不良后果。同时，孔荣等研究发现，农户是否愿意为他人提供担保会显著正向影响农户联户担保的参与决策。可见，若农户愿意为他人担保，表明农户能在一定程度上接受联保贷款的预期风险。因此，本章认为农户联保贷款需求预期、收益预期越高时，农户联保贷款参与意愿越高，而农户联保贷款风险预期越高时，参与意愿反而越低。

8.2.2 农户特征对农户联保贷款参与意愿的影响

农户特征对农户联保贷款参与意愿也会产生一定影响，农户特征包括农户个人特征、农户家庭经济特征和农户联保贷款认知。其中，农户个人特征包括户主年龄和户主受教育程度。户主在农户决策中起重要影响作用，理论上讲，户主年龄越大风险预期越高，对联保贷款的参与可能会越消极。户主受教育程度会在一定程度上影响信贷需求，户主受教育程度越高，拥有的社会资源可能越多，较容易形成联保小组；杨阳等研究发现农业土地经营规模越大，家庭获得生产经营正规借贷的概率就越大。赵允迪和王俊芹研究发现农户的收入状况与其借款存在着显著相关关系。从理论上讲，土地耕种面积越大，农户生产性支出越多，农户对联保贷款需求预期可能越强，从而越易参与联保贷款。农业生产经营净收入越高，农户投资农业生产经营的意愿可能越强，从而产生较高的收益预期，影响其联保贷款参与意愿。房屋重置成本的高低可反映农户生活水平和社会地位，对农户借贷约束有显著影响。房屋重置成本越高，易获得金融机构与其他农户信任。但考虑到家庭经济条件较好的农户出于对其他农户违约风险的考虑而不一定参加联保小组，故本章认为房屋重置成本对农户联保贷款参与意愿影响不明确；杨婷怡和罗剑朝研究发现农户对产权抵押融资的认知会影响其参与产权抵押融资的意愿。李学荣和张利国研究发现农户清洁生产技术采纳意愿受其安全认知水平影响。可见，农户认知会影响农户参与意愿，本章以农户是否了解联保贷款政策和联保贷款办理流程来反映农户对联保贷款的认知。因此，本章认为农户个人特征、家庭经济特征和联保贷款认知对农户联保贷款参与意愿会产生影响。

综上所述，本章认为农户对联保贷款需求预期、收益预期、风险预期的理性判断和农户个人特征、农户家庭经济特征、农户联保贷款认知会影响农户联保贷款参与意愿。综合上述理论分析与研究假说，构建本章研究框架（见图8-1）。

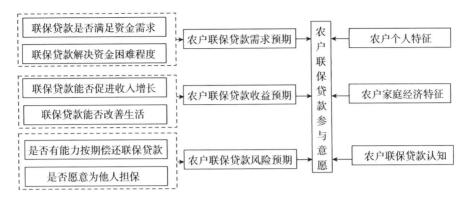

图 8-1　研究框架

8.3　研究方法

8.3.1　数据来源

目前，陕西永寿县已形成多种担保方式与多种担保贷款并存的多元局面，如财政基金担保、扶贫互助组织基金担保、"专业合作社+贫困户"担保、自然人担保、农户联保、创业担保贷款和扶贫担保贷款等。同时，为了促进信用担保业务的进一步开展，永寿县政府设立财政担保基金以防范金融风险，创新担保形式以推动业务开展，建立"创业担保贷款信用村"以解决农村基层地区创业农户担保难与融资难问题。故依据实际入户调查数据，研究永寿地区农户联保贷款参与意愿及其影响因素，利于促进信用担保整体发展，对陕西其他县域或其他地方金融机构破解农户融资难题具有一定代表性，提供一定现实参考。

本章使用的数据资料来源研究团队于 2019 年 7 月对陕西永寿县进行的入户问卷调查。为了保证样本代表性，先采取分层抽样法，即根据经济发展水平的高低在陕西永寿县内抽取 7 个样本乡镇。在此基础上，再根据乡镇整体村庄数量抽取样本村。最后，再在抽取的样本村内随机入户调查。本次共发放问卷 2672 份，收回问卷 2452 份，剔除无效问卷 398 份，有效问卷 2054 份，有效率 83.77%（见表 8-1）。

表 8-1　调查样本分布情况

乡镇	村（个）	有效样本（份）	比例（%）
常宁镇	10	527	25.66
店头镇	30	569	27.70
甘井镇	10	192	9.35
监军镇	7	214	10.42
马坊镇	7	120	5.84
渠子镇	10	252	12.27
永平镇	7	180	8.76
合计	81	2054	100

8.3.2 变量选取

在本章的分析中，被解释变量是农户是否愿意参与农户联保贷款，解释变量包括核心解释变量和控制变量（见表 8-2）。

表 8-2 变量定义与描述性统计

变量类型	变量名称	定义与赋值	均值	标准差
被解释变量	联保贷款参与意愿	不愿意=0，愿意=1	0.15	0.35
核心解释变量	资金需求感知	联保贷款是否满足资金需求（否=0，是=1）	0.41	0.49
	解决资金困难程度	联保贷款解决资金困难程度（非常小=1，较小=2，一般=3，较大=4，非常大=5）	3.72	1.19
	能否促进收入	联保贷款能否促进收入增长（否=0，是=1）	0.31	0.46
	能否改善生活	联保贷款能否改善生活（否=0，是=1）	0.59	0.49
	还款能力	是否有能力按期偿还联保贷款（非常没能力=1，较没能力=2，一般=3，较有能力=4，非常有能力=5）	2.48	1.19
	为他人担保意愿	是否愿意为他人担保（否=0，是=1）	0.58	0.49
控制变量	户主年龄	户主的实际年龄（岁）	55.31	5.30
	户主受教育程度	户主受教育程度（没上过学=1，小学=2，初中=3，高中=4，大专及以上=5）	2.56	0.95
	土地耕种面积	农户所耕种的所有土地面积（hm^2）	0.58	0.35
	农业生产经营净收入	农业生产经营收入与成本的差值（万元）	0.81	1.26
	房屋重置成本	按当前条件，重新建筑现有房屋的花费（万元）	10.73	5.69
	联保贷款政策	是否了解联保贷款政策（否=0，是=1）	0.86	0.35
	联保贷款办理流程	是否了解联保贷款办理流程（否=0，是=1）	0.11	0.31

其中，被解释变量参考曹瓅和罗剑朝的研究，本章将被解释变量设置为二分变量。即农户是否愿意参与农户联保贷款，测量方法是由被访农户对农户联保贷款参与意愿做出选择。若不愿选择农户联保贷款，则赋值为 0，反之为 1。

解释变量基于理论分析，结合已有研究与实际调研情况，本章将农户对联保贷款的需求预期、收益预期和风险预期的理性判断作为核心解释变量，农户个人特征、农户家庭经济特征和农户对联保贷款的认知为控制变量。具体来看，农户联保贷款需求预期包括联保贷款是否满足资金需求和联保贷款解决资金困难程度；农户联保贷款收益预期包括联保贷款是否能促进收入增长和联保贷款是否能改善生活；农户联保贷款风险预期包括农户是否有能力按期偿还联保贷款和是否愿意为他人担保。农户个人特征包括户主年龄和受教育程度；农户家庭经济特征包括土地耕种面积、农业生产经营净收入和房屋重置成本；农户联保贷款认知包括是否了解联保贷款政策和联保贷款办理流程。

8.3.3　模型构建

本章被解释变量是农户是否愿意参与联保贷款。由于被解释变量是二分变量，故本章选择二元 Probit 模型进行分析，其具体形式为：

$$\ln\left(\frac{P}{1-P}\right) = \alpha + \sum_{i=1}^{n}\beta_i X_i + \mu$$

式中：P 为农户选择参与联保贷款的概率，X_i 为农户选择参与联保贷款的第 i 个影响因素，α 为常数项，β_i 表示第 i 个影响因素的回归系数，μ 表示截距，n 为影响因素的个数。

二元 Probit 模型结果只能从变量显著性和系数符号方面给出有限信息，而平均半弹性可准确反映解释变量变化 1 单位被解释变量的变化率。因此，通过计算二元 Probit 模型中的平均半弹性可明确各解释变量对农户联保贷款参与意愿的具体影响程度。

8.4　结果与分析

8.4.1　农户联保贷款需求意愿分析

在农户联保贷款理性预期的判断中，只有 41%的被访农户认为联保贷款能满足其资金需求，46%的被访农户认为联保贷款对解决其资金困难程度不高（见表 8-2），表明多数农户认为联保贷款不能有效满足其需求预期，这可能是由于农户资金需求较大，而联保贷款额度较小所导致。仅 31%的被访农户认为联保贷款能促进其收入增长，59%的被访农户认为联保贷款能改善其生活，表明联保贷款具有一定经济作用，这可能是由于农户收入水平和生活水平的差异而导致其对联保贷款收益预期作出不同理性判断。只有 58%的被访农户表示有能力按期偿还联保贷款，58%的被访农户表示愿意为他人提供担保，表明多数农户认为联保贷款风险预期较小，这可能是由于农户彼此了解、熟悉，选择联保对象时会倾向于信用水平良好的农户以降低其联保贷款风险预期。

在农户特征中，被访农户的平均户主年龄为 55.31 岁，老龄化问题较为严重，而老龄化可能会导致农户风险预期升高，不愿参与联保贷款；户主平均受教育程度为 2.56，处于小学和初中之间，表明样本农户整体受教育程度偏低。户均耕地面积为 0.58hm²，户均农业生产经营净收入为 0.81 万元，房屋重置成本均值为 10.73 万元，表明农户农业生产经营活动较旺盛，生活条件较好。86%的被访农户表示了解联保贷款政策，相反，仅 11%的被访农户表示了解联保贷款的办理流程，表明联保贷款宣传并未发挥应有作用（见表 8-2），这可能是由于政府、金融机构等主体宣传联保贷款时主要介绍了联保贷款政策而未向农户详细介绍联保贷款办理流程。

8.4.2　农户借贷需求和融资渠道分析

近 5 年内，调查农户中有 802 户农户出现过借贷需求。其中，362 户农户只向正规金

中国农村金融前沿问题研究（2015—2022 年）

融机构申请过贷款；384 户农户只通过民间借贷渠道进行过融资；56 户农户既向金融机构申请过贷款，又通过民间借贷渠道进行过融资（见表 8-3）。

表 8-3　农户借贷需求与融资渠道

借贷需求	融资渠道	户数（户）	比重（%）
有借贷需求	金融机构	362	17.62
	民间借贷	384	18.70
	金融机构和民间借贷	56	2.73
无借贷需求	无	1252	60.95
合计	—	2054	100

在向金融机构申请过贷款的农户中，只有 35 户农户通过农户联保贷款获得过资金，其他农户则主要通过信用贷款、土地经营权抵押贷款、政策性贷款等贷款方式获得过资金。85.25% 的被访农户表示不愿意参与联保贷款，可见，农户联保贷款参与度低，对联保贷款的积极性和主动性没有发挥现实作用。从实际调查来看，农户普遍反映不易找到合适的担保人，而金融机构对农户申请联保贷款所寻求的担保人有明确要求，即不能寻求具有直系亲属关系的农户或商户。这在一定程度上反映了农户由于缺少合格的担保人，无法达到申请联保贷款的要求。因此，农户必须寻求其他符合条件的担保人组成联保小组，而在此过程中农户常常需要额外支付一定的人情费，故多数农户表示不愿参与联保贷款。

8.4.3　农户联保贷款参与意愿影响因素分析

本章利用二元 Probit 模型分析农户联保贷款参与意愿影响因素，回归前分别使用稳健标准误和普通标准误进行了 Probit 估计，二者结果非常接近，故不用担心模型设定问题。Probit 模型准 R^2 为 0.127、0.172，对应的 P 值为 0.00（见表 8-4），故整个方程所有系数的联合显著性很高，表明模型整体拟合效果良好，适用于本章的数据分析。

表 8-4　二元 Probit 模型回归结果

变量	模型 1		模型 2		模型 3		模型 4	
	系数	标准误	系数	标准误	平均半弹性	标准误	平均半弹性	标准误
资金需求感知	0.5790***	0.0892	0.4966***	0.0911	1.0043***	0.1584	0.9116***	0.1685
解决资金困难程度	0.0175	0.0323	0.0288	0.0331	0.0303	0.0560	0.0529	0.0609
是否促进收入	0.4308***	0.1130	0.2728**	0.1334	0.7472***	0.1954	0.5007**	0.2438
是否改善生活	1.0425***	0.1162	0.7134***	0.1466	1.8080***	0.2067	1.3094***	0.2677
还款能力	0.0370	0.0329	0.0239	0.0333	0.0642	0.0570	0.0438	0.0611

变量	模型1		模型2		模型3		模型4	
	系数	标准误	系数	标准误	平均半弹性	标准误	平均半弹性	标准误
为他人担保意愿	0.3063***	0.0772	0.3050***	0.0791	0.5312***	0.1359	0.5599***	0.1471
户主年龄			0.3893**	0.1612			0.7146**	0.3012
户主年龄平方			-0.0040***	0.0015			-0.0073***	0.0028
户主受教育程度			0.1402***	0.0408			0.2574***	0.0758
土地耕种面积			0.1922**	0.0947			0.3527**	0.1746
农业生产经营净收入			0.0146	0.0308			0.0269	0.0566
房屋重置成本			-0.0366***	0.0073			-0.0672***	0.0137
联保贷款政策			0.0793	0.1156			0.1455	0.2123
联保贷款办理流程			0.2768**	0.1025			0.5081**	0.1891
Prob>chi2	0.000	0.000						
Waldchi2	322.49	323.64						
Pseudo-R²	0.127	0.172						
预测准确率（%）	85.15	85.20						

注：*、**、***分别表示通过10%、5%和1%水平的显著性检验，下同。

表8-4中，模型1和模型3考察的是核心解释变量对农户联保贷款参与意愿的影响，模型2和模型4是在核心解释变量的基础上增加了农户个人特征、农户家庭经济特征和农户联保贷款认知等控制变量来分析农户联保贷款参与意愿的影响因素。模型1和模型2的估计准确率分别为85.15%和85.20%，表明采用核心解释变量和控制变量对农户联保贷款参与意愿的估计是可靠的，说明模型结果较为稳健。

农户联保贷款需求预期中，联保贷款是否满足资金需求在模型1、模型2、模型3和模型4中都通过1%显著性检验，系数为正。给定其他变量，农户资金需求感知每增加1单位，农户联保贷款参与意愿将提高100.43%和91.16%（见表8-4）。这说明若农户认为联保贷款能满足其资金需求，则农户会提高联保贷款参与意愿。这是由于农户作为"理性小农"，能理性地判断联保贷款的申请额度与其资金需求间的缺口。若缺口过大，表明农户认为联保贷款不能满足其资金需求，从而会降低联保贷款参与意愿。联保贷款解决资金困难程度未通过显著性检验，说明该变量对农户联保贷款意愿影响不显著，但从变量系数符号来看，该变量对农户联保贷款参与意愿具有一定正向作用。

农户联保贷款收益预期在模型1、模型2、模型3和模型4中分别通过1%和5%显著性检验，系数为正，表明联保贷款收益预期对农户联保贷款参与意愿呈正向影响。给定其他变量，联保贷款促进收入或改善生活水平每增加1单位或改善生活水平每增加1单位，农户联保贷款参与意愿将分别提高74.72%、50.07%或180.80%、130.94%。说明若农户认为联保贷款能满足其收益预期，则农户会提高联保贷款的参与意愿。这是由于农户作为"理性小农"，能理性地判断参与联保贷款对其收入和生活的改变。若农户认为参与联保贷款能满足其收益预期，即参与联保贷款能改善其收入或生活水平，则提高联保贷款参与意愿。

在农户联保贷款风险预期中，是否愿意为他人担保在模型1、模型2、模型3和模型4中都通过1%显著性检验，系数为正，表明该变量对农户参与联保贷款意愿具有显著正向影响。给定其他变量，若农户愿意为他人担保的意愿每增加1单位，则农户联保贷款参与意愿将提高53.12%和55.99%。这说明，若农户愿意为他人提供担保，则表明农户对联保贷款风险预期的判断在其承受范围之内，即会增加联保贷款参与意愿。这是由于农户作为"理性小农"，能理性地判断参与联保贷款给其带来的风险预期。若农户认为参与联保贷款带来的预期风险较小，则提高参与联保贷款的意愿。是否有能力按期偿还联保贷款未通过显著性检验，说明该变量不是影响农户参与联保贷款意愿的主要因素，但从系数符号来看，该变量对农户联保贷款参与意愿具有一定正向影响。

在农户个人特征中，户主年龄和户主年龄平方在模型2和模型4中都通过1%和5%显著性检验，系数为负，表明户主年龄对农户联保贷款参与意愿呈"倒U形"影响。给定其他变量，户主年龄平方每提高1单位，农户不参与联保贷款的可能性将提高0.73%。户主受教育程度在模型2和模型4中都通过1%显著性检验，系数为正。给定其他变量，户主受教育程度每提高1单位，农户联保贷款参与意愿将提高25.74%；在农户家庭经济特征中，土地耕种面积在模型2和模型4中都通过5%显著性检验，系数为正。给定其他变量，土地耕种面积每提高1单位，农户联保贷款参与意愿将提高35.27%。房屋重置成本在模型2和模型4中都通过1%显著性检验，系数为负。给定其他变量，房屋重置成本每提高1单位，农户联保贷款参与意愿将降低6.72%。农业生产经营净收入未通过显著性检验，说明该变量对农户联保贷款参与意愿影响不显著；在农户联保贷款认知中，是否了解联保贷款政策未通过显著性检验，说明该变量对农户联保贷款参与意愿影响不显著。农户对联保贷款办理流程的了解在模型2和模型4中都通过5%显著性检验，系数为正。给定其他变量，若农户对联保贷款办理流程的了解每提高1单位，则农户联保贷款参与意愿将提高50.81%。

8.4.4 模型内生性分析

导致模型产生内生性的主要原因有遗漏重要解释变量、双向因果和样本自选择等问题。由上述实证分析可知，模型整体拟合信息较好，预测准确率较高，故不存在遗漏重要解释变量的问题。同时，本章通过分层抽样、随机抽样的方法获取了样本数据，确保了样本的代表性，不存在样本自选择问题。可见，尽管本章避免了遗漏重要解释变量和样本自选择，但仍可能存在解释变量和被解释变量间的双向因果。在核心解释变量中，农户是否愿意为他人担保会影响其联保贷款参与意愿，而农户联保贷款参与意愿也可能影响农户是否愿意为他人担保。

为了验证此假设是否成立，本章采用交往密切的朋友数量作为农户是否愿意为他人担保的工具变量。首先，农户交往密切朋友数量的多少对其是否愿意为他人担保有直接影响，满足工具变量的相关性。其次，农户交往密切的朋友数量主要取决于自身人品、信用等因素，满足工具变量的外生性。将通过 IV-Probit 模型检验 Probit 模型的内生性，若未通过变量外生性的原假设，则表明 Probit 模型不存在内生性问题。模型 5 是 IV-Probit 模型回归结果，模型 6 是两步法 IV-Probit 模型的估计结果（见表 8-5）。

表 8-5　内生性检验结果

变量	模型 5		模型 6			
			第一阶段		第二阶段	
	系数	标准误	系数	标准误	系数	标准误
交往密切的朋友数量			-0.0098**	0.0045		
为他人担保意愿	-1.0054	0.9593	-1.2618	1.63	-1.2618	1.6345
其他变量	引入		引入		引入	
rho	0.604					
Wald test of exogeneity Prob>chi^2	0.286		0.284			
Prob>chi^2	0.000		0.000			
Waldchi^2（14）	497.54		162.01			

由模型 5 和模型 6 第二阶段中关于外生性原假设的沃尔德检验结果可知，其 r 值分别为 0.286 和 0.284，即接受变量外生性的原假设，表明农户是否愿意为他人担保不是内生变量。由模型 6 第一阶段回归结果可知，工具变量对内生变量具有较强的解释力。另外，利用 2SLS 对上述变量进行豪斯曼检验后发现，其 r 值为 0.376，即接受所有解释变量均为外生的原假设，这也从侧面证明了农户是否愿意为他人担保不是内生变量。因此，本章利用二元 Probit 模型对农户联保贷款参与意愿及其影响因素的研究是可靠的。

8.4.5　模型稳健性分析

为了检验前文估计结果的稳健性（见表 8-6），本章将 Probit 模型和 Logit 模型互相替换（模型 7 和模型 8），对农户联保贷款参与意愿影响因素重新进行回归。同时，通过进一步计算得出了各解释变量在 Logit 模型中的概率比（模型 9 和模型 10），从而使回归结果更具有说服力。

对比模型 1 与模型 7、模型 2 与模型 8 的回归结果可知，反映模型拟合情况的各指标未发生明显变化，模型 7 的预测准确率较模型 1 相比仅变动 0.05%。同时，核心解释变量的估计系数符号和显著性也未发生明显变化。在模型 9 和模型 10 中，给定其他变量，认为联保贷款能满足其资金需求的农户参与联保贷款的意愿是不认为联保贷款能满足其资金需求农户的 2.8229 倍和 2.3865 倍；其他变量对应的概率比可类似的解释。综上，本章基准回归结果是稳健的。

表8-6　稳健性检验结果

变量	模型7		模型8		模型9		模型10	
	系数	标准误	系数	标准误	概率比	标准误	概率比	标准误
资金需求感知	1.0378***	0.1810	0.8698***	0.1756	2.8229***	0.4328	2.3865***	0.3678
解决资金困难程度	0.0346	0.0587	0.0468	0.0593	1.0352	0.0609	1.0479	0.0632
是否促进收入	0.7632***	0.2173	0.5014*	0.2636	2.1450**	0.7832	1.6510	0.7140
是否改善生活	1.8647***	0.2332	1.2427***	0.2972	6.4542***	2.3995	3.4648**	1.5539
还款能力	0.0563	0.0605	0.0344	0.0607	1.0580	0.0608	1.0350	0.0607
为他人担保意愿	0.5644***	0.1415	0.5415***	0.1445	1.7583***	0.2445	1.7185***	0.2453
户主年龄			0.8511*	0.4568			2.3423***	0.6949
户主年龄平方			-0.0087**	0.0042			0.9914***	0.0027
户主受教育程度			0.2463***	0.0743			1.2792***	0.0912
土地耕种面积			0.3316*	0.1688			1.3933*	0.2564
农业生产经营净收入			0.0336	0.0545			1.0342	0.0547
房屋重置成本			-0.0640***	0.0133			0.9380***	0.0120
联保贷款政策			0.1561	0.2129			1.1689	0.2380
联保贷款办理流程			0.4816**	0.1772			1.6187**	0.2791
Prob>chi^2	0.000		0.000		0.000		0.000	
Waldchi^2	281.31		285.76					
LRchi^2					209.61		286.98	
Pseudo-R^2	0.122		0.167		0.122		0.167	
预测准确率（%）	85.20		85.20					

8.5　结论与政策建议

8.5.1　结论

研究表明，85.25%的样本农户选择不愿意参与联保贷款，农户联保贷款参与意愿低，存在较大提升空间。农户联保贷款参与意愿会受多维度因素影响。其中，农户联保贷款需求预期、收益预期和风险预期对农户联保贷款参与意愿存在显著正向影响。因此，政府、金融机构等主体在提升农户联保贷款参与意愿上应充分重视联保贷款需求预期、收益预期和风险预期对农户的客观影响，如动态化调整联保贷款放贷额度、优化联保贷款放贷标准等，以改善农户联保贷款需求预期和收益预期。同时，金融机构可利用大数据优势，促成农户组成联保小组，完善联保贷款违约机制，降低农户联保贷款风险预期，提高农户还贷信心，促进农户参与联保贷款。此外，农户个人特征、农户家庭经济特征和农户联保贷款认知对农户联保贷款参与意愿也有影响。因此，金融机构、政府等主体在促进农户参与联保贷款时应注重在联保贷款审核条件中引入农户个人特征和农户家庭经济特征等因素，根据农户实际资金需求供给联保贷款。

鉴于数据限制，本章只能通过陕西永寿农户来研究农户联保贷款参与意愿及其影响因素，但我国于1994年便开始开展联保贷款业务。因此，本章所得到的研究结论可能具有一定的局限性。考虑到我国联保贷款的实际运行情况，理论上应通过对我国所有开展联保贷款地区的农户进行抽样调查，构建覆盖全国的数据库，从而更加准确、全面的研究农户联保贷款参与意愿的影响因素，以进一步促进联保贷款发展，破解农户融资难题。上述存在的局限性将在后续的研究中通过其他调研数据予以解决。

8.5.2　政策建议

（1）提高农户联保贷款需求预期和收益预期，降低农户联保贷款风险预期。一方面，金融机构在开展联保贷款业务时，应根据农户微观情况的差异制定动态化的放贷政策，对信用状况良好和违约风险较低的农户可适当提高联保贷款额度，以提高农户联保贷款需求预期和收益预期。另一方面，积极推进农村信用平台建设，构建农户信用水平和风险意识的指标评价体系，以提升农户信用和风险意识，降低农户联保贷款风险预期，提高农户联保贷款参与的积极性。

（2）优化联保贷款模式或制度设计，提升服务质量。金融机构应增强农户联保机制的灵活性，采用科学、合理的授信评估方法，根据农户个人和家庭经济特征间的差异性，优化联保贷款模式或制度设计，进一步完善农户联保贷款相关产品，并着重向农户介绍联保贷款办理流程，从而带动农户积极参与联保贷款，提升其正规金融资源的可得性。同时，金融机构可充当信息媒介，为有意愿参与联保贷款却找不到合适担保人的农户提供信息支持，促成其获得联保贷款。

（3）强化联保贷款担保权能，促进联户担保机制有效运行。联保贷款的保证属性是破解农户"抵押难""担保难"的重要机制，金融机构应充分尊重农户参与意愿，根据农户实际情况，积极合理引导农户参与联保贷款。同时，金融机构应强化联户担保机制的信用风险抵御作用。根据地区实际情况，在联户担保机制中引入专业大户、家庭农场、农民合作社及农业企业等新型农业经营主体，构建农村多主体信用联合体，改进联保制度的灵活性，从而促进联户担保机制有效运行。

农村信用社改革与发展篇

9 农村信用社管理模式的国际经验、选择条件与地方实践

9.1 引言

长期以来，伴随着中国经济的改革与转型，农村居民人均可支配收入和农林牧渔业总产值分别以年均 7.73% 和 5.64% 的速率持续增长，为农村发展创造了举世瞩目的经济奇迹。一些学者注意到，在这场伟大的变革中，农村信用社（以下简称农信社）作为农村金融市场的主要金融机构，为农民增收、农业转型和农村经济发展起着巨大的推动作用。在发展过程中，农信社先后经历了从人民公社、中国农业银行、中国人民银行到目前由地方省级人民政府管理等多次重大的体制及政策调整，但改革成效差强人意。2003年8月，中央政府对农信社开展了以管理体制和产权制度为核心的新一轮改革，对推动农信社股份制转型与可持续发展具有标志性意义。

作为农信社深化改革的重要标志和成果，省级农村信用联合社（以下简称省联社）在推进各县级农信社股份制改革、促进各县级农信社可持续发展和帮助各县级农信社化解不良贷款风险等方面发挥着重要作用。但是，随着全国9个省、市农信社向农商行股份制转型的全面收官，省联社改革又逐渐受到中央政府的高度重视，并成为农村金融改革后期关注的重点领域。2016—2018年，中央政府连续三年在"一号文件"中明确作出要"开展农村信用社省联社试点改革，逐步淡出行政管理，强化服务职能""抓紧研究制定农村信用社省联社改革方案"和"推动农村信用社省联社改革"等重大决策，不仅明确了省联社改革的迫切性，也为持续深化农信社改革提供了政策指引。可见，农信社改革进入了新的"窗口期"。

然而，仅有政策依据和指引是远远不够的。省联社未来到底应该如何改革？选择何种模式才能有效满足当前转型后的农信社实际需求？目前我国大陆各省（直辖市）政府结合自身地域特点对农信社管理模式进行了探索与设计，形成了特色鲜明的模式，即完善省联社、统一法人模式、联合银行模式、金融控股公司模式、金融服务公司等，那么，这些模式各具有哪些优劣势？各自的适用条件又是什么？能否在实现农信社商业化可持续发展的同时，确保其更好地服务"三农"？这些问题的解答对制定既具可操作性和前瞻性又符合地方特色的省联社改革方案，从而有效支持农信社服务乡村振兴，意义重大，值得持续关注与探讨。

国际研究表明，20世纪以来世界各国（地区）均致力于农村合作金融组织体系和模式建设，积累了丰富的实践经验，为寻求一条符合自身地域发展特色的农村合作金融之道提供了可鉴思路。在经济发展状况、金融制度安排、市场发育程度和文化背景等方面

存在较大差异的背景下，世界各国（地区）形成并构建了具有鲜明特色的农村合作金融组织体系和管理模式，为促进当地农村经济的繁荣发展作出了重要贡献。考察和研究世界各国（地区）的农村合作金融组织体系和模式，借鉴各农村合作金融组织模式的成功经验及深刻教训，对于提出具有中国地方特色的农信社管理模式的思路与支持政策，具有重大意义。

9.2　农村合作金融组织体系和模式的国际比较与实践经验

9.2.1　农村合作金融组织体系和模式的国际比较

1. 德国农村合作金融组织体系和模式。作为农村信用合作组织的发源地，德国是世界上最早实行合作金融制度的国家，其起源于19世纪中叶，具有明显的"自下而上"的特点。从德国农村合作金融的组织体系来看，可分为三个层级（见图9-1），分别是信用合作社和合作银行、区域性中心合作银行、德意志中央合作银行。其中，信用合作社和合作银行是德国农村合作金融系统的基层组织，也是该系统的核心，其主要职能是为入股的自然人和合作经济组织提供存款、贷款、证券和信用卡等金融服务。区域性中心合作银行是中间组织，主要服务于基层信用合作社和合作银行，其职能是保存基层组织的存款准备金，解决基层信用合作社和合作银行资金不足的问题，同时协调基本信用合作社和合作银行与中央合作银行之间的交流及其他融资活动。德意志中央合作银行作为最高层级组织，其职能是解决各层级银行在系统内部的资金调剂问题，从而保障整个农村合作金融系统的效益性和流动性。

同时，在德国农村合作金融系统中还存在一些审计机构（如联邦金融监察局、联邦中央银行及其分行，以及合作社审计联合会和区域性审计协会），他们主要是对各层级合作银行的业务进行监督和审计。另外，德国还存在一些行业的自律性组织（如全国信用合作联盟），基层信用合作社和合作银行向自律性组织缴纳一定会费，成为服务会员，然后由自律性组织向这些会员银行提供行业信息，帮助会员银行做好协调和沟通工作。事实上，在德国农村合作金融系统中，基层信用合作社和合作银行入股区域性合作银行，区域性合作银行再入股中央合作银行。这种"自下而上"的入股模式和"自上而下"的管理模式构成了德国较为完整的农村合作金融组织体系。在这个组织体系下，德国始终坚持合作制原则，并呈现出典型的单元金字塔模式，各层级之间均是具有独立法人资格的金融机构，层级之间并没有明显的隶属关系。另外，为促进基层信用合作社和合作银行的发展，德国中央政府于1889年5月颁布了《产业及经济合作社法》，为农村合作金融的发展提供了较为规范的法律保障。

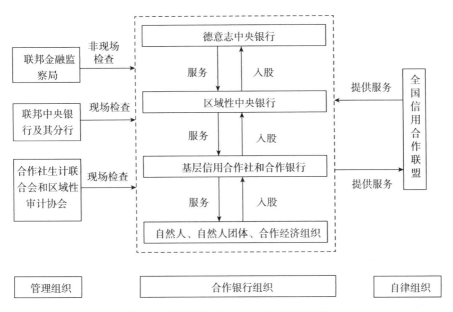

图 9-1　德国农村合作金融组织体系架构

2. 美国农村合作金融组织体系和模式。美国农村合作金融兴起于 20 世纪初期，具有明显的"多元复合"特点。美国的农村合作金融的组织体系较为完备，主要由三个部分组成（见图 9-2），包括联邦中期信用银行、联邦土地银行和合作银行系统，这些机构均由信用社管理局下设的农业信用管理局监管。由于美国强调分立和制衡，因此这三个部分相互独立，且它们的组织结构、经营业务、贷款期限与形式都存在较大差别。具体来看，联邦中期信用银行是由中期信贷银行、生产信贷协会和生产信用合作社以及其他分支机构组成，主要为社员的生产活动办理农业贷款以及为发展农业相关业务提供资金，贷款期限一般为 1 年，最长不超过 7 年。联邦土地银行在每个区域内仅有一家，其主要为农场主办理不动产抵押贷款业务，贷款期限一般为 5~10 年。合作银行系统包括 1 家中央合作银行、12 家合作银行及其下属的农业合作社，其主要是为农业供应合作社和为农业服务的企业提供资金支持。另外，为促进农村合作金融的发展，美国国会于 1929 年先后颁布了《农业市场法》《联邦信用社法》《农场信贷法》等，完善的农村合作金融法律体系为美国的农村合作金融取得骄人成绩奠定了基础。

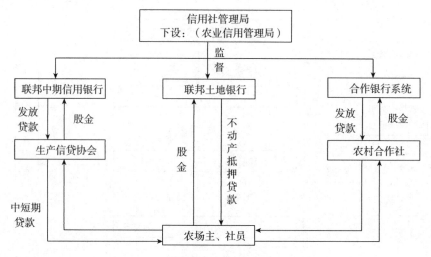

图9-2 美国农村合作金融组织体系架构

3. 日本农村合作金融组织体系和模式。日本农村合作金融制度的源头可追溯至20世纪初期成立的信用合作社，后在借鉴德国和美国发展经验的基础上，形成了一种国际社会公认比较成功的非独立的附属型模式。日本农村合作金融的组织体系可分为三个不同层次的系统性金融组织（见图9-3）：农林中央金库，农、林、渔业协同组合联合会和基层农、林、渔协信用组织。农村合作金融的最高组织是农林中央金库，是日本最大的金融机构和农业信用联合会，主要负责全国农协组织资金活动的调节，为信用合作联合会提供信息咨询、信贷等金融服务。它不仅可以吸收信用组合联合会的存款，还可通过发行农村债券来募集资金。中层组织为各都、道、府、县的农、林、渔业协同组合联合会，它主要协调农林中央金库与基层农、林、渔协信用组织的关系，同时对基层农、林、渔协信用组织提供存贷款业务，将长期限的贷款业务提供给辖区内的农户和企业。基层农、林、渔协信用组织为最底层组织，分布于各市、町、村，主要向农户提供短期贷款。由于这三个层次之间并无明显隶属关系，使得日本农村合作金融组织体系的运行得到了有效保障。同时，在日本农村合作金融系统中还存在一些行业的监管组织，如政府金融监管厅以及全国和地方的农林水产部门，其中政府金融监管厅主要负责对各种金融机构进行监管，而全国和地方的农林水产部门主要配合政府金融监管厅对农村合作金融组织实施监管。另外，为了规范农村合作金融的发展，日本政府还颁布了一系列法律法规并建立了相关制度，如《中小企业生产合作社法》《产业合作社法》《信用金库法》《农业生产合作社法》《水产业生产合作社法》以及"信用保证制度"和"存款保险制度"等。

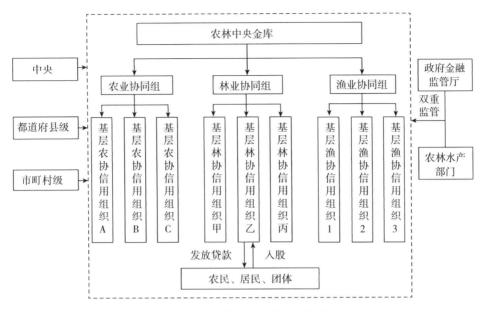

图 9-3　日本农村合作金融组织体系架构

　　4. 法国农村合作金融组织体系和模式。法国农村合作金融组织体系开始于 1885 年，是在法国国会通过的《土地银行法》基础上逐渐发展起来的，具有"上官下民"的特点。法国的农村金融体系给予农业发展大力的资金支持，大大优化了农村金融环境，法国的农业经济因而得到了快速发展，形成了农村合作金融机构与农业经济共同发展的良性循环。具体来看，法国农村合作金融的组织体系呈现出"金字塔"型特点，该组织分为三个层次，最底层组织是地方农业信贷互助银行，能够最大程度为集体社员或个人提供存贷款等金融服务。中间组织是省级农业信贷互助银行，它由若干个地方农业信贷互助银行组成，是地方农业信贷互助银行的领导组织，主要对地方农业信贷互助银行报送的贷款业务进行审查和发放。最高层组织为中央农业信贷银行总行，它受农业部和财政部双重领导，具有准国家化的性质，是全国农业互助信贷银行的最高管理机关。可以看出，法国农村合作金融组织体系具有公私兼有的特殊性，其中地方和省级信贷互助银行具有私有制属性，而法国农业信贷银行总行具有公有制属性。也正是这种"上官下民"的特点，使得法国农村合作金融体系在内部管理上能够充分发挥集体股东和个人股东的作用，在决策机制方面完全按照合作制度执行，以此保证每位股东的合法权益。可以看出，法国农村合作金融组织体系属于典型的国家控制型金融模式，其具体的体系架构如图 9-4 所示。

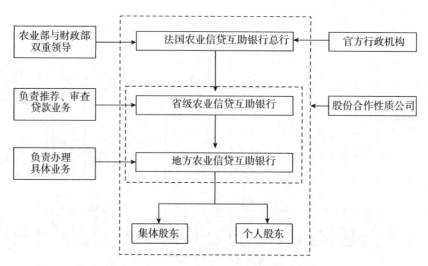

图 9-4   法国农村合作金融组织体系架构

5. 发展中国家的农村合作金融组织体系和模式。发展中国家的农村合作金融起步较晚，它们大都借鉴了德国、美国、日本和法国等发达国家的制度安排，其中，印度、孟加拉国、墨西哥等国家的农村合作金融体系较为典型。

印度农村合作金融组织体系是世界上最大的农村金融组织体系之一，它主要由两部分组成：一是中短期信用合作金融机构，其主要是向当地农民提供中短期贷款。它实行三级管理，包括初级农业信用合作社、中心合作银行和邦合银行。其中，初级农业信用合作社是最底层组织，资产规模较小，主要向当地农民提供中短期贷款。中心合作银行是中层组织，主要负责联络初级农业信用合作社和邦合银行，以促进初级农业信用合作社更好地发展。邦合银行是印度各邦信用合作金融机构中的最高组织，其任务是平衡和调剂信用合作银行之间的资金，保证资金配置效率的同时维护农村合作金融市场的安全。二是长期信用合作金融机构，如印度长期信用合作金融机构的典型代表是土地开发银行，它主要实行两级管理制度，包括初级农业土地开发银行和邦中心土地开发银行，其资金来源于中央银行和发行债券。初级农业土地开发银行和邦中心土地开发银行的资金投向有所差异，前者主要投向于小型农业基础设施建设、农业生产设备更新等，后者则主要投向于价值较高的农业设备、赎回抵押土地等。另外，为了促进农民能够以合作、自助的形式融通生产资金，印度政府还颁布了《信贷合作社法》等一系列法律法规，明确了各级合作金融组织的地位和职能，为规范农村合作金融的发展提供了法律依据。

孟加拉国的农村合作金融组织体系也独具特色，乡村银行（即格莱珉银行）是其小额信贷的成功典型，成为其他国家效仿的对象。孟加拉国的乡村银行包括总行、分行、支行和营业所四个层次，实行总分支行制度，其中总行负责承担外部联系、员工培训、科研开发、业务指导和人事任免等职能，分行主要负责管理辖区内的支行，并对支行进行监督和评估等，支行主要开展贷款业务的监督和管理工作，营业所是乡村银行最底层的组织，与借款人组成的组织（会员、借款人小组和乡村）保持着密切联系。

墨西哥的农村合作金融组织体系比较完善，主要包括国家农业银行、商业银行、保险公司、国家外贸银行、全国金融公司及农业保险机构，它们根据农户不同的经济条件和土地规模等情况来提供相应的金融服务。例如，商业银行、保险公司和国家外贸银行主要向现代化大农场的场主提供金融服务，并满足其资金需求，国家农业银行主要向具有一定生产潜力的中等农场主提供优惠贷款，基金会主要向那些不能满足正常资金需求的贫困农民提供低息或无息贷款。另外，墨西哥国家还实行由农业政策保险和商业保险共同提供保险服务的措施，不仅充分保障了各参与主体的利益，还有效促进了农村合作金融与农业保险的相互提升。

6. 中国台湾地区农村合作金融组织体系和模式。中国台湾地区的农村合作金融起步很晚，2003 年之前没有形成一个完整的农村合作金融体系。2002 年 11 月，台湾明确要建立相对独立的农业金融体系，台湾农村合作金融改革正式拉开序幕，并逐渐形成了专业金融模式（见图 9-5）。改革后的台湾农村合作金融由"台湾地区行政管理机构"农业发展委员会负责农村合作金融体系架构的搭建和相关政策的制定。农业发展委员会下设"农业金融局"，其任务是对农村金融机构进行监督和管理，落实农会信用部和渔会信用部的内部控制和稽核制度。全台农业金库是由之前的合作金库和"中国农民银行"合并组建而成，是农会信用部和渔会信用部的上层机构，主要承担辅导信用部的业务发展、收受信用部转存款以及进行资金融通等职能。农会信用部和渔会信用部是中国台湾地区农村合作金融体系的主体，主要向农渔民发放贷款。同时，"台湾地区行政管理机构"还成立了农业信用担保基金，主要解决那些经济状况不好、担保能力不足、达不到信用部贷款条件的农民和其他会员的资金需求不足问题；"台湾地区行政管理机构"农业发展委员会还成立了金融监督管理委员会，对全台农业金库和信用部进行监督。另外，为了规范农村合作金融的发展，还专门针对农村合作金融体系颁布了一系列法律法规并建立了相关制度，如《农业金融法》《台湾农会法》《台湾渔会法》等，形成了一套较为完整、独立于一般金融体系的农村合作金融法律法规体系。

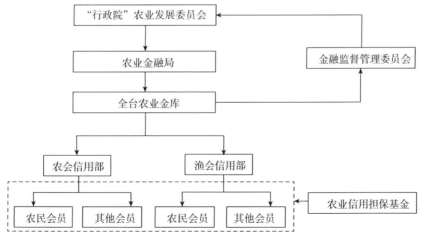

图 9-5 中国台湾地区农村合作金融组织体系架构

9.2.2　各国（地区）农村信用社组织体系和模式取得的实践经验

1. 科学、合理的农村合作金融组织体系始终坚持合作制原则。农村合作金融组织是激发农村内生性发展的基本路径选择，在推动农村经济金融发展的过程中，占据着十分重要的地位。因此，世界各国对其发展都十分重视，普遍建立了分工合理、适度竞争的农村合作金融组织体系，这些合作金融组织类似于企业组织的形式，各层级组织也均以独立的法人实体组织形式存在，基本形成了"自下而上""相互独立"的体系框架，同时这些组织以合作制原则服务农村实体经济，不仅满足了农村多元化的资金需求，而且对农村集体信用和金融生态建设具有积极的推动作用。例如，德国以基层信用合作社和合作银行为起点，以区域性中心合作银行和德意志中央合作银行为依托，逐步扩展金融服务网络，为农村合作金融组织构筑了庞大的网络体系。又如，美国的"多元复合型"组织体系、日本的"非独立的附属型"组织体系、法国的"金字塔型"组织体系等，全方位覆盖农村金融市场，有效促进了农村金融市场的有序竞争和良性发展。

2. 普遍推行的政策性手段有效支持农村金融发展。农村合作金融组织的发展离不开政府政策性手段的支持。政府通过政策性手段支持农村合作金融组织，不仅能促进农村金融市场的发展，还能有效解决农业对外部资金缺乏吸引力等问题。各国（地区）政府根据本国（地区）的国（区）情，普遍运用财政政策和货币政策支持农村合作金融组织的发展。例如，德国政府以拨款的形式向农村金融市场提供农业信贷资金，支持当地农业基础设施建设；美国和法国的中央银行为长期农业信贷债券提供信用担保；中国台湾地区设立农业信用担保基金，解决一些条件较差的农民及其他会员的资金需求不足问题；美国和法国对农村合作金融组织实行减免营业税和所得税等税收优惠政策；日本农林中央金库规定农村合作金融组织可以以较低的存款准备金率上缴存款准备金的优惠政策。

3. 齐全、完备的法律法规体系持续保障农村经济发展。完备的金融法律法规对农村合作金融的发展提供了强制性保障。政府在支持农村合作金融组织快速发展的同时，也需要通过采取更有效力和连贯的法律手段对其市场主体定位、业务发展等方面进行约束性管理。德国的《产业及经济合作社法》，美国的《农业市场法》《联邦信用社法》《农场信贷法》等，日本的《中小企业生产合作社法》《产业合作社法》《信用金库法》等，法国的《土地银行法》，中国台湾地区的《农业金融法》《台湾农会法》《台湾渔会法》等，均有力地保障了农村金融市场业务支持农村经济的发展。

9.3　中国大陆地区农村信用社管理模式的比较与选择条件

9.3.1　省联社模式

1. 省联社模式的基本内涵。省联社起源于 2001 年我国江苏省对县（区）级农信社的试点改革。2003 年 8 月，中央政府为有效解决各县（区）级农信社的管理问题，将农信社的管理权下放给省级政府，省级政府要求各县（区）级农信社按照自愿原则出资入股成立省联社，于是省联社成为县（区）级农信社实际管理机构，并对各县（区）级农信社履行管理与服务职能。

2. 省联社模式的优缺点。从目前省联社管理模式的发展现状来看，存在三个比较明显的优点：第一，作为各县（区）级农信社的管理机构，省联社在资金调剂、人才培养、产品研发等方面对农信社采用统一的制度进行管理与服务，实现了对辖内各县（区）级农信社资源的整合和管理的有效性；第二，作为省级政府的下设机构，省联社模式不仅承担了地方政府对各县（区）农信社的管理职能，而且各县级联社通过"自下而上"的入股方式，延续了合作制原有的所有管理制度，在一定程度上维持了合作金融的属性；第三，作为省级政府下放的金融机构，省联社对各县（区）级农信社的管理带有一定的政策导向性，不仅能最大限度地保留各县（区）级农信社立足"三农"、服务"三农"的历史使命，而且相较于其他管理模式，对当地经济发展水平、金融生态环境的要求也很低，在各个地区普遍具有一定的适应性。

随着中国大陆地区农村经济水平的增长，在农信社股份制转型已全面收官的地区，改制为农商行的农信社综合实力已达到一定水平，省联社管理模式的缺点也逐渐凸显出来，主要有两点：第一，由于各县（区）级农信社采取"自下而上"的入股形式成立省联社，省联社又通过"自上而下"的管理形式对各县（区）级农信社的业务经营、财务管理和人事安排进行强制性干预，这种管理模式不仅容易导致省联社对各县（区）级农信社的管理与服务职能逐步异化为省联社（上级）对各县（区）级农信社（下级）的行政管理职能，也会削弱各县（区）级农信社"自我发展"的主观能动性。第二，作为省级政府下放的金融机构，省联社身兼各县（区）级农信社管理与服务、省级政府行政管理和合作制金融企业管理等多重职能，这不仅使得省联社成了省级政府实现经济利益的工具，也将省级政府对省联社的管理变成了一种"替代"关系（穆争社，2009），扩张了省级政府控制各县（区）级农信社的实力和权力。

3. 省联社模式的选择条件。从以上分析来看，如果要继续按照现有模式对农信社进行管理的话，省联社就必须满足两个条件：第一，坚持省级政府和省联社分开的原则。应进一步厘清省级政府在省联社中的地位和界限，重新定位省联社的行业协会、管理部门和企业三重角色，重点强调省联社的服务职能，促进辖内农信社系统的资源优化配置。第二，与监管部门的权责相匹配。完善现有模式中监管部门的权力和责任，通过监管责任督促监管部门高效履行监管权力，保障行业的健康发展。

9.3.2　统一法人模式

1. 统一法人模式的基本内涵。不同于省联社履行管理与服务职能的模式，统一法人模式下，对省会城市或直辖市内的农信社进行合并重组，取消县级农信社的独立法人资格，设立省级统一法人的农商行或农合行，将之前的县级农信社作为省级统一法人的分支机构进行集中管理。最为典型的代表为 2005 年 8 月成立的上海农商行和 2005 年 10 月成立的北京农商行。

2. 统一法人模式的优缺点。在这种模式下，省级统一法人农商行与之前的县级农信社之间的产权关系更为清晰，不仅加强了"三会"对农信社的监督作用，也让县级农信社不再受省联社的行政干预，使其有了更为明确的发展目标，大大提高了农信社商业化运作的效率。并且，统一法人后的农商行不仅为增资扩股、扩大资本规模提供了可能，而且更有利于激发其自身的主观能动性，促进其创新研发技术、金融产品和服务等。另外，统一法人后的农商行对之前的县级农信社拥有高度集中的管理权限，不仅可从宏观层面调整和把控风险，还能有针对性地在局部地区开展具有明显特色的"三农"业务。但这种模式也存在诸多不足：第一，统一法人后，之前的县级农信社失去了独立法人资格，丧失了开展"三农"业务的自主决策权，影响了其服务农村实体经济的有效性；第二，统一法人后的农商行要完全按照现代商业银行模式经营发展，很容易出现农商行资本逐利和资金外流现象，即信贷资源会向收益更高的非农市场倾斜，削弱了农商行服务"三农"的积极性，从而加大了兼顾双重目标之间（盈利目标与支农目标）的难度；第三，由于在统一法人的过程中，并没有明确限定入股股东的类型，也没有限制不同种类股东的入股比例，因此新入股者有可能是政府，也有可能是只关注股金分红而不关注农商行发展的小股东，因而会出现政府控股农商行或新入股者"一股独大"的局面，不利于农商行的经营发展。

3. 统一法人模式的选择条件。从以上分析来看，由于统一法人模式存在盈利目标与支农目标冲突的问题，对各入股农信社的公司治理和当地金融生态发展水平要求很高，可能更适宜在城乡一体化高、管理半径小且经营良好的省份或直辖市实行，通过竞争促使农信社的目标客户下移，从而实现支农目的，而在全国范围内不具有推广价值。但是，要建立统一法人模式的省级农商行必须满足三个条件：第一，适度提高单个股东持股比例，引进机构投资者，实现股权适度集中，完善公司治理结构，推动农信社市场化运作、自我发展；第二，从行业审计、信息披露、市场监管等方面采用政府诱导型市场机制推进农信社改革，促进农信社可持续发展；第三，统一法人模式应因地制宜地选择适当的层级关系，防止因法人层级过低导致引资困难、资金缺口增大，或因法人层级过高导致资金从农村抽离流向城市。

9.3.3 联合银行模式

1. 联合银行模式的基本内涵。联合银行模式是指各县（区）级农信社、农合行或农商行采取自下而上的入股方式自发组建的金融机构。最为典型的代表为 2005 年 2 月成立的杭州联合农村合作银行。

2. 联合银行模式的优缺点。与其他模式相比，联合银行这种模式具有更为独特的优点：第一，与国外发达国家（地区）区域联合金融机构（如德国的区域性合作银行、法国的省级农业信贷互助银行）类似，联合银行具有独立法人资格，不仅与入股的各县（区）级农信社、农合行和农商行之间是相对独立关系，且各机构之间在业务上可进行战略联盟。它既不像省联社模式可对各县（区）级农信社的进行行政干预，也不像统一法人模式可对各县（区）级农信社经营管理进行干涉，因而它的管理效率相较前两种模式要更高；第二，由于联合银行的股份全部由辖区内各县（区）级入股的农信社、农合行或农商行自行出资，没有外来的新入股者，因而它既不会存在政府外部干预的隐患，也不会出现资金抽水的现象，能更好地服务于当地"三农"经济的发展。正是由于这两个优点，组建联合银行模式已成为中国大陆大部分地区农信社下一步改革最受青睐的方案之一。但是，在这种模式下，也存在一个比较明显的缺点，即联合银行模式只是对原有模式的一种改良，并未从根本上解决联合银行与各县（区）级入股的农信社、农合行或农商行之间的关系扭曲和权责不明的矛盾，在实际中各权利主体依然会力求实现个体利益最大化，因此将省联社模式改为联合银行模式的难度较大。

3. 联合银行模式的选择条件。在联合银行模式下，各县（区）级农信社、农合行或农商行需要有足够的资金实力和管理能力才能联合发起成立联合银行，那么在经济发展水平差异较大的地区，资产规模小、经营效益差的农信社机构与资产规模大、经营效益好的农信社机构很难"平起平坐"，因而这种模式可能更适合于城乡一体化程度较高、对农业信贷要求不高且支农任务相对较轻的经济发达地区。根据笔者多年的实地调查和研究经验，当辖区内经济发展水平存在较大的差异时，组建区域性的联合银行可能更符合中国大陆地区农信社的实际情况。

9.3.4 金融控股公司模式

1. 金融控股公司模式的基本内涵。金融控股公司模式是以股权为纽带，允许有实力的农商行入股成为"金融控股集团"的最大股东即母公司，然后由母公司再根据实际情况，对各县（区）级入股的农信社、农合行或农商行采取全资或控股的方式进行注资，并使这些机构逐渐成为"金融控股集团"的子公司。从运作模式上来看，母公司一般不经营具体的业务，而是通过资本纽带对子公司履行管理职能。最为典型的代表为2008年12月成立的宁夏黄河农村商业银行和2015年6月成立的陕西秦农农村商业银行。

2. 金融控股公司模式的优缺点。金融控股公司模式具有三个优点：第一，金融控股公司模式理顺了现有模式下省联社与各县（区）级农信社、农合行或农商行之间的上下级管理关系，不仅有效稳定了县域法人地位，而且促进母公司竭尽全力地为子公司的业务经营和机构发展提供更好的管理、指导、协调和服务，促进了子公司的发展。第二，在金融控股公司模式下，母公司与子公司之间均为相对独立的法人，这种二级法人的治理结构有利于充分发挥母公司与子公司的效用互补（邵靖和杜彦坤，2014），即母公司采用统一的制度和规则对人员培训、财务审计和系统升级等方面进行管理和指导，子公司根据自身经营情况和当地金融生态与市场需求调整经营策略和贷款投向，因地制宜地开展"三农"业务，增强子公司支持"三农"经济发展的造血功能。第三，作为一种混业经营的发展模式，金融控股公司业务经营范围会随着行业改革逐渐扩大并趋向混业经营，这有利于拓宽子公司"三农"信贷业务的种类，并向综合性的大金融方向发展，满足农村多样化的金融需求。当然，将农信社改为金融控制公司只是一种理想化的模式，目前仍存在两个比较明显的劣点：第一，在金融控股公司模式下，子公司的业务类型将不断增加，其繁杂的业务类型不仅加大了母公司对子公司的管理难度，还对子公司本身的自主经营、自负盈亏能力提高了要求。第二，由于中国大陆地区金融分业经营的格局长期存在，现有的监管体系和政策还无法对金融控股公司进行了合理的监管，金融监管部门需要付出一定的时间和协调成本，以适应金融控股公司模式的发展需求。

3. 金融控股公司模式的选择条件。虽然金融控股公司模式可将省联社股权倒置下的行政管理关系，转变为以自上而下控股股权为纽带联结的管理关系，并为各县级农信社和客户提供多元化的金融服务，但这种模式对当地经济发展水平要求较高，一般在保险、证券等金融服务发达的地区，才能充分发挥其优势。另外，如果要对农信社实行金融控股公司模式，还必须要达到三个条件：第一，构建与金融控股公司相匹配的金融监管体系。金融控股公司模式会打破现有分业经营监管的局面，因此，需要构建一套与金融控股公司相匹配且行之有效的金融监管体系，并采用混业经营监管方式对其进行监管，才能有效保证农村金融市场的安全运行。第二，限定主发起人资格，坚持服务"三农"原则。与普通的金融控股公司不同，监管部门应对由农信社改制而成的金融控股公司的母公司资格等方面进行具体限定，以保证金融控股公司长期坚定不移地服务于"三农"，提高服务效率。第三，由于金融控股公司在全资或控股其他各县（区）级农信社、农合行和农商行时，所需的股本金巨大，加上募股操作难度高，故具体操作阻力很大。因此，要从业务建设、规模扩张等方面合理规划改革进程，同时依靠省级政府雄厚的财政资金支持，才能推动改革，降低成本。

9.3.5 金融服务公司模式

1. 金融服务公司模式的基本内涵。金融服务公司模式是将省联社改制为金融服务公司，由改制后的金融服务公司成为向辖内各县（区）级农信社、农合行或农商行提供战略咨询、科技支撑、产品研发、咨询营销、人员培训等金融服务的供应平台。

2. 金融服务公司模式的优缺点。与其他模式不同，在金融服务公司模式下，金融服务公司与辖内各县（区）级农信社、农合行或农商行之间不再是上下级关系，而是相互平等的金融市场主体，金融服务公司可专注于各县（区）级农信社、农合行及农商行的金融服务，大大增强了省联社原有的服务职能，而各县（区）级农信社、农合行及农商行也不再受省联社的行政约束，完全进入金融市场自行发展，一定程度上激活了各县（区）级农信社、农合行或农商行的创新动力。但是，这种模式也存在不足之处：第一，省联社改制为金融服务公司后，成为专门的服务供应商，各县（区）级农信社、农合行及农商行对金融服务公司提供的各种服务有了自主选择权，一旦各县（区）级农信社、农合行及农商行不接受金融服务公司提供的服务，金融服务公司将处于尴尬的局面，甚至难以存活。第二，改制为金融服务公司之后，相当一部分还未改制为农商行的农信社机构就失去了省联社管理的保障，特别是对那些经营不善的农信社来说，一旦完全进入市场发展，就会面临淘汰及破产的风险。

3. 金融服务公司模式的选择条件。目前，省联社淡出行政管理的条件基本成熟。如果对省联社采用金融服务公司模式，则转型后的金融服务公司与农商银行将成为平等市场主体，农信社要按照市场化原则与金融服务公司开展业务关系，以此促进金融服务公司高效运行，提供优质金融服务。事实上，自2003年以来，省联社一直致力于为辖内各县（区）级农信社、农合行或农商行提供公共金融服务，在支付结算、网络系统等方面形成了独特优势，具有丰富的能力和经验。根据笔者的研究经验，如果在城乡一体化程度较高、对农业信贷要求较高的经济发达地区，可考虑将省联社改制为金融服务型的行业机构，但在农信社改革相对滞后的经济欠发达地区，建议最好采取与省会农商行合并的模式，这样既可以保全金融服务公司的权威性，也有利于保障农信社发展的自主性。

9.4 "三位一体"试验下的地方农信社管理模式构建思路与对策建议

中国农村金融的组织体系和管理模式不同于其他发达国家和发展中国家（地区），大陆地区也因经济发展状况和市场发育程度等方面的不同而存在明显差异。理论研究表明，农信社管理模式是否合适，其检验标准有两个：一是农信社是否能够保持商业可持续发展，二是农信社是否能立足"三农"、有效满足多元化市场主体对金融的需求。根据上文对各个模式的分析和阐述，笔者认为当前中国大陆地区农信社管理模式的适用条件各不相同，不同模式的优缺点也比较明显，应深入结合当地经济发展水平、金融生态环境和市场主体需求，根据省联社和各县（区）级农信社、农合行或农商行所具备的基本条件进行选择，或者组合采用一种最为合适的改革模式，促进农信社同时兼顾商业化可持续发展和服务"三农"，从而有效增强县域农村金融供给侧的活力。

从当前中国大陆地区农信社的发展情况来看，中部和东部地区农信社改革较快，农商行的发展规模和机构数量也较多，而西部地区则十分缓慢，因此，不同地区农信社管理模式不能生搬硬套，应结合各地区的实际情况，科学借鉴国内外农村金融管理模式的经验及教训，形成具有地方特色的农信社管理模式，以保持农村信用社县域法人地位和数量的总体稳定，促进农信社服务好乡村振兴工作。以陕西为例，结合多年对陕西省农信社改革的实地调查和研究，笔者认为，陕西省应在借鉴国内联合银行、控股公司和金融服务公司等模式的基础上，构建具有陕西地方特色、"三位一体"的农信社管理模式。

9.4.1 设置高效运转的"三位一体"的农村信用社组织体系框架

设置高效运转的"三位一体"的农村信用社组织体系框架（见图9-6），需从以下三个方面持续跟进和发展：一是将省联社承担的职能逐一拆分，由不同的主体承担。一方面将省联社的行政管理职能转变为依法管理，由省级金融服务办公室承接；另一方面，省联社承担行业管理和公共服务的职能，即加快组建专业性金融信息科技公司和农村金融服务公司，打造全国一流的农村金融创新服务平台，充分发挥省联社在科技支撑、产品研发、咨询营销、人员培训等方面的优势。

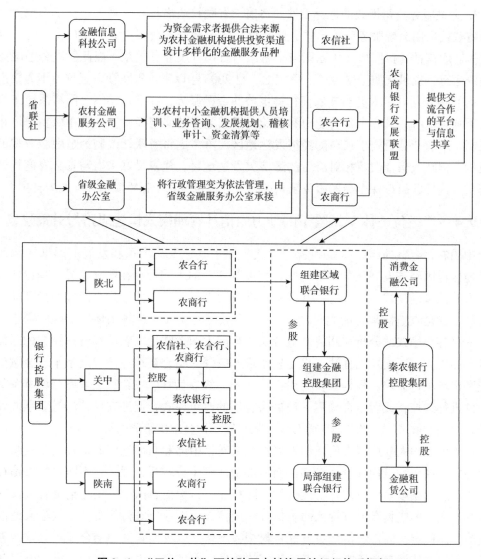

图9-6 "三位一体"下的陕西农村信用社组织体系框架

二是将秦农银行打造为银行控股集团。由于陕西省不同区域经济发展水平的较大差异，造成了各区域农信社发展存在明显差别，因此要将秦农银行打造为银行控股集团，需要实行"三步走"的区域协同战略。第一步应根据"陕北、关中、陕南"梯度式经济发展模式，分区域推进农信社发展。具体而言，陕北农信社应加快组建区域性联合银行，即以延安和榆林为单位，将陕北区域内的所有农合行和农商行进行改制重组，并吸引该区域内优秀的战略投资者参股设立陕北联合农村商业银行。关中农信社应以秦农银行为核心纽带，在秦农银行现有规模的基础上，按照金融控股银行模式，通过绝对控股或相对控股方式，逐步使区域内的农信社、农合行和农商行以及陕南部分县域的农信社成为秦农银行的控股子银行，即对于一些经营极差和还未转型为农商行的机构，由秦农银行主导其处置不良资产，并使其各项经营指标达到组建农商行的要求，进而将其直接合并成为秦农银行的绝对控股子银行；对于已经转型为农合行和农商行的机构，由秦农银行进行筛选，集中控制经营条件较好、准备上市的农商行，使其尽快满足上市要求并成功上市，从而形成秦农银行的绝对控股子银行，通过这些筛选并上市的农商行，可对经营条件一般的其他农合行和农商行采取交叉持股方式，最终形成秦农银行的相对控股子银行，同时择机启动秦农银行上市工作。陕南地区应局部加快启动组建区域性联合银行，即以商洛、汉中和安康为单位，对陕南区域内的所有已转型为农合行和农商行的机构进行改制重组，并吸引该区域内优秀的战略投资者参股设立陕南联合农村商业银行。第二步对控股后的秦农银行再次进行整合，对陕北联合农村商业银行和陕南联合农村商业银行进行资本注资，从而成为秦农银行的相对控股子公司。第三步组建消费金融公司、金融租赁公司，促进农银行的综合化发展，使秦农银行成为真正意义上的银行控股集团。

三是积极发挥自律组织的作用。农商银行发展联盟是由省内外各农合行和农商行自愿联合组成的非营利性社会组织，成立农商银行发展联盟，并赋予其行业自律、支付系统共享、系统性风险管理、金融市场业务合作、业务交流培训等信息共享和合作交流的职能，对实现农信社业务综合化发展、公司治理规范化、制度安排系统化、公共服务集中化发展等有积极作用。

9.4.2 构建完善规范的农村金融法律制度体系

从各国农村合作金融组织体系中可以看出，完善规范的法律法规制度体系是农村合作金融组织得以正常运行的关键。目前，中央政府还没有专门制定有关农村金融的法律法规，目前指导农信社发展的相关政策法规主要有《中华人民共和国中国人民银行法》《中华人民共和国银行业监督管理法》和《中国人民银行贷款通则》，但它们并未对中国大陆地区的农信社实际情况进行具体规定，使得农信社在业务拓展中遇到了许多问题。因此，要实现业务农信社的可持续发展，就必须辅以必要的法律支撑。国家应颁布专门的、详细而缜密的农村金融法案，明确中国人民银行、银保监会、省联社、农信社、农合行、农商行以及其他农村金融机构的组织形态、经营范围、法律地位和市场退出等，以保证农信社的改革和发展，助力农信社解决农民贷款难问题，实现农村金融推动经济快速发展的目标。

9.4.3 强化地方政府政策扶持力度

农信社改革是一项系统性工程，需要拟改制的农信社机构、地方政府、省联社和金融管理部门共同推进，所以，地方政府支持农信社改革十分重要。具体的政策扶持可包括：设立农信社改革风险补偿基金，以应对农信社在改革过程中面临的资金不足问题；制定更多的地方农信社改革优惠政策；如将"省联社"一分为二后，对金融信息科技公司和农村金融服务公司给予同等的所得税减半、营业税按3%征收的扶持政策；对承担支农任务的各县（区）级农合行和农商行享受与农信社同等的、最低限的存款准备金率政策；对以发展农业为主的地区可增加支农再贷款额度，并在利率上给予特殊优惠。

10 农村合作金融机构信贷风险内控体系评价研究

10.1 引言

农村合作金融机构是农村金融的"主力军",其信贷风险管理的优劣,不仅关系到机构本身的可持续运营,决定着信贷业务的持续增长潜力和盈利能力,而且关系到农村金融供给能力和意愿,影响农村金融的支农力度。长期以来,由于体制和政策等多方面的原因,农村合作金融机构体现出浓厚的制度性和行政性特征,加之监管有效性不足、缺乏外部竞争以及行政干预等外部因素,导致其在粗放经营模式下长期忽视对信贷风险内控体系的健全与完善。在新的发展阶段,特别是破解推进农业现代化的金融难题和资金"瓶颈"的时代要求下,构建完善的农村合作金融机构的信贷风险内控体系,构筑信贷风险控制内部防线,进而提升农村金融的供给意愿,缓解金融约束,已成为农村合作金融机构必须解决的重大课题。

近年来,已有研究从不同角度探索了农村合作金融机构信贷风险内控体系的完善问题。刘社建认为,农村合作金融机构自身的行为异化和内控制度的缺陷是导致大量不良贷款产生的根源,构建统一法人的农村商业银行是农村信用社改革和发展的方向。李赛辉认为,产权问题及其决定的公司治理和内部控制问题是风险管理问题的关键和核心。刘艳华等实证调查了金融机构内控体系的现状,结果显示农村合作金融机构信贷风险逐年降低,但控制效率偏低。汤斐、James和钱水土等主张运用RAROC模型、突出精细管理和联合抱团成长等风险控制策略完善农村信用社的风险控制。

纵观现有文献,针对农村合作金融机构信贷风险内控体系进行的实证研究相对薄弱。本研究运用层次分析法(AHP法)和模糊综合评价法对陕西省农村合作金融机构信贷风险控制体系的完善程度进行综合评价,以期避免经验判断和定性分析的主观性,力求科学、真实、客观地揭示陕西省农村合作金融机构信贷风险内控体系的基本状况,为农村合作金融机构信贷风险内控体系完善提供科学依据,并在此基础上探索陕西省农村合作金融机构信贷风险控制的提升路径。

10.2 研究方法、数据来源及变量定义

10.2.1 研究方法及数据来源

本研究采用模糊评价法测算农村合作金融机构信贷风险的内控体系,评价农村合作金融机构信贷风险的内部治理效果,寻求重要影响因素。信贷风险内控体系是一系列措施、程序和方法的总称,对信贷风险内控体系的评价是农村合作金融机构负责人对主观

感受的一种模糊描述，因此评价结果不是绝对的非此即彼，以一个模糊集合表示评价结果更为合理。本研究数据来源于2012年6~9月团队组织的对陕西省农村合作金融机构县级联社负责人的问卷调查，共发放问卷120份，收回有效问卷72份，有效问卷率为60%。问卷由2个部分组成：第1部分要求被调查者对农村合作金融机构内控体系完善程度进行评价，参考Likert的5点量表法，评价结果分别设定为"很不完善""不太完善""一般""比较完善"和"非常完善"。第2部分要求被调查者对4项1级指标及其所属2级指标进行排序，依据各指标对农村合作金融机构信贷风险内控体系影响程度的大小进行排序。

10.2.2　变量定义

借鉴现有研究成果，本研究设定当前农村合作金融机构信贷风险控制的指标体系由4个1级指标和21个二级指标共同构成（见表10-1）。其中，组织控制要素是农村合作金融机构实施管理和业务运行的组织方式及组织框架，作为农村合作金融机构业务经营和业务流程运行的载体，是贯彻组织目标的基础和保障组织高效率运作的前提。制度控制要素以全面、有效、审慎和独立的原则约束、衡量与纠正机构各部门、岗位和工作人员职责的规范性约定，发挥防范、控制和化解信贷风险的作用。环节设计与流程安排直接影响信贷发生的可能性，信贷活动的全流程风险管理直接影响到员工能否清晰了解各环节各岗位的风险防控内容和标准，所应采取的风险防范措施和需要承担的风险控制责任。信息的交流、传递与反馈是信贷风险内部控制过程的介质与载体，符合需要的、先进的信息技术系统的高效运行，可以提高组织对信贷风险的反应效率，能更好地提升农村合作金融机构风险控制效率。同时，内控体系4个1级指标和21个2级指标环环相扣、有机联系、相互衔接、共同作用。只有组织、制度、过程和技术控制要素4个部分以及各分层2级指标之间相向协同，才能形成组织正向激励机制和约束机制。

10.3　农村合作金融机构信贷风险内控机制评价实证分析

10.3.1　评价指标权重的确定

本研究参考新巴塞尔资本协议的全面风险管理相关要求，结合陕西省农村合作金融机构信贷风险内控体系的实际情况，确定了4个1级指标和21个2级指标，构建基于AHP法的农村合作金融机构信贷风险内控体系评价的层次结构模型。依据被调查者对信贷风险内控体系影响程度的判断，2级指标的分数由各指标所得分数进行加权平均得出。1级指标的分数为其所包含2级指标的分数之和。按比较双方的分数相除得出各级指标的相对重要性矩阵。采用1~9标度法（见表10-1）处理各重要性矩阵，综合所有的 c_{ij} 值，将其排列成矩阵形式 (c_{ij}) $n×n$，得到信贷风险内控体系各指标的判断矩阵，所有矩阵满足条件 $c_{ij}>0$，$c_{ij}=1/c_{ji}$，且 $c_i=0$。所得判断矩阵在 AHP yaahp6.0 软件中均小于0.1，说明权重分配通过一致性检验，较为合理。农村合作金融机构信贷风险内控体系评价指标

的权重 W_i（$i=1$，2，3，4）见表 10-1。可以看出，影响程度最大的 2 级指标是法人治理结构和风险管理部门的职能发挥（$W_{11}=W_{12}=7.32\%$），影响程度最小的 2 级指标为信贷文化/信贷偏好（$W_{25}=2.37\%$），二者存在较大差距（4.95%）。

表 10-1 数据标准化处理准则

参考得分	适用范围	参考得分	适用范围
1	[0.5, 1.5)	1/2	(0.42, 0.5)
2	[1.5, 2.5)	1/3	(0.29, 0.42]
3	[2.5, 3.5)	1/4	(0.23, 0.29]
4	[3.5, 4.5)	1/5	(0.18, 0.23]
5	[4.5, 5.5)	1/6	(0.16, 0.18]
6	[5.5, 6.5)	1/7	(0.13, 0.16]
7	[6.5, 7.5)	1/8	(0.12, 0.13]
8	[7.5, 8.5)	1/9	(0.00, 0.13]
9	[8.5, +∞)		

10.3.2 模糊综合运算

10.3.2.1 确定评判矩阵

本研究运用隶属统计法计算农村合作金融机构信贷内控指标的测评值，即统计出被调查者对农村合作金融机构信贷风险内控各指标现状的评价中各评价等级 E_k（$k=1$，2，…，5）的归属频数 g，计算公式为 $q_{ij}=g_{ij}/n$，则指标 B_{ij} 隶属于 E_k 的隶属度就是 q_{ij}。据此得出计算 2 级指标模糊关系的矩阵 F_i（$i=1$，2，3，4）：

$$F_1 = \begin{bmatrix} 0.03 & 0.43 & 0.32 & 0.22 & 0.00 \\ 0.06 & 0.31 & 0.46 & 0.18 & 0.00 \\ 0.00 & 0.46 & 0.38 & 0.17 & 0.00 \\ 0.03 & 0.42 & 0.46 & 0.10 & 0.00 \end{bmatrix}$$

$$F_2 = \begin{bmatrix} 0.00 & 0.82 & 0.15 & 0.03 & 0.00 \\ 0.01 & 0.60 & 0.32 & 0.06 & 0.01 \\ 0.11 & 0.36 & 0.40 & 0.13 & 0.00 \\ 0.03 & 0.46 & 0.38 & 0.14 & 0.00 \\ 0.04 & 0.40 & 0.43 & 0.13 & 0.00 \end{bmatrix}$$

$$F_3 = \begin{bmatrix} 0.06 & 0.29 & 0.39 & 0.24 & 0.03 \\ 0.03 & 0.26 & 0.53 & 0.18 & 0.00 \\ 0.00 & 0.42 & 0.44 & 0.14 & 0.00 \\ 0.00 & 0.60 & 0.36 & 0.04 & 0.00 \\ 0.08 & 0.15 & 0.47 & 0.29 & 0.00 \\ 0.03 & 0.56 & 0.25 & 0.17 & 0.00 \\ 0.03 & 0.36 & 0.42 & 0.18 & 0.01 \end{bmatrix}$$

$$F_4 = \begin{bmatrix} 0.03 & 0.33 & 0.38 & 0.26 & 0.00 \\ 0.02 & 0.38 & 0.44 & 0.15 & 0.00 \\ 0.00 & 0.53 & 0.36 & 0.11 & 0.00 \\ 0.04 & 0.46 & 0.33 & 0.17 & 0.00 \\ 0.00 & 0.58 & 0.26 & 0.15 & 0.00 \end{bmatrix}$$

10.3.2.2 单因素评价

运用模糊综合评价模型对信贷风险控制的组织要素进行评价，评价结果 E_i 为评语集｛很不完善，不太完善，一般，比较完善，非常完善｝中各评价等级的比重，组织控制要素 B_1 的模糊综合评价结果 E_1 为：

$$E_1 = W_1 \cdot F_1 = \begin{bmatrix} 0.29 & 0.29 & 0.21 & 0.21 \end{bmatrix} \cdot$$

$$\begin{bmatrix} 0.03 & 0.43 & 0.32 & 0.22 & 0.00 \\ 0.06 & 0.31 & 0.46 & 0.18 & 0.00 \\ 0.00 & 0.46 & 0.38 & 0.17 & 0.00 \\ 0.03 & 0.42 & 0.46 & 0.10 & 0.00 \end{bmatrix} = \begin{bmatrix} 0.03 & 0.39 & 0.40 & 0.17 & 0.00 \end{bmatrix} \quad (10\text{-}1)$$

由式（10-1）可见：认为组织控制要素"较为完善"的比重为 39%，认为组织控制要素"一般"和"不太完善"比重分别为 40% 和 17%，说明当前陕西省农村合作金融机构信贷风险内控体系组织控制要素的完善程度一般，存在较大的提升空间。调查中发现，在商业化转型过程中，陕西省农村合作金融机构全部清退了社员入股，转为企业股和员工股，这在一定程度上提高了股东参与和监督农村合作金融机构经营管理的可能性和积极性。但就目前来说，农村合作金融机构原有的行政管理模式仍未打破，相互制衡机制有待明确，法人治理结构不够完善，经营管理层的管理思路和决策水平有待提升。风险管理部门和内部审计与稽核机构仅作为普通职能部门发挥简单的监督作用，远未发挥其防控和规避风险的组织价值。

运用模糊综合评价模型对信贷风险控制的制度要素进行评价。制度控制要素 B_2 的模糊综合评价结果 E_2 为：

$$E_2 = W_2 \cdot F_2 = [0.25 \quad 0.21 \quad 0.21 \quad 0.21 \quad 0.10] \cdot$$

$$\begin{bmatrix} 0.00 & 0.82 & 0.15 & 0.03 & 0.00 \\ 0.01 & 0.60 & 0.32 & 0.06 & 0.01 \\ 0.11 & 0.36 & 0.40 & 0.13 & 0.00 \\ 0.03 & 0.46 & 0.38 & 0.14 & 0.00 \\ 0.04 & 0.40 & 0.43 & 0.13 & 0.00 \end{bmatrix} = [0.03 \quad 0.55 \quad 0.32 \quad 0.09 \quad 0.00] \quad (10\text{-}2)$$

由式（10-2）可见：认为制度控制要素"较为完善"的比重超过半数，达到了55%，是全部4个1级指标中"较为完善"评价最高的。认为制度控制要素"不太完善"的比重仅为9%，是全部4个1级指标中"不太完善"评价最低的，可见陕西省农村合作金融机构信贷风险内控体系制度控制要素较为完善。这说明陕西省省农村合作金融机构经过长期的改革与引导，强化信贷基础制度建设，建立了较为完善的风险防范制度。但是，调查中发现，陕西省农村合作金融机构存在重制度建设轻制度执行、强调信贷员的风险责任，忽视完善信贷资产风险评估与监督体系的问题。对贷款第一责任人制和贷款责任终身制的片面理解和过分倚重，有可能导致信贷风险控制的浅层次、表面化以及控制方向的偏离。

运用模糊综合评价模型对信贷风险控制的过程控制要素进行评价。过程控制要素 B_3 的模糊综合评价结果 E_3 为：

$$E_3 = W_3 \cdot F_3 = [0.15 \quad 0.13 \quad 0.20 \quad 0.15 \quad 0.10 \quad 0.11 \quad 0.15] \cdot$$

$$\begin{bmatrix} 0.06 & 0.29 & 0.39 & 0.24 & 0.03 \\ 0.03 & 0.26 & 0.53 & 0.18 & 0.00 \\ 0.00 & 0.42 & 0.44 & 0.14 & 0.00 \\ 0.00 & 0.60 & 0.36 & 0.04 & 0.00 \\ 0.08 & 0.15 & 0.47 & 0.29 & 0.00 \\ 0.03 & 0.56 & 0.25 & 0.17 & 0.00 \\ 0.03 & 0.36 & 0.42 & 0.18 & 0.01 \end{bmatrix} = [0.03 \quad 0.39 \quad 0.41 \quad 0.17 \quad 0.01] \quad (10\text{-}3)$$

由式（10-3）可见：认为过程控制要素"一般"和"不太完善"的比重分别为41%和17%，认为制度控制要素"较为完善"的比重为39%，与组织控制要素的评价结果非常相似，显示出陕西省农村合作金融机构信贷风险内控体系过程控制要素的完善程度一般，有较大的提升空间。调查发现，当前陕西省农村合作金融机构的信贷风险控制各环节都存在不足，例如：信贷产品设计存在不同程度的滞后现象，无法满足农业现代化发展新需求。信用基础数据库不够充实，指标选择及权重确定缺乏合理的依据。贷前调查主观随意性大，贷款用途比较笼统，也不乏为迎合放贷审查进行修改的情况。贷后报告缺乏对现金流量和偿债能力的技术性分析，主要是罗列财务数据，无法成为预警、识别和计量贷款潜在风险的依据，等等。

运用模糊综合评价模型对信贷风险控制的技术要素进行评价。技术控制要素 B_4 的模糊综合评价结果 E_4 为：

$$E_4 = W_4 \cdot F_4 = [0.21 \quad 0.13 \quad 0.08 \quad 0.10 \quad 0.04] \cdot$$

$$\begin{bmatrix} 0.03 & 0.33 & 0.38 & 0.26 & 0.00 \\ 0.02 & 0.38 & 0.44 & 0.15 & 0.00 \\ 0.00 & 0.53 & 0.36 & 0.11 & 0.00 \\ 0.04 & 0.46 & 0.33 & 0.17 & 0.00 \\ 0.00 & 0.58 & 0.26 & 0.15 & 0.00 \end{bmatrix} = [0.02 \quad 0.45 \quad 0.36 \quad 0.17 \quad 0.00] \quad (10\text{-}4)$$

由式（10-4）可见：认为技术控制要素"较为完善"的比重近半数，达到了45%，其"较为完善"和"一般"比重分别为45%和36%，"不太完善"的比重为17%。说明农村合作金融机构工作人员对信贷风险控制技术和信息支持完善程度的评价较高。但是调查中发现，由于启用时间短，农村合作金融机构在利用信息技术实现集约化经营过程中，尚未实现对信息技术的逻辑处理，在提供组织运行、管理和决策所需的在编辑信息、模型运算、及时反馈和突变应对等方面功能发挥有限。这与问卷调研结果相矛盾，其原因可能是，由于农村合作金融机构的人员素质有限，对风险控制评估模型等先进的信息处理技术缺乏了解，实际工作中靠经验和习惯办事，对信息技术的有效需求和依赖程度不高，这在某种程度上影响了评价的客观性。

10.3.2.3　综合评价

对农村合作金融机构信贷风险内控体系（A）进行综合评价，由式（10-1）~式（10-4）可构造A中B_1~B_4对应的模糊矩阵F_5，表10-2可知B_1~B_4在A中的权重W_5，由此可求出A的模糊综合评价结果E_5为：

$$E_5 = W_5 \cdot F_5 = [0.25 \quad 0.25 \quad 0.25 \quad 0.25] \cdot$$

$$\begin{bmatrix} 0.03 & 0.40 & 0.40 & 0.17 & 0.00 \\ 0.04 & 0.55 & 0.32 & 0.09 & 0.00 \\ 0.03 & 0.39 & 0.41 & 0.17 & 0.01 \\ 0.02 & 0.45 & 0.36 & 0.17 & 0.00 \end{bmatrix} = [0.03 \quad 0.45 \quad 0.37 \quad 0.15 \quad 0.00] \quad (10\text{-}5)$$

由式（10-5）可看出，认为陕西省农村合作金融机构信贷风险内控体系"较为完善"的比重近半数，达到了45%，认为"一般"和"不太完善"的比重分别为37%和15%，"非常完善"的比重仅为3%，显示出陕西省农村合作金融机构信贷风险内控体系完善程度较好，但仍需进一步改进。

10.3.2.4　评价结果的量化处理

对评语集$E =$ {很不完善，不太完善，一般，比较完善，非常完善} 进行量化，"很不完善"量化为1分，以此类推，其余评价分别量化为3、5、7和9分。用列向量$Y =$ [1 3 5 7 9] 表示量化值，用$N = E \cdot Y$表示最终的评价量化值，量化值N的取值范围为0~10，量化结果见表10-3。可以看出，陕西省农村合作金融机构信贷风险内控体系完善程度的总体得分为5.70分，处于中等偏上水平，说明完善程度较好，但仍存在较大的改善空间。4类控制要素的量化结果依次为过程控制要素（5.52分）<组织控制要素（5.57分）<技术控制要素（5.64分）<制度控制要素（6.06分）。评价最好的是制度控

制要素，评价最差的是过程控制要素，说明农村合作金融机构信贷风险内控制度建设相对健全，而全程风险控制理念尚未良好地渗透于农村合作金融机构的风险控制实践。同时各 1 级指标之间的得分差异不大，最高和最低得分之见仅相差 0.46，组织、过程和技术控制要素评价中"不太完善"的比重均为 17%，显示出陕西省农村合作金融机构信贷风险内控体系是一个有机联系的动态管理过程，各组成要素的完善程度受其他要素完善程度的制约，彼此之间相互钳制、共同发挥作用。

表 10-2 农村合作金融机构信贷风险内控体系指标及评价权重

1 级指标	权重（W_i）	2 级指标	相对权重（W_{ij}）	绝对权重（W_{ij}）
组织控制要素 B_1	0.25	法人治理结构 B11	0.2929	0.0732
		风险管理部职能 B12	0.2929	0.0732
		部门设置及分工 B13	0.2071	0.0518
		风险稽核审计与持续改进 B14	0.2071	0.0518
制度控制要素 B_2	0.25	管理层的重视程度 B21	0.2506	0.0626
		风险管理规范和分级授信 B22	0.2182	0.0545
		薪酬激励机制 B23	0.2182	0.0545
		风险责任落实 B24	0.2182	0.0545
		信贷文化/风险偏好 B25	0.0950	0.0237
		信贷产品设计 B31	0.1541	0.0385
		客户信用评级 B32	0.1264	0.0316
过程控制要素 B_3	0.25	贷前调查 B33	0.1990	0.0498
		贷中审查 B34	0.1541	0.0385
		贷后检查 B35	0.0979	0.0245
		风险预警体系 B36	0.1145	0.0286
		资产处置/清收 B37	0.1541	0.0385
技术控制要素 B_4	0.25	员工素质 B41	0.2254	0.0563
		计算机支持系统 B42	0.1962	0.0491
		信息管理 B43	0.2589	0.0647
		岗位资格管理与全员培训 B44	0.1487	0.0372
		风险分析技术开发与应用 B45	0.1708	0.0427

表 10-3　模糊综合评价结果

1级指标	非常完善	比较完善	一般	不太完善	很不完善	量化结果
组织控制要素	0.03	0.40	0.40	0.17	0	5.57
制度控制要素	0.04	0.55	0.32	0.09	0	6.06
过程控制要素	0.03	0.39	0.41	0.17	0.01	5.52
技术控制要素	0.02	0.45	0.36	0.17	0	5.64
整体评价	0.03	0.45	0.37	0.15	0	5.70

10.4　结论与建议

（1）按照巴塞尔新资本协议要求，构筑信贷风险管理体系。当前农村合作金融机构信贷风险内控体系的总体评价得分为中等偏上水平，现状不容乐观。实证调查发现，在长期行政性特征和约束机制弱化的影响下，农村合作金融机构信贷风险内控体系的基本轮廓虽隐约可见，但要突破建章立制式的传统行政层级管理"藩篱"，实现信贷风险内控机制的有序运转，发挥信贷风险内控机制的内生性自组织功能，还需按照巴塞尔新资本协议的要求，强化信贷风险管理战略性地位和实质性重要意义在机构治理中的渗透与契合。

（2）树立全面风险管理观，优化信贷风险内控体系。信贷风险管理内生于银行的各项经营管理流程，是渗透其中的一系列行为，其本身并不构成一个独立的管理活动。陕西省农村合作金融机构信贷风险内控体系各要素完善程度评价趋同，差异很小，显示出各组成要素之间相互制衡与钳制，是一个有机联系的动态管理过程。新一轮农村信用社改革助推"机制"创新，信贷风险管理应成为农村合作金融机构的综合治理问题，逐步超越相对狭窄且纯粹的技术性管理概念和范畴，体现出全面综合和整合的特点。

（3）强化风险管理部的机构地位，落实各环节风险责任。相对而言过程控制是当前农村合作金融机构信贷风险中最为薄弱的环节。农村合作金融机构应按照严格的逻辑设计并详细分解信贷风险管理的职权与职责，使其衔接紧密，顺序得当。完善董事会领导下的纵向风险管理部建设，以制度建设和统筹规划保障风险管理部职能作用的充分发挥，实现风险管理部从单纯的后台信贷风险控制到实施全程风险管理转换，将管理的触角延伸至信贷业务各环节和流程安排。

（4）实现风险控制的产权激励，激发内生动力。实地调研中受访联社负责人均强调法人治理结构对机构信贷风险控制所发挥的基础性作用，实证结论显示其影响程度为最高。陕西省农村合作金融机构应尽快扭转多年来形成的行政管理模式下的非市场化经营传统，强化产权激励，引入全新的考核方式，推广和确立这些指标深层蕴含的全新管理理念。着力构建具有独立性、前瞻性和权威性的现代化稽核监督体系，实现信贷风险内部控制系统的权力制衡。

（5）建设先进的信息管理和支持系统，提高技术效率。信息管理对农村合作金融机构信贷风险控制的重要程度仅次于法人治理结构和风险控制部的职能发挥。农村合作金融机构应深度开发信息资源，采用先进的风险评估技术与方法，加强行业间信息交流与共享，通过信息交流渠道动态绘制组织与部门边界，实现最优风险沟通、决策和控制效率，真正将数据转变为资源。同时，应着力提升员工风险控制意识，尽力挖掘和激发员工进行风险信息加工和反馈的主观能动性。

农村土地承包经营权抵押模式篇

11 农地抵押融资运行模式国际比较及其启示

11.1 引言

中共十八届三中全会《中共中央关于全面深化改革若干重大问题的决定》指出，要"稳定农村土地承包关系并保持长久不变，在坚持和完善最严格的耕地保护制度前提下，赋予农民对承包地占有、使用、收益、流转及承包经营权抵押、担保权能，允许农民以承包经营权入股发展农业产业化经营"。其中，赋予农民农村土地承包经营权抵押、担保权能，是土地制度改革与农村金融改革的重大突破，在当前农民面临"抵押难、担保难、贷款难"的现实条件下，为实现农村土地承包经营权的金融功能，为农村土地承包经营权抵押融资提供了必要的政策依据。农地金融改革迎来新的曙光。

农地抵押融资作为盘活农村土地资源、解决农民资金融通困难、改善农民生产生活条件的重要融资方式与金融制度，已被许多国家广泛采用。各国由于在地理区域、经济发展水平与阶段、经济与金融制度、文化背景、意识形态等方面的差异，形成并构建了各具特色的农地抵押融资制度，为其各自的农村经济发展和农民增收做出了重要贡献。考察和研究各国农地抵押融资的运行模式，借鉴其农地抵押融资的成功经验并汲取其教训，对于因地制宜地制定中国特色的农村土地承包经营权抵押融资制度，具有重要意义。

11.2 农地抵押融资运行模式的国际比较

11.2.1 德国农地抵押融资运行模式

德国是世界上最早实行农地抵押融资的国家，其农地抵押融资起源于19世纪中后期，具有明显的"自下而上"的特点。具体运行模式如图11-1所示。

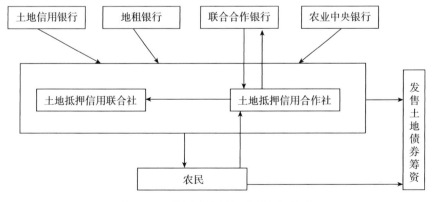

图11-1 德国农地抵押融资运行模式

1. 微观层运行。德国土地抵押信用合作制度是世界上历史最久，也是最富示范性的农地金融制度。土地抵押信用合作社是德国农地抵押融资系统的基层组织，也是该系统的核心，是联系农民与上一级农地抵押融资机构的媒介。凡农民或地主欲用他们的农地作抵押而获得长期借款时，他们就可联合起来组织土地抵押信用合作社，将各自所有的农地交给合作社作为抵押品而成为社员，合作社就用社员联合的农地为保证来发行土地债券，在资本市场上发售，换取资金，借给社员使用。社员对合作社进行自主管理，土地抵押信用合作社通过入股的方式向上联合发展成立联合合作银行。经过长期发展，德国农地金融组织体系包括土地抵押信用合作社、联合合作银行、土地信用银行、地租银行、德国农业中央银行等机构等。

社员要求借款时，需先向合作社提交申请书，注明贷款数额、用途、期限、抵押农地的位置和面积等，并将农地所有权证一并交给合作社。合作社专业人员核定农地价值后，依据农地估价核定借款数额（一般为农地价值的 1/3～1/2），并根据市场状况确定借款利率（约 5%）、期限（10～60 年不等）和偿还方法（一般为分期偿还）；除按期偿还本金和利息外，借款人还须缴纳一定数额的合作社营业费用（借款额的 0.25%）和公积金（借款额的 0.25%）。借款人同意上述约定后，与合作社订立借款契约。契约订立后，合作社将相当于借款人所借金额的土地债券交付给借款社员，由社员决定是自己发售还是委托合作社和联合合作银行发售。合作社以各地区抵押的农地为联合担保品，向上一级联合合作银行申请农地抵押贷款；联合合作银行同意贷款申请后，将贷款发放至土地抵押信用合作社，再由土地抵押信用合作社发放给借款人，完成农地抵押贷款流程。这样的联合组织（抵押信用合作社）能获得政府的授权发行债券，并以各地区抵押的（申请贷款农民的）农地为联合担保品，因而使债券买卖和流通的范围扩大，亦即农地金融融资范围扩大，不受地区的限制。而且，这样也使债权人与债务人的关系由购券人与借款人之间的直接关系变为债权人（购券人）与信用合作社、信用合作社与社员（借款人）之间的间接关系，从而可能减少借贷者之间的直接冲突，有助于化解农地金融制度的系统性风险。

2. 中层资金保障。联合合作银行负责代理各个土地抵押信用合作社推销债券、付息和债券回购等业务，并为各土地抵押信用合作社提供资金融通。发售土地债券是土地抵押信用合作社的资金来源，合作社可以直接承担债券的发行、付息及清偿的责任，所发行的债券可以自由买卖，自由流通，与普通的商业证券无异。土地债券的发售有两种方式，一种是由借款人自行负责，另一种是委托土地抵押信用合作社和联合合作银行代为发售。若选择前者，则借款人将承受债券价格下跌的风险，价格上涨，借款人受益，价格下跌，借款人蒙受损失；若选择后者，则债券价格下跌的风险将被转嫁给合作社和联合合作银行，同时债权价格上涨的收益将成为合作社和联合合作银行的公积金，该公积金是合作社和联合合作银行发行农地抵押贷款重要的资金来源。由于借款人出于风险承担和土地抵押信用合作社持续经营等因素考虑，他们大多选择委托发行的土地债券发售方式。

另外，有些土地抵押信用合作社共同组织联合社，能够以联合社的名义发行联合债券，所抵押担保的农地即为各合作社所抵押农地之和，这样可以避免个别地区因气候突变、农业歉收、地价下降等因素导致的债券价格剧烈变动，稳定投资人的投资收益，债券的销售市场也就更为广泛，融资也就更为容易。土地抵押信用合作社自身所有的资本很少，社员入社并不需要缴纳股金，只需要缴纳少量的入社费。土地抵押信用合作社提取借款人缴纳常年金一部分，作为合作社的营业费和公积金。社内不接受任何存款，因此，这些合作社不经营一般银行的存款业务。

3. 宏观层政府支持。德国拥有完备的农地所有权和抵押权法律。例如，普鲁士分别于 1722 年、1750 年和 1872 年颁布的《抵押权及破产令》《抵押权法令》和《不动产物权的取得及物上负担的法律》等，为农地抵押融资提供了较为规范的法律保障。德国政府为了支持农地抵押融资的发展，在批准设立土地抵押信用合作社和联合合作银行的基础上，在农地金融体系中还设置了土地信用银行、地租银行、德国农业中央银行等金融机构，为农民办理农地抵押融资提供多重选择，促进了农地金融体系竞争机制的形成。德国政府授予土地抵押信用合作社发行债券的权利，并担保还本付息，保证了农地抵押融资资金供给。另外，政府一般都会采用财政资金购买部分土地债券的方式，从资金上扶持土地抵押信用合作社发展。

11.2.2 美国农地抵押融资运行模式

不同于德国"自下而上"的农地抵押融资运行模式，美国农地抵押融资是在 1916 年美国国会通过的《联邦农业贷款法案》基础上发展起来的，具有"自上而下"的特点。农地抵押融资为农业生产提供了中、长期的金融服务，优化了农村资源配置，使美国农业和农村取得了长足发展，推动了美国农业现代化。美国农地抵押融资运行模式如图 11-2 所示。

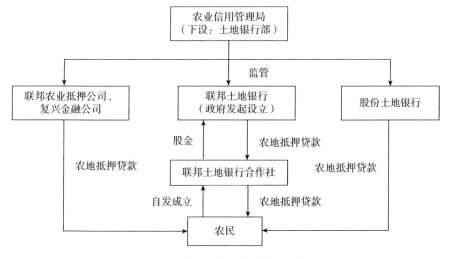

图 11-2 美国农地抵押融资运行模式

1. 微观层运行。美国农地抵押融资机构自上而下依次是：农业信用管理局、联邦土地银行、联邦土地银行合作社。联邦土地银行是该模式的主体，向上受农业信用管理局下设的土地银行部的统管，向下与各地农民所组织的联邦土地银行合作社联系，是该模式的中轴和核心。美国分为12个农业信用管理区，每个区各有一个联邦土地银行的分支机构。联邦土地银行合作社是基层农民自发成立的土地抵押贷款合作社性质的自营性机构，是联结农民和联邦土地银行的中间机构，由10位及以上具有借款需求的农民组成，日常运行采用的是"一人一票"的民主管理模式，负责农民农地抵押贷款申请的初步审核和贷款发放。农业信用管理局是主管机关，主办全国农地抵押贷款事宜。农地抵押融资具体的运行流程是：由借款人向联邦土地银行合作社递交申请书，说明借款的用途、期限和金额；合作社理事会派专人评估借款人的农地价值并出具评估报告，合作社若认可贷款，则在申请书上签字作保并送交联邦土地银行，由联邦土地银行再次审核；联邦土地银行审核通过后，借款人须购买联邦土地银行相当于借款额5%的股份，联邦土地银行则留存上述借款的档案材料，留用借款的1%作为手续费，将贷款放给合作社，合作社转交给借款人。贷款额度一般不超过抵押农地评估价值的85%，贷款期限一般为5～40年，年利率一般是5%。借款人采用分期还本付息的方式，每年还款给合作社，再由合作社转交给联邦土地银行。还款期满并还清贷款时，借款人收回被抵押的农地所有权证书，也收回最初缴纳的股金。

2. 中层资金保障。联邦土地银行发放抵押贷款的资金来源有：股金、发行土地债券和提取盈余公积金。公积金提取办法与会计上的提供盈余公积金相类似，也就是将净收益的一定比例作为公积金留存，每半年计算分配一次，在盈余公积金总额达到银行股金的1/5以前，须从净收益中每半年留存25%作为盈余公积金，其余75%的净收益返给联邦土地银行合作社，作为合作社的发展基金和社员分红。当股金和公积金不足以满足放款需要时，全国12个农业信用管理区的联邦土地银行可发行债券以筹集资金；同时，所有联邦土地银行又联合起来，互相担保各联邦土地银行所发债券的还本与付息，发行债券所获资金的最大数额为该行所有股金与公积金总额的20倍，债券偿还期限一般是3～10年，年利率为4%～5%。12个联邦土地银行所合发的联合债券，担保品是12个联邦土地银行联合的股金、公积金和所抵押的全部农地。层层担保的运行机制提高了债券的信用度，也降低了联邦土地银行融资的难度。

3. 宏观层政府支持。美国农地抵押融资由政府发起和主导，美国国会制定了一系列有关农地抵押融资的法律、制度和规范，例如《联邦农业贷款法》《紧急农业抵押贷款法》《农业信用法》《联邦农业抵押公司法》等。完善的农地抵押融资法律法规体系，为"自上而下"的农地抵押融资制度的推行奠定了基础。联邦土地银行最初是由美国各农业信用管理区的政府发起设立的，政府先行投资设置一个联邦土地银行，负责为农户提供长期抵押贷款；联邦土地银行正常营业后，联邦土地银行合作社向联邦土地银行借款时须缴纳5%的股金，政府则逐步回收股金；最终，各联邦土地银行由政府控股的金融机构变成了完全由农民参股的自营性银行。在美国农地金融组织体系中，除了土地银行外，还有其他类型的组织机构，例如各类联邦农业抵押公司、复兴金融公司、股份土地银行等。这些机构与联邦土地银行之间长期进行抵押借款和债券买卖，共同服务于农场主的融资需求，形成了较为发达的农村金融体系。

11.2.3　日本农地抵押融资运行模式

日本农地抵押融资开始于 1953 年，其模式借鉴了德国和美国的经验，却又不同于德国和美国的制度安排。它并没有设置专门的土地银行，而是通过农协系统和农业金融制度来履行农地抵押融资业务。其具体运行模式如图 11-3 所示。

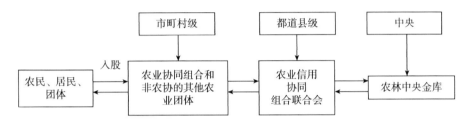

注：农业信用协同组合联合会包括农业信用联合会、渔业信用联合会和森林组合联合会。

图 11-3　日本农地抵押融资运行模式

1. 微观层运行。日本采用政府信用为主导的方式，将农地抵押融资机构按照行政区域设置成三个层次：农业协同组合、农业信用协同组合联合会和农林中央金库。农地抵押融资的基层组织即农业协同组合，入股者是市町村级的农民、居民和团体，它直接与农民发生农地抵押贷款业务，并以存款的形式将股金上缴农业信用协同组合联合会。中层组织即农业信用协同组合联合会，入股者是所属农协的都道县一级其他事业联合会（农协中专门经营金融信贷业务的机构）和非农协的其他农业团体。它起到承上启下的作用，对农业协同组合提供存贷款业务，剩余资金上缴农林中央金库。最高层组织是农林中央金库，入股者是各地农业信用联合会、渔业信用联合会、森林组合联合会以及其他有关的农林水产团体。农林中央金库是日本最大的金融机构，也是农地抵押融资体系的核心，它有权发行农林债券，吸收社会资金以提供中长期贷款。普通农民入股农业协同组合，农业协同组合又入股农业信用协同组合联合会，农业信用协同组合联合会再入股农林中央金库。其贷款流程与美国模式相似，都是先由农民申请，然后逐级上报，逐级审批，最后层层放款。农地抵押贷款的平均年利率为 3.98%，贷款期限视情况而定。

2. 中层资金保障。日本农协系统的资金来源主要是农民、农业协同组合、农业信用协同组合联合会和农林中央金库之间"自下而上"缴纳的存款和股金，通过广泛吸收农村资金来保障农地金融系统资金的供给。

3. 宏观层政府支持。为规范农地抵押融资，日本颁布了一系列法律并建立了相关制度，例如《长期信用银行法》《信用金库法》《农业协同组合法》《农林中央金库法》和"存款保险制度""农村信用保险制度""农业灾害补偿制度""相互援助制度"等。日本大力扶持农地抵押融资的发展，主要表现是对农业资金的援助和对农地抵押融资的优惠政策，政府以直接向农协系统注入资金的方式对农地抵押融资进行援助，并在利息、贷款期限等方面给予比民间金融优惠的贷款政策，而且政府为农业协同组合的贷款提供补贴，并给予税收减免。在日本，农地抵押贷款在农业贷款中的占比最高曾达到 10% 左右。

11.2.4 发展中国家农地抵押融资运行模式

发展中国家农地抵押融资开展得较晚，它们大都借鉴了德国、美国、日本等发达国家的农地抵押融资制度，以土地银行为核心建立起农地抵押融资体系。南非、印度、菲律宾农地抵押融资运行模式如图 11-4 所示。

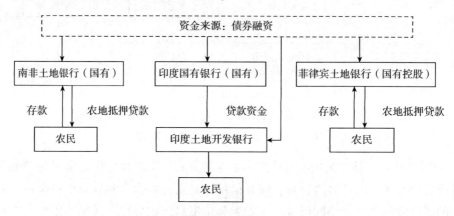

图 11-4　发展中国家农地抵押融资运行模式

1. 微观层运行。发展中国家农地抵押融资运行模式较为简单，农民直接用农地作抵押，从土地银行获取贷款。南非、印度、菲律宾都在政府的指导下设立了土地开发银行。南非于 1912 年成立了土地银行，实行董事会领导下的首席执行官（CEO）负责制，董事会通过农业部向议会负责。印度于 1920 年成立了土地开发银行，以农地抵押的方式为农民提供 5~10 年或更长期限的长期贷款，用于购买价值高的农业设备、改良土壤、偿还旧贷款等。成立于 1966 年的菲律宾土地银行，采取董事会下的行长负责制，董事会由 9 名成员组成，董事长由财政部长担任，副董事长为银行行长兼首席执行官，另外其他 7 名成员包括农地改革部长、劳工部长、农业部长、2 名农地改革受益人代表和 2 名私营部门代表。

2. 中层资金保障。南非、印度和菲律宾土地（开发）银行的资金来源除自有资金外，以发行债券和存款为主。南非土地银行是政府全资拥有的国有制机构，债券融资和存款是其主要资金来源。印度土地开发银行的资金主要来源于中央银行和发行债券。菲律宾政府持有土地银行 86% 的股份，其资金主要来源于存款和发行债券。

3. 宏观层政府支持。南非、印度和菲律宾政府都对农地抵押融资给予了大力支持，各国土地（开发）银行的设立都是在政府主导下完成的，并且都由政府控股或国有。这不仅为农地抵押融资提供了便利，还为农业发展提供了重要的金融支持。南非土地银行的农地抵押贷款实行市场利率与优惠利率相结合的政策，大部分农地抵押贷款执行市场利率，少数实行优惠利率，同时南非土地银行还可以获得政府的免税补贴。而且南非土地银行下设一家保险公司，为长期贷款客户提供农业保险服务。除了提供农地抵押融资支持农业发展外，南非土地银行还为农村和农民的综合发展提供融资支持，包括土地再分配规划等直接与农地相关的金融服务，也包括促进农村教育发展、提高农民就业能力以及其他服务于农村可持续发展的金融服务等。菲律宾土地银行在经营农地抵押融资的同时，还经营商业性业务和政策性业务，业务范围涵盖存款、贷款、汇款、信托、土地债券、对土地所有者的专门借款计划、农村金融机构计划、电话银行等，促进了该国农业的可持续发展。

11.2.5 中国台湾地区农地抵押融资运行模式

中国台湾地区的土地改革赋予了自耕农土地所有权，使台湾自耕农所占比例显著提高，这为台湾农地抵押融资的发展提供了良好的条件。中国台湾地区农地抵押融资运行模式如图 11-5 所示。

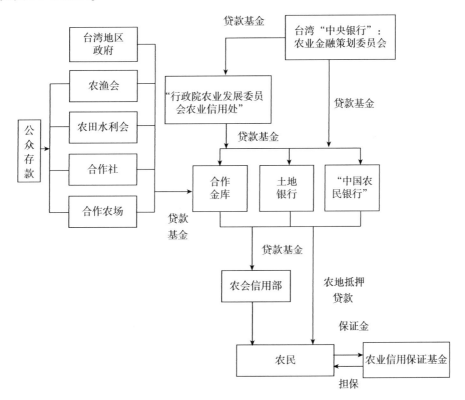

图 11-5 中国台湾地区农地抵押融资运行模式

1. 微观层运行。农会信用部、土地银行、合作金库与"中国农民银行"共同构成了台湾农村金融组织机构体系。农地抵押融资作为农村金融的一种形式，自然也是该体系中的一部分。其中，农会信用部是办理农民贷款的基层机构，实行股份制。台湾合作金库由台湾地区政府、农渔会、农田水利会、合作社、合作农场合股组成，是农村金融的主要资金来源，负责吸收基层农会的转存款和一般性存款，为农会信用部提供贷款资金。台湾土地银行是由台湾地区政府指定办理不动产抵押贷款的专业银行，除为农会信用部提供贷款资金外，还可以单独为农民办理农地抵押贷款业务。台湾土地银行作为办理不动产信用的专业银行，自 1946 年成立以来就开始办理农业短期贷款业务。1953—1963 年，台湾土地银行给农民发放了大量长期购地贷款。1973 年，台湾立法机构通过《农业发展条例》以后，虽然台湾农业发展经历了经营目标的转变，但台湾土地银行的农地抵押贷款业务仍然得到了较好发展。"中国农民银行"的职责与台湾土地银行相似。农地抵押贷款流程一般是"申请—审核—发放"，除少数政策性贷款和专项贷款向有关机构申请外，大部分生产经营贷款是由农民或农民团体向当地农业金融分支机构农会信用部申请并填写申请书；农业金融机构在接到申请书后，立即进行诚信调查，并对所抵押的农地进行鉴定，将其作为是否给予贷款的依据；通过审核，对符合贷款条件的，确定贷款数额和偿还办法并办理农地抵押登记手续，由双方订立借款契约或借据。台湾农地抵押贷款实行差异化利率，即根据不同贷款期限和用途，确定不同的贷款利率水平。一般来说，对于风险较小、期限较短的农地抵押贷款，采用较低利率；而对风险较大、期限较长的农地抵押贷款，则适当采用较高的利率。

2. 中层资金保障。中国台湾地区农民以农地抵押贷款方式融资，主要通过两种途径：一是向农会信用部申请，二是向台湾土地银行等其他农业贷款机构申请。农会会员多选择第一种途径。另外，台湾农业金融策划委员会与"行政院农业发展委员会农业信用处"向合作金库、土地银行、"中国农民银行"提供贷款基金，为农村金融提供资金支持。

3. 宏观层政府支持。在法律法规方面，中国台湾地区制定了《农业金融法》《台湾省合作金库章程》和《不动产估价师法》，为台湾地区农地抵押融资提供了相关法律保障和制度规范。在融资保障方面，台湾地区建立了农业贷款担保体系，设立了农业信用保证基金，制定了农业信用保证制度。农业信用保证制度要求借款人在申请贷款时，必须有担保品和保证人提供保证。根据这项制度，农村土地也可作为借款人的担保品来使用。农民可用农地作为抵押向台湾农业贷款机构申请贷款，同时向农业信用保证基金缴纳一定数额的保证金，由农业信用保证基金为该项贷款提供担保，当发生逾期贷款时，农业贷款机构可以向农业信用保证基金申请代为清偿。这样就形成了台湾农地抵押贷款的一种独有的模式。农业信用保证制度降低了农地抵押融资的风险，通过多种方式相结合来保证农民借贷信用的实现。作为提供农业信用保证的机构，农业信用保证基金的资本金由台湾地区政府、签约银行以及各家农会、渔会各出资 65%、30% 和 5% 构成。日常经营中除了保证金收入以外，农业信用保证基金每年还可获得来自台湾地区政府约 3 亿元新台币的资金支持。

11.2.6 各国（地区）农地抵押融资模式比较

综上所述，各国（地区）农地抵押融资模式比较如表 11-1 所示。

11 农地抵押融资运行模式国际比较及其启示

表11-1 各国（地区）农地抵押融资模式比较

项目	发达国家			发展中国家			中国台湾
	德国	美国	日本	南非	印度	菲律宾	
形成时间	19世纪中后期	1916年	1953年	1912年	1920年	1966年	1973年
主要组成机构	土地抵押信用合作社、土地抵押信用合作社联合银行	农业信用管理局、联邦土地银行、联邦土地银行合作社	农业协同组合、农业信用协同组合联合会、农林中央金库	南非土地银行	印度土地开发银行	菲律宾土地银行	农会信用部、台湾土地银行、合作金库、"中国农民银行"
资金来源	土地债券	股金、发行土地债券和提取盈余公积金	存款、股金、债券、政府财政投资债券等	债券、存款	债券	债券、存款	存款、贷款基金
贷款流程	农民将土地抵押给土地抵押信用合作社，土地抵押信用合作社为农民土地为担保品，向联合合作银行申请农地抵押担保贷款，贷款层层下放	按照农民—联邦土地银行合作社的顺序抵押土地，向联邦土地银行的顺序层层审批，贷款层层下放	按照农民—农业信用组合—农业信用协同组合联合会—农林中央金库的顺序审批，贷款层层下放	农民直接向南非土地银行申请农地抵押贷款，审批完成后获得贷款	农民直接向印度土地开发银行申请农地抵押贷款，审批完成后获得贷款	农民直接向菲律宾土地银行申请农地抵押贷款，审批完成后获得贷款	农民向农会信用部、台湾土地银行或"中国农民银行"申请农地抵押贷款，审批完成后获得贷款
贷款利率	根据市场利率确定	4%~5%	平均3.98%	不详	不详	不详	根据贷款性质划分
贷款期限	10~60年	3~10年	根据贷款性质划分	最长期限25年	5~10年	不详	根据贷款性质划分
相关支持政策与法律法规	《抵押权及破产令》《抵押权法》《不动产物权的取得及物上负担的法律》等	《联邦农业贷款法》《紧急农业抵押贷款法》《联邦农业抵押公司法》等	《长期信用银行法》《信用组合法》《农林中央金库法》和"农村信用保险制度""农业灾害补偿制度""相互援助制度"等	不详	不详	《菲律宾农业土地改革法》	《农业金融法》《台湾省各级合作金库章程》《不动产估价师法》等

11.3　各国（地区）农地抵押融资模式的主要经验及存在问题

11.3.1　以合作金融为主导的"三位一体"的农地金融机构设置科学、高效

农村合作金融在农地金融体系中具有特殊的地位，它与农民有着天然的联系，在农地金融中起着主导作用。因此，世界各国对其发展都十分重视，并在此基础上建立了合作性—商业性—政策性的"三位一体"的农地金融机构体系。农村合作金融是激发农地金融内生性发展的基本路径选择，对于促进农民合作信用的发育具有显著的积极意义；商业性金融在不可逆转的市场化趋势下，不断推进和开拓市场空间，完善信贷技术和综合服务功能；政策性金融在商业性金融无法有效覆盖的、具有社会正外部性的领域发挥积极作用，帮扶农村弱势群体和弱势地区，体现国家战略意图。例如，德国以土地抵押信用合作社为发起点，逐步扩展农地金融服务网络，联合合作银行、土地信用银行、地租银行、农业中央银行等一批合作性、商业性和政策性农地金融服务机构相继成立，为农地金融构筑起庞大的组织体系。又如，美国和中国台湾地区的合作金融体系、日本的农协金融体系，全方位覆盖农地金融市场，形成交叉互补型的农地金融市场结构，并最大限度地整合农户、金融机构和国家（地区）三方的优势资源，促进农地金融市场整体发展。

11.3.2　农地价值评估机构社会公信力高，管理严格

农地估价是农地抵押融资的基础性工作，关系到与农地抵押融资息息相关的农地价值评估问题，是农民融资额度最直接的影响因素。发达国家（地区）为保障农地抵押融资的高效运行，都相继建立了较为完善的农地估价机构和较为严格的管理制度。在立法方面，德国有《土地评价法》、美国有《不动产评估改革法》、日本有《不动产鉴定评价法》、中国台湾地区有《不动产估价师法》等。在土地估价标准与收费标准方面，德国规定了估价收费的评价标准、最低标准、最高标准，防止通过压价来获取土地估价业务的不正当竞争行为；美国建立了不动产价值的评估标准；中国台湾地区规定，不同估价师对同一标的物估价差异达 20% 以上时，标的所有权人可以申请重新估价。在土地估价机构管理方面，发达国家（地区）多采用政府独家管理（例如德国）或以政府为主（例如美国、日本、中国台湾等）的管理模式，允许拥有估价资格的人员开设估价公司，各估价公司相对独立，通过市场竞争优胜劣汰，有力地保证了行业的社会权威性。在土地估价行业协会方面，美国有估价标准委员会、估价资格认证委员会、不动产估价者协会、不动产估价师协会等，日本有不动产鉴定师协会，中国台湾地区有不动产估价师工会。土地估价师可自愿加入，自由退出，不作为的估价师协会将被淘汰，这种竞争机制有效避免了土地估价师行业协会的垄断，使估价师协会真正起到行业自律、技术改进的作用（袁韶华和翟鸣元，2010）。同时，国外对估价师的管理主要靠各种行业法律法规、行为

准则来规范其执业行为，估价师必须遵守统一的专业技术标准，并在其完成的土地估价报告上签名以示负责。对严重违反行业规范的估价师，将吊销其执业资格，终身不得从事土地估价业务。这种严格的制度使估价师都很珍重自己的职业声誉，从而有效地杜绝了估价师片面迎合客户需要的不正当现象，能够从源头上杜绝估价机构和客户的勾结行为，真正实现土地价值评估的公平性、合理性、规范性，确保农地估价机构的公信力。

11.3.3　法律法规保障体系齐全、完备

完备的金融法规是对农地抵押融资进行规范和约束的依据。顺应金融自由化、现代化、国际化的趋势，政府在对农地金融实行扶持性调控的同时，也利用多种手段（主要是法律手段）对其进行约束性管理。德国的《抵押权及破产令》《抵押权法令》和《不动产物权的取得及物上负担的法律》等，美国的《联邦农业贷款法》《农业信用法》等，日本的《长期信用银行法》《信用金库法》《农业协同组合法》《农林中央金库法》和"存款保险制度""农村信用保险制度""农业灾害补偿制度""相互援助制度"等，中国台湾地区的《农业金融法》《台湾省合作金库章程》和《不动产估价师法》等，有力地保证了农地金融业务活动的开展，使得农地金融机构完备、功能齐全、运行规范、成效显著，在各国（地区）农业发展中发挥了举足轻重的作用。

11.3.4　财政支持政策普遍推行

农地抵押融资的资金融通需要政府全方位的财政支持。各国（地区）政府根据本国（地区）的国（区）情，普遍推行了促进农地抵押融资发展的财政政策，为农地抵押融资提供充足而及时的财政资金支持。德国通过为土地债券担保等方式提供支持；美国政府出资发起设立联邦土地银行；日本政府提供贷款资金援助，保证整个农地金融体系的资金供给；中国台湾地区设立农业信用保证基金，充分保障农地抵押融资各参与主体的利益；发展中国家以国有或国有控股方式设立土地银行。此外，各国（地区）还为农地抵押融资提供利息、税收优惠和财政补贴。

值得注意的是，发达国家农地金融体系的发展与其农业竞争力水平的提高密切相关，与农业现代化进程是同步的，各国政府对农业和农地金融的财政投入也是均衡的。农地金融既能促进农业的发展，同时也受到农业发展水平的制约，二者之间是相互促进、共同提升的关系。

11.3.5　各国农地金融存在的问题

各国农地金融经过长期发展，基本形成了较为完备而稳定的运行机制。然而，任何体系都不可能尽善尽美，各国农地金融体系仍在不断完善。就目前来看，主要存在以下问题：

1. 土地私有制可能导致农村两极分化。土地私有制下，农地金融虽然解决了农民的融资难题，但农业往往面临自然风险、市场风险和政策风险，其收益受到多种因素影响。

贫穷的农民一旦欠收，可能会因为不能偿还农地抵押贷款失去赖以生存的土地，因此而陷入"穷人逾穷"的恶性循环。同时，农地抵押贷款可能会形成不良贷款，农地可能（暂时）流向担保机构或个别人手中，农村土地资源分配不均，并最终引起农村两极分化。

2. 政府对农地抵押融资的保护政策滞后。发达国家虽然拥有较好的社会福利和生活保障制度，但是，政府对于市场经济的干预相对较少，对农民失地问题的反应较为缓慢，甚至为保证土地流转的完全市场化而对农民失地问题视而不见，政府对农地抵押的保护政策往往比较滞后。

11.4　"三权分离"条件下中国特色农村土地承包经营权抵押融资模式的构建

中国农村土地集体所有的基本制度不同于其他一些国家的土地私有制，农村土地承包经营权抵押融资与国外的农地抵押融资亦具有本质上的差异。中国农村土地承包经营权抵押融资模式不能生搬硬套国外的模式，而是要结合中国实际，科学地借鉴国外农地抵押融资的有益经验，汲取其教训，形成中国特色农村土地承包经营权抵押融资制度。针对本国国情，本章认为，中国应在借鉴美国"自上而下"模式的基础上，构建中国特色、"三权分离"条件下的农村土地承包经营权抵押融资模式。

11.4.1　构建完善规范的农村土地承包经营权抵押融资法律制度体系

从各国农地抵押融资运行模式的比较可以看出，充分、完备的法律制度是农地抵押融资得以顺利进行的关键。在实行土地私有制的国家，拥有土地的农民自然拥有对土地的抵押、担保、买卖等权利。中国农村土地是集体所有的，农民拥有的只是土地承包经营权，并无自由处置的权利。因此，要实现农村土地承包经营权的抵押、担保权能，就必须辅以必要的法律支撑。

中共十八届三中全会所作出的《中共中央关于全面深化改革若干重大问题的决定》指出，"稳定农村土地承包关系并保持长久不变，赋予农民对承包地占有、使用、收益、流转及承包经营权抵押、担保权能"。与该政策指引相一致，现行《中华人民共和国物权法》《中华人民共和国担保法》《中华人民共和国农村土地承包法》都应作出相应的修改，要明确规定农村土地承包经营权的抵押、担保权能。

国家应颁布专门的详细而缜密的农村土地承包经营权抵押融资法案，对农地承包经营权抵押融资"自上而下"的机构设置、操作流程与管理规范、担保体系和信用体系、金融机构监管等，作出基本规定，保证农村土地承包经营权抵押融资在严格的规定下规范运作，切实解决农民的融资难题。

11.4.2　设立高效运转的"自上而下"的农村土地承包经营权抵押融资机构

在中央设置"农村土地承包经营权抵押融资管理委员会"，由该委员会制定农村土地承包经营权抵押融资试点方案，统一部署，协调行动，动态跟踪，及时发现试点中出现的问题，并总管全国各地的农村土地承包经营权抵押融资机构。在各省设置管理委员会的分支机构，负责发起设立农村土地承包经营权抵押融资下级机构。各分支机构负责管理本省的下级机构，定期监测农村土地承包经营权抵押融资试点的运行情况，总结完善试点方案，推动农地抵押融资试点有序发展。

在继续鼓励中国农业银行、中国农业发展银行、农村信用社、农村商业银行、农村合作银行和其他股份制商业银行承办农村土地承包经营权抵押融资试点业务的基础上，在全国范围内发起成立国家土地银行，同时允许民间资本设立股份制土地银行，专门办理农村土地承包经营权抵押融资业务。各土地银行由各省的"农村土地承包经营权抵押融资管理委员会"分支机构统筹监管。赋予土地银行以农民抵押的土地和银行的资产作为担保发行土地债券的权利。土地银行应设有专业的土地价值评估、信用评估部门，以评定农民的抵押贷款申请能否予以通过，以及具体的贷款数额、贷款利率、贷款期限等。在借鉴发达国家（地区）农地价值评估理论与方法的基础上，逐步形成符合中国农村土地"三权分离"实际情况的农地经营权价值评估体系。鼓励农村产权交易中心、土地价值评估机构、保险机构等辅助性服务机构的设立，为农村土地承包经营权抵押融资提供公共平台与相关配套支持。

11.4.3 成立专门的农地抵押信用担保机构

在中国，农村土地所有权、承包权和经营权相互分离，农村土地归集体所有，农民享有承包权和经营权。在农地抵押融资试点的过程中，农民所抵押的实际上是土地经营权。土地之于农民是重要的收入来源和生活保障；土地一旦流失，农民的生活将会受到巨大的冲击。在赋予农民土地抵押、担保权能的同时，仍要尽力保障农民的土地在抵押融资的过程中不会流失。由此，专门的农地抵押信用担保机构就显得尤为重要，它能够降低农地金融体系的系统性风险，有效防止农民因抵押而失地。

在基层设置专门的农地抵押信用担保机构，由政府拨付一定数量的担保基金，并给予一系列政策优惠，以保证担保机构持续运转。在土地抵押信用合作社以土地为农民担保的基础上，为了保证土地不被流失，农民可以在抵押融资前向农地抵押信用担保机构缴纳一定的担保费用，要求担保机构为其担保。如果农民到期无力偿还贷款，则由担保机构优先代为偿还，并暂时管理农民的土地，在本村或本镇的范围内流转其经营权，保留其承包权；一旦借款农民足额偿还了贷款，担保机构会再将农地经营权返还给农民。专门的农地抵押信用担保机构为避免农民土地流失提供了保障，能够切实维护农民的土地权利，保护农民土地承包经营权在抵押中不致受到损害。

11.4.4 强化政府公共财政支持

农地抵押融资是解决农民融资难题的有力举措，但农业贷款仍具有经营风险高、周期长、收益低的特点，农业的弱质性可能会加大农民的农地抵押融资风险。土地银行作为专门从事农地抵押融资的金融机构，其持续经营也会受到一定的挑战，其运行可能还会面临风险较高、担保机构代偿贷款后农地经营权流转困难、农民后续还贷难等问题。所以，政府支持对于整个农地抵押融资体系是非常重要的。具体的政府支持举措可以包括：设立农地抵押融资基金，为土地银行和信用担保机构提供资金支持；制定更多的农地抵押融资优惠政策，例如降低利率、增大贷款额度、放宽还贷期限、减低税率（或减免税收）；创新专门的农地抵押融资保险，鼓励借款农民购买。

12 农地抵押融资试验模式比较与适用条件

12.1 引言

为缓解农村贷款难，2008 年中国人民银行和银监会下发《关于加快推进农村金融产品和服务方式创新的意见》，在中部 6 省和东北 3 省"创新贷款担保方式，扩大有效担保品范围"，拉开农村土地承包经营权抵押融资（以下简称农地抵押融资）试点的序幕。2015 年，中央一号文件《关于加大改革创新力度加快农业现代化建设的若干意见》中进一步强调做好承包土地的经营权抵押担保贷款试点工作。目前全国有 20 多个省份开展了农地抵押融资试点工作，已有实践既是对我国现阶段农地抵押融资的有益探索，也是对农地抵押融资制度可行性的证明。

针对农地抵押融资试行可行性及政策建议，学者普遍认为农地抵押融资在缓解农村金融市场信息不对称、农户融资难、推动产权改革、促进城乡要素均等化等方面具有可行性，土地权利可作为抵押标的物且更可靠也更安全。在农地抵押融资困境方面，有学者认为法律政策缺失、农地产权主体不明晰及稳定性不强、土地规模狭小、土地保障功能强、银行权利赎回难度大等制约农地抵押融资业务发展，并提出了建立相互配套、同步推进的农村社会保障体系等制度建议。

在农地抵押融资模式比较研究方面，李乾宝通过对三明、平罗、成都等地农地抵押模式的分析，认为各地实践突破了家庭承包经营土地不可抵押的法律限制并取得了良好的实践效果。伍振军和孔祥智等认为同心农地抵押贷款是以土地协会为媒介，间接实现土地经营权抵押贷款的方式，实质是"抵押+保证+信用"贷款。汪险生通过对江苏新沂、宁县同心农地抵押融资试验的考察，认为两种模式生成方式、前提条件、抵押形式及担保物的处置方式等方面存在显著差异。靳丰轩、张雷刚通过对临沂、枣庄、莱芜的案例分析，认为农地流转体系的完善和专业合作社的发展对农户选择农地抵押贷款具有促进作用。

在农地抵押融资模式选择研究方面，罗剑朝等认为，我国应在借鉴美国"自上而下"模式的基础上，构建中国特色、"三权分离"条件下的农地抵押融资模式。黄惠春认为，农地抵押融资试点应在经济发展水平较高、农业生产水平较高、土地流转市场相对完善的地区先行开展后再逐步展开。黎翠梅认为可以在经济发达地区以发展性耕地承包经营权为抵押客体，以非农收入水平高的企业型农户为抵押主体进行试点。

纵观已有文献，学者们多从宏观视角对农地抵押融资的可行性进行研究并对既有试验模式进行归纳总结，且较为深入。但仍缺乏对不同农地抵押融资模式差异与共性的比较和对不同地区经济社会条件差异、农地抵押融资模式分异的考虑。因此，本章对农地抵押融资试验模式进行梳理总结，并运用对比分析方法对不同模式试点案例的共性与差异进行比较分析，试图从社会经济条件寻找产生差异的原因，总结不同模式适用条件，为形成"可复制、易推广、广覆盖"的农地抵押融资模式、促进农地抵押融资业务的推广与发展提供理论支持。

12.2　农地抵押融资试验主要模式及试点案例

12.2.1　农地抵押融资试验主要模式

各地试行的农地抵押融资实践形式多样，模式各异，但从推动主体、制度变迁路径可归纳为"自下而上"和"自上而下"模式两类。"自下而上"模式是由农户和农村金融机构联合主导的金融创新，通过成立农户土地承包经营权抵押贷款协会，农户以土地承包经营权入股成为贷款协会会员，贷款会员与协会其他会员多户联保向农村金融机构申请贷款，贷款协会以贷款会员入股土地承包经营权价值为限提供反担保，政府起引导、规范、监督作用的贷款模式。"自上而下"模式是以地方政府出台土地承包经营权确权、价值评估、流转制度、贷款流程等指导性政策文件，成立专门性土地承包经营权确权、评估、流转等机构，将农村金融机构、农户纳入农地抵押贷款业务范围，自上而下推动的农地抵押融资模式。

12.2.2　农地抵押融资试验案例

1. 同心试验

基本情况。同心县是国家重点扶持开发贫困县，农业经济基础薄弱，地力相对贫瘠，以牛羊养殖业、枸杞种植等为主导产业。同心县农业人口29.36万人，占总人口的75.1%；回族人口33.49万人，占总人口的85.6%。民众主要信奉伊斯兰教，教众定期集会礼拜，群体信用环境较好。2010年，农民人均纯收入3421.45元，2013年，农民人均纯收入5171.9元，属农村居民中等偏下收入县。

农地抵押融资操作流程。农户以村为单位、以拥有1/3左右的土地承包经营权入股成立土地流转合作社，贷款会员与其他会员多户联保达成担保协议申请贷款，流转合作社为其提供总担保，农户以入股的土地承包经营权向流转合作社提供反担保。当贷款农户不能按期归还贷款时，由担保农户或流转合作社代偿，担保农户或流转合作社从农户土地承包经营权流转所得收益中获得补偿，当农地流转收益足够偿还贷款本息时农户取回抵押的土地承包经营权并退出土地流转合作社（详见图12-1）。

试验成效。据吴忠市人行的统计，2006年，仅750户农民获得150万元农地抵押贷款，2012年末农地抵押贷款余额达到1.61亿元。截至2014年1月末，农地抵押贷款余额2.2亿元，惠及农户6500余户，涉及5个乡镇的37个行政村，农户抵押土地5.3万余亩，户均贷款3.38万元，农地抵押融资业务运行良好。

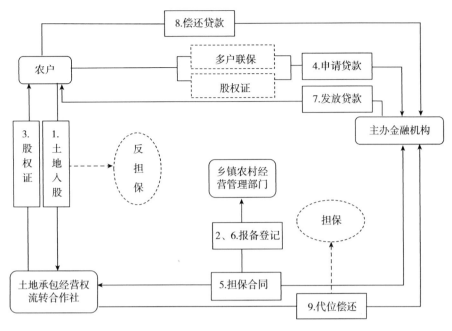

图 12-1　宁夏同心县农地抵押融资贷款流程

2. 高陵试验

基本情况。高陵县位于陕西省关中平原腹地，是西北有名的吨粮县，小麦、玉米种植为主要粮食作物。高陵县紧邻西安城区，大力发展都市设施农业，并形成规模。2009 年农民人均纯收入 5735 元，2013 年农村居民人均纯收入 12167 元，属农村居民中等收入县。

农地抵押融资操作流程。申请人凭抵押证件申请贷款——金融机构审核——借贷双方订立贷款及抵押合同——土地流转中心办理抵押登记——流转中心进行价值评估——流转中心出具他权证书及价值评估报告，收回并保管申请人经营权证书——金融机构凭他权证书、评估报告及借款合同发放贷款——申请人偿还本息，收回他权证书——申请人凭还款凭证、他权证书等办理注销他权证书手续（详见图 12-2）。

试验成效。2010 年高陵流转土地 4.5 万亩，累计为 408 户农户发放贷款 3060 万元。截至 2014 年 5 月，高陵县已实现农村产权确权登记全面覆盖，颁证 2.4 万余本，累计发放以各类农村产权抵押贷款 3.5 亿元，惠及农户达到 4680 户，单笔贷款最高金额 500 万元，成效显著。

3. 平罗试验

基本情况。平罗地处宁夏平原北部，是西北鱼米之乡，中国商品粮生产基地之一，农业产业化程度较高，农村土地交易较为活跃。平罗总灌溉面积 82.57 万亩，农业主导产业是水稻种植业。农业人口 21.43 万人，占总人口的 70.65%；2012 年全县农民人均纯收入 8167 元，2013 全年农村居民人均纯收入 9172 元，属农村居民中等收入县。

农地抵押融资操作流程。农户经村集体同意后，携带土地承包经营权证等相关证明向金融机构提出贷款申请；金融机构依据农户申请做出是否受理的决定；对受理农户开展贷前调查审查；农户和金融机构双方依照政府指导文件对抵押物进行价值评估并经农村土地经营管理制度改革服务中心；金融机构确定授信额度、审批发放贷款；农村土地经营管理制度改革服务中心办理抵押登记，保管农户抵押的土地承包经营权证；农户偿还贷款后办理抵押注销取回土地承包经营权证（详见图12-3）。

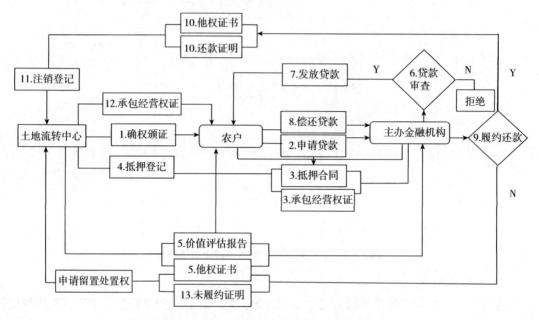

图12-2　陕西高陵县农地抵押融资贷款流程

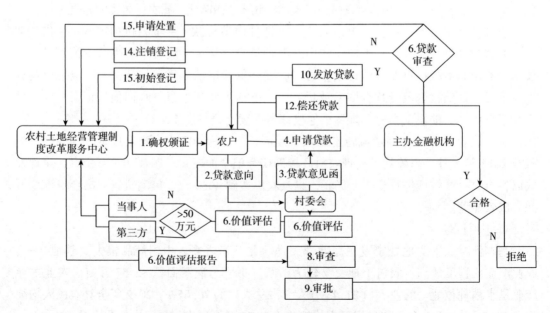

图12-3　宁夏平罗县农地抵押融资贷款流程

试验成效。2013年末，平罗农村商业银行共发放农地抵押贷款2697万元，其中农户贷款 669 笔，合计 2397 万元；经营大户贷款 1 笔，共 300 万元。截至 2014 年 11 月，平罗农村商业银行共发放农地抵押贷款 2.13 亿元，农户贷款 5166 笔，合计 2.1 亿元；经营大户贷款 2 笔，共 500 万元，未发生不良贷款。

12.3 农地抵押融资试验模式比较及原因解析

12.3.1 农地抵押融资试验模式比较

1. 差异比较

通过表 12-1 的对比可见，两种模式的主要差异表现在以下方面：

表 12-1　典型地区农村土地承包经营权抵押融资试验比较

内容	自下而上	自上而下	
	宁夏同心	陕西高陵	宁夏平罗
政策目标	加快城镇化建设，统筹解决城乡、山川发展的不平衡问题	统筹城乡经济社会发展，推进城乡一体化	面向家庭农场、企业经营和股份合作三类抵押贷款主体，鼓励规模化经营
贷款主要对象	种、养殖户	设施农业农户	普通农户、经营大户
抵押物	土地经营权抵押、信用担保抵押	土地承包经营权	土地经营权、收益权
抵押实质	与贷款分离	直接抵押贷款	直接抵押贷款
政策法规	《农村土地承包经营权反担保贷款管理办法》等	《关于开展农村土地承包经营权抵押贷款的意见》等	《农村土地承包经营权、流转经营权和宅基地使用权抵押贷款管理办法（试行）》等
产权交易机构	土地承包经营权流转合作社	农村产权交易中心	平罗县农村土地经营管理制度改革服务中心
评估机构	乡（镇）农村经营管理部门	农村产权交易中心	农村土地经营管理制度管理中心或贷款抵押当事人
估价方式	土地承包经营权价值=年租地平均收益×经营期限+地上种养物价值	土地承包经营权剩余年限和地面附着物价值的各50%	依据政府公布的基准参考价格评估
农户贷款流程	农户入股土地协会—寻找担保人—申请贷款—权属登记—反担保协议书—银行放贷	农户申请—抵押合同—产权登记—价值评估—他权证书及价值评估报告—金融机构放款	申请受理—银行调查审查—审批—评估—抵押登记—发放贷款—偿还—登记注销
贷款额度	贷款金额一般不超过反担保土地承包经营权认定价值的80%	不超过评估价值的70%	不超过借款人所需资金或不超过贷款人认定的土地经营权抵押评估价值的50%
贷款期限	双方协商且不超过提供反担保的土地承包经营权剩余期限	通常为1年	一般为1年，最长不超过3年

内容	自下而上	自上而下	
	宁夏同心	陕西高陵	宁夏平罗
抵押物处置	银行不可处置抵押物，土地承包经营权在流转合作社内部流转	银行向土地产权流转服务中心申请处理土地承包经营权	银行可通过流转、变现、收储、诉讼等方式处置抵押物
违约偿还风险分担	土地承包经营权流转合作社代偿农户违约后由流转合作社代偿，流转合作社从流转农户土地经营权收益中获得补偿	银行处置抵押土地获得偿还财政按前一年土地经营权抵押贷款的10%建立风险基金对风险予以适当补偿	银行处置抵押土地获得偿还农村土地经营管理制度改革服务中心建立1000万元的风险防范基金，与金融机构按80%、20%比例承担风险

（1）抵押实质不同。"自下而上"模式下土地抵押与贷款相分离，以土地协会为媒介、以"群体信用"为基础的间接的土地抵押贷款，其实质是"抵押+保证+信用"贷款。"自上而下"模式是以土地承包经营权、收益权等为抵押标的物，属于直接抵押。

（2）对土地流转市场的要求不同。土地流转市场既是土地交换的场所，同时也是风险补偿的最后场所。"自下而上"模式依靠市场自发力量形成以村为单位的土地市场（土地流转合作社），承担土地承包经营权的内部流转、变现，而这种内部流转在抵押担保人不履行职责时必要性才会凸显。"自上而下"模式对土地流转市场的要求更高，土地流转市场必须具备较强的流转交易能力，一方面农户等通过流转土地产生新的金融需求，另一方面金融机构需要通过土地流转市场处置土地承包经营权以获得贷款违约补偿，土地流转不局限于村集体范围。

（3）对政府角色及财力的要求不同。"自下而上"模式是源于"草根"阶层的探索，政府仅起引导规范作用，不承担风险兜底责任，对政府财力要求相对较小。"自上而下"模式则是依靠政府行政力量推动，进行土地确权、流转平台搭建、风险兜底等，需要政府具备较强的财政能力以承担较高的强制性制度变迁成本。

（4）金融机构交易成本不同。"自下而上"模式中担保小组相互监督，并实行不合格会员退出机制，降低了银行审查及监督成本；流转合作社代偿机制降低金融机构抵押物处置风险和成本。"自上而下"模式以农户土地承包经营权、收益权为直接抵押，金融机构需承担较高的贷前调查、贷时审查、贷后检查成本；农户违约后金融机构面临处置抵押物的法律风险和市场风险，交易成本较高。

（5）风险化解机制不同。"自下而上"模式中的土地流转合作社、担保人承担向金融机构还款的连带责任，违约风险内部消化。"自上而下"模式中银行需通过处置土地承包经营权、政府风险基金获得补偿，属违约风险的外部化解。

2. 共性分析

虽然两类模式差异较为明显，但也存在如下共性特征：

（1）都明确了土地承包经营权的抵押担保权能。土地承包经营权是农地抵押贷款的抵押标的物，确立可用于抵押的土地承包经营权是开展该项业务的第一步。三地均制定了农村土地承包经营权登记的相关地方法规，明确农户土地承包经营权的四至边界，确立农村土地承包经营权的抵押担保权能。

（2）都建立了土地流转市场。土地流转市场具备价格发现、流转中介、价值变现功能，是化解风险的场所。农户可通过土地流转市场流入、流出土地，农村金融机构可通过流转市场处置违约农户的土地承包经营权获得风险补偿。两种模式建立的土地流转市场虽规模、组建方式不同，但都具备流转中介和价值变现的功能。

（3）都制定了严密的操作规范。农地抵押融资业务自身是对现行法律的突破，抵押品处置面临法律风险和市场风险；农业天然的弱质性导致其收益低、风险高，农地抵押融资业务面临诸多风险。两种模式均出台了相应政策文件对农地抵押融资贷款进行规范指导；各参与金融机构均建立起严密、规范的抵押贷款操作流程以防范业务开展过程中风险，保障该项业务的顺利开展。

基于以上分析可以看出，两类模式差异特征明显，同一模式下不同地区的试验在具体操作上也不尽相同，因此，农地抵押融资业务的试点与推广应因地因时制宜，允许各地进行有益的尝试，避免"一刀切"。同时，开展农地抵押融资业务必须进行土地承包经营权确权颁证、明晰产权，以保障土地的抵押权能，必须建立一定规模的土地流转市场，以实现土地流转，以化解金融风险；必须制定严密的操作规范，以防范风险。

12.3.2 经济社会条件比较

1. 差异比较

（1）抵押物价值不同。农地抵押贷款作为一种抵押贷款必然要求抵押物足值。农地抵押融资抵押率较低，且农村土地市场不健全，土地价格被低估的概率较大，对农地价值提出了更高的要求。同心以旱地为主，土地价格较低，租地价格亩均 300 元左右，农地抵押价值小，直接抵押可得资金少，难以满足农户需求，必须辅之以信用担保等手段以实现"增信"；高陵、平罗土地以水地为主，租地价格在亩均 800 元左右，农地抵押价值较大，直接抵押所获资金基本可以满足农户需要。可见，抵押物价值的差异决定了两种模式对"信用""资产"的倚重程度，农地价值较低的地区开展直接抵押的意义不大。

（2）土地流转市场发育差异。"自上而下"模式采取金融机构流转处置抵押物以获得贷款违约偿还，对土地流转市场提出了更高的要求。同心县土地贫瘠，土地流转市场交易并不活跃，一旦贷款违约金融机构很难通过流转农地承包经营权获得违约补偿，势必加大金融机构风险，降低金融机构积极性，因而土地市场发育较差的地区难以适应"自上而下"模式的要求。而高陵、平罗土地条件良好，流转市场交易活跃，市场主体能够在流转市场上快捷、高效地实现土地流转、变现。

（3）政府财力差异。表 12-2 显示，同心、高陵、平罗开展农地抵押融资试验的当年地方财政收入分别为 0.89 亿元、4.01 亿元、13.69 亿元，2013 年分别为 2.11 亿元、11.51 亿元、13.84 亿元，高陵仅确权颁证的成本就近亿元，这无疑是同心难以承受的。

地方财政收入少，财力薄弱，难以承担土地确权颁证、土地市场组建、政府风险兜底等巨大的制度变迁成本，这也在一定程度上决定了同心及类似地区难以采用自上而下的农地抵押融资模式。

表 12-2　两种农地抵押融资模式试验地区经济社会条件比较

项目	自下而上	自上而下	
	宁夏同心	陕西高陵	宁夏平罗
开展抵押当年	26.45	156.9	111.29
2013年地方财政收入/亿元	40.4	279.94	125.01
开展抵押当年	0.89	4.01	13.69
2013年农业总产值/亿元	2.11	11.51	13.84
开展抵押当年	14.89	20.4	30.1
2013年农户人均纯收入/元	24.21	39.95	32.63
开展抵押当年	3421.45	5735	8167
2013年	5171.9	12167	9172
农业人口/万人	29	18	22
土地面积/万亩	212	22.86	89
人均耕地面积/亩	7.31	1.27	4.05
农业主导产业	畜牧养殖业	设施农业	规模化水稻种植业
融资主要投向	牛羊养殖	蔬菜大棚、蔬菜种植	水稻种植、收购

注：数据根据同心县、高陵县和平罗县 2010—2013 年国民经济和社会发展统计公报，陕西省、西安市、吴忠市、石嘴山市 2011—2014 年统计年鉴以及实地调查数据整理计算而得。

（4）群体信用差异。多户联保是"自下而上"模式中较为重要的一环。伊斯兰教是同心县主要宗教，教众定期集会礼拜，倡导"穆斯林四海皆兄弟"，彼此相互了解，群体信用较好，自组织能力强，能够结成紧密的担保小组。陕西高陵、宁夏平罗则缺乏相应的聚集机制，担保小组难以形成，决定了采用直接抵押的"自上而下"模式更为有效。

2. 共性分析

（1）经济基础较弱。三地都不属于经济发达地区，农业人口比例大、农民人均纯收入处于中等及中等偏下水平，特别是同心县属国家级贫困县，经济基础更为薄弱。但三地的农地抵押融资试验都取得了显著的成效，这显然与有些学者提出的农地抵押可在经济发达地区、农业生产水平较高的地区先行试点再逐步推开的观点不同，三地的既有试验是在经济欠发达地区开展农地抵押融资业务的事实证明。

（2）农业主导产业鲜明且具有潜力。同心的牛羊养殖业、高陵的都市设施农业、平罗的水稻种植业都是当地具有一定规模和发展潜力的主导产业，农地抵押贷款围绕主导产业及其上下游关联产业进行贷款设计，一方面能够保证拥有持续性、规模化的金融需求，保证农地抵押的市场潜力，另一方面能够通过主导产业的利润确保贷款的偿还，实现业务的可持续性，这也是三地农地抵押贷款取得良好效果的关键。

（3）耕地资源丰富。无论是"自上而下"模式还是"自下而上"模式，农地抵押融资额度都与农地价值直接相关，那么，耕地资源的富集程度也自然成为能否试行农地抵押融资的重要条件。三地耕地资源相对较为丰富，人均耕地面积较大，具备农地流转的基础和市场条件，确保农户能够凭借自有或流入的具有一定规模的土地进行农地抵押融资贷款，以满足其资金需求，这也是三地能够开展农地抵押融资业务的一个重要前提。

从三地经济社会条件的差异分析可见，农地价值、农村土地流转市场发育状况、政府财力、群体信用差异等导致"自下而上"和"自上而下"两种模式存在显著差异。同时，三地经济社会条件的共性分析说明，在经济欠发达的农村地区农地抵押融资不仅可以试行而且可以运行良好；当地是否具备能够产生足够有效金融需求、带来足够利润保证贷款清偿的农业主导产业则是农地抵押融资能否可持续发展的关键；耕地资源的富集程度是农地抵押能否试行的一条重要标准。

12.4　农地抵押融资模式适用条件分析

12.4.1　共性前提

判断一个地区能否试行农地抵押融资业务，首先，是否具有鲜明且具有发展潜力的主导产业应成为重要判断标准，产生于农业主导产业的金融需求以及农业主导产业带来的丰厚利润，为农地抵押融资提供市场基础的同时也保证了业务的可持续性。其次，需要确立清晰明确、稳定持久、保障有力的农村土地承包经营权权属关系。一是法律层面，明确土地承包经营权的产权地位、权属、抵押担保权能，做到界定清晰、保障有力，把"虚化"的产权"实体化"；二是操作层面，需确权颁证，明晰农户所拥有的农村土地承包经营权面积及四至边界。再次，需要建立公开、公平、公正、高效、规范的农村土地承包经营权流转市场，为农村土地承包经营权流转、变现提供现实条件。最后，应制定严密、规范的操作规程，一是政府要出台相关政策制度，引导规范该项业务的实施及其后续发展；二是金融机构应制定严密的业务操作流程，严把风险防控关，降低操作风险（见表 12-3）。

表 12-3　两种模式适用条件分析

共性前提	主导产业	主导产业鲜明，金融需求持久有效，经济效益可观
	土地承包经营权	土地承包经营权确权颁证，权属清晰、保障有力
	流转市场	建立公开、公平、公正、高效、规范的农村土地承包经营权流转市场
	操作规程	政府政策支持有力；金融机构业务操作流程严密规范

	抵押物价值	价值较大，能够提供足够担保
	政府行政能力	制度改革者，强势推动
差异选择	政府财力	相对雄厚，承担改革成本，分担风险
	土地流转市场	具备价格发现、高效流转、价值变现功能金融生态环境良好
	群体信用	价值较大，能够提供足够担保

12.4.2 差异选择

判断一个地区具体采用哪种模式，应考虑以下问题：

（1）抵押物价值。当农地价值较低，抵押后可贷资金不足以满足农户资金需求时，可采用"自下而上"模式，建立反担保机制，通过"增信机制"在实现对农户贷款发放的同时降低金融机构风险。相反，农地价值相对较高，抵押后可贷资金足以满足农户需求时，直接抵押可充当有效的抵押物和风险防火墙，则可选择"自上而下"模式。

（2）政府行政能力及财力。"自下而上"模式中政府仅起规范引导作用，政府负担较小，而"自上而下"模式中政府扮演制度改革者的角色，强力改革、强势推动，政府需承担较高的制度变迁成本。虽然政府财力雄厚并不必然要求选择"自上而下"模式，但政府财力不足的情况下选择"自下而上"模式则更为有效。

（3）土地流转市场。土地市场发育相对滞后、流转交易不活跃、不具备规模流转条件的地区，可采用"自下而上"模式，以反担保约束贷款农户，以担保降低金融机构风险，以合作社内部流转补偿担保人损失。若土地市场发育较好、交易活跃，则可采用"自上而下"模式，引导适度规模经营，进行土地承包经营权的直接抵押融资。

（4）群体信用。若群体信用发展较好，信用环境较好，同时抵押物价值较低，可采用"自下而上"的反担保模式，通过担保实现增信，降低金融风险。若群体信用发育较差，多户联保要求会对农户形成新的约束，那么采用"自上而下"模式则更为合适。

12.5 结论与启示

农地抵押融资模式试点要因地制宜，不存在全国统一的模式，未来可能是两种或更多模式并行的状态。制度效率在于制度的适用性，我国各地区经济社会发展水平、资源禀赋存在显著差异，各地应因地制宜选择适合本地实际的抵押融资模式。实践证明在经济欠发达地区甚至是贫困地区农地抵押融资依然可以试行，农地抵押融资业务存在进一步推广扩大的可行性。

农地抵押融资业务开展必须满足以下前提：一是要判断当地农业主导产业及其上下游关联产业能否产生持久有效的金融需求确保业务的持续开展，能否获得足够的利润保证贷款的偿还，以保障业务的可持续性；二是要确立清晰明确的土地承包经营权并明确其抵押担保权能，以提供符合市场要求的抵押物；三是要建立公开、公平、公正、高效、规范的土地流转市场，以实现土地承包经营权高效流转；四要建立严密规范的操作规程，控制操作风险，以确保该项业务的顺利运行。

对于农地抵押融资试点模式的选择，农地价值较高、政府行政能力及财力较强、土地流转市场发育相对完善、群体信用一般的地区可采用"自上而下"模式，引导土地规模经营，推动农地抵押融资业务的发展。反之，则采用"自下而上"模式，通过群体信用实现增信，降低金融机构风险，缓解农户缺乏抵押物难以获得正规金融机构贷款的矛盾。

13 农地经营权抵押贷款对农户收入的影响及模式差异：实证与解释

13.1 引言

改革开放以来，中国农户人均纯收入以年均 18.60% 的速率增长，中国农村飞速发展创造了举世瞩目的经济奇迹。毫无疑问，农户作为最基本的农村经济主体，为这一奇迹作出了巨大贡献。与此同时，随着农业现代化和规模化经营快速发展，农户在生产经营中的资金需求也越发强烈。但是，由于缺乏有效的抵押品，农户普遍遭受信贷约束。为了有效激活农村产权的资本功能，2008 年 10 月，中国人民银行、中国银行业监督管理委员会联合发布了《关于加快农村金融产品和服务方式创新的意见》，由此，以农地经营权抵押贷款（以下简称农地抵押贷款）为代表的农村产权抵押贷款产品开始试点并逐步在全国推广，为缓解农户贷款难问题带来了新的曙光。2013 年 11 月，中共十八届三中全会审议通过了《关于全面深化改革若干重大问题的决定》，明确赋予了农户对承包地占有、使用、收益、流转及承包经营权抵押、担保的权能。2013 年之后的中央 "一号文件"、政府工作报告等也多次肯定了农村产权的可抵押性，并扩大了农地抵押贷款试点范围，为进一步深化农村金融改革提供了重要的政策依据。

与此同时，在相关政策的推动下，全国各试点地区结合自身地域特点积极开展农地抵押贷款，试点成效明显。截至 2017 年 9 月末，全国 232 个试点地区农地抵押贷款余额总计 295 亿元，累计发放额达 448 亿元。农地抵押贷款不仅持续带动了地方农业产业发展和农户收入增长，也逐步推动了农村金融服务支持乡村振兴战略的发展。在各试点地区的实践中，农地抵押贷款分为两种模式，一是政府主导型农地抵押贷款（如陕西高陵、宁夏平罗），即以国家和地方政府出台的相关文件为指导，地方政府发挥直接担保或间接担保功能，与当地金融部门密切配合，自上而下共同引导、推动并监督农地抵押贷款业务的开展；二是市场主导型农地抵押贷款（如宁夏同心），即农户自发成立土地经营权流转合作社，农户以承包农地的经营权入股并成为合作社社员，可借助社员之间的多户联保或合作社担保向金融机构申请贷款。由于这两种模式的客户群体、运作流程和市场条件均有不同，农地抵押贷款至今尚未形成 "可复制、易推广、广覆盖" 的通用模式。本章拟以陕西高陵、宁夏平罗和宁夏同心 3 个试点地区的农户为样本，分析农地抵押贷款对农户收入的影响机理，以便为进一步优化农地抵押贷款产品设计和试点地区的政策效果评估提供案例依据。

13.2 文献回顾与研究假说

13.2.1 文献回顾

自中国农地抵押贷款试点开展以来，众多学者对此予以关注并发表了大量研究成果。在以往的研究文献中，少数研究围绕农地抵押贷款的必要性和可行性、制度性困境、运作模式与构建思路以及保障机制等问题进行了探讨，而更多的研究对农地抵押贷款试点效果展开了分析。基于涉农金融机构的视角，林乐芬、王军研究发现，受制于农地经营权市场价值评估体系的不完善和相关法律法规的缺失，地方金融机构开展农地抵押贷款的积极性不高。兰庆高等研究发现，农户自身特征、农地抵押贷款试点地区的经济基础特征和政策制度特征均是影响金融机构开展农地抵押贷款意愿的主要因素。基于农户的视角，惠献波采用二元 Logistic 模型分析了农户对政府主导型农地抵押贷款的潜在需求及其影响因素，发现家庭收入水平、户主性别和年龄显著影响农户对农地抵押贷款的需求。黄惠春采用双变量 Probit 模型分析了农户对政府主导型农地抵押贷款的可得性及其影响因素，发现耕地面积、工资性收入水平和对农地价值的认知等因素显著影响农户对农地抵押贷款的需求。李韬、罗剑朝采用 PoissonHurdle 模型分析了农户对市场主导型农地抵押贷款的行为响应，发现小农户对农地抵押贷款的响应比大农户更为积极。上述文献更多地侧重于分析某个试点地区农户对某种模式农地抵押贷款的潜在需求、可得性与行为响应，而未比较不同模式农地抵押贷款的试点效果，也未探析农地抵押贷款本身对农户收入的影响。

少数学者研究了农地抵押贷款对农户收入的影响。如于丽红等采用五级量表方法对辽宁省昌图县 486 户农户样本的研究发现，农地抵押贷款能显著促进农户增收。牛晓冬等利用平均处理效应模型对陕西和宁夏 2959 户农户样本的研究发现，获得农地抵押贷款会使农户的家庭年人均收入和农业收入均得到显著提高。由于数据的限制，上述研究未能深入探讨农地抵押贷款影响农户收入的持续效应，也未能从农户生产要素投入和生产要素投入产出的角度对其有效性进行评价。

本章主要有两个研究方向：一是在研究内容上，本章将农地抵押贷款影响农户收入的持续效应纳入到农地抵押贷款试点效果评估体系中，并从生产要素投入和产出的视角做进一步解释。二是在研究方法上，本章采用年度和个体双向固定效应模型，探讨了农地抵押贷款对农户收入的平均效应和持续效应，并比较了不同模式农地抵押贷款对农户收入的影响效果。

13.2.2 研究假说

已有研究认为，民间借贷由于具有监督和控制机制灵活、无须担保等特点更受农户青睐。但是，民间借贷资金多被用于消费领域，农户在农业生产投资方面的资金需求往往需要依靠正规借贷资金来满足。从金融功能观来看，正规借贷可以提升农户的农业生产投资能力，促进其增加农业要素投入，从而提高农业产出和促进收入增长。作为来自正规金融机构的贷款产品，农地抵押贷款能有效激活农户的土地资本，促进农户加大资本和劳动力要素投入，改善其信贷可得性，从而促使资源合理配置，实现农业产出的提高和农户财富水平的提升。一般来讲，正规金融机构会要求农户按照贷款合约将农地抵押贷款资金"取之于农，用之于农"。基于以上分析，本章提出假说：

H1a：农地抵押贷款能促进农户收入增长。

H1b：农地抵押贷款能促进农户增加农业生产要素投入，从而提高农业产出。

理性小农理论认为，在资金匮乏的情况下，农户会以帕累托最优为原则进行资源配置，其行为动机在于收益最大化。因此，假定农户的初始生产投入为 I_0，初始财富水平为 W_0。当得到贷款 L 后，农户会投入资金 I_1 用于农业生产投资。当农业生产要素得以重新配置后，农户的财富水平会提高到 W_1（$W_1 > W_0$）。次年，农户在财富水平为 W_1 的情况下，会将上一年积累的部分资金 I_2 用于农业生产投资，当农业生产要素再次被重新配置后，农户的财富水平将从 W_1 提高到 W_2。如此循环往复，当生产投资活动的边际收益等于 0 时，农户才会停止农业生产投入。可见，贷款对农户财富水平的影响在一定时期内具有持续效应。郭忠兴等研究发现，受农地交易市场不完善、交易成本高以及抵押物处置面临法律风险等因素的制约，与其他类型贷款相比，农户申请农地抵押贷款后可获得的贷款额度相对较小。此外，由于农地抵押贷款还处于试点、探索阶段，获得农地抵押贷款的农户大部分是原先能够获得担保贷款的农户，这可能会导致农地抵押贷款不能充分发挥促进农户收入增长的作用。基于以上分析，本章提出假说：

H2：农地抵押贷款能持续促进农户增收，但它对农户增收的促进作用可能较小。

已有研究表明，由于不同地区农村经济发展水平和农业主导产业存在差异，不同模式农地抵押贷款业务在贷款流程、合约设计（如对贷款对象、贷款额度的规定等）、抵押物价值评估（如评估方式、评估机构资质）、抵押物处置（如违约偿还机制、风险分担机制）等方面也存在明显差异。此外，因不同试点地区市场条件和金融生态环境不同，不同模式农地抵押贷款业务对土地流转市场发育程度、政府角色及财政支持力度、金融机构服务能力与客户群体信用水平等方面的要求也存在明显差异。黄惠春等的研究表明，在农业主导产业鲜明和土地流转市场较为完善的地区开展农地抵押贷款业务，效果可能更好。也有学者研究发现，相较于政府主导型农地抵押贷款，市场主导型农地抵押贷款的客户群体信用较好，农户对农地抵押贷款的行为响应更积极，满意度更高。基于以上分析，本章提出假说：

H3a：不同模式农地抵押贷款对农户收入的影响存在明显差异。

H3b：相较于政府主导型农地抵押贷款，市场主导型农地抵押贷款对农户收入的正向影响更大。

13.3 数据来源与变量说明

13.3.1 数据来源与样本描述

13.3.1.1 数据来源

本章研究所使用的数据来源于 2016 年 12 月和 2017 年 8 月对陕西省高陵区、宁夏回族自治区平罗县和同心县农户的调查。为保证样本具有代表性，调查采取分层抽样和随机抽样相结合的方式。由于高陵区仅有 2 个乡镇开展了农地抵押贷款，而平罗县和同心县几乎所有乡镇都开展了农地抵押贷款，因此，在高陵区选取了 2 个乡镇，在平罗县选取了 12 个乡镇，在同心县选取了 5 个乡镇；在每个乡镇随机选取以种植业和养殖业为主要产业的村；根据各村常住人口规模，在每个村按照不少于 30% 的比例随机抽取 10~60 户户主为非党员身份的农户。两次调查一次性回收了 1772 份农户问卷，问卷内容包括农户 2014—2016 年的家庭基本情况、收入与支出水平、贷款经历等。经过筛选，本章最终获得了一组包括 1420 户农户、共 4260 组观察值的平衡面板数据。

为深入探讨农地抵押贷款对农户收入的影响，本章需确认农户在不同年份的贷款行为。由于农户在一定时期内获得农地抵押贷款既有可能是连续的，也有可能是不连续的，因此，本章根据原始数据推断，若农户在某一年获得了农地抵押贷款，则认为该农户在这一年有参与农地抵押贷款的行为。为保证相关数据统计口径的一致性及其在各年间的可比性，本章对价格、收入、支出等数据均依 2014 年居民消费价格总指数进行了转换。由于大部分样本农户主要从事大棚蔬菜和水稻种植业，以及牛羊养殖业，其农业收入占家庭总收入的比重相对较高。因此，选择农地抵押贷款试点地区的农户作为研究对象，且样本的时间跨度为 2014—2016 年，不仅有利于全面分析农地抵押贷款对农户收入的影响，也基本可以反映不同模式农地抵押贷款的试点效果。

13.3.1.2 样本描述

以 2016 年为例，样本的基本特征描述如表 13-1 所示。户主为男性的农户占样本总数的 75.77%；户主年龄在 40~49 岁的农户占样本总数的 34.01%；户主文化程度为初中的农户占样本总数的 51.76%；家庭总收入为 5 万~15 万元的农户占样本总数的 38.73%；家庭劳动力数占家庭人口数的比重为 50% 及以下的农户占样本总数的 84.08%；二兼农户占样本总数的 51.13%。获得过农地抵押贷款的农户占样本总数的 54.15%，在获得过农地抵押贷款的样本农户中，31.34% 的农户获得过 2 笔及以上的农地抵押贷款。农地抵押贷款的期限大多为 1 年，平均贷款额度为 3.91 万元。

表 13-1 样本农户及家庭基本特征

指标及分类		样本数（个）	比例（%）	指标及分类		样本数（个）	比例（%）
户主文化程度	小学及以下	187	13.17	户主性别	男	1076	75.77
	初中	735	51.76		女	344	24.23
	高中	319	17.46	2016 年家庭总收入	5 万元及以下	418	29.44
	大专及以上	179	12.61		5 万~15 万元	550	38.73
户主年龄	30 岁及以下	149	10.49		15 万元以上	452	31.83
	31~39 岁	327	23.03	家庭劳动力数占家庭人口数的比重	25% 及以下	574	40.42
	40~49 岁	483	34.01		25%~50%（含）	620	43.66
	50~59 岁	290	20.42		50%~75%（含）	148	11.42
	60 岁及以上	171	12.04		75%~100%（含）	78	5.50

指标及分类		样本数（个）	比例（%）	指标及分类		样本数（个）	比例（%）
家庭经营类型	纯农业户	269	18.94	农地抵押贷款	获得过	769	54.15
	一兼农户	385	27.11		未获得过	651	45.85
	二兼农户	726	51.13	农地抵押贷款期限	1年及以内	730	94.93
	非农业户	40	2.82		1年以上	39	5.07

注：在家庭经营类型变量中，纯农业户是指家庭总收入中农业收入占比超过80%的农户；一兼农户是指家庭总收入中农业收入占比为50%~80%的农户；二兼农户是指家庭总收入中农业收入占比为20%~50%的农户；非农业户是指家庭总收入中农业收入占比少于20%的农户。

13.3.2　变量选取

13.3.2.1　被解释变量

在农户的经济生活中，家庭总收入、农业收入与非农收入均可用于衡量农户收入水平。但是，由于农地抵押贷款"取之于农，用之于农"的特性，将农户的农业收入作为被解释变量能更加有效地衡量农地抵押贷款对农户收入的影响。同时，本章也将农户家庭总收入和非农收入作为被解释变量，以便比较农地抵押贷款对家庭总收入、农业收入和非农收入的影响效果。

13.3.2.2　核心解释变量

本章模型中的核心解释变量为农地抵押贷款，用2014—2016年农户获得农地抵押贷款的情况来表示。若农户在当年获得过农地抵押贷款，则该变量取值为1，否则取值为0。

13.3.2.3　控制变量

本章选取了户主性别、户主年龄作为反映农户户主特征的控制变量，选取了家庭土地经营规模、家庭人均固定资产价值、家庭经营类型、与农户所在村庄村（委会）主任来往是否密切、与政府人员来往是否密切以及与银行员工来往是否密切作为反映农户家庭特征的控制变量。表13-2为各变量的含义与描述性统计结果。

表13-2　各变量的含义与描述性统计结果

变量名称	变量定义	均值	标准差
家庭总收入	当年家庭总收入（万元），在模型中采用对数值	11.58	29.77
农业收入	当年家庭农业收入（万元），在模型中采用对数值	6.04	26.67
非农收入	当年家庭非农收入（万元），在模型中采用对数值	5.61	14.41
农地抵押贷款	获得过=1，未获得过=0	0.22	0.42
户主性别	女=1，男=0	0.24	0.43

续表

变量名称	变量定义	均值	标准差
户主年龄	30 岁及以下 =1，31~ ~39 岁 =2，40~49 岁 =3，50~59 岁 =4，60 岁及以上 =5	3.00	1.16
家庭土地经营规模	当年家庭人均土地经营面积（亩）	7.26	19.03
家庭人均固定资产价值	当年家庭人均房屋和耐用品的原值（万元），在模型中采用对数值	2.10	7.41
家庭经营类型	纯农业户 =1，一兼农户 =2，二兼农户 =3，非农业户 =4	2.39	0.89
与村（委会）主任来往是否密切	是 =1，否 =0	0.13	0.34
与政府人员来往是否密切	是 =1，否 =0	0.10	0.29
与银行员工来往是否密切	是 =1，否 =0	0.06	0.24
资本要素投入	当年家庭人均农业生产支出（万元）	5.01	1.42
劳动力要素投入	当年家庭劳动力数量（人）	2.67	1.36
土地要素投入	当年家庭人均土地经营规模（亩）	2.57	5.99

13.4　计量模型和实证结论

13.4.1　模型设定与说明

13.4.1.1　基本模型的设定

分析面板数据通常可以采用混合效应模型、固定效应模型或随机效应模型。出于数据特点和所研究问题的考虑，并参照徐翠萍等的研究思路，本章构建了年度和个体双向固定效应回归模型，以讨论农地抵押贷款对农户收入的影响，模型的具体形式如下：

$$InIncome_{it} = \alpha_0 + \beta X_{it} + \delta Loan_{it} + Y_t + \varepsilon_{1it} \qquad (13-1)$$

式（13-1）中，$InIncome_{it}$ 代表第 i 个农户第 t 年的收入；α_0 是农户 i 的个体固定效应；X_{it} 是反映农户户主特征、家庭特征的一组控制变量，β 为 X_{it} 变量的系数；$Loan_{it}$ 是反映第 i 个农户第 t 年得到农地抵押贷款情况的虚拟变量；系数 δ 代表农地抵押贷款对农户收入的平均影响；Y_t 表示年份 t 的固定效应；ε_{1it} 表示随机误差项。

为深入探讨一定时期内农地抵押贷款对农户收入的持续效应，即 2014—2016 年农地抵押贷款对农户当年及后续若干年收入的影响，本章将式（13-1）中的 $Loan_{it}$ 变量拆分成一组年份虚拟变量：$Loan_{it}\_2014_{it}$、$Loan_{it}\_2015_{it}$ 和 $Loan_{it}\_2016_{it}$，分别表示农户在 2014 年、2015 年和 2016 年得到农地抵押贷款的情况，加入 $Loan_{it}\_2014_{it}$、$Loan_{it}\_2015_{it}$ 和 $Loan_{it}\_2016_{it}$ 变量后，模型形式为：

$$InIncome_{it} = \alpha_0 + \beta X_{it} + \delta_1 Loan_{it}\_2014_{it} + \delta_2 Loan_{it}\_2015_{it} +$$
$$\delta_3 Loan_{it}\_2016_{it} + Y_t + \varepsilon_{1it} \qquad (13-2)$$

式（13-2）中，δ_m（$m=1$，2，3）表示农地抵押贷款对农户第 m 年收入的固定效应。

13.4.1.2 对模型的进一步说明

首先，本章采用了方差膨胀因子（VIF）检验了解释变量之间的多重共线性。从检验结果来看，VIF值为1.02~1.23，远小于10，说明解释变量之间不存在明显的多重共线性问题。其次，在分析过程中，本章采用稳健标准误对模型进行估计，以消除由于样本个体差异可能存在相似性而产生的异方差的影响。此外，本章还对混合效应模型和固定效应模型进行了F值检验，对随机效应模型和固定效应模型进行了Hausman检验，检验结果最终支持采用固定效应模型。

13.4.2 模型结果及分析

本章采用Stata12.0统计软件中的固定效应模型分析模块估计模型，结果如表13-3所示。

表13-3 农地抵押贷款对农户收入影响的估计结果

变量	平均效应			持续效应		
	家庭总收入	农业收入	非农收入	家庭总收入	农业收入	非农收入
Loan	0.0390**	0.0799**	0.0668			
	(0.0180)	(0.0330)	(0.1685)			
Loan_2014				0.0324***	0.0436**	0.2275***
				(0.0029)	(0.0194)	(0.0500)
Loan_2015				0.0430**	0.1174*	0.1352***
				(0.0213)	(0.0973)	(0.0134)
Loan_2016				0.0577***	0.0820***	0.2896***
				(0.0024)	(0.0049)	(0.0016)
Y_2015	0.0464***	0.0206***	0.0855***	0.0470**	0.0350*	0.0097
	(0.0007)	(0.0016)	(0.0077)	(0.0084)	(0.0188)	(0.0095)
Y_2016	0.0444***	0.0156***	0.0640***	0.0232***	0.0252***	-0.0605***
	(0.0011)	(0.0019)	(0.0098)	(0.0015)	(0.0061)	(0, 0114)
常数项	9.3892***	10.9682***	1.2687***	9.4004***	10.9578**	1.3597***
	(0.0248)	(0.0789)	(0.0948)	(0.0294)	(0.0798)	(0.1374)
控制变量	已控制	已控制	已控制	已控制	已控制	已控制
F值	23.89***	2.82**	6.46***	17.51***	2.87***	4.68***
Hausman检验的P值	0.00	0.00	0.00	0.00	0.00	0.00
观察样本数	4260	4260	4260	4260	4260	4260
农户数	1420	1420	1420	1420	1420	1420

注：*、**、***分别表示在10%、5%、1%的水平上显著；括号内的数字为稳健标准误。

13.4.2.1 农地抵押贷款对农户收入的平均效应

平均效应估计结果显示，农地抵押贷款对家庭总收入和农业收入分别在5%的水平上有显著的正向影响，对非农收入没有显著影响。假说 H1a 得到了验证。农地抵押贷款使家庭总收入平均提高 3.90%，使农业收入平均提高 7.99%。这表明农地抵押贷款促进农户收入增加的效应是可观的。可能的原因是，农地抵押贷款能在一定程度上解决农户生产经营中的资金短缺问题，促使农业收入较高的农户增加农业生产要素投入，减少外出务工时间，从而促进其农业收入增加。这也可能是农地抵押贷款对非农收入的平均效应不显著的原因。

13.4.2.2 农地抵押贷款对农户收入的持续效应

持续效应的估计结果显示，农地抵押贷款在 2014 年、2015 年和 2016 年均表现出对家庭总收入、农业收入和非农收入的显著正向影响。2014 年农地抵押贷款使家庭总收入、农业收入和非农收入分别增加了 3.24%、4.36% 和 17.75%，2015 年农地抵押贷款使家庭总收入、农业收入和非农收入分别增加了 4.30%、11.74% 和 13.52%，2016 年农地抵押贷款使家庭总收入、农业收入和非农收入分别增加了 5.77%、8.20% 和 28.96%。这表明，农地抵押贷款对农户收入的正向影响在短期内具有持续效应，且与其对农业收入的影响相比，其对农户非农收入的促进作用更明显。可能的原因是，农户在获得农地抵押贷款之后将资金用于非农生产项目投资，由于非农生产项目的收益往往高于农业生产的收益，因此，农地抵押贷款对非农收入的正向影响表现出显著的持续效应。这基本验证了假说 H2。

13.4.2.3 不同模式农地抵押贷款对农户农业收入的影响

考虑到不同模式农地抵押贷款对收入的影响效果可能存在较大差异，本章参照房启明等的研究，结合不同模式农地抵押贷款在不同调查区域的运行情况，将全部样本分为政府主导型农地抵押贷款子样本和市场主导型农地抵押贷款子样本分别进行回归。从表13-4 中的平均效应估计结果来看，市场主导型农地抵押贷款对农户农业收入在 1% 的水平上有显著的正向影响，使农户农业收入平均提高 8.13%。从持续效应的估计结果来看，两种模式的农地抵押贷款对农户农业收入有持续的正向影响，即农地抵押贷款在 2014年、2015 年和 2016 年均对农业收入表现出显著的正向影响。进一步对比发现，政府主导型农地抵押贷款在 2015 年对农业收入影响最大，使农户农业收入提高了 17.06%，市场主导型农地抵押贷款在 2016 年对农业收入影响最大，使农户农业收入提高了 29.00%，且在 2014 年和 2016 年对农户收入增长的持续效应均较大。可能的原因是，对于政府主导型农地抵押贷款而言，由于土地经营权或收益权作为抵押品尚不被法律认可，金融机构开展农地抵押贷款业务的意愿并不强烈；而市场主导型农地抵押贷款实质上是一种"抵押+保证+信用"贷款，多重保障大大消除了金融机构的顾虑，因此，金融机构开展农地抵押贷款业务的积极性较高。同时，政府主导型农地抵押贷款的大部分贷款户是由原先的担保贷款户转变而来的，而市场主导型农地抵押贷款的贷款户大多是以前无法从正规金融机构获得贷款的农户，因而客户群体对市场主导型农地抵押贷款的接受度明显较高，对农地抵押贷款的行为响应较好。此外，政府主导型农地抵押贷款的贷款户所能得到的最大贷款额度不能超过金融机构认定的用于抵押的农地经营权评估价值的 70%，而市场主导型农地抵押贷款的贷款户所能得到的最大贷款额度不能超过用于反担保的农地经营权评估价值的80%，即在同等条件下，市场主导型农地抵押贷款的贷款户可获得的贷款额度会高于政府主导型农地抵押贷款的贷款户，因而市场主导型农地抵押贷款对农户收入的拉动效应也更明显。假说 H3a 和 H3b 得到了验证。

表 13-4　不同模式农地抵押贷款对农户农业收入影响的估计结果

变量	政府主导型				市场主导型			
	平均效应		持续效应		平均效应		持续效应	
	系数	标准误	系数	标准误	系数	标准误	系数	标准误
Loan	0.0752	0.1282			0.0813***	0.0160		
Loan_2014			0.0984***	0.0167			0.1209***	0.0018
Loan_2015			0.1706*	0.0972			0.0224***	0.0045
Loan2016			0.0156***	0.0053			0.2900***	0.0079
Y_2015	0.0170****	0.0008	0.0280	0.0175	0.0309***	0.0042	0.0638***	0.0016
Y_2016	0.0433***	0.0010	0.0181***	0.0065	0.0499***	0.0077	0.0512***	0.0022
常数项	8.1467***	0.0296	8.1656***	0.0280	6.8635***	0.2742	6.8137***	0.2968
控制变量	已控制	已控制	已控制	已控制	已控制	已控制	已控制	已控制
F 值	16.61***	12.84***	11.24***	7.58***				
Hausman 检验的 P 值	0.00	0.00	0.06	0.06				
观察样本数	3003	3003	1257	1257				
农户数	1001	1001	419	419				

注：*、**、***分别表示在10%、5%、1%的水平上显著；标准误为稳健类型的标准误。限于篇幅，本章未列出家庭总收入和非农收入的估计结果，也未列出控制变量的估计结果。

13.4.2.4　稳健性检验

本章从三个方面进行了稳健性检验，考虑到样本农户的家庭总收入变量可能因农户间收入差距过大而存在异常值，本章剔除掉了农户家庭总收入低于10%和高于90%的分位数值的样本，然后对新样本再次进行回归。结果表明，所有变量的系数符号和显著性水平与全样本回归结果基本保持一致，即异常值样本并未对回归结果产生明显影响。考虑到样本中有部分农户在考察期内并未向金融机构申请农地抵押贷款，本章在稳健性检验中剔除了这部分样本，将获得过农地抵押贷款的农户作为新样本再次进行回归。结果表明，虽然核心解释变量的显著性水平改变了，但仍然显著，并且系数符号均与全样本回归结果保持一致。考虑到农地抵押贷款与农户收入之间可能存在反向因果关系，即前一年度的收入状况可能会影响本年度获得农地抵押贷款的情况，在稳健性检验中加入了被解释变量的一阶滞后项，并采用动态面板模型中的系统 GMM 方法再次进行回归。结果表明，虽然核心解释变量和一些控制变量的显著性水平改变了，但仍然显著，并且被解释变量的一阶滞后项在10%的水平上有显著的正向影响，说明上文的估计结果是稳健的。

13.5　对农地抵押贷款效果的进一步分析

由前文的分析可知，农地抵押贷款对农户农业收入的正向影响是显著的。那么，农地抵押贷款为什么会具有这样的影响呢？理论上，促进农户农业收入增长的路径是提高农产品的产量或价格，降低生产成本，以及提高农业生产效率，但是，由于农地抵押贷款的作用主要在于解决农户在农业生产经营中遇到的资金不足问题，它对农产品价格、农业生产成本和生产效率没有直接影响，所以，需从农产品产量的角度，分析农地抵押贷款对农户农业生产要素投入及生产要素投入产出的影响。

13.5.1 农地抵押贷款对农户农业生产要素投入的影响

13.5.1.1 模型设定

本章进一步考察农地抵押贷款对农户农业生产要素投入的影响。一般来讲，农户投入的农业生产要素包括资本、劳动力和土地。开展农地抵押贷款，在一定程度上就是为了满足规模经营主体的资金需求，而在短期内，土地要素的供给具有刚性，因此，本章仅分析资本和劳动力两个要素，并构建如下两个模型：

$$\ln K_{it} = \alpha'_0 + \beta' X_{it} + \theta Loan_{it} + Y_t + \varepsilon'_{2it} \tag{13-3}$$

$$Labor_{it} = \alpha''_0 + \beta'' X_{it} + \varphi Loan_{it} + Y_t + \varepsilon''_{3it} \tag{13-4}$$

式（13-3）中，K_{it} 为农户 i 第 t 年的家庭人均农业生产支出，用以反映其农业生产中资本要素投入；α'_0 是农户 i 的个体固定效应；X_{it} 是反映农户户主特征、家庭特征的一组控制变量，β' 为 X_{it} 变量的系数；$Loan_{it}$ 是反映第 i 个农户第 t 年得到农地抵押贷款情况的虚拟变量；系数 θ 代表农地抵押贷款对资本要素投入的平均效应；ε'_{2it} 代表随机误差项。式（13-4）中，$Labor_{it}$ 是农户 i 第 t 年投入于农业的劳动力数量，用以反映其农业生产中劳动力要素投入；系数 φ 代表农地抵押贷款对劳动力要素投入的平均效应。其他符号的含义与式（13-3）相同。

13.5.1.2 结果分析

表 13-5 中报告的回归结果显示，农地抵押贷款对农业生产中资本要素投入在 1% 的水平上有显著的正向影响，而对劳动力要素投入没有显著影响。从年份固定效应的结果来看，无论是对于全部样本还是按照农地抵押贷款模式划分的子样本，农业生产中资本要素投入在 2015 年和 2016 年均呈现显著的正向影响，而劳动力要素投入却表现出不一致的结果。其中，劳动力要素投入在 2015 年表现出显著的正向影响，而在 2016 年表现出显著的负向影响。这一点比较符合中国农村的实际情况，假说 H1b 也基本得到了验证。一方面，农地抵押贷款的设计初衷就是解决农户在农业生产经营中面临的融资难问题，促进他们增加农业生产中资本要素投入；另一方面，随着大量农村劳动力向城市转移，农村劳动力流失也导致农户减少农业生产中劳动力要素投入。

由表 13-5 可知，仅市场主导型农地抵押贷款对农业生产中资本要素投入在 1% 的水平上有显著的正向影响。可能的原因是：第一，两类农地抵押贷款试点地区经济发展水平不同。市场主导型农地抵押贷款主要在国家级贫困县开展，虽然政府主导型农地抵押贷款试点地区（如陕西高陵和宁夏平罗）也属于经济欠发达地区，但相较而言，市场主导型农地抵押贷款试点地区（如宁夏同心）农业人口比例更高，农户人均可支配收入更低。因此，市场主导型农地抵押贷款对农业生产中资本要素投入的促进作用可能更明显。第二，两类农地抵押贷款试点地区农业主导产业不同。政府主导型农地抵押贷款试点地区多以大棚蔬菜、水稻等农作物种植业为主导产业，而市场主导型农地抵押贷款试点地区多以牛羊养殖业为主导产业。由于从事养殖业的农户购买牲畜所需的资金量更大，所以，市场主导型农地抵押贷款对农户农业生产中资本要素投入的影响也更显著。第三，两类农地抵押贷款试点地区耕地资源富集程度不同。由于市场主导型农地抵押贷款试点地区人均耕地面积明显多于政府主导型农地抵押贷款试点地区，市场主导型农地抵押贷款试点地区农户可以用于抵押的土地经营面积更大，可获得的抵押贷款更多，可投入的资本要素也更多。因此，在同等条件下，市场主导型农地抵押贷款对农业生产中资本要素投入的影响更大。假说 H3a 和 H3b 基本得到了验证。

表 13-5　农地抵押贷款对农户农业生产要素投入影响的估计结果

变量	农业生产中资本要素投入			农业生产中劳动力要素投入		
	全部样本	政府主导型	市场主导型	全部样本	政府主导型	市场主导型
Loan	0.0471 ***	−0.0230	0.1950 ***	0.0033	−0.0002	0.0097
	(0.0147)	(0.0306)	(0.0057)	(0.0051)	(0.0107)	(0.0101)
Y_2015	0.1583 ***	0.1845 ***	0.0957 ***	0.0101 ***	0.0102 ***	0.0057 ***
	(0.0001)	(0.0003)	(0.0002)	(0.0004)	(0.0013)	(0.0005)
Y_2016	0.1569 ***	0.1823 ***	0.0967 ***	−0.0168 ***	−0.0033 *	−0.0481 ***
	(0.0005)	(0.0009)	(0.0006)	(0.0009)	(0.0019)	(0.0003)
常数项	2.1035 ***	2.1460 ***	4.6667 ***	3.8587 ***	7.8167 ***	7.8167 ***
	(0.0608)	(0.0708)	(1.1720)	(0.8646)	(0.8126)	(0.8126)
控制变量	已控制	已控制	已控制	已控制	已控制	已控制
F 值	41.35 ***	33.08 ***	16.76 ***	32.75 ***	21.38 ***	6.58 ***
Hausman 检验的 p 值	0.00	0.00	0.00	0.00	0.00	0.00

注：*、**、*** 分别表示在 10%、5%、1% 的水平上显著；括号内的数字为稳健标准误。

13.5.2　农地抵押贷款对农户农业生产要素投入产出的影响

13.5.2.1　模型设定

理论上讲，农户农业生产要素投入与其产出之间的关系可以采用 Cobb-Douglas 生产函数来表示，因此，为了剖析农地抵押贷款对农业生产要素投入产出的影响，本章设定如下模型：

$$InIncome_{it} = \alpha_i + \delta'Loan_{it} + \gamma_1 InK_{it} + \gamma_2 InLabor_{it} + \gamma_3 InLand_{it} + \gamma_4 Loan_{it} \times InK_{it} +$$
$$\gamma_5 Loan_{it} \times InLabor_{it} + \gamma_4 Loan_{it} \times InLand_{it} + Y_t + \varepsilon_{4it} \qquad (13-5)$$

式（13-5）中，$Income_{it}$ 代表农户 i 第 t 年的农业收入，用以反映农业生产中资本、劳动力或土地等要素投入的产出；K_{it} 为农户 i 第 t 年家庭人均农业生产支出，用以反映农业生产中资本要素投入；$Labor_{it}$ 为农户 i 第 t 年家庭劳动力数量，用以反映农业生产中劳动力要素投入；$Land_{it}$为农户i第t年家庭人均土地经营面积，用以反映农业生产中土地要素投入。$Loan_{it} \times lnK_{it}$、$Loan_{it} \times lnLabor_{it}$和$Loan_{it} \times lnLand_{it}$分别代表农户$i$第$t$年农地抵押贷款与农业生产中资本要素投入、劳动力要素投入和土地要素投入的交互项。设置交互项的目的在于检验农地抵押贷款对农户农业收入的直接影响与对生产要素投入产出的间接影响之间可能存在的交叉效应。若交互项系数显著，且异于零，则可以认为农地抵押贷款明显改变了各农业生产要素投入的产出弹性。

13.5.2.2　结果分析

从表13-6中报告的回归结果可以看到，在基于全部样本的回归结果中，农业生产中资本要素投入、劳动力要素投入和土地要素投入均对农业收入在1%的水平上有显著的正向影响。而交互项中，仅农地抵押贷款与农业生产中资本要素投入的交互项、农地抵押贷款与农业生产中劳动力要素投入的交互项有显著的正向影响。这表明，农户获得农地抵押贷款之后，仅农业生产中资本要素投入和劳动力要素投入的产出弹性呈现出显著变化，而土地要素投入的产出弹性并没有发生显著变化，即在既定条件下，获得农地抵押贷款会促使农户农业生产中单位资本要素投入和单位劳动力要素投入的产出增加，进而促使农业收入增加。这一结果基本验证了假说H1a。

表13-6　农地抵押贷款对农户农业生产要素投入产出影响的估计结果

变量	全部样本		政府主导型		市场主导型	
	系数	标准误	系数	标准误	系数	标准误
Loan	2.7178 ***	0.5766	0.7366	1.2455	3.0742 ***	0.6780
lnK	1.8725 ***	0.5467	3.7460 ***	0.4906	1.5920 ***	0.5149
lnLabor	0.1893 ***	0.0682	0.1607 ***	0.0278	0.2201 ***	0.0745
lnLand	1.1754 ***	0.1019	1.1314 ***	0.1782	1.2792 ***	0.1027
LoanxlnK	1.0094 ***	0.1779	−0.2864	0.5033	1.1371 ***	0.1954
LoanxlnLabor	0.2659 ***	0.0261	−0.1176	0.1545	0.3118 ***	0.0926
LoanxlnLand	0.0747	0.1376	−0.1644	0.2500	0.1050	0.1578
常数项	9.8694 ***	0.4806	9.5857 ***	0.6113	8.9765 ***	2.0380
F值	20.29 ***		10.86 **		5.58 ***	
Hausman 检验的 p 值	0.00		0.00		0.00	

注：*、**、*** 分别表示在10%、5%、1%的水平上显著；标准误为稳健类型的标准误。限于篇幅，本章未报告持续效应的估计结果。

农业生产中资本要素投入、劳动力要素投入和土地要素投入对农业收入均有显著的正向影响，但是，三个交互项的显著性有明显差异。仅农地抵押贷款与资本要素投入的交互项、农地抵押贷款与劳动力要素投入的交互项，在基于市场主导型农地抵押贷款的子样本回归中对农业收入有显著的正向影响。同时，三个交互项在基于政府主导型农地抵押贷款的子样本回归中均不显著，说明获得农地抵押贷款并未导致三种农业生产要素投入的产出发生明显变化。可能的原因是，政府主导型农地抵押贷款的贷款额度不能完全满足农户在农业生产经营中的资金需求。在调查中发现，相当一部分农户认为政府主导型农地抵押贷款的利率偏高，对其满意度评价较低。这说明，需要从产品设计和保障条件等方面对农地抵押贷款机制进行合理调整和完善，只有充分满足农户的真实信贷需求，才能全面释放农地抵押贷款对农户农业生产要素投入的实际效应。

13.6 结论与启示

本章运用农地抵押贷款试点地区的农户调查数据，通过构建固定效应模型，分析了农地抵押贷款对农户收入的影响效果，并从农业生产要素投入及生产要素投入产出的视角分析了农地抵押贷款促进农户收入增长的根源。研究发现，农地抵押贷款使农户农业收入平均提高 7.99%，且对农户收入的正向影响具有显著的持续效应；获得农地抵押贷款会显著增加农户农业生产中的资本要素投入，但不会影响其劳动力要素投入；获得农地抵押贷款会显著提高农户农业生产中资本要素投入和劳动力要素投入的产出弹性，但不会提高土地要素投入的产出弹性；相较于政府主导型农地抵押贷款，市场主导型农地抵押贷款在促进农户收入增长和激励农户增加农业生产要素投入方面效果更好。

基于以上研究可得出如下启示：首先，鉴于不同模式农地抵押贷款对农户收入和农业生产要素投入影响的差异性，各地金融机构在开展农地抵押贷款业务时，应充分考虑农户自身禀赋和当地农业经济发展特点等因素，合理调整和优化农地抵押贷款合约，以便发挥农地抵押贷款对农户收入增长和农业生产要素投入的促进作用。其次，应持续加大对农地抵押贷款的宣传力度，特别是对于政府主导型农地抵押贷款，地方政府应鼓励更多有资金需求的农户申请农地抵押贷款，扩大农户对农地抵押贷款的响应范围。再次，鉴于不同模式农地抵押贷款所对应市场条件的差异性，未来应进一步规范农地产权交易市场，制定符合农村实际情况的抵押物价值评估标准，特别是对于市场主导型农地抵押贷款，要适时引入第三方评估机构，解决农地经营权价值评估公信力的问题。最后，鉴于金融机构对开展不同模式农地抵押贷款业务的积极性不同，未来应完善贷款发放激励机制，引导农村金融机构开展农地抵押贷款业务，特别是对开展政府主导型农地抵押贷款业务积极性不高的金融机构，可通过用地方财政建立风险补偿基金等措施，降低农地抵押贷款的风险，提高其可持续性。

14 农村土地产权抵押融资的联立选择行为及其影响因素分析

——基于不同兼业程度农户的调查

14.1 引言

农户抵押难、担保难、融资难的根本问题是缺乏有效抵押担保物品，这严重制约农户收入增长和农村经济发展，农村土地资源作为农业生产要素和农户最基本生活保障条件，其配置效率高低对农户收入和农村经济发展有着重要作用。党的十八届三中全会通过的《关于全面深化改革若干重大问题的决定》报告中赋予农民拥有土地承包经营权抵押和担保权能，这对农村土地产权改革和破解农村缺乏抵押担保物难题提供了方向指引。能够在有效扩大农户融资选择空间，缓解农户抵押难、担保难、融资难的同时，对激活农村土地资本，提高土地资源配置效率方面有着重要的意义。

农户资金需求随着农村社会经济的持续发展而不断上升，由于缺乏有效抵押物，使得农业信贷供需失衡矛盾日益突出，"融资难、抵押难"已成为我国农村金融面临的主要问题。林乐芬等调查发现福建三明、辽宁法库、宁夏同心等地相继开展农村土地抵押试点工作，有效缓解农户贷款困难。黎翠梅、肖诗顺认为土地产权可以作为与金融机构进行贷款交易的标的，通过建立土地抵押的农村金融制度能够达到缓解农村地区资金不足和农地资源有效利用的目的，只是应选取非农收入与家庭收入水平高的农户进行试点。姜新旺、钟甫宁等却认为由于农村土地价值低、变现难等因素使得金融机构不愿意接受农地作为抵押物，外加农村社会保障缺失滞后，农户进行土地抵押面临着很大的经济风险，造成土地抵押缺乏可行性，史卫民、张文律、刘成玉学者还考虑到由于我国农村土地产权归属不明确和相关法律限制造成农村产权交易市场效率低下，若强行推动土地抵押试点，会引发农户失地、大量不良资产等一系列社会问题。靳丰斩等、于丽红等运用Logit 或 Probit 模型从农户需求视角出发，实证分析认为教育程度、主要收入来源和社会保障水平等变量会对农户抵押意愿产生显著影响，兰庆高等从金融机构供给视角研究认为土地规模、农户性质等因素显著影响土地抵押供给。

综观以上研究，已有文献对农村土地抵押提供大量有意义的结论，但仍然存在以下不足：第一，研究视角仍以可行性理论层面分析为主，少量定量分析大多采用 Logit 或 Probit 模型研究整体农户意愿，未能将农户的兼业程度与需求意愿问题结合起来探究土地抵押问题，缺乏对不同兼业农户内在决策机制有效的挖掘；第二，土地抵押作为农村金融市场试点产品，能否成功推广是由市场供求两大主体共同作用结果，单方面研究无法准确估计相关影响因素，还有可能产生样本选择偏误问题。鉴于此，文章从不同兼业农户和市场机构两大主体视角出发，利用宁夏平罗实地调研数据，采用双变量 Probit 模型，对影响土地抵押的供求因素进行分析，在充分考虑不同兼业程度农户的差异化选择前提下，为促进当地土地抵押的顺利开展提供决策参考。

14.2　数据来源与样本类型

14.2.1　数据来源

数据来源课题小组 2014 年 4 月对宁夏平罗农村土地抵押贷款试点的实地调查，平罗作为国家农业部确定的全国 24 个农村改革试验区之一，是较早开始进行农村产权创新试点的主要地区，它于 2013 年 12 月 18 日正式挂牌成立宁夏首个县级农村产权交易中心，开始办理农村土地承包经营权抵押业务，当地有着丰富的旅游矿产资源，兼业类型农户较多，收入差异比较明显，具有很强代表性。农户持政府颁发的"农村土地承包经营权证"等资料申请贷款，主办金融机构对申请农户和村委会所提供资料进行核查，并向产权交易中心提出评估申请，再根据评估报告进行贷款额度审核后发放贷款，最后申请农户需到产权交易中心办理抵押登记手续，严格按照：申请-受理-调查-报告-认可-签证流程办理。为了顺利开展土地抵押业务，当地政府和主办金融机构给予大量政策支持。首先参与土地抵押的农户均享受 7.5% 年利率优惠；其次建立风险预警与损失补偿机制，由风险防范基金和主办金融机构各自按 80% 和 20% 的比例承担因不可抗因素造成的贷款风险，最大限度地降低主办金融机构风险；最后通过农村土地产权价值评估机制，为土地抵押提供统一价格指导。截至 2014 年 3 月底，当地共计完成农村土地承包经营权交易 290 笔，累积发放贷款 3600 余万元。

调查地点选取崇岗、姚伏、黄渠桥、陶乐等 11 个乡镇，每个乡镇选取 2 个村进行随机抽样调查，并在每个村再随机抽取 20~25 户农户进行调查，调查采用农户当面访谈并入户填写问卷方式。通过上述方法，总共获得有效样本问卷 501 户，农户样本基本能够代表平罗总体分布特征。

14.2.2　样本类型

为了更加准确分析不同兼业农户土地抵押融资问题，深入挖掘不同兼业农户土地抵押的内在决策机制，参考张忠明等将农户按兼业程度划分为纯农户、一兼农户和二兼农户三种类型。

由表 14-1 可以看出，完全以农业作为家庭收入来源的纯农户占到总样本的 22.75%，不同兼业程度农户达到 77.25%，其中二兼农户占比 45.71%，这表明兼业农户在当地家庭生产经营中已经成为常态化，部分农户的兼业成为家庭主业，而农业成为家庭副业。

表 14-1 土地抵押的不同兼业程度农户需求和机构供给

农户类型	户数（户）	比例（%）	农户需求（户）	比例（%）	机构供给（户）	比例（%）
纯农户	114	22.75	96	19.16	35	6.98
一兼农户	158	31.54	129	25.74	42	8.38
二兼农户	229	45.71	161	32.14	91	18.15
合计	501	100.00	386	77.04	168	33.51

注：土地抵押需求农户和机构供给农户会有重复统计的部分，因此农户总数高于样本总数。

样本农户中有 386 户有土地抵押意愿，占比 77.04%，说明当地农户融资需求较大，大部分农户比较认可土地抵押业务，愿意进行抵押融资。研究发现二兼农户需求意愿比例最高，达到 32.14%，依次是一兼农户的 25.74% 和纯农户的 19.16%。二兼农户主要从事非农行业，土地农业要素功能逐步弱化，大规模非农生产经营活动导致生产性信贷需求旺盛，当资金需求无法通过"内部融资"满足而需要进行贷款，土地抵押刚好能够弥补资金部分缺口，而对于纯农户和一兼农户而言，农业收入比重较大，对土地保障依赖性较高，受制于农业固有缺陷，在土地抵押需求上持谨慎态度。

样本农户中仅有 168 户获得了土地抵押贷款，占总体样本的 33.51%，说明当地土地抵押覆盖面和深化程度都还远远不足，未获得贷款的主要原因是来自金融机构供给抑制。调查发现二兼农户土地抵押贷款可得性比例为 18.15%，明显高于其他类型农户，兼业程度越高的农户，资金实力也就越好，资金需求主要用于效益更高的非农业生产，因此金融机构承担的风险较小，这也体现出金融机构的"资本逐利"和"嫌贫爱富"的本性。

14.3 土地抵押供求模型和影响因素识别：理论分析

14.3.1 土地抵押供求模型方法

用虚拟变量 D_i 和 S_i 分别表示农户土地抵押需求和金融机构土地抵押供给，两者土地抵押贷款相互作用会产生四种组合，即（1，1）、（1，0）、（0，1）和（0，0）组合，分别表示"有贷款需求，有贷款供给"，"有贷款需求，无贷款供给"，"无贷款需求，有贷款供给"和"无贷款需求，无贷款供给"。其中（1，1）组合是可以直接观测，而（1，0）组合也可以通过问卷调查获得，可以将两种组合情况采用样本选择双变量 Probit 模型。

农户 i 土地抵押需求函数和供给函数分别如式（14-1）、式（14-2）所示：

$$D_i^* = \alpha_\eta X_i + \varepsilon_i \tag{14-1}$$

$$D_i = \begin{cases} 1, & D_i^* > 0 \\ 0, & D_i^* \leq 0 \end{cases}$$

$$S_i^* = \beta_0 Z_i + \mu_i \tag{14-2}$$

$$S_i = \begin{cases} 1, & S_i^* > 0 \\ 0, & S_i^* \leqslant 0 \end{cases}$$

D_i^* 和 S_i^* 分别表示土地抵押要求和供给的潜在变量；X_i 和 Z_i 分别为农户 i 土地抵押需求变量和金融机构对农户 i 提供土地抵押的农户可观测变量；ε_i 和 μ_i 为误差项，假定误差项服从正态分布，并且独立于 X_i 和 Z_i，其相关系数为 ρ。

假设 P 为农户 i 参与土地抵押的虚拟变量，$P=1$ 表示参与土地抵押，而 $P=0$ 则表示没有参与土地抵押，如式（14-3）所示：

$$P = \begin{cases} 1, & D_i = 1 \text{ 且} S_i = 1; \\ 0, & D_i = 0 \text{ 或} S_i = 0 \end{cases} \tag{14-3}$$

通过前面分析得知，当农户 i 有土地抵押需求时（$D_i = 1$），才能观察金融机构的供给行为（$S_i = P$）；当农户 i 没有土地抵押需求时（$D_i = 0$），则不能观察金融机构的供给行为。即不同供求情形下的概率如式（14-4）、式（14-5）所示。

当农户有抵押需求，金融机构没有抵押供给时（$D_i = 1$，$S_i = 0$）：

$$Pr(D_i = 1, S_i = 0) = \Phi(\alpha_\eta X_i) - \Phi_2(\alpha_\eta X_i, \beta_\sigma Z_i, \rho) \tag{14-4}$$

当农户有土地需求，金融机构有抵押供给时（$D_i = 1$，$S_i = 1$）：

$$Pr(D_i = 1, S_i = 1) = \Phi_2(\alpha_\eta X_i, \beta_\sigma Z_i, \rho) \tag{14-5}$$

采用最大似然法对式（14-4）和式（14-5）进行联合估计，其对数似然函数如式（14-6）所示：

$$\ln L = \sum_{i=1}^{N} \{ D_i S_i ln \Phi_2(\alpha_\eta X_i, \beta_\sigma Z_i, \rho) + D_i(1 - S_i)\ln[\Phi(\alpha_\eta X_i)]$$
$$- \Phi_2(\alpha_\eta X_i, \beta_\sigma Z_i, \rho) + (1 - D_i)\ln\Phi(-\alpha_\eta X_i) \} \tag{14-6}$$

其中 Φ（·）为累积标准正态分布函数，Φ_2（·）为二元累积正态分布函数。

14.3.2 土地抵押供求影响因素

根据于丽红等、张忠明等、黄惠春等相关学者的研究成果，并结合调查问卷特点确定影响土地抵押供求因素。在分析供求影响因素之前，首先先确定因变量的选取标准，供给方程中以农户是否得到土地贷款作为衡量标准，得到贷款为 1，反之为 0；需求方程中则主要通过问卷调查两步获取农户土地抵押需求信息，第一步提出问题，即"是否向金融机构申请土地抵押贷款"，回答"是"的农户具有抵押需求；第二步没有申请的农户并不代表其没有抵押需求，通过问题"没有申请土地抵押贷款的原因"，若农户选择"利率太高、手续麻烦"等客观原因时也认为其也存在抵押需求，反之则为 0。

14.3.2.1 土地抵押需求方面

（1）农户特征包括年龄、户主和教育程度。农户年龄越大思想观念趋于保守，风险规避意识开始增强，抵押需求下降；教育程度越高其见识阅历就越丰富，较强的经营能力与意识有助于他们认知和接受新事物，抵押需求上升；户主掌握家庭事务的最终决策权，对土地抵押需求也会产生相应预期。

（2）家庭特征包括耕地面积、供养率、家庭年收入和固定资产等。耕地面积大的农户需要更多生产经营投入，土地抵押需求高，供养率高的农户由于家庭负担重而面临更大还贷压力，需求意愿下降。家庭年收入和固定资产的多少对土地抵押需求的影响不确定，一方面农户生产规模较大产生贷款需求，另一方面也会因为收入较高而拥有更多流动性资金，从而减少贷款需求。除了以上农户相关变量外，农户抵押需求还与贷款产品自身特征有关，拟选取农户对产品利率水平评价、期限是否合理以及对抵押政策的认知程度变量测算其影响。

14.3.2.2 土地抵押供给方面

（1）农户特征包括年龄、教育程度和贷款经历等。年龄越大、教育程度越高的农户，社会经历较为丰富，能够更加合理利用贷款进行生产生活，同时他们拥有较稳定的收入来源保障，机构贷款意愿更高；同时有贷款经历的农户，金融机构可以获知他们信用记录，来做出是否贷款决策。

（2）家庭特征包括供养率、耕地面积、家庭年收入和固定资产等。供养率高的农户，由于家庭负担较重，贷款风险偏高，机构往往会减少对这类农户发放贷款；耕地面积是基于土地抵押产品业务本身进行考虑，只有拥有耕地的农户才能获得机构贷款；家庭年收入和固定资产能力则能够体现农户的还款能力。

此外为考察地区经济变量是否也会对土地抵押供给产生影响。将样本地区根据经济情况分为东部（渠口、陶乐等）、南部（姚伏、通伏等）、西部（崇岗、下庙等）和北部（黄渠桥、高庄等）四部分，划分依据标准主要是县城西部有着丰富的太西煤资源，当地主要从事煤炭相关行业，经济发展状况最好，旅游资源大部分位于县城南部和北部，农户兼业程度较高，东部地区农户主要从事传统农业，经济发展状况较差。初步认为经济发展水平较高的地区，农民收入水平有一定保障，金融机构也愿意提供贷款。

相关变量定义与描述性统计详见表 14-2。

表 14-2 相关变量定义与描述性统计

项目	变量	定义	均值	标准差
主体意愿	土地抵押需求	0=否，1=是	0.7704	0.4209
	土地抵押供给	0=否，1=是	0.335	0.4718
农户特征	年龄	1=29 及以下，2=30~39，3=40~49，4=50~59，5=60 及以上	2.7225	0.9104
	户主	0=否，1=是	0.8143	0.3891
	教育程度	1=没上过学，2=小学，3=初中，4=高中，5=大专及以上	3.0598	0.7342
家庭特征	贷款经历	0=无，1=有	0.8143	0.8315
	供养率	连续变量	0.3521	0.2356

续表

项目	变量	定义	均值	标准差
家庭特征	耕地面积	连续变量（对数）	1.8414	1.4628
	社会保险	0=无，1=有	0.8762	0.3296
	社会关系	0=无，1=有	0.0339	0.1812
	家庭年收入	连续变量（对数）	11.5944	1.0246
	固定资产	连续变量（对数）	8.7822	4.8140
金融产品评价	利率水平	1=偏低，2=适中，3=偏高	2.1197	0.8328
	贷款期限合理	1=非常不合理，2=不合理，3=一般，4=合理，5=非常合理	3.1277	0.9009
	土地抵押政策认知	1=完全不了解，2=基本不了解，3=基本了解，4=完全了解	2.7045	0.7593
地区经济	所属地区	东部=1，北部=2，南部=3，西部=4	2.1357	0.9866

注：相关变量大多来自样本农户 2013 年家庭生产生活基本情况，其中以 2009—2013 年的正规贷款作为信用情况代理变量、农户是否参与养老医疗保险作为社会保险代理变量、家庭 60 岁以上老人和未工作子女占总人口比重作为供养率代理变量、是否有亲戚朋友在政府部门或银行和信用社工作作为社会关系代理变量，固定资产在此不包括房屋。

14.4　不同兼业程度农户土地贷款的实证分析

运用双变量 Probit 模型对平罗地区不同兼业程度农户的土地抵押供求影响因素进行检验，结果详见表 14-3。根据表 14-3 回归结果发现不同类型农户的 ρ 值分别为 -0.3509、-0.6795 和 -0.5540，且都通过显著性检验，表明土地抵押贷款供求方程存在联立关系，模型存在样本选择问题，解释变量的回归结果基本符合预期。

表 14-3　基于双变量 Probit 模型估计结果

项目	变量名称	纯农户		一兼农户		二兼农户	
		需求	供给	需求	供给	需求	供给
	常数	-40.9211	-22.3285	-4.9485	-24.4631	-13.6510	-13.9159
农户特征	年龄	-0.1571***	0.6076**	-0.1070	0.3945**	0.7633***	0.8380**
	户主	0.1913**	0.3117	0.1048	-0.8318	-0.8574**	0.1795
	教育程度	15.8959**	2.2479***	0.7215**	0.7103**	0.5560**	0.4549**
	贷款经历		9.0473***		5.9473***		2.8002***
项目	变量名称	纯农户		一兼农户		二兼农户	
		需求	供给	需求	供给	需求	供给
家庭特征	供养率	-0.2545***	-0.2617	-2.5265**	-0.6107	-0.0714	1.4877**
	耕地面积（对数）	0.0442*	1.2507*	0.1449*	0.6727***	0.0066	0.1601
	社会保险	0.0587		1.6005***		0.1964	
	社会关系		0.3236***		-0.2971		-1.0176
	家庭年收入（对数）	0.0492**	-0.1257	0.0515	1.0330***	0.7070**	0.4038**
	固定资产（对数）	-0.0066	-0.0562	-0.1395	-0.0159	-0.0189	0.0004

项目	变量名称	纯农户		一兼农户		二兼农户	
		需求	供给	需求	供给	需求	供给
	常数	−40.9211	−22.3285	−4.9485	−24.4631	−13.6510	−13.9159
金融产品评价	利率水平	0.0317		0.1229		−0.3308**	
	贷款期限	0.2057***		0.6286**		0.3438**	
	政策认知	0.2665***		0.9437**		1.7409*	
地区经济	地区经济		0.4365**		0.2312		0.9707**
P		−0.3509***		−0.6795*		−0.5540*	
最大似然值		−26.6825		−53.2866		−91.1745	
观测值		114		158		229	

注：***、**、*分别表示结果在1%、5%、10%的水平上显著。

14.4.1 土地抵押需求方面

14.4.1.1 农户特征

教育程度对不同兼业农户抵押需求都产生显著正向影响，受教育程度越高的农户，对新事物的认知接受程度越高，能够迅速掌握贷款流程，外加这类农户创业创收意愿较强，必然会受到资金短缺约束，因此土地抵押意愿更高。年龄对纯农户、一兼农户和二兼农户产生不同方向影响，特别是显著正向影响二兼农户，这与预期结果不符，年龄越大越习惯当前生产生活状态，会因为风险规避性增强而不愿进行土地抵押，可能的原因是二兼农户家庭更多从事非农业生产，土地依赖性较低，经济状况普遍较好，对贷款也有着充分的预期，当家庭需要扩大生产时，也愿意选择土地抵押。

14.4.1.2 家庭特征

耕地面积对纯农户和一兼农户产生显著正向影响，家庭年收入对纯农户和二兼农户产生正向影响，虽然其他类型农户没有通过检验，但影响方向相同。表明耕地面积越大，家庭年收入越高的农户土地抵押意愿越高，耕地面积越大，必然会有更高的农业生产投入，收入越高的农户也会因为资金实力扩大生产而追加投资，当资金无法通过收入来满足需求时，就会进行融资，此外收入高的农户对还贷能力的预期也会增加其对土地抵押融资的需求。供养率对纯农户和一兼农户产生了显著负影响，供养率越高的农户家庭负担比较重，特别是对农业收入占绝大多数的纯农户和一兼农户而言，土地依赖性较强，不愿意冒险将作为生存保障的土地进行抵押。社会保险虽然只对一兼农户产生显著影响，但对其他两类农户也呈现相同影响方向，表明农村社会养老保险能够在一定程度上降低土地保障功能。

14.4.1.3 金融产品评价

贷款期限和政策认知都对不同类型农户产生显著影响，而利率水平却只对二兼农户影响明显，二兼农户由于收入水平偏高，融资渠道较广，因此利率对其影响较大。对于纯农户和一兼农户而言，虽然利率越高会增加贷款成本，在一定程度上抑制他们融资需求，但当面临资金困难时，利率并不是他们考虑主要因素，相反更加看重贷款期限长短。这与农户生产的周期性有很大关系，当贷款期限与生产呈现较好匹配时，农户不仅能够解决自身资金短缺问题，还能确保通过生产收入按时还款，有效规避贷款风险发生。

14.4.2 土地抵押供给方面

14.4.2.1 农户特征

不同类型农户年龄、教育程度和贷款经历对土地抵押供给产生显著正向影响。金融机构认为年龄越大、教育程度越高的农户，一般都有着稳定的收入来源，能够更加合理利用贷款进行生产生活，同时在风险把控上也更加有效。另外将贷款经历作为放贷考虑变量，主要是因为当地土地抵押业务刚处于起步阶段，大部分参与农户都是从其他贷款类型转变而来，受制于交易主体和规模有限等因素，若农户发生违约，被抵押土地变现困难且成本较高，通过追溯贷款农户的还款能力和信用记录可以有效降低道德风险。

14.4.2.2 家庭特征

耕地面积和家庭年收入虽然没有对全部类型农户土地抵押供给产生显著影响，但影响系数方向为正。面积小的耕地抵押价值偏低，加上农业低效化与风险性，会加剧金融机构放贷风险，家庭年收入是农户偿债能力的重要保障，因此耕地面积越大、家庭年收入越高的农户更容易获得机构贷款。其中社会关系只对纯农户产生正向影响，纯农户几乎全部收入来源于农业生产，受到农业弱质性影响，家庭收入较少，融资渠道单一。当有亲戚在政府或是银行部门工作时，稳定的工资收入能为其提供担保，给金融机构一定信号传递效应，同时也提升贷款农户的信用级别，放贷风险降低，一兼农户和二兼农户由于有收入作为保障，社会关系对金融机构的影响不显著。

14.4.2.3 地区经济特征

当地经济发展状况也是机构考虑因素之一，地区经济发展状况越好，表明当地往往拥有更多投资机会，农户在生产经营过程中更容易受到资金约束而需要融资，此外经济越好的地区金融机构数量较多，农户往返机构的交通、信息成本就会降低，由于监管难度降低和农户收入水平较高的双重保障，金融机构也更愿意提供贷款。

14.5 结论与建议

通过 501 份宁夏平罗农村土地承包经营权抵押贷款试点的农户调查数据，运用双变量 Probit 模型对不同兼业程度下的农户需求和金融机构供给影响因素进行分析，研究发现：

（1）样本农户中有 77.04% 有着土地抵押需求，表明当地农户对土地抵押政策的认可和肯定。由于存在供给抑制，仅有 33.51% 的农户获得金融机构的土地抵押贷款，相较于纯农户和一兼农户而言，二兼农户的贷款意愿可能性更高，同时贷款可得性也更大。

（2）农户抵押需求方面：教育程度、期限合理性以及对抵押政策的认知情况都对不同兼业程度农户有着显著正向影响，其中耕地面积、社会保险、家庭年收入和利率水平对部分农户产生影响。

（3）机构抵押供给方面：在普遍存在融资需求情况下，年龄越大和教育程度越高的农户越容易获得金融机构贷款，另外农户的信用记录也是金融机构贷款考虑变量。部分农户类型的供养率、耕地面积、社会关系、家庭收入和地区经济变量也会对金融机构供给产生影响。

基于以上结论，为有效解决宁夏平罗农户融资难的问题，进一步推进当地农村土地承包经营权抵押试点规范有序运行，给出如下建议：

（1）当地政府应加大对农村金融机构的政策扶持力度，一方面，在做好土地确权、登记、颁证工作的前提下，通过规范农村土地流转市场，达到有效降低土地抵押贷款交易成本。另一方面，应积极培育新型农村金融机构（如村镇银行、小额贷款公司等），在确保其财务可持续发展和风险可控的情况下，将其纳入农村金融市场运作体系中，加大对农户特别是收入较低的纯农户支持。

（2）金融机构不能采取"一刀切"的政策，在充分考虑农户年龄、教育程度等共同影响因素外，还应以不同兼业农户的差异化影响为基础，针对不同农户需求的现实特点，积极改进现有土地抵押贷款产品和服务方式。研究还发现经济较好地区能提升农户贷款获得性，机构应选择有条件的地区进行试点，通过差异化的金融产品供给满足农户多样化的借贷需求，试点成功后逐步在当地推广开来。

（3）金融机构需尽快建立农户贷款综合信用档案制度，并协同基层部门广泛宣传土地抵押政策，解决由于市场信息不对称所引起的"难贷款、贷款难"的问题，另外在推进农村金融服务的同时，还需辅助一系列增加农户非农就业、提高非农收入的相关措施。

15　产权抵押贷款下农户融资方式选择及其影响因素研究

——来自宁夏同心 517 个样本的经验考察

为破解农户"贷款难、担保难、抵押难"的融资困境，自 2000 年始，以农村信用社为主的正规农村金融机构陆续开展了针对农户的小额信用贷款、多户联保贷款、产权质押贷款、产权抵押贷款及其担保组合等业务创新。这一系列贷款方式的设计实施，对拓宽农户融资渠道，缓解农户融资约束具有重大意义。宁夏同心县自 2006 年就开始探索开展农地经营权（以下称"产权"）抵押融资试点工作，通过设立土地承包经营权抵押贷款协会，鼓励农户以土地承包经营权入股成为会员，并建立"土地承包经营权流转合作社"来承担担保中介职能，自下而上逐步推广融资试点。其"同心模式"是政府与农村商业银行（以下简称"农商行"）开创的具有地域特色的多户联保与农地经营权抵押反担保相结合的创新贷款方式。已有研究证实，"同心模式"是缓解农户融资难的有效途径。作为金融活动的参与主体，农户的选择参与是落实发展正规融资方式的前提基础，因此，立足于农户视角对不同融资方式的选择研究，对评判融资方式运行效果，继而指导完善贷款政策具有现实意义。而在当前政府大力倡导产权抵押贷款的背景下，深入分析试点地区农户在产权抵押与其他正规融资方式之间的选择及其影响因素，对进一步推广产权抵押贷款政策、优化农村金融服务具有重要理论参考。

15.1　文献回顾

国内外学者针对农户融资方式选择行为的研究极其丰富。从已有文献来看，学者们主要从正规金融和非正规金融（民间借贷）对比的视角展开，国外学者 Bell 等的研究发现，发展中国家由于正规金融的利率低于非正规金融，农户融资首选的是正规金融。KocharA 等的研究认为，民间金融因具有更低的交易成本和违约监督成本，从而成为农户融资的首要选择。国内学者普遍认为，信贷约束、信息成本、风险成本以及交易成本等是影响农户融资选择的本质因素，而民间借贷平均融资成本低于正规金融，是农户的主要融资选择。也有学者指出，由于各个地区经济发展水平的不同，农户融资选择出现差异化，正规金融已逐渐成为农户融资的重要选择，农户倾向于民间借贷只是一种被动选择。而对影响农户选择正规金融的因素研究，学者们主要从户主自身特征、农户家庭特征、生产经营特征、社会资本、信贷需求特征等方面进行分析。

关于农户正规融资方式选择及其影响因素的研究，学者们多采用二元 Logistic 模型、Probit 模型等分别针对多户联保贷款、小额信贷、农地经营权抵押等单一融资方式展开实证分析。其研究结论也表明，农户人口特征、家庭特征、社会资本、正规信贷经历、借贷特征、外部金融环境等是影响农户方式选择的主要因素。纵观已有研究文献，关于农户多种正规融资方式之间偏好选择的研究尚不多见，学者们多运用简单二元离散选择模型，主要针对单一融资方式展开实证分析，缺乏对农户在实际中同时面临多种融资方式选择且选择这些融资方式并不相互排斥的现实考虑。鉴于此，本章运用多变量 Probit 方法在研究中同时引入信用、保证、质押、抵押 4 种正规融资方式，以有效对比农户对不同方式的选择倾向及其影响因素，以期完善现有正规金融融资业务，缓解农户贷款难问题，以促进农村经济繁荣发展。

15.2 数据来源与选择现状

15.2.1 数据来源

本章数据来源于 2015 年 7 月对产权抵押试点地区宁夏同心县的实地调查。目前在同心县内，农地经营权抵押贷款、信用贷款、保证贷款、质押贷款等业务均得到有效开展，本章选取同心县作为样本县能有效分析农户 4 种正规融资方式的选择偏好，具有典型性。在调研中采取分层抽样方法，选取了具有不同经济发展水平、不同生产类型的 4 个样本镇（丁塘、河西、王团、兴隆镇），针对每个样本镇通过随机抽样法选取农户展开访问调查，保证样本具有较高的代表性，又不失覆盖率。调查共发放问卷 565 份，获得有效问卷 517 份，有效率为 91.50%。

15.2.2 融资方式选择现状

调查数据显示，有 409 户农户在近 5 年内发生过正规信贷行为，占总样本比重达 79.11%，其中有 305 户农户选择产权抵押贷款方式融资，占 74.57%。这表明，随着农村经济的快速发展，农户生产生活的资金需求越加旺盛，借贷行为比较普遍，且主要通过正规金融渠道融入资金，而产权抵押贷款是农户融资的主要选择方式，与该地区试点政策目的相吻合。

从融资方式优先选择的情况来看，43.33%的农户优先选择产权抵押，19.54%的农户优先选择信用贷款，18.18%的农户优先选择民间借贷，16.83%的农户优先选择保证贷款，而仅有 2.13%的农户优先选择质押贷款。这反映出随着农村经济日益市场化，正规信贷正逐步替代民间借贷的主导地位，且伴随产权抵押贷款的连续有效实施，农户已将其作为融资的首选方式，而由于农村质押权益的匮乏，农户选择质押贷款方式的意愿最弱。

数据还显示，产权抵押贷款经历对农户不同融资方式的优先选择存在影响。具有产权抵押贷款经历的农户，会优先选择产权抵押方式。这说明，具有产权抵押贷款经历的农户，基于对抵押贷款申请办理手续流程与相关优惠事项的掌握以及良好的信用记录，再次选择产权抵押可以既降低融资成本又提高贷款获得率，故优选产权抵押方式的概率较高。没有产权抵押贷款经历的农户则更倾向于选择民间借贷。这可能是由于农户从事非农业生产经营，资金需求多为临时周转，通过民间借贷可迅速融入资金，缩短融资时间，也可能由于农户因面临非日常大额生活开支（如婚丧嫁娶、盖房等），亲朋好友的无息、无期借款可大幅降低融资成本和还债压力，因此民间借贷的选择概率较大。此外，通过询问样本农户没有产权抵押贷款经历的原因，有 30.19% 的农户认为"不了解贷款政策"是其未选择产权抵押贷款的首要因素，这表明当前产权抵押政策宣传的策略力度和落实效果仍需进一步的加大与优化。

15.3 模型构建与变量选择

15.3.1 模型构建

本章的研究目的是分析农户在信用、保证、质押、产权抵押 4 种正规融资方式之间选择的影响因素，一般来说，可以利用 4 个简单二元离散选择（如二元 Probit）模型来分别研究。然而，在实际生活中，农户为满足自身贷款需求时可能会同时选择多种融资方式，而且这些融资方式的选择并不相互排斥。因此，某些不能观测到的因素可能会同时决定农户选择不同的融资方式，即简单二元 Probit 模型的误差项之间相关。比如，在研究中不能观测到农户的真实的贷款需求，若贷款额度需求大的农户同时选择保证贷款和质押贷款两种方式，则保证贷款方式的二元 Probit 模型误差项可能与质押贷款方式的二元 Probit 模型误差项相关。如果不考虑这种内生性问题，而利用多个二元 Probit 模型来研究，则估计结果可能会产生偏误。因此，本章采用允许不同方程误差项之间存在相关性的多变量 Probit 模型。

多变量 Probit 模型包含多个二元被解释变量，模型具体形式如式（15-1）、式（15-2）所示：

$$Y_j^* = \beta_j X + \mu_j \tag{15-1}$$

$$Y_j = \begin{cases} 1, & \text{如果 } Y_j^* > 0 \\ 0, & \text{其他} \end{cases} \tag{15-2}$$

式（15-1）~式（15-2）中，$j=1$，2，3，4 分别表示信用、保证、质押、产权抵押 4 种融资方式，Y_j^* 为无法观测到的潜在变量，Y_j 为最终结果变量，若 $Y_j^* > 0$，则 $Y_j = 1$，表示农户选择相应的融资方式，X 为影响农户选择融资方式的各种因素，β_j 为相应的估计系数，μ_j 为随机扰动项，遵循均值为 0、协方差为 Ψ 的多元正态分布，即 $\mu_j \sim \text{MVN}(0, \Psi)$。协方差 Ψ 矩阵如下：

$$\Psi = \begin{bmatrix} 1 & \rho_{21} & \rho_{31} & \rho_{41} \\ \rho_{21} & 1 & \rho_{32} & \rho_{42} \\ \rho_{31} & \rho_{32} & 1 & \rho_{43} \\ \rho_{41} & \rho_{42} & \rho_{43} & 1 \end{bmatrix} \tag{15-3}$$

式（15-3）中，非对角线上的元素代表 4 种不同融资方式的 4 个方程随机扰动项之间无法观测的联系，即 ρ_{ij}（i，j=1，2，3，4；$i \neq j$）表示第 i 个方程随机扰动项 μ_i 与第 j 个方程随机扰动项 μ_j 的相关系数。非对角线上的非零值反映各方程随机扰动项之间存在关联，应采用多变量 Probit 模型进行估计。非对角线上的元素值若显著且大于 0，说明农户不同融资方式选择之间呈现互补效应；而元素值若显著且小于 0，则说明农户不同融资方式选择之间呈现替代效应。

15.3.2　变量选择

综合已有研究成果及相关理论，本章将影响农户融资方式选择的自变量因素归纳为 5 大类：农户个人特征、家庭特征、社会资本特征、心理认知特征以及金融环境特征。具体变量的定义、描述性统计结果及预期作用方向如表 15-1 所示。

15.3.3　多重共线性检验

针对选取的自变量，依次将每一个自变量设为因变量，其余变量设为自变量，通过 Stata 线性回归，来检验变量间的多重共线性问题。结果显示，每个回归方程的所有自变量其 VIF 均小于 1.5，按照膨胀因子不大于 10 的一般标准，即说明变量间不存在多重共线性，可以作为模型自变量。

15.4　实证分析

15.4.1　融资方式选择

运用 Stata12.0 统计软件对农户融资方式选择进行多变量 Probit 模型估计，结果显示，模型卡方值等于 53.634，且通过了 1%水平的显著性检验，表明各方程随机扰动项之间存在相关性，即农户在不同融资方式的选择之间存在相互影响，故选取多变量 Probit 模型是合适的。在协方差矩阵中，有 5 个协方差通过了 5%水平的显著性检验。这意味着，农户在选择某一种融资方式受到选择其他融资方式的影响。

具体而言：（1）农户在选择产权抵押与选择信用、保证、质押融资方式之间存在显著替代效应。这表明产权抵押贷款政策在试点地区落实效果较好，产权抵押贷款凭借其政策优势得到当地金融机构的大力推广开展，且通过实现农民对土地房屋等财产可抵押担保权利的自由支配，显著提高农户贷款可得率并在一定程度上降低融资成本，得到了农户的积极响应，因此对其他正规融资方式具有一定替代作用。（2）农户在选择信用与选择保证、质押融资方式之间存在显著互补效应。换言之，即农户在选择信用贷款的同时也会选择保证或质押方式。这可能是由于农户面临的农业或非农业生产经营风险较大，且自身缺乏可变现资产，偿还能力有限，此外农村个人信用评级制度缺乏法律保障效力，因此，金融机构为防范贷款违约风险会要求农户附加担保措施，或提供具有较强偿还能力的担保人保证，或者以自有可抵押财产作为抵押品。另外，由于信用贷款一般审批额度较小，不能完全满足农户的资金需求，需要农户借助其他融资方式予以补充。

表 15-1 变量定义、描述性统计及预期方向

变量	变量定义	均值	标准差	预期方向			
				信用	保证	质押	产权抵押
因变量							
信用	信用贷款=1，其他=0	0.468	0.499	—	—	—	—
保证	保证贷款=1，其他=0	0.357	0.479	—	—	—	—
质押	质押贷款=1，其他=0	0.085	0.279	—	—	—	—
产权抵押	产权抵押贷款=1，其他=0	0.673	0.469	—	—	—	—
自变量							
农户个人特征							
年龄	30岁及以下=1，31~39岁=2，40~49岁=3，50~59岁=4，60岁及以上=5	2.744	1.071	—	—	—	—
文化程度	未上过学=1，小学=2，初中=3，高中=4，大专及以上=5	2.539	0.984	+	+	+	+
农户家庭特征							
供养比	供养比（总人口数-劳动力人数）/总人口数	0.433	0.227	+	+	+	+
土地面积	包括自有耕地面积及转入转出面积（亩）	13.822	18.153	?	?	—	+
经营类型	纯农业=1，农业为主兼农业=2，非农业为主兼农业=3，非农业=4	2.466	0.753	?	?	?	?
社会资本特征							
正规信贷经历	家庭近5年是否有从银行、信用社或邮政储蓄贷款的经历：是=1，否=0	0.783	0.412	+	+	+	+
村干部资源	是否有家庭成员或亲朋好友担任（过）村干部：是=1，否=0	0.127	0.334	+	+	+	+
心理认知特征							
政策认知	对农村产权抵押融资政策了解程度：没听说过=1，听说过一点=2，一级=3，基本了解=4，非常了解=5	3.034	1.426	—	—	—	+
优势认知	是否认为产权抵押贷款相较于其他贷款具有优势：是=1，否=0	0.802	0.398	—	—	—	+
金融环境特征							
金融机构数目	当地农商行设立的分支机构数目：非常少=1，比较少=2，一般=3，比较多=4，非常多=5	2.943	0.711	+	+	+	+
交通便利程度	往返农商行交通便利程度：非常不方便=1，不方便=2，一般=3，方便=4，非常方便=5	3.984	0.516	+	+	+	+

注：被调查农户回答以下问题："您会优先选择以下哪种融资方式（排序，优先度从高到低）？A. 信用贷款；B. 保证贷款；C. 质押贷款；D. 产权抵押贷款"。我们选取农户排序的前三项作为其融资信贷方式的选择，如农户选择BAD，则代表农户选择了保证、信用和产权抵押贷款方式，并赋值信用贷款=1，保证贷款=1，质押贷款=0，产权抵押贷款=1，民间借贷=0。若农户只选择其中某一项或者没有选择，则其他方式为不选择，并均赋值为0。

15.4.2 影响因素分析

农户融资方式选择影响因素的多变量 Probit 模型稳健回归结果见表15-2。总体来看，模型拟合程度较好。

表15-2 农户融资方式选择的多变量 Probit 模型回归结果

变量	因变量			
	信用贷款	保证贷款	质押贷款	产权抵押贷款
个人特征变量				
年龄	−0.049 (0.059)	−0.006 (0.059)	0.005 (0.087)	0.083 (0.066)
文化程度	−0.023 (0.061)	0.125** (0.062)	−0.080 (0.085)	0.021 (0.067)
家庭特征变量				
供养比	0.566** (0.261)	−0.044 (0.260)	0.063 (0.346)	0.300 (0.306)
土地面积	−0.001 (0.003)	−0.000 (0.003)	−0.003 (0.004)	0.010** (0.004)
经营类型	−0.163** (0.078)	−0.228*** (0.081)	−0.154 (0.105)	0.123 (0.089)
社会资本变量				
正规信贷经历	−0.162 (0.151)	0.119 (0.149)	−0.099 (0.210)	0.358** (0.159)
村干部资源	0.520*** (0.179)	0.254 (0.179)	0.204 (0.232)	−0.375* (0.192)
心理认知变量				
政策认知	−0.093* (0.047)	−0.196*** (0.047)	−0.273*** (0.064)	0.376*** (0.054)
优势认知	0.697*** (0.168)	0.714*** (0.169)	4.715*** (0.153)	0.824*** (0.163)
金融环境变量				
金融机构数目	0.007 (0.082)	0.016 (0.081)	−0.170 (0.133)	−0.120 (0.085)
交通便利程度	0.138 (0.109)	0.098 (0.120)	0.105 (0.167)	0.155 (0.123)
常数项	−0.463 (0.630)	−0.648 (0.650)	−4.467*** (0.979)	−2.588*** (0.723)

续表

变量	因变量			
	信用贷款	保证贷款	质押贷款	产权抵押贷款
对数似然值	−996.959			
Wald X^2（44）	2246.61			
显著性水平	0.0000			

注：（1）括号中的数字为回归方程系数的标准差；（2）*、**、*** 分别表示在 10%、5%、1%的水平上通过了显著性检验；（3）模型结果均为稳健回归结果。

15.4.2.1 农户个人特征因素

年龄对农户 4 种融资方式的选择影响均不显著。这可能是由于不同年龄阶层的农户对这些融资方式普遍都不陌生，甚至十分熟悉，年龄差异不大。文化程度对农户保证贷款方式的选择有正向影响。文化程度越高，农户拥有的同学、朋友等社会人脉关系越广，可利用的社会资源越多，因此在面临生产经营资金需求时，多选择保证贷款融资。而文化程度对其他 3 种融资方式的选择影响不显著，这可能是由于在农村农户之间文化水平相近，且对各种贷款方式的了解参与也多通过亲朋好友、邻里乡亲等渠道，因此文化程度对农户融资方式的选择未产生影响。

15.4.2.2 家庭特征因素

供养比对农户选择信用贷款方式有正向影响。供养比较大的农户，其家庭结构多为"上有老、下有小"，一方面劳动力缺乏而收入来源少，另一方面孩子上学、老人看病等日常生活开销多，其贷款需求多为短期、小额，与信用贷款特征相匹配，因此农户倾向选择信用贷款方式。土地面积对农户产权抵押方式的选择有正向影响。土地面积越多，土地价值评估值及其抵押贷款额度也越大，产权抵押融资在降低边际交易成本的同时又提高了土地资源利用率，因此农户选择的概率越大。家庭经营类型对农户选择信用、保证方式有负向影响。这表明，经营类型是非农业为主兼农业或者非农业的农户选择信用、保证贷款的概率越低，可能是因为非农业经营农户，拥有较多的可抵押变现资产，且融资需求特征多为大规模、长期限，而信用贷款和保证贷款的融资成本相对较高。相较之下，农户可能会选择信用、保证贷款以外的方式融资，如产权抵押贷款。

15.4.2.3 社会资本因素

正规信贷经历对农户产权抵押方式的选择有正向影响，而对其他融资方式选择影响不显著。当前产权抵押业务处于刚起步发展阶段，受制于抵押财产（如土地）变现困难，金融机构在产权抵押贷款审批时会追溯贷款农户历史信贷行为以防范违约风险，而其他融资方式均具有相应完善的违约风险补偿办法。因此，具有贷款经历的农户可凭借其良好信用记录和偿还能力提高贷款获得率，选择产权抵押方式的概率较大。村干部资源对农户选择信用贷款有正向影响。一般来说，村干部资源可以有效降低信用贷款中金融机构与农户双方之间的信息不对称程度，农户可凭借村干部的威信，以改善金融机构对自身的信用评价。而村干部资源对农户对选择产权抵押贷款具有负作用，这与预期不符。这可能是因为有村干部资源的农户人脉资源丰富、融资渠道广，对土地房屋等产权抵押贷款依赖度较低，热情不高。

15.4.2.4　农户心理认知因素

政策认知对农户产权抵押方式选择有正向影响，而对其他3种方式的选择有负向影响，与预期相符。农户对产权抵押贷款政策及贷款申请办理手续、流程以及相关的优惠、注意事项等越熟悉，其潜在参与产权抵押贷款的意愿越强烈，选择产权抵押的可能性越大。优势认知对农户产权抵押方式选择有正向作用，与预期相符；对其他方式的选择也具有正向作用，与预期不符。这可能是因为，一方面农户对产权抵押贷款的优势认知并不是独立决定农户产权抵押方式选择的因素；另一方面，对农户来说，产权抵押贷款虽具有优势，但也存在手续烦琐、法律不完善等缺陷，其优势较其他贷款而言并不突出。

15.4.2.5　金融环境因素

金融机构数目、交通便利程度对农户4种融资方式的选择影响均不显著。首先，由于近年来国家持续加强对农村金融生态环境的优化，金融机构覆盖率得到大幅提升，调查中也发现，同心县各个乡镇都设置了农商行分支机构的营业网点，以方便农户办理金融业务；其次，随着农村经济水平和农民生活水平的提高，村镇之间交通便利，农户也普遍拥有摩托车、小汽车等代步工具，因此往返金融机构十分便捷。

15.5　主要结论及政策启示

主要结论：（1）农户对不同正规融资方式的选择存在明显偏好，产权抵押贷款是试点地区农户融资的主要选择方式；（2）农户在不同正规融资方式之间的选择存在相互影响，其中产权抵押融资对农户其他正规融资方式的选择具有替代效应，而信用贷款方式对保证、质押贷款方式的选择具有互补效应；（3）农户不同融资方式选择的影响因素既存在显著差异也具有部分共性，其中土地经营面积、正规信贷经历是影响农户产权抵押贷款选择的主要因素，家庭供养比是影响农户信用贷款选择的主要因素，文化程度是影响农户保证贷款选择的主要因素，而家庭经营类型是影响农户信用、保证方式选择的主要因素，村干部资源是影响农户信用、产权抵押方式选择的主要因素，且农户对产权抵押贷款的政策认知、优势认知等心理认知变量均是影响农户4种正规融资方式选择的主要因素。

为进一步优化产权抵押贷款业务，提升农村金融服务水平，得出以下政策启示：（1）应加大宣传力度，提高农户政策认知。政府与金融机构应增强服务意识，通过多渠道大力宣传普及产权抵押贷款政策，落实宣传效果，提高农户产权抵押融资参与意愿。（2）优化创新产品设计，凸显产权抵押贷款优势。针对已有抵押贷款业务，金融机构应加强操作手续的简捷化，业务流程的标准化、规范化，并放宽贷款审批额度，加大利率优惠强度。同时应逐步拓宽可抵押担保物范围，不断探索具有地域特色的创新模式，用优点补缺点，吸引农户广泛选择参与。（3）加强金融供给精准化。应针对不同资源禀赋类型的农户提供个性化信贷产品，依据其贷款需求特征合理灵活划分贷款期限、额度和利率水平，满足农户多样化金融需求。同时完善农户个人征信体系，深化农户资源管理与开发，不断升级服务品质，提升农村金融服务效率。

16 农地抵押贷款参与、农户增收与家庭劳动力转移

改革开放 40 多年来，我国经济取得了举世瞩目的成就，然而城乡发展不平衡的问题尚未得到根本性解决，农业发展动力不足问题尤为突出。当前，我国正处于工业反哺农业、城市反哺农村的关键时期，"三农"问题的关键就在于解决农民增收难题。此外，城乡一体化发展、全面建成小康社会的目标也要求促进农民增收。过去，由于缺乏合适的抵押物，农户"贷款难、抵押难、担保难"问题突出，农户无法依靠信贷手段扩大投资，农村资本投入不足，既阻碍了农业产出的增加，又阻碍了农民增收。为解决农民"贷款难、抵押难、担保难"难题、促进农业生产经营、提高农民收入，农村土地经营权抵押贷款试点得以推广。2015 年 12 月，全国人大常委会授权国务院在北京市大兴区等232 个试点县（市、区）行政区域，暂时调整实施有关法律规定，明确提出在北京市大兴区等 232 个试点县（市、区）行政区域，允许以农村承包土地的经营权申请抵押贷款。从 2016 年初至 2017 年 9 月末，全国 232 个试点县共发放农地抵押贷款 448.0 亿元。赋予农户土地抵押权，激活了农村生产要素，完成了农地从资源到资本的转变，盘活了农村"沉睡"资本，改变了农村土地资源长时间低效运行的状况，实现了农村资产资本化运作，拓宽了金融资本投入农业的渠道，促进了农业发展。

16.1 相关文献综述与问题的提出

在贷款参与行为促进农户收入增长的研究方面，学术界存在着两种截然不同的观点。一种观点不认可贷款对农户收入增长的促进作用。余新平等研究发现，农村贷款与农民收入增长负相关，乡镇企业贷款抑制了农民收入增长。丁志国等研究认为，依靠政策引导金融机构扩大涉农贷款比例和扩大贷款覆盖面等措施，并无法有效促进农民增收。运用固定效应模型和工具变量，冯海红发现小额信贷对农民收入具有显著的正向影响，但由于小额信贷规模较小，其对农民收入的正向影响程度仍较低。另一种观点尽管认同了贷款参与行为对农户收入水平的促进作用，但在贷款参与行为是否有效促进异质性农户的收入增长以及贷款参与行为促进农户何种类型收入增长方面，现有研究仍存在争议。黄祖辉等研究证明，在忽略信贷需求的情况下，单纯增加信贷供给可能无助于真正提高一般农户和贫困农户的福利水平。而 Rashid 等研究发现，小额信贷资金可以提高贫困人口的财富水平。王文成等运用 IVQR 模型研究发现，借贷资金对高、低收入水平农户的收入效应不显著，仅对中等收入农户的收入增长促进效应明显。林炳华等的研究表明农村贷款可以促进农业产出增长。Weber 等研究发现，农户正规信贷通过提高农户农业投资，最终促进了农业产出和农民收入的增长。牛晓冬等采用处理效应模型研究发现，农

地抵押贷款参与行为显著促进了农户人均收入和农业收入的增长，但未能提高农户的非农收入。而曹瓅等运用 Tobit 模型研究认为产权抵押贷款对农户的非农收入效果显著，没有提高农户农业收入。

此外，现有研究未能将贷款参与行为对农户家庭劳动力转移的影响纳入实证研究之中。仅有曹瓅等从理论上提出，农户将贷款资金用于农业设施建设，提高了农业劳动生产率，进而解放了农业生产力，可能导致农户家庭投入更多人力外出务工或从事其他行业工作。

在现有研究方法的不足上，部分研究中的传统估计方法没有解决样本农户贷款参与中的"自选择"问题，而"自选择"问题的存在将导致模型估计结果存在偏误。此外，在变量内生性问题的处理上，已有研究中的 Tobit 等模型没有解决变量的内生性问题，其他研究尽管使用了工具变量或其他方式解决了内生性问题，但相关模型在选择、使用上存在较多限制，在函数形式、误差项的分布上也存在诸多要求，工具变量的选取也较为困难，普遍存在弱工具变量的限制。计量经济学的最新进展表明，当工具变量仅是简单的二元变量时，工具变量法就和政策处理效应的一系列方法建立了联系，这方面的研究是最近几年来计量经济学发展最为迅速的领域。

倾向得分匹配（PSM）和断点回归（RD）是研究政策处理效应的典型方法。在研究贷款参与行为对农户收入、劳动力转移的影响时，难点在于主要变量贷款的内生性问题。尽管倾向得分匹配模型较好地解决了样本"自选择"问题和变量内生性问题，但其不足之处在于仅控制了可测变量的影响，如果存在依不可测变量选择（Select on Unobservable），仍会给模型结果带来"隐性偏差"。1960 年，Thistlethwaite 等提出了断点回归方法，认为当存在依不可测变量选择的时候，存在一种特殊情形，即处理变量完全由某变量是否超过某断点所决定，这时即可以采用断点回归的方法。断点回归不仅有效解决了样本农户贷款参与的"自选择"问题，而且解决了倾向得分匹配本身无法克服的遗漏变量问题，排除了时间等其他影响因素的干扰，较好地解决了变量内生性问题，可以较为真实地反映变量之间的因果关系，并一致估计断点附近的局部平均处理效应（Local Average Treatment Effect，LATE）。

基于上述已有研究的争议或存在的不足，本章可能的边际贡献在于：第一，在研究问题上，在农地抵押贷款试点推广的背景下，已有文献中缺乏专门的实证研究分析农户农地抵押贷款参与行为对其收入和家庭劳动力转移的影响，本章在考虑了农户收入水平的异质性后，选取典型试点地区，实证研究了不同收入水平农户的农地抵押贷款参与行为对农户家庭收入和劳动力转移的影响。第二，在回答学术争议上，已有研究不仅在贷款参与行为是否促进农户收入增长方面仍然存在质疑，而且在促进何种类型收入增长方面也存在争议，本章通过对农户农地抵押贷款参与行为的深入分析和讨论，给出了相应答案。第三，在研究方法上，本章通过详细介绍并使用模糊断点回归设计（Fuzzy Regression Discontinuity，FRD）的识别策略进行非参数回归，将模糊断点回归模型创新性地应用到农地抵押贷款试点的政策处理效应领域，较好地控制了变量的内生性问题，从而真实反映农户农地抵押贷款参与行为与其家庭收入、劳动力转移之间的因果关系，模型估计结果更为精准，更加符合现实，也更具有说服力。

16.2 理论分析

农户通过抵押土地获取贷款资金一般有两种用途：一是直接用于生活消费，如看病、盖房、上学等；二是将贷款资金用于生产性经营。近期的研究显示：农户的消费性信贷需求在下降，而生产经营性信贷需求在上升。于丽红等的实地调研也发现，农户将农地抵押贷款资金主要用于农业生产投资。

农户将农地抵押贷款资金用于生产投资，进而提高收入，一般有两个途径。第一个途径是将资金用于非农生产经营。在这一过程中，贷款资金优化了劳动与资金要素的投入比重，从而实现了生产的现代化，提高了劳动生产率，进而促进了农户家庭非农收入的增长，吸引了家庭劳动力向非农领域转移。郭敏等研究发现，相对于非农产业，农业产业比较收益低，农户对农业扩大再生产积极性不高。第二个途径是将贷款资金用于农业生产经营。随着农业现代化推进，农业生产投资强度不断提高，国家对农业发展愈发重视，为发挥信贷资金在农业发展中的作用，对农业用途贷款、农村金融机构在贷款金额、利率上给予了一定优惠。在农户家庭农业产业劳动力投入不变的前提下，信贷资金通过对农业要素进行重组优化，提高农业生产效率，有助于实现农业现代化经营，进而提高农户家庭的农业收入水平。否则，在提高农业生产效率的同时，农户家庭可能将更多的剩余人力投入回报率更高的非农活动，从而提高农户家庭非农收入。图16-1为农户将贷款资金用于农业生产时农户农业与非农收入的变化情况。图16-1中，横轴表示家庭农业、非农生产的劳动力总量，农业产业劳动力的坐标原点在 Q_A；非农产业劳动力的坐标原点在 Q_N；纵轴表示边际效益，其中 MR_A 表示农业产业边际效益，MR_A 表示非农产业边际效益；S_1、S_2、S_3 表示每投入一单位农业劳动力所带来的农业产业边际效益，S_4 表示每投入一单位非农劳动力所带来的非农产业边际效益；B_1 为 S_1 与 MR_A 的交点（B_2、B_3 同理），B_4 为 S_4 与 MR_N 的交点。在农户没有获得信贷支持时，S_1 与 S_4 相交于 E_1 点，此时农业产业的劳动力投入为 $O_A L_1$，非农产业的劳动力投入为 $O_N L_1$，边际效益为 MR_1，农户家庭的农业收入为 $B_1 E_1 L_1$，非农收入为 $B_4 E_1 L_1$。当农户获得信贷支持并将之用于农业生产时，可能存在两种情况：一是农户扩大了生产规模并提高生产效率，S_1 移动到 S_2，此时的农业劳动力为 $O_A L_2$，边际效益为 $MR_2 > MR_1$，农户家庭农业收入显著增长，从 $B_1 E_1 L_1$ 增长到 $B_2 E_2 L_2$。二是农户家庭提高农业生产效率，在自有土地规模等生产要素限制下，少量家庭劳动力就完成了农业生产，产生了农村富余劳动力，此时 S_1 变成 S_3，农业产业的劳动力投入为 $O_A L_3$，非农产业劳动力投入为 $O_N L_3$，农户家庭解放了农村生产力，从而可以将更多的人力投入非农活动中，进而显著提高了农户家庭的非农收入，非农收入从 $B_4 E_1 L_1$ 增长到 $B_4 E_3 L_3$。

农地抵押贷款参与行为对农户家庭收入增长、劳动力转移的促进作用如图16-1所示。贷款之前，农户家庭的收入水平为 R_0，当农户面临流动性资金约束时，为了平滑其收入和消费，根据农户的户主特征、家庭特征、社会资本特征、银行特征和其他特征，农户会通过抵押农地融入资金。当农户将资金用于生活消费时，会提高农户家庭的生活消费支出，但不能提高农户家庭的收入水平。当农户将信贷资金用于生产性消费支出（I_1）时，通过优化劳动与资金要素的投入比重，可以提高农户家庭第二年的收入水平（R_1），并促进家庭劳动力产业转移。根据消费理论，农户收入水平的提高，会激励农户将部分收入增长继续投入生产经营活动中（I_2）进而提高下一年的收入水平（R_2）。如此循环往复，直至在农户储蓄（S）约束下，每投入一单位资本带来的边际效益 MI 等于一单位资本的银行利息 r。

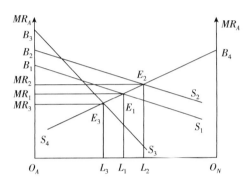

图 16-1　农业投入与农户农业（非农）收入增长、家庭劳动力转移

16.3　研究设计及模型构建

16.3.1　模糊断点回归设计思想

断点回归可以分为两种：一种是精确断点回归（Sharp Regression Discontinuity，SRD），其特征是在断点 $x=c$ 处，个体的处理概率从 0 跳跃为 1；另一种是模糊断点回归（Fuzzy Regression Discontinuity，FRD），其特征是，在断点 $x=c$ 处，个体的处理概率从 a 跳跃为 b，其中 $0<a<b<1$。

在未允许农村土地经营权可进行抵押之前，农户的贷款参与行为与农户家庭土地经营规模没有直接因果关系。农村土地经营权可抵押，为采用模糊断点回归分析提供了基础。本章模糊断点回归的设计思想如下：农户是否参与农地抵押贷款政策部分取决于分组变量——农户家庭的土地经营面积，但同时，农户参与农地抵押贷款还受其他因素的影响，比如对农村投资机遇的敏感性、农户家庭自有资金等。因此，农户家庭的土地经营面积使得农户参与农地抵押贷款的概率在某断点处发生跳跃，增加了农户参与农地抵押贷款的意愿，但农户是否参与农地抵押贷款的概率并不是从 0 变成 1，这类似于工具变量。最终，本章用农户农地抵押贷款参与行为在农户家庭土地经营规模上的非连续性来检验农地抵押贷款参与和农户家庭收入、劳动力转移之间的因果关系。

16.3.2　模型构建

由于模糊断点回归设计中允许农户参与农地抵押贷款的概率在断点附近存在一个小的跳跃，如图 16-2 所示。

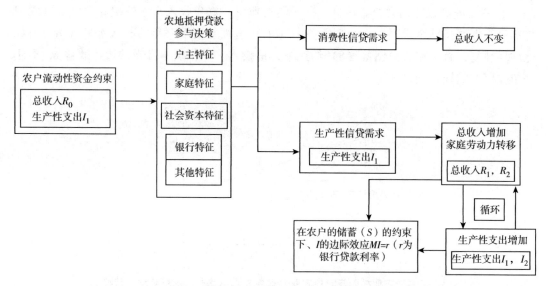

图 16-2　农地抵押贷款参与促进农户增收、家庭劳动力转移的理论框架

$$\lim_{land \downarrow c} E(treat/land) - \lim_{land \uparrow c} E(treat/land) = H_1(x_i) - H_0(x_i) \neq 0 \qquad (16-1)$$

其中 $land$ 是分组变量——农户家庭土地经营规模，$treat$ 是处理变量——农户是否参与农地抵押贷款，c 代表断点，函数 $H_1(x_i)$ 和 $H_0(x_i)$ 可以为任何函数，可以假设函数满足单调性假设，即 $H_1(x_i) \geq H_0(x_i)$。因此，当 $x_1 \geq x_0$ 时，农户参与农地抵押贷款的概率增加。

用 Y 代表结果变量——农户家庭收入水平及家庭农业劳动力人数，则局部平均处理效应（$LATE$）可以表示为：

$$LATE = E\big[(Y_1 - Y_0) I land = c\big] = \frac{\lim_{land \downarrow c} E(Y/land) - \lim_{land \uparrow c} E(Y/land)}{\lim_{land \downarrow c} E(treat/land) - \lim_{land \uparrow c} E(treat/land)} \qquad (16-2)$$

农户参与农地抵押贷款和农户土地经营规模之间的具体回归方程为：

$$treat_i = \alpha_0 + \alpha_1 D_i + f(land_i - c) + \delta X_i + \mu_i \qquad (16-3)$$

式（16-3）为模糊断点回归的第一阶段回归。$treat$ 为虚拟变量，$treat_i = 1$ 时，农户参与农地抵押贷款，$treat_i = 0$ 时，农户未参与农地抵押贷款；$land_i$ 是分组变量，代表农户家庭的土地经营规模；c 代表断点，（$land_i - c$）定义了农户家庭实际土地经营规模和断点之间的距离，$f(land_i - c)$ 表示回归包含（$land_i - c$）及其高次项。满足农地规模条件 $D_i = I(land_i - c)$ 并不一定参与农地抵押贷款，但可以作为农地抵押贷款的工具变量进入模糊断点回归的第二阶段回归，以控制变量的内生性。

$$\ln Y_i = \beta_0 + \beta_1 treat_i + f(land_i - c) + \gamma X_i + \varepsilon_i \qquad (16\text{-}4)$$

式（16-4）为模糊断点回归的第二阶段回归，给出了农地抵押贷款参与和农户家庭收入、劳动力转移之间的因果关系。式（16-3）和式（16-4）构成了模糊断点回归模型，并可以通过参数 2SLS 估计得到。$\ln Y_i$ 代表对本章结果变量取对数值，β_1 解释了断点附近农地抵押贷款政策参与的局部平均处理效应。本章的模糊断点回归采用非参数回归，其优点在于不依赖具体的函数形式，并可以通过 Imbens 等提出的最小化均方误差（MSE）来选择最优带宽。

在农地抵押贷款试点推广背景下，本章利用样本农户家庭在某一范围内的土地经营规模（即断点）来设计随机对照实验。通过在断点附近一个小范围内（即最优带宽）设置对照组和实验组（断点两侧最优带宽里的样本农户除了在家庭土地经营规模上存在差异外，其他特征相同或者相似），考察并估计出断点附近农地抵押贷款参与行为的局部平均处理效应。

16.4 数据来源和描述统计

16.4.1 数据来源与处理

基于模糊断点回归设计研究农地抵押贷款参与行为对农户家庭的影响，需要立足于两个隐性前提：一是，农地抵押贷款试点必须采用农地直接抵押的模式。以宁夏同心为例，其"抵押+担保+信用"的农地抵押间接贷款模式降低了对农户土地规模的要求，理论上并不存在可以使农户农地抵押贷款参与概率增加的断点。二是，业务开展当地农户对农地抵押贷款有一定的了解。若农户对农地抵押贷款缺乏了解，其在断点附近不会主动参与农地抵押贷款。因此，根据被调查地区农地抵押贷款试点开展状况，本章首先剔除了采用农地抵押间接贷款模式的同心县；其次剔除了农地抵押贷款业务开展晚、普及程度较差的样本地区，包括陕西高陵区和杨凌区、河南固始县和山东寿光县。最终，本章的数据来自对宁夏平罗县的实地调查。平罗县农地抵押贷款试点得到了当地政府、当地金融监管机构和银行等金融机构的大力支持，当地政府通过农村土地确权颁证、搭建土地流转交易平台、设立风险补偿基金、出台有关政策等措施，有效推动和支持了农地抵押贷款业务的推广，农民直接以农村土地经营权向银行等金融机构进行抵押，形成了农地抵押贷款试点中"可复制、易推广、广覆盖"的"平罗模式"。截至 2016 年 3 月，平罗县辖区 6 家银行及小贷公司已累计发放农地抵押贷款 1.45 万笔，金额 6.48 亿元，惠及了平罗县近 1/4 的农户。因此，本章认为平罗县满足模糊断点回归设计的两个隐性前提。

本章所用数据来自课题组 2014 年、2016 年对农地抵押贷款典型试点地区——宁夏平罗县的田野调查，具体时间分别为 2014 年 4 月、11 月和 2016 年 8 月。调查在中国人民银行平罗县支行、平罗县农村商业银行、平罗县沙湖村镇银行以及当地村委会的协助下，采取分层抽样和随机抽样相结合的抽样方法进行。课题组在平罗县内选取除城关镇以外的 12 个乡（镇），并在样本镇内采用分层抽样法，选取不同经济发展水平的样本村，再在样本村内进行随机抽样调研，数据具有较强时效性和较好代表性，调查收集了样本农户参与农地抵押贷款行为的相关信息。

研究认为，贷款促进农民收入增长、家庭劳动力转移往往存在一定的滞后期。通俗来讲，如果有某一年份的农户数据，若研究贷款参与行为对农户收入、劳动力转移的影响，必须寻找前期农户的贷款行为作为研究对象。借鉴梁虎等的已有研究，当期发生的贷款参与行为会对收入增长、家庭劳动力转移的衡量造成消极影响，导致对贷款后农户收入增长、劳动力转移促进作用的低估。因此，本章删除了收入统计当期参与过农地抵押贷款而之前没有农地抵押贷款业务经历的农户。调查共获取问卷 1589 份，删除奇异值、极端值、缺失数据和不符合文章要求的数据，共获取有效问卷 1458 份，其中试点建立以来有过农地抵押贷款经历的农户问卷 242 份。

16.4.2 描述统计

主要变量的描述统计如表 16-1 所示。

表 16-1　主要变量描述统计

户主年龄	1＝29 岁及以下，2＝30~39 岁，3＝40~49 岁，4＝50 岁及以上	2.854	2.810	2.903	2.927
户主性别	1＝男，0＝女	0.936	0.923	0.938	0.963
户主受教育年限（年）	连续变量	7.752	7.766	7.705	7.745
家庭人口（人）	连续变量	3.821	3.763	3.943	3.893
家庭劳动力占比	连续变量	0.668	0.668	0.664	0.669
家庭总资产（千元）	连续变量	509.599	386.449	469.805	788.601
家庭储蓄（千元）	1＝0，2＝（0，20]，3＝（20，50]，4＝（50，80]，5＝（80，100]，6＝100 以上	3.150	3.124	2.966	3.283
是否有亲朋担任村干部	1＝是，0＝否	0.180	0.171	0.199	0.190
是否有亲朋在政府部门工作	1＝是，0＝否	0.137	0.136	0.114	0.149
是否有亲朋在银行工作	1＝是，0＝否	0.095	0.100	0.068	0.095
当地银行数目评价	1＝非常少，2＝比较少，3＝一般，4＝比较多，5＝非常多	3.196	3.226	3.193	3.134
到达银行的交通便利程度	1＝非常不方便，2＝不方便，3＝一般，4＝方便，5＝非常方便	3.995	3.976	3.972	4.046
当地银行信誉	1＝非常不好，2＝不好，3＝一般，4＝好，5＝非常好	4.115	4.084	4.142	4.168
银行服务满意度	1＝非常不满意，2＝不满意，3＝一般，4＝满意，5＝非常满意	4.137	4.111	4.165	4.180

续表

对农地抵押贷款政策了解程度	1=没听说过，2=听说过一点，3=一般，4=基本了解，5=非常了解	3.105	2.925	3.324	3.393
未来3年贷款需求	1=否，2=说不清，3=是	2.656	2.608	2.619	2.776
样本数		1458	872	176	410

注：由于调查当年的农户收入不可见，本章的农户收入为调查前一年的农户收入；所有结果变量在模型中取对数值。

16.5 回归结果及分析

16.5.1 回归结果

本章使用三角核进行非参数回归，并通过最小化均方误差（MSE）来选择最优带宽。在分析农地抵押贷款参与行为对农户户均收入、户均农业收入、户均非农收入和户均农业劳动力数量的影响之后，本章还从收入异质性的角度，对不同收入农户进行了深入分析。根据调研之前5年样本农户在2009年和2011年的收入情况，本章将农户按收入水平划分为低、中、高3组（其中14户农户5年前的收入数据缺失），进而研究农地抵押贷款参与行为对收入异质性农户的影响。

图16-3、图16-4、图16-5、图16-6的左边是全体农户参与农地抵押贷款业务前后户均总收入、户均农业收入、户均非农收入和户均农业劳动力数量的模拟曲线图，右边是相应的断点回归图。经测算，断点为土地经营面积20~30亩处。从图16-3、图16-4、图16-5、图16-6的断点回归图可以看出，在断点农户家庭土地经营面积20~30亩处，农户参与农地抵押贷款的概率会出现跳跃性增长。模糊断点回归的具体模型估计结果如表16-2所示。

从表16-2可以看出，农户户均总收入、户均农业收入和户均非农收入的局部沃尔德估计值（local Wald estimate）均为正，且分别在5%、1%和10%的显著性水平下显著，说明农地抵押贷款参与行为显著促进了农户总收入、农业收入和非农收入增长。尽管农业收入显著提高，但模型结果显示，农业劳动力的局部沃尔德估计值为负，表明随着农地抵押贷款的参与，农户家庭劳动力正逐渐由农业领域转向非农领域。

将农户分组后的模型结果显示，就低收入农户而言，在1%的显著性水平下，农地抵押贷款参与行为可以显著提高其农业收入，但无法提高其非农收入和总收入，也无法导致其劳动力转移。原因主要有三：一是低收入农户由于缺乏投资机会，更多地将农地抵押贷款资金用于生活消费；二是低收入农户家庭由于社会地位较低以及社会关系资本、专业技能和知识等匮乏，导致其对农地抵押贷款资金的利用效率较低，难以充分发挥贷款资金在农民收入增长方面的促进作用；三是低收入农户较多地将农地抵押贷款资金用于农业生产经营，从而提高了农民户均农业收入。就中等收入农户而言，农地抵押贷款参与行为在10%、5%和10%的显著性水平下显著提高了农民户均总收入、户均农业收入和户均非农收入，但未能对中等收入农户家庭的劳动力转移产生足够影响。就高收入农户而言，农地抵押贷款参与行为对其户均总收入、户均农业收入和户均非农收入的促进作用均不显著，可能的原因在于：农地抵押贷款额度有限，加之此类农户初始收入水平较高，导致农地抵押贷款资金对高收入农户家庭收入促进的边际贡献不够明显。然而，表16-2模型结果也显示：随着优化劳动与资金的投入比重，高收入农户家庭在非农领域的劳动生产率逐渐提高，因此高收入农户家庭逐渐减少了其在农业领域的劳动力投入量，农地抵押贷款参与行为对高收入农户家庭的劳动力转移起到了明显的促进作用。表16-2模型结果亦显示，尽管农地抵押贷款参与行为显著提高了低收入农户家庭的农业收入，但农户的农地抵押贷款参与行为并无法有效地促进低收入和高收入农户家庭的收入增长，仅对中等收入农户家庭的收入增长起到了显著的促进作用。

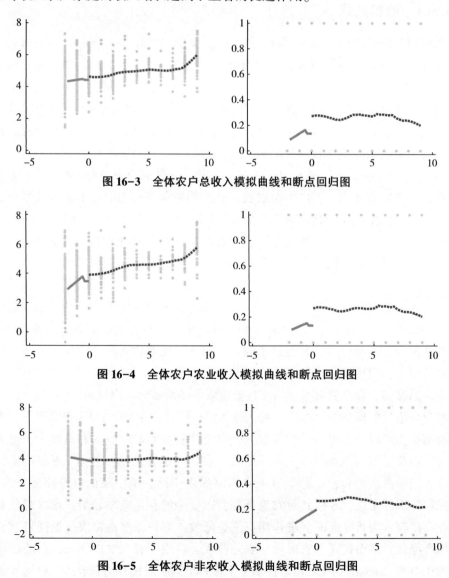

图 16-3　全体农户总收入模拟曲线和断点回归图

图 16-4　全体农户农业收入模拟曲线和断点回归图

图 16-5　全体农户非农收入模拟曲线和断点回归图

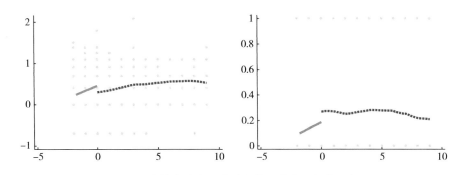

图 16-6 全体农户农业劳动力模拟曲线和断点回归图

表 16-2 模糊断点回归模型基准结果

农户类别	样本数	户均总收入	户均农业收入	户均非农收入	户均农业劳动力
全体农户	1458	1.303 **	3.173 ***	2.035 *	-0.745 *
		(0.523)	(0.889)	(1.087)	(0.403)
低收入农户	444	0.126	1.752 ***	-1.247	-0.327
		(0.674)	(0.650)	(2.361)	(0.497)
中等收入农户	538	1.094 *	2.400 **	3.577 *	0.323
		(0.636)	(1.026)	(2.073)	(0.832)
高收入农户	462	0.690	4.122	0.458	-2.368 *
		(1.475)	(3.565)	(1.931)	(1.474)

16.5.2 稳健性检验

基准结果出来以后，需要进行稳健性检验，本章共进行 3 种稳健性检验。

稳健性检验一：进行断点回归后，还需要对断点回归的设定进行检验。借鉴 McCrary 已有研究，本章检验了协变量在断点处的条件密度是否存在跳跃。表 16-3 显示，除了了解农地抵押贷款相关政策外，其他所有协变量的条件密度函数在断点处都是连续的，满足了断点回归的使用条件。

表 16-3 协变量在断点处的条件密度

协变量	系数值	标准差	显著性水平
户主年龄	-0.035	0.157	0.825
户主性别	0.310	0.604	0.608
户主受教育年限	1.307	1.846	0.479
家庭人口	0.320	0.799	0.689
家庭劳动力占比	-0.078	0.145	0.590
家庭总资产	273.996	236.200	0.246

续表

协变量	系数值	标准差	显著性水平
家庭储蓄	-1.187	1.459	0.416
是否有亲朋担任村干部	0.187	0.257	0.468
是否有亲朋在政府部门工作	0.057	0.204	0.780
是否有亲朋在银行工作	-0.185	0.186	0.319
当地银行数目评价	0.059	0.352	0.868
到达银行的交通便利程度	-0.049	0.339	0.885
当地银行信誉	0.454	0.346	0.190
银行服务满意度	0.445	0.347	0.201
对农地抵押贷款政策了解程度	1.248	0.750	0.096
未来 3 年贷款需求	-0.459	0.444	0.302

稳健性检验二：前文的回归采用的是最优带宽，本章同时将带宽设置为最优带宽的二倍，进而检验模型基准结果的稳健性。表 16-4 显示带宽选择只对系数估计值的大小有影响，并没有影响模型结果的估计系数方向及显著性，说明本章的基准结果较为稳健。

稳健性检验三：前文的基准回归和稳健性检验二均是使用的三角核进行回归，为了验证模型结果稳健性，本章同时采用断点回归的另一种方式，即通过使用矩形核（均匀核）进行局部线性回归（等价于线性参数回归）。模型结果同样显示，采用不同非参数回归后的模型结果仅影响了系数值大小，并没有影响系数值的方向和显著性，同样说明本章模型结果具有较强的稳健性。

表 16-4 稳健性检验

农户类别	样本数	户均收入	户均农业收入	户均非农收入	户均农业劳动力
全体农户	1458	1.217* (0.650)	1.373* (0.831)	1.772* (0.923)	-0.722* (0.370)
低收入农户	444	0.055 (0.868)	1.648 (0.919)	(2.868)	-0.316 (0.654)
中等收入农户	538	0.831* (0.479)	1.746* (1.117)	2.570* (1.320)	-0.300 (0.517)
高收入农户	462	0.561 (1.144)	0.671 (2.788)	0.720 (1.653)	-1.840* (1.027)

注：***、**和*分别代表 1%、5%和 10%的显著性水平；括号为数值为相应的标准误；14 户农户 5 年前的收入数据缺失，故此处低收入农户、中等收入农户、高收入农户样本加总数为 1444 户。

16.6 结论与政策启示

基于 2014 年、2016 年对农地抵押贷款典型试点地区——宁夏平罗县的实地调查，借鉴模糊断点回归设计的思想，实证分析了收入异质性下农户参与农地抵押贷款行为对农户收入水平和家庭劳动力转移的影响。

研究发现：第一，农户参与农地抵押贷款的间断点为土地经营面积 20~30 亩处，也就是说，当农户土地经营规模大于等于 20 亩且小于 30 亩时，农户参与农地抵押贷款的意愿会显著增加。就收入异质性农户而言，其参与农地抵押贷款的间断点土地经营规模不存在差异。第二，农地抵押贷款参与行为显著提高了农户的户均收入、户均农业收入和户均非农收入，并促进了农户家庭劳动力转向非农领域。这说明，农地抵押贷款政策的实施，显著提高了抵押贷款参与农户的收入水平，并从侧面反映出相比非农领域，农业领域劳动生产率较低，无法有效挽留农村家庭劳动力。第三，基于对收入异质性农户的分析发现，农地抵押贷款参与行为显著促进了中等收入农户的户均收入、户均农业收入和户均非农收入，但对高、低收入农户的收入促进作用不显著。尽管农地抵押贷款无法显著促进低收入农户的总收入增长，但模型结果显示农地抵押贷款可以有效促进其农业收入的增长。就高收入农户而言，农地抵押贷款对其收入增长的促进作用不显著，但可以显著促进高收入农户家庭的劳动力由农业领域转向非农产业。

基于以上研究可以得到如下启示。为进一步促进农民增收致富，应加速扩大试点推广，加大农地抵押贷款宣传力度，提高农户对农地抵押贷款和金融知识的认知，有针对性地进行金融知识普及，提高农户贷款资金使用效率，更好地发挥农地抵押贷款对农户收入的促进作用。同时，为更好促进不同收入水平农户收入增长，应制定差异化的金融政策。就低收入农户而言，农地抵押贷款无法有效促进其收入增长，单纯地增加贷款供给可能并不能起到金融扶贫的作用。从政府层面出发，合理的做法应该是在增加信贷供给的同时，加强对农户的专业化培训，提高农户的劳动生产技能。由于农地抵押贷款金额有限，农地抵押贷款对高收入农户收入增长的促进作用也不明显。在信贷市场收紧时，银行可以适当减少对高、低收入农户的信贷支持，将更多的贷款资金供给给中等收入农户。而当信贷市场资金充裕时，应合理提高农地抵押贷款额度，具体方法有通过健全农地评估、流转机制，减少交易成本，通过改善农地抵押评估方法等提高抵押农地评估价值。此外，农村高收入农户中有部分是土地经营大户，针对土地经营大户流转土地较多、流转土地抵押贷款难的问题，应保障抵押物权的稳定性，稳定土地经营大户和普通农户间的租赁关系，完善流转合同，进而发展土地流转经营权抵押贷款，从而使土地经营大户可以获得满足生产经营需要的抵押贷款额度。

17　农户土地承包经营权抵押贷款的行为响应

——基于 Poisson Hurdle 模型的微观经验考察

17.1　引言

随着中国农业从传统向现代转型不断加速，农户对金融服务的需求也越来越强烈，与此同时，贷款难、贷款贵问题就显得越来越突出，农村金融已成为整个金融体系中最为薄弱的环节之一。研究发现，形成这一问题的根本原因是现行的金融体制规定——贷款需要抵押而农民又缺乏有效的抵押品——与现实不吻合。从顺应农业适度规模经营趋势，创新农村抵押担保方式和政策走向来看，试行并开展农村土地承包经营权抵押贷款不失为化解农户贷款难、抵押难的一个努力方向。

所谓农村土地承包经营权抵押贷款，是指"农户、企业法人及其他经济组织以其依法取得承包的荒山、荒沟、荒丘、荒滩等荒地土地使用权、家庭承包集体土地使用权以及通过转包、出租、互换、转让等流转方式取得的土地经营权作为债权担保取得的贷款"。中国农村土地承包经营权抵押贷款试点始于 2008 年。宁夏同心、重庆开县、山东寿光等地于 2009 年陆续推出了农村土地承包经营权抵押贷款试点业务。近 6 年来，中国各地逐步加快了农村土地承包经营权抵押贷款试点进程，呈现出由点到面、由县级试点到省级试点的趋势。目前，全国已有 19 个省份的相关地区正在试点（陈锡文，2014）。农村土地承包经营权抵押贷款在缓解农户信贷约束，实现金融供给与需求的有效对接方面被寄予厚望。农村土地承包经营权可抵押意味着"财产权属明晰化、物权向资本转化"，是一个依照政策规定确定某一范围内的土地所有权、使用权的隶属关系和他项权利，实现土地产权明晰化，并将土地经营权从所有权分离出来，实现农民土地承包经营权的物权化向资本化转移，最终形成贷款抵押品的过程。它将对农村金融市场供需双方的行为产生深远影响，缓解由于抵押品缺乏所致的信贷约束和信贷配给不足的现象。而这正是提升农村金融服务覆盖面，改善农村金融体系发展薄弱面貌，促进农村金融信贷交易，增加信贷可获得性，实现农村金融服务的普惠性，实现农村经济转型与升级，实现农村金融与"三农"共赢发展，进而促进农村经济发展的微观基础。通过研究农户对土地承包经营权抵押贷款的行为响应，是检验土地承包经营权抵押政策实际效应的关键。

所谓农户土地承包经营权抵押贷款行为响应，是指农户在一定时间内参与土地承包经营权抵押贷款的行为，即农户在一定时间内向正规金融机构以土地承包经营权做抵押申请贷款并获得贷款的行为。这种行为反映了农户在一定时间内获得金融机构给予的抵押贷款的次数（或笔数）。本章中，农户土地承包经营权抵押贷款行为响应有三层含义：一是选定时间段内（一定时间内）农户有融资需求；二是这些农户有参与土地承包经营权抵押贷款的行为；三是这些农户的参与行为的次数为一次或数次。农户对土地承包经营权抵押贷款的参与行为及具体的参与次数蕴含着农户对该项业务的政策理解及偏好。需要说明的是，本章中土地承包经营权属于土地产权的一部分，而土地产权则是指以土地所有权为核心的土地财产权利的总和。世界各国的土地产权制度由于其国情及历史原因而不尽相同，目前大多数国家实行土地私有制，中国及泰国、越南等部分国家实行的是土地公有制。因此，从论述方便考虑，本章对基于不同土地制度下内生的农村土地产权抵押贷款（含中国的土地承包经营权抵押贷款）不做区分，统称为土地产权抵押贷款。围绕农村土地产权抵押贷款这一重要课题，学术界主要有两种观点。一种观点认为，土地产权抵押改善了农户正规信贷的可获得性，提高了农户正规融资行为的参与性。另一种观点则认为，土地产权抵押对农户贷款可获得性改善具有显著的异质性或基本不显著，并未提高小规模农户正规融资行为的参与性，这与国外学界研究类似，一部分国内研究倾向于支持前一种观点；另一部分则支持后一种观点。一项近期针对中国江苏土地产权抵押贷款试点区新沂市农户的实证研究也支持后一种观点。

从上述研究及其进展来看，分析农户土地产权抵押贷款的行为响应问题具有重要的理论价值与政策含义。国内这一领域目前的研究现状是：除少数研究注重农户土地产权抵押贷款行为响应外，绝大部分研究更多地集中在农户土地产权抵押贷款的潜在参与行为，主要原因是中国土地产权抵押贷款试点开展时间不长，研究农户土地产权抵押贷款潜在参与行为，在研究方案设计、调研数据收集及研究方法选择等方面相对容易。其他少量实证研究则是基于试点地区农村信贷员或农村正规金融机构土地产权抵押贷款潜在供给意愿或行为的调查。然而，即使是考察农户土地产权抵押贷款行为响应的少数研究，也仅仅侧重于农户的行为响应本身，而没有考虑到农户在选取时间段内行为响应的具体次数，这不免使得研究深度略显单薄，更有可能的原因是模型设计上的难点使得研究者无法找到适合的方法开展相关研究，如无法合理解决符合农户土地产权抵押贷款行为响应具体次数的数值特征所对应的计量模型、无法选取合适的具有严格外生性变量以避免研究中出现变量内生性问题等难题。

结合近期农村土地产权抵押贷款实践以及下文的文献回顾，本章认为，已有研究结论值得商榷，研究方向需要拓展，研究内容需要深入。这些问题的出现很大程度上来自已有研究所使用的方法与数据有一定的局限性，而若要推进该领域研究，则必须在方法与样本数据上寻求突破。首先，需要运用科学严谨的研究方法。目前大多数研究对一些重要计量问题——如样本选择偏差、数据特征分析以及变量内生性问题——并未给予足够的重视，而这些问题的存在将严重影响到实证结果的可靠性。其次，合理选择样本地区与考察期。这方面的研究结论还受到所考察的样本地区与时间范围的影响。若是选择土地产权抵押贷款开展时间短、业务发展不够活跃的地区，或者考察期仅收集一个特定时间内（如2011年）的农户土地产权抵押贷款行为的数据，研究者就很有可能得出农户土地产权抵押贷款行为响应不积极的结论。从这个角度来看，只有在土地承包经营权抵押贷款开展历史较长且覆盖面较广的地区，并且选取一个较长时间段（如2009—2013

年）作为调查数据收集时限，才能摸清并考察农户土地产权抵押贷款行为响应的命题。

为此，本章试图在中国土地承包经营权抵押贷款试点改革提速的背景下，利用2013年宁夏回族自治区土地承包经营权抵押贷款试点区同心县农户实地调研数据和计量模型，实证考察有融资需求的农户在2009—2013年间采用土地产权进行抵押贷款的行为响应。通常，在选定的时间段内（2009—2013年），有融资需求的农户对正规金融机构提供的土地产权抵押贷款合约会产生3种行为响应结果：一是没有响应，二是仅响应一次，三是响应数次。从农户土地产权抵押贷款的行为响应结果来看，由于每个农户在选定的时间段内，其对土地产权抵押贷款的行为响应都是随机且独立发生的，因此，这些数据不能连续取值，只能得到0或1，2，3，…，自然数，无疑，这些数据属于计数数据（count data）。然而，计数数据的特征使得本章要准确估计有融资需求的农户是否对土地产权抵押贷款具有行为响应就不得不面对一个关键难题，即如何处理有融资需求但对土地产权抵押贷款无行为响应（"0"）和有融资需求且对土地产权抵押贷款至少有一次行为响应（"1，2，3，…，正整数"）两种行为响应结果。显然，这种结果的数据特征并不符合离散二元选择变量模型（例如Logit或Probit模型）所要求的"0"和"1"这种非此即彼的简单二元选择变量的数据特征，因此采用传统的离散双选择变量的Probit或Logit模型并不合适。此外，对这一关键性问题的处理也是进一步考察农户土地产权抵押贷款行为响应具体次数及其影响因素的前提条件。在已有研究的基础上，本章将采用Poisson Hurdle模型来解决上述难题。具体思路如下：通过直接诱导性的调查摸清农户在2009—2013年间土地产权抵押贷款的行为响应结果，在此基础上采用ComplementaryLog-log模型处理有融资需求的农户是否有土地产权抵押贷款的行为响应，形成农户是否对土地产权抵押贷款有行为响应的估计方程，以达到考察农户土地产权抵押贷款行为响应本身及其影响因素的目的；接下来，利用Truncated Poisson Regres-sion模型考察农户土地产权抵押行为响应次数及其影响因素，即构建了农户土地产权抵押行为响应次数模型。从后文的分析可以看出，由Comple-mentary Log-log模型和Truncated Poisson Regression模型构成的Poisson Hurdle模型不仅解决了对计数数据的计量分析处理，同时，也很好地"刻画"了农户土地产权抵押贷款行为响应的特征。

与已有研究相比，本章的边际贡献主要体现在研究角度、研究方法和数据方面：（1）研究角度。本章在研究时限上进行了新的尝试，选取一个较长时间段（2009—2013年）农户土地产权抵押贷款行为响应，这既可以考察农户是否对土地产权抵押贷款有行为响应本身，又可以考察农户土地产权抵押贷款行为响应的具体次数。同时，这一尝试有助于对农户土地产权抵押贷款行为响应的有效刻画。（2）研究方法。本章在直接诱导性调查的基础上运用Poisson Hurdle模型妥善处理了具有计数数据特征的数据截尾、样本选择偏差、变量内生性等问题，并提出了处理多次行为响应问题的新思路。其中，需要强调的是，构成Poisson Hurdle模型第一部分的Complementary Log-log模型——这一模型适合处理"零"和"非零"值两种类型构成的数据——提高了研究结论的稳健性。（3）数据。本章所使用的数据具有两个独有优势：一是时效性强。数据包含2009—2013

年农户土地承包经营权抵押贷款活动的信息，能够反映农村土地产权抵押市场的近期特征。二是针对性强。2006 年 9 月，宁夏同心县就开始探索对农户以土地承包经营权为抵押进行贷款，也是中国最早试点开展土地产权抵押贷款的地区之一。截至 2014 年 1 月末，主办该业务的同心县农村信用联社土地产权抵押贷款余额 2.2 亿元，6500 余农户，涉及 5 个乡镇的 37 个行政村农户抵押土地 5.3 万余亩，户均贷款 3.38 万元。可见，无论从土地产权抵押贷款发展水平来看，还是从土地产权抵押贷款市场活跃程度来看，同心县可以说是目前检验农户土地产权抵押贷款行为响应最为理想的经验场所之一。

本章取得的最重要发现是，土地产权抵押贷款缓解了小农户贷款难的问题，小农户对土地产权抵押贷款的行为响应较大农户更为积极。该发现与土地产权抵押贷款对解决小农户的融资难题无显著作用的主流观点形成了鲜明对照，为土地产权抵押贷款试点改革提速背景下深入探讨这一金融业务对缓解贫困地区小农户融资难问题提供了全新的经验证据。本章还得出了其他结论：农户对土地产权抵押贷款的行为响应应包含行为响应本身与行为响应具体次数两个层面，对行为响应本身的考察要比对行为响应具体次数的考察更有价值，同时，影响这两个层面的农户特征也存在显著差异。

基于上述经验发现，本章认为，政府应继续坚持并不断完善以普惠金融为目标的农村土地产权抵押贷款试点改革，缓解贫困地区有融资需求农户抵押难、贷款难的困境。此外，本章考察的是经济欠发达但农村土地产权抵押贷款业务开展活跃的宁夏同心县农户土地产权抵押贷款行为响应及其影响因素问题，其主要结论及政策启示对于制定、调整中国东、中、西部试点地区农村土地产权抵押贷款政策具有较好的借鉴价值。

本章余下部分的结构安排如下：第二部分从国外与国内研究两个方面展开文献回顾；第三部分介绍调查方法及样本概况；第四部分给出本章的理论分析与说明；第五部分提出 Poisson Hurdle 模型的设定与说明；第六、第七部分介绍变量设置、说明及基于 Poisson Hurdle 模型的估计结果对农户土地产权抵押贷款行为响应的经验考察；最后一部分是主要结论及政策启示。

17.2　文献回顾

本部分将主要围绕农户土地产权抵押贷款行为响应的实证研究展开文献回顾。考虑到国内外研究关注重点、研究方法及模型选用方面存在较大差异，本章将分别从国外研究和国内研究两个方面展开。其中，国外研究部分侧重讨论与本章密切相关的农户土地产权抵押贷款行为响应的问题；国内研究则侧重于对计量模型及估计方法的应用，以及影响农户土地产权抵押贷款行为响应因素的考察。

17.2.1　国外研究

农村金融市场中广泛存在的信息不对称现象使得金融机构将抵押品视为一种甄别潜在借款人和降低信贷风险的主要工具。在农村地区，土地固定存在且难以毁坏的特性使其具备理想抵押品的特性。理论研究表明，土地产权抵押可以提高农户的贷款可获得性，推动土地要素流动和农村经济增长，从而成为降低发展中国家农村信贷约束，增加农户信贷参与行为的一项较为普遍的政策措施。但是，来自一些允许土地产权抵押的发展中国家的经验观察和实证研究表明，土地产权抵押对农户信贷参与行为的影响是不确定的，表现为研究者对不同国家或同一国家不同时期的研究产生了截然不同的结论。总体而言，对农户土地产权抵押贷款行为响应的研究主要形成了两种观点（参见上文）。Feder 等以20 世纪 80 年代早期泰国为例的研究发现，土地产权抵押可以降低金融机构对农户的信用评估成本，有利于提高农户的贷款可获性，因而提高了农户信贷参与性；Lopez 对洪都拉斯、Hayes 等对赞比亚、Field 和 Torero、Torero 和 Field 对秘鲁、Kemper 等对越南的研究也得出了类似的结论。Pender 和 Kerr 通过对印度两个村庄的研究表明，印度土地产权制度改革对农村金融市场的影响是由于没有增加金融机构对贷款的供给意愿，因而农户对正规信贷的参与性也未能得到提高。Carter 和 Olinto 的研究表明，巴拉圭土地产权制度改革的受益者是中等规模和大规模农户，他们无论在贷款的可获得性，还是参与性均比小规模农户高。Tassel 发现，在玻利维亚和墨西哥，由于金融机构与农户之间对土地价值评估的不对称性，导致许多信贷低风险的农户退出土地产权抵押市场，因而农户不仅对土地产权抵押贷款不热衷，甚至出现抵制土地产权作为贷款抵押品的现象。Boucher 等通过对洪都拉斯和尼加拉瓜 20 世纪 90 年代土地自由化改革前后农户贷款情况进行对比研究发现，土地产权制度改革并未使大多数农户的获贷能力和获贷参与性得到提高。与 Feder 和 Onchan、Feder 等使用泰国早期数据（20 世纪 80 年代初期）、Kemper 等使用越南近期的数据（2004—2008 年）分别得出泰国、越南土地产权制度改革提高了农户对土地产权抵押贷款行为响应程度的结论不同，Menkhoff 使用泰国东北部近期数据、Do 和 Iyer 使用越南早期的数据（1992—1997 年）分别得到了泰国、越南农村土地产权改革并未提高农户参与土地产权抵押贷款的行为。上述针对不同国家或同一国家不同时期样本农户的经验研究表明，学术界对农户土地产权抵押贷款能否提高其信贷行为响应程度的认识尚未取得一致结论。

17.2.2　国内研究

17.2.2.1　农户土地产权抵押贷款行为响应研究
中国农村土地产权抵押贷款（以下简称"抵押贷款"）试点开展已有 6 年时间，围绕农户对抵押贷款行为响应等试点成效问题，相对于学者们更多关注农户对抵押贷款潜在需求或融资意愿的研究，仅极个别学者探讨了农户抵押贷款行为响应。一项针对江苏省农村土地产权抵押贷款试点地区新沂市 379 个农户的近期研究表明，在当前的农村法律、经济与社会条件下，抵押贷款的合约交易成本较高，大农户和优质的存量客户是正规金融机构（农商行）贷款的主要瞄准对象，抵押贷款对解决小农户的融资困境作用不显著，因而农户对抵押贷款行为响应存在异质性的差异。

17.2.2.2　模型使用
由于国内研究者更多关注农户抵押贷款响应行为本身、潜在需求或融资意愿，因而多使用双变量 Probit、Logit 或广义定序 Logit 模型。然而，采用上述模型存在一个共同缺陷：无法对一定时间段内农户的多次抵押贷款行为响应进行估计，只能估计农户是否对抵押贷款有响应、是否有需求或意愿，或者更进一步，对不同程度的需求或意愿进行考察，因而解决不了对农户抵押贷款行为响应深入考察的问题。

17.2.2.3 农户抵押贷款行为响应的影响因素

关于农户抵押贷款行为响应的影响因素，基于本章研究的需要，主要从农户个人及家庭特征方面归纳已有发现。

（1）农户个人特征。已有研究主要考察了农户个人特征对其抵押贷款行为响应的影响：一是性别。已有研究普遍认为，性别对农户抵押贷款行为响应具有统计显著性，其中，男性呈现正向影响。惠献波认为，男性具有较强的开拓思维能力，较高的改革政策认知水平，较好的新事物接受能力以及较清晰的家庭信贷需求判断，因此男性对抵押贷款意愿较强。杨婷怡和罗剑朝也发现，男性相对于女性参与抵押贷款的意愿及行为的概率更高。二是年龄。肖轶等、惠献波研究认为，年龄较大的农户思想观念趋于保守，风险承受能力较弱，一般不愿意再扩大生产，因此抵押贷款参与意愿及行为较低。三是受教育程度。于丽红等发现，农户受教育程度对农户抵押贷款参与意愿及行为存在正向影响。

（2）农户家庭特征。已有研究主要考察了如下农户家庭特征对其抵押贷款行为响应的影响：一是土地面积。于丽红等、黄惠春研究发现，土地面积对农户抵押贷款参与行为或需求有显著正向影响。二是家庭生产经营类型。杨婷怡和罗剑朝发现，农户家庭生产经营类型对农户抵押贷款的参与行为或意愿存在显著的正向影响。三是家庭收入比重。已有研究关于这一变量对农户抵押贷款行为响应的影响存在分歧。例如，肖轶等发现，农业收入占家庭总收入比例越大，农户抵押贷款的意愿越强；惠献波、黄惠春的研究则表明，非农收入比重或工资性收入比重越大，对农户抵押贷款的行为响应存在正向影响。

综上所述，已有研究特别是基于调查数据的实证研究在研究设计、模型设定、变量选取等方面积累了大量成果，本章从中得到了极大的启发。同时，结合实地调研以及对已有研究的比较分析，本章认为，在进一步推进农户土地产权抵押贷款行为响应这一主题的研究过程中需要从以下方面做出努力：（1）就研究设计而言，突破以往仅考察农户抵押贷款行为响应自身研究是必要的，而且，现有研究方法也为深入研究农户抵押贷款行为响应次数提供了必要条件。（2）Poisson Hurdle 模型是基于非实验数据实证考察农户抵押贷款行为响应的一个基本框架，它可用来解决具有计数数据特征的行为响应次数的计量问题。（3）在变量选取及经验解释方面，国内学者的做法与研究成果同样值得借鉴，具体参见后文。（4）国内研究之所以对农户抵押贷款行为响应研究较少，除计量模型设定困难外，主要原因在于其所考察的时间范围或样本地区。例如，黄惠春仅考察江苏试点区新沂市 2011 年 379 个农户抵押贷款情况。从时间范围来看，2009 年 7 月，新沂市才出台土地承包经营权抵押贷款的《试行意见》，可见在 2 年多的时间里（2009 年 7 月—2011 年 12 月）很少有农户有多次抵押贷款行为响应的记录。从样本地区来看，相对而言，新沂市的抵押模式较缺乏典型性和代表性，试点效果及社会反响表现一般。从这些角度来看，在土地承包经营权抵押贷款试点提速的新背景下，收集试点历史悠久、试点效果良好、社会反响强烈地区农户抵押贷款行为响应的经验数据对已有研究结论进行再检验，显得尤为重要与迫切。

17.3 样本区概况、调查方法及数据概况

17.3.1 样本区概况

宁夏同心县是国家级贫困县，距省会银川 223 公里。2012 年总人口 39.80 万，其中，农业人口占 75.88%，人均 GDP 约 0.90 万元。全县总面积 4662 平方公里，其中，丘陵、沟壑、山地、沙漠等地貌类型占总面积的 65.40%。同心县农业自然条件较差，农业经济基础薄弱，为解决农民发展农业生产"贷款难"的问题，2006 年，同心县农信社在辖内河西和城关两镇推行"土地承包经营权抵押贷款"试点，即"以村为单位成立农户土地承包经营权流转合作社，村民以部分承包地的土地经营权为资本自愿加入合作社。当农户搞经营项目需要贷款时，先将"入社的"土地经营权抵押给合作社，然后由合作社进行担保，正式向信用社提出贷款申请，信用社凭《担保协议》办理贷款手续"。到 2009 年，土地产权抵押贷款模式在同心县全面推行，已形成了由农户主导、地域特色鲜明的农村土地产权抵押贷款的"同心模式"，因而成为中国最早探索试行农村土地承包经营权抵押贷款的地区之一，具有 定的典型性和代表性。从开展抵押权贷款一，具有一定的典型性和代表性。从开展抵押贷款试点至今，主办该业务的同心县农村信用联社未发生过一笔不良贷款，试点成效明显，反响强烈。

关于"同心模式"，需要进一步说明的是：在现阶段土地用途管制（农地农用）和农地处置权的法律管制的背景下，"同心模式"通过增加中介组织——"土地承包经营权流转合作社（以下简称土地流转合作社）"成功实现了贷款农户的土地产权抵押及资产资本化。因此，对希望以土地产权作抵押向农信社贷款的农户而言，有两点至为关键：一是必须加入"土地流转合作社"，这是其能否有资格申请贷款的充分条件，但不是能否获得贷款的必要条件。二是贷款能否获得"土地流转合作社"的担保，这不仅是其能否最终获得贷款的必要条件，也是农信社（金融机构）贷款供给的先决条件。

17.3.2 调查方法及数据概况

本章使用的数据来自课题组 2013 年 8 月在宁夏同心县 3 个镇开展的农户调查，这 3 个镇分别是河西、兴隆和丁塘。调查收集了样本农户 2009 年 1 月至 2013 年 7 月（简称 2009—2013 年，下同）的抵押贷款行为相关信息。

为了利用有限资金对农户抵押贷款行为响应问题有一个相对准确的把握，并使样本更具有代表性，本章调查采取两次抽样法。第一次采用非概率抽样，以确定调查地点。在此环节，按照抵押贷款普及程度选择了 3 个调研镇，分别是河西、兴隆和丁塘。相比而言，

河西的普及程度最高，兴隆次之，丁塘最低，因而这三镇能够代表当前同心县土地产权抵押贷款业务试点水平。此外，考虑到调研的便利性，在每个镇抽取 3 个村庄作为样本村，共调查了 9 个样本村。可以认为，这种点面结合的抽样方式所获得的样本数据对了解同心县农户抵押贷款行为响应情况应具有一定的代表性。第二次采用随机抽样法，在确定的调查村随机抽取 30~35 个农户作为样本户进行调查。

调查的主要内容包括：农户家庭特征及户主个人特征，所在村庄基本情况、土地流转合作社情况、农户的资金需求、入社时间、贷款担保、收入支出、资产储蓄、借贷参保等情况，其中重点询问了农户申请、参与土地产权抵押情况。调查采取了调查员与农户当面访谈并填写问卷方式。调查收回问卷共 285 份，剔除在 2009—2013 年无资金需求、信息不真实、奇异值等情况，最终获得有效样本 245 份。需要说明的是，本章研究的目的是通过随机抽样调查，获取样本农户在选定时间段内的借贷行为信息，并以此分析其对土地产权抵押贷款的行为响应及影响因素。但是，并非所有农户在调查设定时间段内都有融资需求，因而只能研究有融资需求农户的样本数据。从理论上说，决定农户是否有融资需求的因素是外生的，它不影响本章所要研究的问题。因此，将无融资需求的农户从样本总体中剔除出去不会引起因样本选择的非随机性而导致结论存在偏差的问题，即样本选择偏差（sample selection bias）问题。

在调查中，调查组特别注意两方面信息：一是被调查农户的户主身份 2009—2013 年间是否发生变化；二是被调查农户的家庭类型在 2009—2013 年间是否发生变化。之所以如此，是因为这两方面信息涉及本章计量分析中解释变量的正确选取。经确认，所有受访农户这两方面信息未曾改变。这样的调查结果一方面有利于本章的研究分析，另一方面也说明调查地区农户家庭结构、经营情况等较为稳定。

样本数据所包含的农户参与抵押贷款次数的信息进一步证实了本章选择宁夏同心县作为调研地点是恰当的。表 17-1 给出了受访农户在 2009—2013 年对农信社（正规金融机构）抵押贷款行为响应次数的基本情况。在全部 245 个有效样本农户中，53.88% 的农户在 2009—2013 年间有融资意愿但未对抵押贷款有响应，分别有 20.01%、8.57%、4.08%、12.24%、1.22% 的农户在同一时间对抵押贷款有 1 至 5 次行为响应。如上文所述，农户土地产权抵押贷款行为响应次数符合计数数据特征。此外，每个农户在 2009—2013 年，参与抵押贷款次数是随机且独立发生的，且这 245 个参与次数的样本均值（1.04）和样本方差（1.44）较接近，从统计学意义上来看，可以认为基本没有显著性差异。因而从数据分布特征上讲，这样的数据就近地服从泊松分布（poisson distribution）。

表 17-1　同心农户 2009—2013 年土地产权抵押贷款行为响应次数及分布

土地产权抵押贷款行为响应次数	户数（户）	占总户数的比重（%）
0	132	53.88
1	49	20.01
2	21	8.57

土地产权抵押贷款行为响应次数	户数（户）	占总户数的比重（%）
3	10	4.08
4	30	12.24
5	3	1.22
合计	245	100

17.4 理论分析与说明

17.4.1 单次行为响应模型

在正规金融机构愿意为有融资需求的农户提供抵押贷款的条件下，根据舒尔茨的"理性小农假说"，作为一个经济决策主体的农户存在对抵押贷款有行为响应的可能性，也就是说，作为一个独立的、理性的农业经营者，当其需要进行融资且正规金融机构也愿意提供土地产权抵押贷款时，农户是否参与抵押贷款，取决于农户对未来收益的判断。当农户参与抵押贷款预期的生产经营收益（设为 EU_{F1}）在扣除获取贷款所发生的成本（b_{S1}）（例如，往返金融机构的交通费用或信息收集费用）后的收益大于其未参与抵押贷款（参与其他正规融资，如信用贷款等；或者参与非正规融资，如亲朋借贷等）的预期生产收益（为 EU_{F1}）在扣除获取贷款所产生的成本（b_{F1}）后的收益，农户就会参与抵押贷款；相反，农户就不会参与抵押贷款。因此，通过建立一个简单模型就可以描述农户对抵押贷款的单次行为响应：

$$U = \begin{cases} 1, & 当EU_{F1} - b_{S1} > EU_{S1} - b_{F1} \text{ 时，行为响应结果：参与} \\ 0, & 当EU_{F1} - b_{S1} < EU_{S1} - b_{F1} \text{ 时，行为响应结果：不参与} \end{cases} \tag{17-1}$$

式（17-1）中，U 表示在正规金融机构愿意提供土地产权抵押贷款这一金融产品时，农户 i 做出的是否参与抵押贷款地决策选择结果，即行为相应与行为不响应。

17.4.2 单位时间内行为响应次数模型

为了从农户的视角描述其在单位时间内（如2009—2013年）对抵押贷款的行为响应次数，本章通过建立一个简单模型予以说明。假设农户 i 在单位时间内根据其融资需求参与了正规金融机构一次或数次抵押贷款，同时假定正规金融机构提供包括土地产权抵押贷款在内的多元化金融产品。由这两个假设，可以确定存在一些外生因素在单位时间内影响了农户 i 是否对正规金融机构提供的抵押贷款有行为的响应以及响应的具体次数，这是因为农户做出这样行为并非是一个随机行为，而是基于自身的某些特性和其他相关外部因素做出的经济理性的某些特性和其他相关外部因素做出的经济理性的自我选择。出于简化和方便研究，本章不考虑农户每次行为响应所要求的贷款数量可能存在差异的情况。本章只简单地假定单位时间内农户对抵押贷款的行为响应本身及行为响应的具体次数都能满足其最大的期望收益。为此，如果单位时间内农户 i 有抵押贷款行为响应 (a_i)，则其最大总期望收益方程如下：

$$\underset{a_i=0,\,1}{Max}\,EU\big[\,a_i\underset{S>0}{Max}(EU_S-b_S)-(1-a_i)(EU_F-b_F)\big],\ S=1,\,2,\,\cdots,\,N \quad (17-2)$$

式（17-2）中，EU_S 是农户 i 对抵押贷款有 S 次行为响应所产生的期望总收益，b_S 是对抵押贷款有 S 次行为响应所付的全部成本；EU_F 是农户 i 对其他全部贷款（正规金融机构提供的信用贷款、亲朋借贷等）有行为响应所产生的期望总收益，b_F 则是对应的全部成本。在农村金融市场存在着多种融资渠道的情况下，有融资需求的农户在单位时间内既可以选择参与抵押贷款，也可以选择参与其他贷款，所以对有多次参与行为的抵押贷款农户而言，要实现期望收益单位时间内最大化，一个充分必要条件是：参与抵押贷款的总期望收益与总贷款成本及放弃其他贷款产生的机会成本之差要最大。因此，式（17-2）中 $Max(EU_S-b_S)$ 反映了农户参与抵押贷款的总期望净收益，这样的净收益与假定农户未参与抵押贷款而选择其他融资方式所产生的净收益（EU_F-b_F）（即机会成本）之差的最大化（$MaxEU$）便构成了单位时间内农户参与抵押贷款最大化的总期望收益。因此，从经济学意义来看式（17-2），它是各变量构成的成本—收益原则高度抽象概念的最大化目标模型。在现实中，这一模型是存在的且反映了一个重要事实：农户抵押贷款真实的行为响应一定是其边际总收益大于边际总成本。

接下来，既然式（17-2）是单位时间内农户 i 对抵押贷款行为响应所产生期望的最大收益的方程表达，那么，农户 i 的期望收益的实现则取决于一些因素。这些因素不同于那些影响农户单次参与抵押贷款的因素，而是建立在单位时间的基础上，具有相对严格的外生性，也就是说，这些因素不会由于部分农户多次参与抵押贷款而发生改变，例如，户主的受教育年限、农户的家庭类型、农户家庭自有土地面积的大小等。因此，这些因素也被称为外生变量。基于这些外生变量，农户 i 在单位时间对抵押贷款是否具有行为响应（$a_i=0$ 或 $a_i=1$）和行为响应的具体次数（S）同这些变量的变量集 x 和 y 的相关关系可分别用下式表示：

$$a_i=h(\eta'x,\ \varepsilon_{a_i}) \quad (17-3)$$

$$S=g(K'y,\ \varepsilon_s) \quad (17-4)$$

式（17-3）和式（17-4）式中 η' 和 K' 是外生变量集 x 和 y 对应的系数，ε_{a_i} 和 ε_s 分别是影响农户是否在单位时间内对抵押贷款有行为响应（a_i）和行为响应的具体次数（S）的未观察到的因素。需要注意的是：一方面，考虑到 2009—2013 年系相对较短时期，且样本调查地区——宁夏同心县——属于传统农区，因而对同一农户而言，其能够保持较为稳定的生产经营方式，加之国家"三农"扶持政策具有稳定性和连续性。因此，构成式（17-3）和式（17-4）中外生变量集 x 和 y 中的一些外生变量发生根本性变化的概率比较低（例如户主的受教育年限等反映农户基本特征的一些变量）。所以，在单位时间内，x 和 y 中部分变量是相同的。另一方面，依据前文所述有融资需求农户参与土地承包经营权抵押贷款需具备的两个关键要素来看，影响农户是否有抵押贷款行为响应（a_i）和行为响应具体次数（S）的因素也存在一定的差异，即式（17-3）式

（17-4）中的外生变量集 x 和 y 中部分变量是不同的。此外，需要说明的是，式（17-3）和式（17-4）分别是农户是否有抵押贷款行为响应和行为响应具体次数的高度抽象的数理模型，这些模型符合现实中土地产权抵押贷款试点区农户的借贷行为及其决策过程。现实中，农户从抵押贷款的可获得性、融资的成本、未来经营项目的预期收益、是否为土地流转合作社社员、能否获得金融机构的贷款供给等角度出发，结合自身的禀赋特征，判断出抵押贷款融资方式是农村金融市场众多融资渠道中成本—收益比最小的，因而农户自身的禀赋特征、是否为土地流转合作社社员以及能否获得金融机构的贷款供给成为影响其对抵押贷款行为响应的关键要素。

17.5　计量模型的设定与说明

本章旨在考察有融资需求的农户在选定单位时间内对抵押贷款的行为响应，这就要求所使用的计量模型能够描述农户行为响应的特征。如前文所述，农户在选定的单位时间内对抵押贷款行为响应的过程包括农户是否有行为响应，以及行为响应的具体次数。农村金融市场存在多元化的融资渠道的事实表明，考察试点区有融资需求农户土地产权抵押贷款行为响应要特别注意农户借贷行为的差异性，即农户在选定时间段内，一部分农户没有选择抵押贷款进行融资（无抵押贷款的行为响应，0），另一部分农户选择一次甚至数次抵押贷款（有抵押贷款一次或数次的行为响应，1，2，3，…，N 正整数）。有融资需求农户对抵押贷款借贷行为的差异性表明采用随机抽样调查方法获取的样本总体必然产生符合计数特征的行为结果（参见上文），这一结果使得研究者将面临数据截断（data truncation）问题。所谓数据截断，是指由于数据收集方式或制度约束等原因，被解释变量低于或高于某一特定值的部分被截取掉了。数据截断问题出现的根源在于有融资需求的农户对抵押贷款的行为未响应的存在，因而可以归结为被解释变量受到限值。因此，按照前述的理论模型，如果要对总样本中"正整数"值的行为响应次数进行计量分析，必然要对"零"值数据进行数据截断。

为解决上述问题，本章遵循 Mullahy、李韬等提出的研究思路，运用 Poisson Hurdle 模型（简称 PH 模型，下文同）来估计有融资需求的农户抵押贷款的行为响应。PH 模型可以对审查样本进行一致和有效的估计，并有效解决被解释变量的受限问题。在效用最大化理论框架下，PH 模型由两部分构成：第一部分是分析外生变量（也即解释变量）如何影响有融资需求的农户 i 在选定时间内是否对抵押贷款产生行为响应（C_i）；如果农户 i 有行为响应，则第二部分就分析外生变量如何影响农户行为响应的具体次数（S）。从审查样本的计数特征出发，PH 模型第一部分采用 Complementary Log-log 模型（简称 CLL 模型，下文同）处理农户 i 在选定时间段内对抵押贷款是否产生行为响应（用"零"和"非零"值分别代表"行为响应"和"行为未响应"）。当第一部分带有"零"值的数据截断工作完成后，第二部分拟处理变量是具有计数特征的正整数（"非零"值）。因此，需用 Truncated Poisson Regression 模型（以下简称 TPR 模型）处理。为使 PH 模型成立，本章假定第一部分模型和第二部分模型彼此独立。如果农户在选定时间段内对抵押贷款没有行为响应（ $a_i = 0$ ），则有 $S = 0$ ；相反，如果 $a_i = 1$ ，则有 $S > 0$ 。进一步，如果 $a_i = 0$ ，则有 $P(c_i = 0)$ ；如果 $a_i = 1$ ，则有 $P(a_i = 1) \times f(S \mid a_i = 1) = P(a_i = 1) \times f(S > 0)$ ，其中， $P(\cdot)$ 为概率方程， $f(\cdot)$ 为密度方程。

本章首先采用 CLL 模型估计农户在选定时间段内对抵押贷款有行为响应（ a_i ），模型如下所示：

$$p(a_i = 0) = e^{-exp(\eta'x)} \tag{17-5}$$

$$p(a_i = 1) = 1 - e^{-exp(\eta'x)} \tag{17-6}$$

公式（17-5）和公式（17-6）中， x 是影响农户 i 在选定时间段内对抵押贷款有行为响应的外生变量集， η 则是对应的系数向量。

如果农户在选定时间段内对抵押贷款有行为响应（ $a_i = 1$ ），则确定抵押贷款行为响应的具体次数（ $S>0$ ）的 TPR 模型的方程如下所示：

$$p(S \mid S > 0) = \frac{P(S)}{P(S > 0)} = \frac{e^{-exp(x'y)}(k'y)^S}{S! \left[1 - e^{-exp(x'y)}\right]} \tag{17-7}$$

$$S = 1, 2, \cdots, N$$

进一步，将公式（17-5）、公式（17-6）和公式（17-7）联立起来，可得到 PH 模型的对数似然方程：

$$InL = \sum_{a_i = 0} (-e^{\eta'x}) + \sum_{S > 0} \{In(1 - e^{-exp(\eta'x)}) - e^{k'y} + Sk'y - InS! - In(1 - e^{-exp(x'y)})\} \tag{17-8}$$

$$S = 1, 2, \cdots, N$$

从公式（17-8）中，可以看出，CLL 模型与 TPR 模型的对数似然方程之和共同构成了 PH 模型的对数似然方程。前面本章已假定 CLL 模型和 TPR 模型彼此独立，因此对 PH 模型的估计就可以分别估计 CLL 模型和 TPR 模型。这样的估计方式所产生的结果对本章的研究具有非常关键的作用：一方面降低了估计难度，因为两个模型的分别独立估计等同于对 PH 模型的整体估计；另一方面，估计过程不会造成估计信息的损失和估计效率的降低。

如前所述，利用非实验数据估计选定时间段内农户对抵押贷款的行为响应需要妥善处理样本选择偏差、数据分布、数据截断、变量内生性4个问题。本章第三部分已对样本选择偏差问题做出了解释和说明，本章在直接诱导性询问调查的基础上运用 PH 模型能够较好地处理上述第2、第3两个问题，后1个问题将在第六部分中讨论。

17.6 变量设置及说明

本章采用 PH 模型来估计有融资需求的农户在选定时间段内对抵押贷款的行为响应，该模型包括2个子方程，分别为是否有抵押贷款行为响应方程和抵押贷款行为响应的具体次数方程。接下来，介绍这两个方程的变量设置情况。

17.6.1　被解释变量

从理论上讲，本章两个子方程的存在意味着所用的被解释变量应有两个：一是衡量有融资需求的农户在选定时间段（2009—2013年）内是否对抵押贷款有行为响应，二是在有行为响应的前提下，具体的行为响应次数。由于有融资需求的农户对抵押贷款的行为响应次数是计数数据，所以对全体样本采用CLL模型就可直接处理并区分"零"行为响应值和"正整数"行为响应值，而TPR模型则仅对样本中的"正整数"行为响应次数进行处理。因此本章使用的PH模型第一部分（CLL模型）的被解释变量为在选定时间内全体样本农户对抵押贷款的行为响应值，用Number 1表示；第二部分（TPR模型）的被解释变量则为全体样本农户中对抵押贷款有过至少一次的行为响应值，用Number 2表示。这种处理简化了实证分析的程序，降低了采用极大似然估计法（maximum likelihood methods）对PH模型的估计难度。

17.6.2　解释变量

考虑到有融资需求的农户在有多元化金融产品或融资渠道的背景下，其对抵押贷款行为响应的次数是单位时间内发生的独立随机事件。因此，适用于计量模型分析的解释变量必须要具有严格的外生性，否则就会产生计量分析的内生性问题——这必将影响实证研究结果的可靠性。例如，对那些对抵押贷款有多次行为响应的农户，如果将其在2009—2013年任何一年的家庭年收入或者年平均收入作为解释变量纳入实证分析当中，就会产生非常严重的"反向因果关系"的内生性问题，因为这些行为响应都获得了金融机构的正面回应（即贷款获批），每次参与的行为响应的结果都有可能影响到农户的家庭年收入的变动。此外，CLL和TPR模型中影响因素的差异性存在也要求两个模型有不同的解释变量，即应至少有一个解释变量不同时出现在两个模型中。为此，在计量分析中，本章采用的解释变量主要分为：一是以样本农户的户主自身特征形成的外生变量。课题组的调研结果表明户主自身特征在研究选定的时间段内（2009—2013年）没有发生变化，所以可以认为由这些特征所构成的外生变量具有严格的外生性。二是农户家庭承包的土地规模、农户类型、农户前往正规金融机构的交通是否便利等具有严格外生性的解释变量。因为从调查结果的反馈以及经验事实判断，这些变量基本不会受到农户在选定时间段内多次参与抵押贷款行为的影响而发生改变。三是农户加入土地流转合作社的时间以及选定时间段内农户所申请的抵押贷款是否都获得土地流转合作社的担保两个解释变量。农户入社时间的长短相对于其抵押贷款行为响应具有严格的外生性，因为在"同心模式"下：一方面，只有社员才有资格申请并获得抵押贷款；另一方面，一般来讲，社员入社时间越长，越倾向于土地产权抵押贷款。所以，该变量是影响农户是否对抵押贷款有行为响应的关键因素；农户在选定时间段内所申请的抵押贷款是否都获得土地流转合作社的担保相对于农户抵押贷款具体响应次数具有严格的外生性，因为在"同心模式"下，农户能否获得担保是其抵押贷款具体响应次数的原因，也是影响金融机构是否提供金融供给的关键。

总之，对于解释变量，本章有以下几点说明。

第一，为了考察与农户家庭生命周期有关的因素对其抵押贷款行为响应的影响，引入了农户家庭结构变量。对于农户家庭结构变量，根据户主在 2009—2013 年的平均年龄，本章将农户家庭分为青年家庭（29 岁及以下）、中青年家庭（30~39 岁）、中年家庭（40~49 岁）、中老年家庭（50~59 岁）、老年家庭（60 岁以上）5 个分类变量。其中，以老年家庭为参照类，本章将这些分类变量转化成 4 个虚拟变量。从家庭生命周期来看，一般认为，年轻的家庭思想观念较开放，投资意愿及风险承受能力较强，同时期扩大投资以及增加家庭福利的倾向越强，因此其对抵押贷款这一新的贷款产品行为响应会更积极。

第二，为了考察户主个人特征对抵押贷款行为响应的影响，引入了户主的性别和受教育水平 2 个变量。作为家庭融资行为的主要决策者，户主对其家庭的借贷行为会有显著影响。体现在性别方面：一般认为，男性思想较开放，同时也面临着相比于女性更多的维持家庭生计与提高家庭生活水平的压力，所以其对土地承包经营权抵押贷款行为响应更积极。体现在受教育水平方面：通常而言，农户的受教育程度越高，视野就更开阔，接受新事物和新知识的速度越快，获取贷款信息的困难相对较低，进入正规金融市场的成本较小，因而其对抵押贷款的行为响应也会更积极。为了仔细考察户主受教育水平变量的影响，本章对其进行了分段处理，即将户主受教育水平分成没有上学、小学文化、初中文化、高中文化、大专及以上文化 5 个分类变量，其中，以大专及以上文化为参照类将这些分类变量转化成 4 个虚拟变量。

第三，为了考察农业生产经营对农户抵押贷款行为响应的影响，引入农户家庭承包耕地面积和家庭经营类型两个变量。一般来说，耕地面积越大，说明家庭经营规模大，有利于进行规模化和产业化农业经营，这促使了更多的资金需求，而较多的耕地面积也为实现以土地承包经营权进行抵押融资获取更多的生产资金提供可能，因而有更多耕地面积的农户对抵押贷款的行为响应会更积极。此外，理论上一般认为，家庭经营以农业为主就意味着家庭的主要资源（生产资料、劳动力）更多地投入农业生产中，对土地的依赖度与重视程度也就更高，因而更愿意通过土地承包经营权抵押贷款来增加农业生产、特别是农业产业化投入。为了仔细考察这两个变量的影响，本章对其进行分段处理，其中，将耕地面积分成 5 亩以下、5~10 亩、10~20 亩、20 亩以上 4 个分类变量，同时，以 20 亩以上为参照类将这些分类变量转化为 3 个虚拟变量。将家庭经营类型分成纯农业、农业为主兼营其他、非农业为主兼营农业、非农业 4 个分类变量，同时，以非农业为参照类将这些分类变量转化为 3 个虚拟变量。

第四，引入农户家庭所在地到达最近正规金融机构（农信社）的交通便利程度的变量来考察正规金融机构的地理位置对农户抵押贷款行为响应的影响。一般认为，便利的交通能降低农户获得正规贷款的成本，有助于提高农户对抵押贷款行为响应的积极性。为了仔细考察这个变量的影响，本章对其进行分段处理，即将交通的便利程度划分为交通非常不方便、交通不方便、交通一般、交通方便、交通非常方便5个分类变量，同时，以交通非常方便为参照类将这些分类变量转化为4个虚拟变量。

第五，引入农户加入土地流转合作社时间的变量来考察有融资需求的农户在选定时间段（2009—2013年）内是否有抵押贷款的行为响应。正如前文所述，相对于非土地流转合作社社员，合作社社员更倾向于土地承包经营权抵押贷款。此外，一般认为，社员入社时间越长，对抵押贷款运作模式及相关政策理解就越全面（有利于降低交易费用），也就越倾向于土地承包经营权抵押贷款。为了仔细考察这个变量的影响，本章对其进行分段处理，其中，将入社时间分为没有加入、5年以下、5年及以上3个分类变量，并以没有加入为参照类将这些分类变量转化为2个虚拟变量。由于本章试图将该变量作为"农户是否为土地流转合作社社员"的代理变量，且在"同心模式"下，"是否为社员"恰恰是识别农户是否对产权抵押贷款有行为响应的重要因素，所以，这2个虚拟变量仅被纳入CLL模型进行经验分析。另外，金融机构能否提供金融供给也是影响农户抵押贷款行为响应的重要因素，但金融机构的供给行为并不能被直接观察到，因此，需要引入一个代理变量以反映金融机构的供给行为。正如前文所述，在"同心模式"下，土地流转合作社——这一中介组织——能否为贷款农户提供担保成为金融机构提供金融供给的关键，也就是说，土地流转合作社愿意为社员贷款提供担保，金融机构就愿意进行金融供给，反之亦然。为此，引入农户（合作社社员）在选定时间段（2009—2013年）内所有申请的抵押贷款是否都获得土地流转合作社担保的变量作为金融机构供给行为的代理变量，来考察农户抵押贷款行为响应的次数。从理论上分析，选定时间段内，农户多次抵押贷款申请获得土地流转合作社担保的次数越多，其抵押贷款行为响应次数也就越多，反之亦然。所以，该"二元"解释变量仅进入TPR模型进行经验分析。

以上详细介绍了本章使用的变量，表17-2列出了上述变量的定义及描述性统计。

17.6.3　样本农户的基本特征

在计量分析之前，本章先对样本农户的基本特征进行一些初步分析，以期得到一些直观性的判断和认识。根据样本农户2009—2013年主要变量的频数进行分析，从中可以得到如下有关宁夏同心县有融资需求样本农户的重要信息：（1）户主以男性为主，占88.98%；同时户主的受教育程度普遍不高，其中，没上过学、小学文化程度以及初中文化程度占样本总数的88.16%；（2）农户的家庭结构处于生命周期中的黄金时段，也是容易产生资金需求的时段，以中青年家庭（占21.12%）和中年家庭（占31.84%）为主；（3）农户的耕地面积不大，主要介于5亩至20亩之间，占53.88%；（4）农户家庭经营类型以兼业为主，其中，农业为主兼营其他占35.51%，非农业为主兼营农业占40.82%；（5）农户家庭居住地前往最近正规金融机构的交通都较便利，其中，感到方便的占80.82%。

上述特征反映了样本地区有融资需求农户的特征，这些特征会对农户抵押贷款行为响应产生什么样的影响及影响的程度如何则是需要在后文估计中予以深入研究并剖析的。

表 17-2　主要变量定义及描述性统计

变量名称	定义	观察值	均值	标准差	最小值	最大值
Number1	样本地区有融资需求农户在 2009—2013 年土地产权抵押贷款行为响应次数	245	1.04	1.45	0	5
Number2	样本地区有融资需求农户在 2009—2013 年土地产权抵押贷款有效行为响应次数	113	2.27	1.33	1	5
sex	户主的性别：男 =1，女 =0	245	0.89	0.31	0	1
edu	户主的受教育水平，分为 5 组：edu1（没上过学），edu2（小学文化），edu3（初中文化），edu4（高中文化），edu5（大专及以上文化）	245	2.45	0.94	1	5
home	农户的家庭结构，分为 5 组：home1（青年家庭），home2（中青年家庭），home3（中年家庭），home4（中老年家庭），home5（老年家庭）	245	2.88	1.08	1	5
land	农户耕地面积，分为 4 组：land1（小于等于 5 亩），land2（大于 5 亩但小于等于 10 亩），land3（大于 10 亩但小于 20 亩），land4（大于 20 亩）	245	2.45	1.08	1	4
operation	农户经营类型，分为 4 组：operation1（纯农业），operation2（农业为主兼营其他），operation3（非农业为主兼营农业），operation4（非农业）	245	2.23	0.81	1	4
traffic	农户家庭居住地前往最近正规金融机构的交通便利程度，分为 5 组：traffic1（非常不方便），traffic2（不方便），traffic3（一般），traffic4（方便），traffic5（非常方便）	245	3.95	0.53	1	5
time	样本地区有融资需求农户加入土地承包经营权流转合作社的时间，分为 3 组：time0（没有加入），time1（5 年以下），time2（5 年及以上）	245	0.6653	0.7959	0	2
guarantee	农户（土地流转合作社社员）2009—2013 年所有申请的土地承包经营权抵押贷款是否都获得土地流转合作社的担保：是 =1，否 =0	113	0.8142	0.3907	0	1

17.7　经验考察

在对 PH 模型的 CLL 和 TPR 两个子方程的回归纳入解释变量（均为虚拟变量）的过程中，有 19 个反映样本农户基本特征的变量同时被纳入两个子方程，2 个反映农户加入土地流转合作社时间的变量仅纳入 CLL 模型，1 个反映农户设定时间内所有申请的抵押贷款是否都获得土地流转合作社担保的变量仅纳入 TPR 模型。变量被纳入两个子方程后，本章采用后向逐步变量选择法（backward stepwise selection）进行逐步回归。后向逐步变量选择法是一种变量选择方法，其目的是在解释变量过多的情况下，寻找出具有显著影响的变量。其基本原理是先设定方程中自变量显著性概率 P 值的大小，然后通过反复将自变量放入计量模型中并形成不同方程组合并进行综合比较，最终剔除掉那些显著性概率 P 值大于设定 P 值的自变量。经过变量筛查（P 值设定为 0.3），最终分别有 11 个变量被选入 CLL 模型、10 个变量被选入 TPR 模型。比较而言，表 17-3 中 CLL 模型（模型 1）讨论的是相关因素对有融资需求的农户在 2009—2013 年是否有抵押贷款行为响应的影响，TPR 模型（模型 2）则是讨论在有抵押贷款行为响应的基础上，农户行为响应具体次数的方程。

表 17-3　Poisson-Hurdle 模型的估计结果

解释变量		取值类别	模型 1：是否对土地产权抵押贷款有行为响应（CLL 模型，因变量 Number1）变量系数	模型 2：对土地产权抵押贷款行为响应的次数（TPR 模型，因变量 Number2）变量系数
户主性别	sex	1	0.6994（0.4766）	0.3595（0.3313）
户主受教育水平	edu	2		−0.3002（0.2113）
		3	0.5952*（0.3258）	−0.2235（0.2057）
农户的家庭结构	home	1	1.0626（0.7350）	1.0753（0.7177）
		2	1.2890*（0.6758）	1.1803*（0.7028）
		3	0.9511（0.6016）	1.0541（0.6874）
		4	0.6596（0.6182）	0.9382（0.6959）
农户耕地面积	land	1	1.06788***（0.3670）	
		3		−0.2498（0.1939）
农户经营类型	operation	1	0.4622*（0.2614）	
家庭居住地前往最近正规金融机构的交通便利程度	traffic	2	−1.5463*（0.8458）	−0.9339（0.9737）
农户加入土地流转合作社的时间	time	1	2.9081***（0.3864）	
		2	3.1932***（0.3807）	
农户选定时间段内所有抵押贷款申请均获得合作社担保	guarante	1		0.5221**（0.8615）
常数项			−3.6918***（0.8583）	−0.8762（0.7630）
似然比检验			163.73***	20.04**
最大似然函数值			−86.5969	−166.4229
观察值数			245	113

注：（1）*、**、***分别表示结果在 10%、5% 和 1% 水平上显著；（2）括号内数字为标准误。

首先，来看 PH 模型的第一部分，CLL 模型的估计结果。影响有融资需求农户对抵押贷款行为响应的显著变量共有 7 个，分别是户主受教育水平为初中文化、农户家庭结构为中青年家庭、农户的耕地面积为小于等于 5 亩、农户的经营类型为纯农业，农户家庭前往最近正规金融机构的交通便利程度为不方便、农户加入土地流转合作社时间为 5

年以下以及 5 年及以上。其中，以户主受教育水平为大专及以上为参照，户主偏低的受教育水平（初中文化）正向影响农户对抵押贷款的行为响应，表明户主文化程度低的农户倾向于参与土地产权抵押贷款，这和本章前述预期理论相反，对此，可能的解释有：一是样本地区户主文化程度普遍不高（高中以下文化程度占样本总数近九成），其中，初中文化程度占比最大，从而会对这一结果产生显著影响；二是上述现象也反映了这样一个事实，即样本区的低文化程度的农户寻求其他融资渠道更为艰难。反过来，这一发现也意味着文化程度高的户主其家庭收入可能也较高，从而会缓解其家庭的资金流动性约束，降低其采用土地产权进行抵押贷款的行为概率。以农户耕地面积大于 20 亩为参照，农户耕地面积小于等于 5 亩正向影响农户对抵押贷款的行为响应，表明小规模农户对抵押贷款的参与意愿及需求更强。对此，可能的解释是：相比大农户，小农户农业生产自我资金积累不足，因而从事农业再生产的资金更需要通过外部融资予以满足，但其有效抵押物的缺乏使其融资备感困难，而土地承包经营权可抵押为其向正规金融机构融资提供了一种有效的途径，因此，其对抵押贷款行为响应更积极。

需要注意的是，这一发现同已有部分国内外研究结果相反，本章的这一结论也再次印证了当前学术界对此问题研究依旧充满争议。以农户家庭所在地前往最近金融机构的交通非常便利为参照，农户家庭所在地前往最近正规金融机构（农信社）的交通便利程度为不方便负向影响农户对抵押贷款行为响应，这比较容易理解：农户前往正规金融机构的交通不便利的话，一方面，其贷款申请的交易成本较高，另一方面，其对于抵押贷款这一金融产品的信息获取及其方式、程序的了解都变得不容易，以至于难以相应地做出充分的准备来增加获得此类产品的可能性。以农户没有加入土地流转合作社为参照，农户加入土地流转合作社时间为"5 年以下"以及"5 年及以上"均显著正向影响着农户对抵押贷款的行为响应，且时间越长影响程度越高，这和本章的预期理论相一致，表明在"同心模式"下，土地流转合作社社员才是土地产权抵押贷款的行为响应主体。

其次，再看 PH 模型第二部分 TPR 模型的估计结果。在农户有抵押贷款行为响应的前提下，影响其行为响应次数的显著变量有 2 个，分别是户主家庭结构为中青年家庭、农户选定时间段内所有申请的抵押贷款均获得土地流转合作社的担保。以变量老年家庭为参照，变量"农户家庭结构为中青年家庭"不仅正向显著影响农户对抵押贷款的行为响应（CLL 模型），而且也正向显著影响农户对抵押贷款的行为响应次数（TPR 模型），这种正向双重显著影响和本章的预期理论相一致，表明这类农户家庭相对投资机会更多，且对机会的把握能力和风险判断及控制能力更强，因而对抵押贷款行为响应更积极，也更愿意多次参与此类贷款。变量"农户选定时间段所有申请的抵押贷款均获土地流转合作社担保"正向显著影响农户对抵押贷款的行为响应次数，这和本章的预期理论相一致，表明在"同心模式"下，金融机构土地产权抵押贷款的供给行为更依赖于承担了"贷款担保公司职能"的土地流转合作社。此外，需要注意的是，除农户家庭结构为中青年家庭外，模型中其他农户个人、家庭特征变量及不可观测变量都不显著，表明差异性的样本农户特征在对抵押贷款行为响应的具体次数上并未得到体现，这也从侧面揭示出在宁夏同心县农村地区，具有较强资金需求意愿的中青年农户家庭资金匮乏，缺乏金融机构认可的传统有效抵押物，融资渠道不畅，因而更频繁地参与土地产权抵押贷款。

综合来看，除仅进入 CLL 模型（影响农户对抵押贷款行为响应本身）和仅进入 TPR 模型（农户抵押贷款行为响应的具体次数）的 3 个变量外，PH 模型两部分的估计结果反映出 3 个特点：一是在 PH 模型中，模型的第一部分（CLL 模型）和模型第二部分（TPR 模型）的影响因素是不同的。这一特点有助于正规金融机构在土地产权抵押贷款产品的市场营销、申请人申请审批以及贷款的管理等方面给予足够的重视。二是部分同一影响因素在 PH 模型中对农户在单位时间内是否对抵押贷款有行为响应和具体的行为响应次数有着不同的显著性影响，甚至影响方向也相反，例如，相对于户主受教育水平为大专及以上，户主受教育水平为初中文化对农户在选定时间内是否对抵押贷款有行为响应产生正向影响，而对农户在选定时间内对抵押贷款行为响应的具体次数产生负向影响，并且该变量只显著影响着农户是否对抵押贷款有行为响应本身。这一特点是本章的一个重要发现，这说明同一影响因素在 PH 模型的两个分析阶段存在着不同的权重，因此结合第一个特点，对正规金融机构而言，有必要对贷款申请人的贷款申请的审查、批准及管理采取差异化的经营管理模式；同时，这一特点也反映了本章的研究价值和计量分析的优越性。也就是说，在对农户抵押贷款行为响应的估计中，若对有融资需求的农户是否参与抵押贷款的行为不进行妥善处理，则会忽略掉一些有价值的信息。三是模型中反映农户特征的显著性解释变量，第一部分个数（5 个）多于第二部分的个数（1个）。这一特点表明 CLL 模型是 PH 模型的主要影响部分，即对农户抵押贷款行为响应本身的考察比对其行为响应的具体次数考察更重要。这也提醒正规金融机构在推行多元化金融产品中，应重点关注哪些类型的农户会更倾向于采用土地产权进行抵押贷款。

17.8　结论及启示

宁夏回族自治区同心县是中国最早开展土地承包经营权抵押贷款试点地区之一，从开展农村土地承包经营权抵押贷款试点至今，无不良贷款纪录，试点成效明显，社会反响强烈，形成了独具特色的"同心模式"，这为实证检验农户土地承包经营权抵押贷款行为响应提供了绝佳机会。本章基于 2013 年宁夏同心县农户调研数据，采用直接诱导性调查和 Poisson Hurdle 模型等方法实证分析了试点地区农户对抵押贷款的行为响应及其影响因素问题。

经严格实证分析，本章主要得出如下结论。

首先，农户对土地承包经营权抵押贷款的行为响应应包含行为响应本身与行为响应具体次数两个层面，对行为响应本身的考察要比对行为响应具体次数的考察更有价值，同时，影响这两个层面的农户基本特征也存在显著差异。户主受教育水平为初中文化、农户家庭结构为中青年家庭、农户的耕地面积为小于等于 5 亩、农户的经营类型为纯农业、农户家庭前往最近正规金融机构的交通便利程度为不方便 5 个农户基本特征变量显著影响农户抵押贷款行为响应本身，而仅有农户家庭结构为中青年家庭这 1 个农户基本特征变量显著影响农户抵押贷款行为响应具体次数。

其次，土地承包经营权抵押贷款缓解了小农户贷款难的问题，小农户对抵押贷款的行为响应较大农户更为积极，这一发现向土地承包经营权抵押贷款对解决小农户的融资难题无显著作用的主流观点提出了挑战。本章认为，支持这一结论的现实依据主要是：调查地区采用的是土地承包经营权反担保贷款模式（具体贷款流程参见前文"样本区概况"部分），这一带有农户间互助担保性质的创新抵押模式既降低了金融机构的信贷风险，也降低了其信息搜集的成本，同时，受制于自身生产条件，小农户资金需求规模相对有限，彼此间互助担保向金融机构抵押贷款均在自身风险承受能力范围内。因此，这些因素综合起来使得小农户采用这一抵押贷款模式交易成本较低，从而缓解了其所受的金融排斥。此外，与东、中部地区农村不同，调查地区系传统西部贫困农区，大部分农户主要从事细碎化、零散化的小规模农业生产，其与要素市场、产品市场联系不甚紧密，也就是说，农户与市场的整体融合度不高，主要为维持和满足家庭基本生计需要，很少存在或几乎不存在能够实现规模化、产业化且利润率显著高于贷款利率的盈利项目。从这方面来说，农村经济市场化低程度决定了融资有困难的小农户对抵押贷款行为响应相比大农户更积极。

本章认为，中国农村金融市场正处在一个逐步构建制度、完善市场、创新产品的关键时期。一方面，政府主导的农村金融制度变迁已取得明显进展，随着政策的进一步放宽，符合农村经济发展需要、以普惠金融为目标、重点解决农村金融供给主体不足、金融产品稀缺、市场竞争不充分、农村资金大量外流、与城市金融发展差距扩大等问题的现代农村金融制度、农村金融市场和新型农村金融产品得以逐步建立、完善和面世；另一方面，家庭联产承包制度（含现行的法律法规）的实施限制了单个农村金融需求的规模扩张，农民拥有不完全地权的农地制度制约了农村土地的融资功能，从而需要进一步加快农村金融制度建立、推进农村金融市场改革、创新农村金融产品以打通现有金融瓶颈。

立足于本章的经验观察与研究结论，以及上述对中国农村金融市场正处于关键时期的基本判断，本章对进一步促进中国农村土地承包经营权抵押贷款试点改革的政策建议是：应继续坚持并不断完善以普惠金融为目标的农村金融改革。长期以来，中国政府农村金融改革的首要目标是提高农户，特别是小微农户正规贷款覆盖率以及改进其正规信贷可得性。因为过去的理论与实践表明，小微农户缺乏金融机构认可的有效抵押品，且贷款金额小风险大使得农村正规金融机构将其排除在市场之外，而本章的研究发现，通过土地承包经营权抵押金融模式的改革创新，这一农村金融难题得到了有效缓解。有鉴于此，政府应继续坚持推进农村土地承包经营权抵押贷款试点改革，强化农村土地承包经营权的抵押权能，提升农户，特别是小微农户土地承包经营权抵押融资的行为响应程度，缓解贫困地区有融资需求农户抵押难、贷款难的困境。具体的做法可包括：一是，加快加大推进农村土地确权的进度和力度，构建规范化、规模化、制度化的土地产权流转市场并积极推动农地流转，提高农户对土地承包经营权抵押贷款的需求。二是，有选择性地放宽农村土地承包经营权抵押所面临的法律限制，可以参考上海自贸区"先行先试"的做法对改革中所有涉及修法的内容在经过人大常委会授权后在试点区开展，经过一段时间后对试点成效进行检验来作为是否修法的依据和参考。三是，对参与试点的正规金融机构予以政策扶持和财政支持以提高其业务试点的积极性。2014年年中以来，受经济下行周期的影响，金融机构（商业银行）资产质量下降压力较为突出，金融机构倾向于在抵押方式上创新，加上政府信贷资金定向支持"小微""三农"的政策信号愈发明确，金融机构开展土地承包经营权抵押贷款业务的积极性较高，且这项业务的开展也是当前金融机构的一个重要选项，因此，政府应不失时机地从政策支持和财政支持两个层面制定金融机构参与农村土地承包经营权抵押贷款扶持和激励政策，例如，建立和完善土地承包经营权抵押贷款服务奖励制度；建立专门的农地产权资产经营管理公司或托管机构，提高土地处置效率；建立和完善风险保障机制，防范和化解农地抵押物价值波动风险。

最后，需要指出的是，本研究今后至少应在以下3个方面继续推进：一是数据方面。本章使用的是宁夏土地承包经营权抵押贷款试点区同心县农户的数据。随着中国土地承包经营权抵押贷款试点改革提速，试点范围不断扩大，加之中国农村情况千差万别，农村经济发展很不平衡，有必要尝试在兼顾东、中、西不同区域并利用全国层面的试点区农户数据进一步验证本章所得出的主要结论。二是社会资本因素对农户土地承包经营权抵押贷款行为响应的影响。本章在分析中出于对变量内生性控制的考虑，没有将农户"是否有家庭成员或亲戚朋友在2009—2013年担任（过）村干部"等反映农户社会资本变量的因素纳入经验分析中，后续研究中应在仔细辨别这些因素是否具有严格外生性的基础上，认真考察这些因素对农户土地承包经营权抵押贷款行为响应的影响。三是参与农户抵押贷款可满足性方面。对农户土地承包经营权抵押贷款的行为响应更偏重于农户对此项贷款的可获得性研究，且本章研究也表明小农户对这类金融产品积极性较高，有一定的期盼度，但这类金融产品能解决多少农业资金缺口，或者说这类金融产品能在多大程度上满足农户农业生产资金需求，仍然需要在后续研究中予以关注。

18 农地抵押贷款借贷行为对农户收入的影响

——基于 PSM 模型的计量分析

18.1 引言

2016 年 11 月 14 日，国务院办公厅印发了《关于完善支持政策促进农民增收的若干意见》，并出台了一系列促进农民增收致富的系列政策，确保实现 2020 年农民人均收入比 2010 年翻一番的目标。董晓林等（2008）认为农村信贷约束依然是制约中国农村经济增长和农民增收的重要因素，并进一步提出抵押担保问题是农民从正规金融机构获得贷款的关键因素。在阻碍农民收入增长的路径上，徐建国认为产权管制下，农民无法充分利用土地资产创造收入并积累资本，是农民收入增长缓慢的根本原因之一。土地抵押权缺失导致农民资金需求难以满足，无法依靠信贷手段扩大投资，农村资本投入不足，既阻碍了农业产出的增加，也阻碍了农民增收。

为解决农民"贷款难、贷款贵"的难题、促进农业生产经营、提高农民收入，农村土地经营权抵押贷款试点正在迅速开展。2015 年 12 月 27 日全国人大常委会授权国务院在北京市大兴区等 232 个试点县（市、区）行政区域暂时调整实施有关法律规定，明确提出：在试点县行政区域，允许以农村承包土地的经营权抵押贷款。经统计，农地抵押贷款试点已经涵盖中国除上海、港澳台之外的 30 个省份。截至 2015 年年末，全国共发放农地抵押贷款 489.91 亿元。农业部数据显示，经过长期发展积累，目前全国农村集体经济组织拥有土地等资源性资产 66.90 亿亩。赋予农户土地抵押权，激活了农村生产要素，完成了农地从资源到资本的转变，盘活了农村"沉睡"资本，改变了农村土地资源长时间低效运行的状况，实现了农村资产资本化运作，拓宽了金融资本投入农业的渠道，破解了农业发展中的资金瓶颈问题，促进了农业发展。

在农地抵押贷款促进农户收入增长研究方面：叶剑平等从三个方面分析了放开农地抵押后的可能收益，一是农地产权更加清晰完整，土地价值提高；二是增加农民土地投入，农业产出增加；三是提高农民收入。Besley 等认为农地抵押贷款可以缓解农户融资约束，提高农户贷款可得性，增加农业投资，进而提高农户收入水平。郭忠兴等认为农地抵押可以降低贷款交易费用割断"利率提升链"，以帮助农民积累资本、提高财富水平。在实证研究方面，于丽红等以辽宁省昌图县 486 份数据为例，运用 Likert 五级量表法研究了农地抵押贷款对参与农户生产改善和收入增长的促进作用，结果表明农地抵押贷款在改善农户生产状况以及促进农民增收方面作用显著，其 Likert 值分别是 4.37 和4.20。曹瓅等运用 Tobit 模型研究了农村产权抵押借贷行为对家庭福利的影响，发现产权抵押贷款对农户的家庭年收入、非农收入有显著影响，对农户的农业收入影响不显著。

本章以宁夏和陕西地区6427户农户微观数据为例，采用倾向得分匹配法（Propensity ScoreMatching，PSM），实证分析了农地抵押贷款借贷行为对农户收入、农户农业收入的影响，并深入研究了不同教育背景、年龄下农地抵押贷款借贷行为促进农户收入增长的组群差异。

18.2　研究假说

已有研究显示，农户的生活消费性资金需求主要通过民间借贷满足，而正规借贷资金主要用于生产经营。于丽红等对农地抵押贷款使用现状进行研究发现，农户获得的农地抵押贷款主要用于农业生产投资，农地抵押贷款资金具有典型的生产投资性特点。农户将从金融机构获取的贷款资金用于生产经营，从而扩大经营规模、提高经营效率，进而促进了农户收入的提高，贷款促进收入增长的经济学解释见图18-1。贷款之前，农户的生产性投入为I_0，收入为R_0。贷款获得后，农户会将贷款资金用于生产经营性（I_1）活动，由于生产经营投资的增加会显著提高农户的收入R_1。第二年农民会继续将上一期的部分收入投入到生产经营中去，从而使次年的生产性投入I_2大于I_0，进而提高第二年的收入水平R_2。如此循环往复，直至在农户的储蓄（S）约束下，生产经营性投资的边际收益MI等于0。因此，贷款对农户收入的增长是"持续性"而非"暂时性"的。贷款对农户的收入促进作用是"反事实"，R_i（$i \geq 1$）相对于R_i的增长，$i=t$时贷款对农户收入的促进作用完全发挥，$i \neq t$时贷款对农户收入的促进作用还没有发挥完全，农户会将贷款带来的收入增长用于再生产，继续提高其收入。

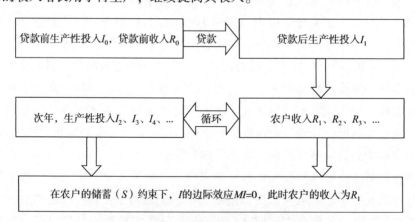

图18-1　贷款促进收入增长的经济学解释

假说H1：在排除其他因素的影响下，农地抵押贷款可以显著促进农户收入的增加。

受中国耕地面积较小、土地租金较低、交易成本较高以及金融机构控制风险的影响，农地抵押贷款规模有限。汪险生等进一步提出土地薄市场和法律风险的双重约束限制了农地抵押贷款的贷款额度。此外，由于农地抵押贷款试点时间晚，部分参与农户为新增贷款农户，农地抵押贷款对农户收入的促进作用还没有发挥完全（R_i中的$i \neq t$）。基于此，笔者判断现阶段农地抵押贷款对农户收入的促进作用和其他贷款相比并不存在优势。

假说 H2：由于试点时间有限，贷款金额较小，现阶段农地抵押贷款对农户收入的促进作用要小于其他正规借贷。

根据农地抵押贷款非试点地区的调查，贷款可以显著促进农民收入、非农收入增长。郭敏等发现，相对于非农产业，农业产业比较收益较低，农户对农业扩大再生产积极性不高。黄祖辉等发现信用社倾向于贷款给非农经营收入高的农户。长久以来，中国农业投入不足，制约了农业现代化发展。农地抵押贷款的设计初衷就是为了解决农户农业生产中的融资难题，从而增加农业生产投入，促进农民农业增收，从而使得贷款"取之于农，用之于农"。

假说 H3：相对于其他贷款，农地抵押贷款对农户农业收入的促进效果较显著。

18.3   研究方法与数据来源

18.3.1   模型选择

在贷款收入效应研究方面，已有研究较多使用了 IVQR、Tobit、随机效应模型、固定效应模型和工具变量法等。诸多模型大都没有解决农户的"自选择"（Self Selection）问题，此外，这些模型在选择、使用上存在较多限制，在函数形式、误差项的分布上也存在诸多要求，工具变量的选取也较为困难。PSM 模型的优点在于，不仅解决了样本由于"自选择"带来的"选择偏差"（Selection Bias）和有偏估计（Biased Estimate）问题，而且在处理变量内生性问题时，PSM 模型解决了其他模型使用限制较多的难题。

首先，农户是否参加贷款是参加者自我选择的结果。低收入农户一般缺少合适的投资机会，对贷款的需求较低，很少选择通过贷款资金进行生产经营。程郁等、黎翠梅等的研究显示，收入、年龄等影响个人风险偏好的变量显著影响农户贷款和农地抵押贷款需求。王曙光等也发现农民收入水平与贷款可得性有明显的相关关系。由于样本中贷款农户和未贷款农户的划分不是随机的，将导致样本"自选择"问题和模型估计结果偏误。

在估计贷款参与行为对农户收入的影响作用时，由于试验组和对照组成员的初始条件不完全相同，存在"选择偏差"，所以不能通过简单的统计对比来确定贷款参与行为对农户收入的影响，真正应该考虑的是试验组未来是否会比上述成员如果没有参加贷款（假想）的未来收入更高。由于贷款参与者未参与贷款的行为无法直接观察，实际上这是一种"数据缺失"（Missing Data）问题。

为此，Rubin 提出了"反事实框架"（Counterfactual Framework），也称为"鲁宾因果模型"（RCM）。之后，Rosenbaum 等提出了倾向得分匹配。PSM 是典型的反事实因果推断分析框架。观察样本后，可将参与过农地抵押贷款和参与过农地抵押贷款之外其他正规金融借贷的农户划分为试验组 A 和试验组 B，将未参与过正规金融借贷的农户划分为对照组。PSM 的思路就是将试验组和对照组的样本按照倾向得分进行匹配，使得对照组和试验组的主要特征尽量相似，然后用对照组模拟试验组未参与正规借贷（反事实）的状态，进而比较农户在参与过正规借贷后的收入差异。

其次，在处理变量的内生性问题时，PSM 模型解决了其他模型使用限制较多的难题。Heckman 等认为，在模型使用时，PSM 由于不需要事先假定函数形式、参数约束及误差项分布，也不需要解释变量外生以识别因果效应，因此更具优势。

PSM 的缺陷在于倾向得分估计，主要是基于个体对贷款的参与完全取决于可观测解释变量（也称"协变量"），这种选择称为"依可观测变量选择"（Selection on Observables），影响决策变量的不可观测特性不直接发挥作用。如果协变量太少或选择不当会导致可忽略性假设不满足，则不可观测特性将导致倾向得分的错误样本匹配和较大偏差。一种解决方法是使用更多的协变量，以满足可忽略性假设，然后使用匹配估计量。另一种解决方法就是使用"偏差校正匹配估计"（Bias-corrected Matching Estimator）（详见下文）。尽管 PSM 也存在缺陷，Jalan 等认为，在横截面数据分析中，Heckman 两阶段模型或工具变量法的弱工具变量限制会导致比倾向得分方法更严重的变量选择。

18.3.2 研究步骤

首先，运用 Logit、Probit 或非参数估计（一般使用 Logit 模型），计算每个农户参与贷款的条件概率拟合值，此概率值也就是倾向得分值（PS）。

$$PS_i = Pr[D_i = 1 \mid X_i] = E[D_i = 0 \mid X_i] \tag{18-1}$$

其中，$D_i = 1$ 表示农户参与过正规借贷；$D_i = 0$ 表示农户未参与过正规借贷；X_i 表示可观测到的农户特征（协变量）。然后，对试验组和对照组样本进行匹配。在进行倾向得分匹配时，有不同具体方法。在实际匹配时，使用哪种方法或参数尚无明确说法。一般来说，不存在适用于一切情形的最优方法，需要根据具体数据米选择匹配方法。Caliendo 等认为各类方法对偏差和效率间的权衡存在差异，因此不同匹配方法的结果可能不同。本章尝试不同的匹配方法，并将匹配结果进行比较。如果不同方法的结果相似，则说明结果是稳健的，不依赖于具体方法。

本章最终选择 6 种方法进行匹配。（1）k 近邻匹配。通过寻找倾向得分最近的 k 个不同组个体进行匹配，本章根据 Abadie 等建议，将 k 设定为 4，进行一对四匹配，从而最小化均方误差（MSE）。（2）卡尺匹配。由于"最近邻居"也可能距离较远，k 近邻匹配有时会失去可比性。改进的办法是通过限制倾向得分的绝对距离从而进行"卡尺匹配"，保守起见，本章将卡尺范围定为 0.02，对倾向得分相差 2% 的观测值进行匹配。（3）卡尺内最近邻匹配。还有一种方法是将 k 近邻匹配和卡尺匹配相结合，卡尺内最近邻匹配就是在给定的卡尺范围内寻找最近匹配。本章将卡尺范围定为 0.02，对倾向得分相差 2% 的观测值进行一对四匹配。（4）核匹配。通过设定倾向得分带宽 0.06，并将倾向得分在带宽内的所有对照组样本加权平均与贷款参与户样本匹配，本章使用二次核来进行核回归。（5）样条匹配。本章的样条匹配采用下载的非官方命令 spline 进行默认回归。（6）偏差校正匹配估计。非精确匹配（Inexact Matching）一般存在偏差，Abadie 等提出了偏差校正的方法，通过回归方法估计偏差，从而得到"偏差校正匹配估计量"。本章以样本协方差矩阵的逆矩阵为权重矩阵，使用马氏距离进行匹配，匹配标准为一对四匹配，所有解释变量用于偏差校正，并使用异方差稳健标准误（下文一律直接使用匹配方法的名称，而不再详细说明匹配的卡尺、带宽等）。

随后进行平衡性检验，通过检验配对后样本在解释变量上有无显著差异来确保匹配质量。协变量多，虽然可以带来更加丰富的匹配信息，满足可忽略性假定，但也会使得平衡性假设难以满足。最后，计算试验组和对照组的平均收入差异，即参与者平均处理效应（Average Treatment Effect on the Treated，ATT），以得到贷款参与行为对农户的净收入促进作用。

$$ATT = E(y_{1i} \mid D_i = 1) - E(y_{0i} \mid D_i = 1) = E(y_{1i} - y_{0i} \mid D_i = 1) \qquad (18-2)$$

其中 y_{1i} 为参与过正规借贷行为农户的收入；y_{0i} 为贷款参与农户（假想状态下）没参加贷款可能的收入；$E(y_{1i} \mid D_i = 1)$ 可以观测，而 $E(y_{0i} \mid D_i = 1)$ 不可以观测，是一个反事实结果，需要运用倾向得分匹配构造 $E(y_{0i} \mid D_i = 1)$ 的替代指标。

18.3.3 数据处理

贷款促进农户收入增长往往存在一定滞后期。一般来讲，如果有某一年份的农户收入数据，若研究贷款对收入的影响，必须寻找前期农户的贷款参与行为作为研究对象，当期发生的贷款参与行为会对收入增长的衡量造成消极影响。若将当期贷款的农户归入试验组，由于贷款期限短，农户将贷款用于生产经营后的收入促进作用尚未完全体现，则会低估贷款对收入的影响；若将当期贷款农户归入对照组，由于贷款已经获得，收入促进作用已经发挥，会提高对照组农户收入，进而低估贷款对收入的影响。部分研究忽视了这一点，造成了对农户贷款后收入促进作用的低估。

由于调研当年的农户收入不可见，本章的调研收入一律为调研前一年的农户收入。收入统计当期的贷款参与行为会低估模型最终结果，因此，结合调研数据，在贷款参与农户的选取上，本章试验组是收入统计前 4 年中参与过农地抵押贷款、其他贷款的农户。一方面收入统计前 4 年中的贷款参与行为可以积极影响农户收入；另一方面，若时间跨度过长，农户对贷款行为的回忆会产生偏差，进而影响模型结果。为避免贷款参与行为对收入影响的低估，笔者删除了收入统计当期参与过贷款，而之前 4 年未参与过贷款的农户数据，从而确保试验组中贷款农户贷款后最少有一年期的收入真实可见。

18.3.4 数据来源

本章所用数据来自课题组 2014—2016 年对陕西高陵县、宁夏平罗县和同心县的实地调研。在调查方法上，本章采取多阶段分层抽样与随机抽样相结合的方法。课题组首先选取西部地区经济发展水平存在差异的样本县；其次，在样本县筛选开展过农地抵押融资业务的镇；再次，在样本镇内采用分层抽样法，选取经济发展水平不同的样本村；最后，在样本村内进行随机抽样调研。数据具有较强的时效性和较好代表性。在问卷调查过程中，调研员与农户当面访谈并填写问卷。调研共获取问卷 6629 份，删除奇异值、缺失数据和不符合文章要求的数据，共获取有效问卷 6427 份。其中参与过正规借贷的问卷

1699 份，参与过农地抵押贷款的问卷共 643 份。

18.3.5 指标描述

在变量选择上，本章以户均收入、户均农业收入和户均非农收入作为结果变量；以是否参与过农地抵押贷款和是否参与过其他正规形式的贷款作为处理变量；选择户主特征、家庭特征、社会关系特征、机构特征和其他特征作为协变量（见表 18-1）。

表 18-1　农地抵押贷款、其他贷款参与农户和未参与正规借贷农户指标差异的统计性描述

指标类型	指标名称	赋值说明	对照组（C）	农地抵押贷款农户（A）	差值（A-C）	其他贷款参与农户（B）	差值（B-C）
收入指标	户均收入（千元）	连续变量	61.336	125.223	63.887***	132.682	71.346***
	户均农业收入（千元）	连续变量	17.844	64.413	46.569***	57.136	39.292***
	户均非农业收入（千元）	连续变量	43.492	60.811	17.319***	75.546	32.054***
户主特征	户主性别	1=男，0=女	0.794	0.969	0.175***	0.951	0.157***
	户主年龄	1=29 岁及以下，2=30~39 岁，3=40~49 岁，4=50 岁及以上	3.266	2.807	-0.459***	2.860	-0.406***
	年龄平方	年龄的平方	11.564	8.770	-2.794**	9.047	-2.517***
	户主受教育年限（年）	连续变量	7.425	7.180	-0.245*	7.917	0.492***
	受教育年限平方	受教育年限的平方	64.840	61.053	-3.787**	71.197	6.357***
家庭特征	人均耕地面积（亩）	连续变量	2.226	5.395	3.169***	8.904	6.678***
	家庭人口（人）	连续变量	4.598	4.451	-0.147**	4.246	-0.352***
	劳动力占比	连续变量	0.593	0.621	0.028***	0.622	0.029***
	农业收入占比	连续变量	0.317	0.508	0.191***	0.437	0.120***
	人均家庭资产价值（千元）	连续变量	71.060	115.595	44.535***	135.771	64.711***

续表

指标类型	指标名称	赋值说明	对照组（C）	农地抵押贷款农户（A）	差值（A-C）	其他贷款参与农户（B）	差值（B-C）
社会关系特征	是否有亲朋担任村干部	1＝是，0＝否	0.109	0.190	0.081***	0.164	0.055***
	是否有亲朋在银行或信用社工作	1＝是，0＝否	0.046	0.104	0.058***	0.098	0.052***
机构特征	机构信誉	1＝非常不满意，2＝不满意，3＝一般，4＝满意，5＝非常满意	3.721	4.145	0.424***	3.998	0.277***
	机构服务满意度	1＝非常不好，2＝不好，3＝一般，4＝好，5＝非常好	3.736	4.156	0.420***	4.006	0.270***
其他特征	对农地抵押贷款的了解程度	1＝没听说过，2＝听说过一点，3＝一般，4＝基本了解，5＝非常了解	1.687	3.759	2.072***	2.559	0.872***
	未来融资需求	1＝否，2＝说不清，3＝是	1.778	2.913	1.135***	2.616	0838***

注：*、**、*** 分别代表 10%、5%、1% 的显著性水平，下同。

表 18-1 的统计结果显示，对照组和两类试验组中样本农户的各类统计指标均显示出了明显的统计性差异，t 检验结果显著拒绝了对照组和试验组无系统性差异的假设。农地抵押贷款对农户的收入有显著正向影响，统计显示农地抵押贷款的参与农户比未参加过正规借贷的农户户均收入高出 6.39 万元，户均农业收入高出 4.66 万元，户均非农收入高出 1.73 万元。其他贷款行为对农户的收入也有显著正向影响，相比于未参与过正规借贷的农户，参与过其他贷款的农户其户均收入会高出 7.13 万元，户均农业收入会高出 3.93 万元，户均非农收入高出 3.21 万元。由于参与贷款是农户的"自选择"行为，统计指标的差异性可能不是贷款参与行为的必然结果，而是由其他因素导致的。因此，需要建立 PSM 模型来分析贷款参与行为对农户收入的促进作用。

18.4　农户贷款参与决策方程估计

为实现正规借贷参与农户和未参与过正规借贷农户样本匹配，首先需要估计农户的贷款参与决策方程（包括农地抵押贷款方程和其他贷款方程），本章使用 Stata12.0 软件运行模型。农地抵押贷款方程包括农地抵押贷款参与农户（643 户）和未参与过正规借贷的农户（4728 户），共计 5371 户样本；其他贷款方程包括其他贷款参与农户（1056户）和未参与过正规借贷的农户（4728 户），共计 5784 户样本（两方程的模型估计结果见表 18-2）。

表 18-2　基于 Logit 模型的农户贷款参与决策方程估计结果

指标类型	指标名称	农地抵押贷款	其他贷款
户主特征	户主性别	1.5334 **	1.2992 ***
	户主年龄	−0.3222 ***	1.0785 ***
	年龄的平方		−0.2488 ***
	受教育年限	−0.1749 ***	0.0220
	受教育年限的平方	0.0060 *	
家庭特征	人均耕地面积	−0.0203 ***	0.0038
	家庭规模	0.1867 ***	−0.0008
	劳动力占比	0.5981 **	0.3421 *
	农业收入占比	1.2504 ***	0.7162 ***
	人均家庭资产价值	−0.0005	−0.0013 ***
社会关系特征	村干部关系	0.2860 *	0.2877 **
	银行或信用社关系	0.8190 ***	0.5874 ***
机构特征	机构信誉	0.3133 **	0.3295 ***
	机构服务满意度	0.3399 **	0.1223
其他特征	了解程度	0.9797 ***	
	未来融资需求	1.9454 ***	1.1023 ***
统计检验	Pseudo-R^2	0.5320	0.2344
	LR 统计量	2093.69 ***	1288.70 ***
	样本容量	5371	5784

从表 18-2 可以看出，本章选取的协变量对农户农地抵押贷款和其他贷款的参与行为有显著影响。其中受教育年限对农地抵押贷款参与行为的影响呈"正 U 形"，受教育水平较低农户和较高农户的参与行为较强烈。而农户人均家庭资产价值对农地抵押贷款的参与行为没有显著影响。在其他贷款上，户主年龄对其他贷款参与行为的影响为"倒 U 形"，户主年龄较大和较小农户的其他贷款参与行为较少，受教育年限、人均耕地面积、家庭规模和当地金融机构服务的满意度对其他贷款的参与行为没有显著影响。

18.5　贷款的收入增长促进作用测算

18.5.1　共同支撑域与 PSM 结果

为确保匹配质量，在获得农户参与农地抵押贷款和其他贷款的倾向得分之后，还需要进一步讨论匹配的共同支撑域。图 18-2 是农户倾向得分匹配后的密度函数图，可以看出，匹配过后农地抵押贷款、其他贷款参与农户和对照组农户的倾向得分区间具有相当大范围的重叠，此重叠区间即是共同支撑域，可见本章共同支撑域条件令人满意，大多数观察值在共同取值范围内，进行倾向得分匹配仅会损失少量样本。

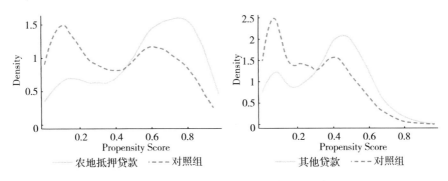

图 18-2　农户倾向得分匹配后的密度函数

根据不同的匹配方法会损失不同的样本数，表 18-3 给出了在不同匹配方法下样本的最大损失结果。可以发现，实验组中最多损失 5 个样本，而对照组即使损失 687 个样本后，仍然有 4041 个匹配样本，说明最终匹配效果较好。

表 18-3　PSM 匹配结果

组别	农地抵押贷款方程			其他贷款方程		
	未匹配样本	匹配样本	总计	未匹配样本	匹配样本	总计
对照组	687	4041	4728	1	4727	4728
实验组	5	638	643	4	1052	1056
总计	692	4679	5371	5	5779	5784

18.5.2　PSM 匹配结果

倾向得分估计的一个重要目的是平衡试验组和对照组农户之间解释变量的分布。因此，在样本匹配完成后，需要进行平衡性检验，具体结果见表 18-4。

表 18-4　倾向得分匹配前后解释变量平衡性检验结果

匹配方法	农地抵押贷款方程			其他贷款方程		
	Pseudo-R^2	LR 统计量	标准化偏差	Pseudo-R^2	LR 统计量	标准化偏差
匹配前	0.531	2089.63	56.5	0.228	1256.15	38.5
k 近邻匹配	0.015	27.34	6.9	0.002	4.75	2.5
卡尺匹配	0.015	27.10	6.7	0.002	4.93	2.1
卡尺内最近邻匹配	0.015	26.53	6.7	0.002	4.92	2.5
核匹配	0.016	27.58	6.6	0.002	4.71	2.2
样条匹配	0.011	19.8]	5.4	0.003	7.69	2.9
偏差校正匹配估计	0.011	19.81	5.4	0.002	4.71	2.2

在样本匹配后，解释变量的标准化偏差减少到 2.1% ~ 6.9%，降低了总偏误。根据 Rosenbaum 等的研究，匹配过后，如果两组样本之间的标准化偏差大于 20%，则意味着匹

配失败，显然，本章的匹配是成功的。农地抵押贷款方程的 LR 统计量由匹配前的 2089.63 下降到匹配后的 19.81~27.58，其他贷款方程的 LR 统计量由匹配前的 1256.15 下降到匹配后的 4.71~7.69。Pseudo-R^2 值也显著下降，农地抵押贷款方程的 Pseudo-R^2 值从匹配前的 0.531 下降到匹配后的 0.011~0.016，其他贷款方程的 Pseudo-R^2 值从匹配前的 0.228 下降到匹配后的 0.002~0.003。检验结果表明，匹配显著降低了试验组和对照组间解释变量分布的差异，最大限度降低了样本选择偏误，倾向得分估计和样本匹配是成功的。

18.5.3 收入促进作用测算

表 18-5 给出了在 6 种匹配方法下测算的农地抵押贷款和其他贷款参与行为对农户收入增长的促进作用（包括户均收入、户均农业收入和户均非农收入）。可以发现，虽然采用了多种匹配方法，但是模型结果基本相同，说明本章结果具有较强稳健性。除了偏差校正匹配中的户均非农收入外，农地抵押贷款中户均收入、户均农业收入、户均非农收入的增长测算结果均通过了显著性检验，验证了假说 H1：农地抵押贷款促进了农户收入的增长；而其他贷款中户均收入和户均非农收入的增长测算结果均通过了显著性检验，户均农业收入增长的测算结果显著性较差，说明其他贷款对农户农业收入的促进作用较弱。在表 18-5 的最后三行给出了六种测算方法的平均结果。可以看出，农地抵押贷款显著促进了参与农户收入的增长，在排除其他因素的影响下，参与农地抵押贷款会提高农户户均收入 18223.8 元，户均农业收入 9807.9 元。参与其他贷款提高农户户均收入 28843.4 元，户均非农收入 22691.6 元。而与试验组、对照组农户收入差值的统计结果对比之后，可以发现倾向得分匹配后测算的农户收入增长要小于统计汇总结果（见表 18-6）。倾向得分匹配法将贷款从其他影响农户收入的因素中独立出来，计算结果更为精准。可以发现，不管是户均收入还是户均非农收入，其他贷款的促进作用均大于农地抵押贷款，验证了假说 H2：现阶段农地抵押贷款对农户收入的促进作用要小于其他正规借贷。模型结果还显示，对其他贷款而言，农业收入增长结果没有通过显著性检验，而对农地抵押贷款参与农户而言，户均农业收入增长了 9807.9 元。说明相对于其他贷款，农地抵押贷款在支持农业生产、提高农民农业收入方面的效果更加显著，验证了假说 H3。由于"自选择"的原因，导致贷款参与农户和未参与过正规借贷农户收入存在差距的原因有很多，贷款对农户收入的促进作用只是其中的一种重要因素。表 18-6 的最后一行给出了基于 PSM 方法计算的农户贷款后收入增长与试验组、对照组收入差值统计结果的比较。倾向得分匹配后测算的农户收入增长要小于统计结果，在剔除了贷款对农户收入增长的影响后，贷款参与农户在贷款参与之前往往拥有较高的收入、农业收入（见表 18-6 两者差值），农地抵押贷款和其他贷款一样，仅对拥有一定收入水平的农户有收入促进作用，无法从根本上解决较贫困农户的收入增长问题。

表 18-5　贷款的收入增长促进作用测算结果

匹配方法	收入指标	农地抵押贷款（ATT）	其他贷款（ATT）
k 近邻匹配	户均收入	21676.5** （8601.4）	29182.6*** （6803.8）
	户均农业收入	10958.3* （6178.1）	6404.5 （4831.7）
	户均非农收入	10718.3* （6215.1）	22778.1*** （4969.9）
卡尺匹配	户均收入	18702.2 （7272.0）	32173.7*** （6010.5）
	户均农业收入	9003.4* （5440.4）	8709.6* （4174.7）
	户均非农收入	9927.4* （5192.7）	23464.1*** （4568.9）
卡尺内最近邻匹配	户均收入	21733.4** （8570.4）	30722.9*** （6783.2）
	户均农业收入	11145.7* （6160.6）	8314.0* （4815.2）
	户均非农收入	10587.7* （6190.5）	22409.0*** （4973.8）
核匹配	户均收入	17950.3** （7175.1）	30476.0*** （6014.2）
	户均农业收入	9203.7* （5414.7）	6491.1 （4184.3）
	户均非农收入	8746.6* （5112.5）	23984.9*** （4548.3）
样条匹配	户均收入	17973.1** （7499.1）	28563.2*** （6497.4）
	户均农业收入	8757.1* （5291.7）	4924.1 （5415.6）
	户均非农收入	9216.0* （4979.9）	23639.1*** （4726.3）
偏差校正匹配估计	户均收入	11337.1* （6297.2）	21942.0*** （5566.2）
	户均农业收入	9779.0** （3978.4）	2067.8 （3676.4）
	户均非农收入	1558.1 （4470.3）	19874.3*** （4091.7）
平均值	户均收入	18223.8	28843.4
	户均农业收入	9807.9	
	户均非农收入		22691.6

注：* 代表 10% 的显著性水平，** 代表 5% 的显著性水平，*** 代表 1% 的显著性水平。括号内汇报的是标准误。其中样条匹配结果的标准误通过自助法得到，重复抽样次数为 200 次。在不影响平衡性检验结果的前提下，测算卡尺匹配中农地抵押贷款参与行为对户均农业收入的促进作用时使用的卡尺为 0.03。

表 18-6　收入差异比较

项目	农地抵押贷款农户		其他贷款农户	
	户均收入	户均农业收入	户均收入	户均非农收入
收入差值的统计结果（元）	63886.9	46568.4	71345.9	32054.1
PSM 结果（元）	18223.8	9807.9	28843.4	22691.6
两者差值	45658.1	36760.5	42502.5	9362.5

18.5.4　组群差异分析

本章分别根据户主受教育水平、户主年龄将农户分成 4 组，以便进一步研究农地抵押贷款、其他贷款参与行为对农户收入促进的组群差异。不同教育背景、年龄下贷款对农户收入的促进作用通过卡尺内最近邻匹配给出，具体结果见表 18-7。

　　教育水平是重要的人力资本变量，其不仅影响农户对贷款的参与行为，而且在贷款参与之后，对农户家庭收入也有重要影响。对贷款农户而言，教育水平高，意味着农户拥有较为广阔的视野和丰富的知识，更容易发现农村中的生产投资机遇，贷款的申请额度高，对贷款资金的利用效率也越高。表 18-7 结果显示，教育水平在高中及以上的农户，贷款后对收入的促进作用较强烈（农地抵押贷款和其他贷款分别增加了农户户均收入 61733.9 元和 42748.8 元）。前文分析结果说明，农地抵押贷款由于贷款金额小，试点时间短，对农户收入的促进作用小于其他贷款，而从表 18-7 可以看出，教育水平在高中及以上的农户在获得农地抵押贷款后对收入的促进作用（61733.9 元）远大于其他贷款（42748.8 元）。表 18-7 结果还显示，对初中文化水平的农户而言，农地抵押贷款后对其农业收入的促进作用更加显著，共 17764.3 元，远远大于卡尺内最近邻匹配下全体农户的测量结果 11145.7 元。农地抵押贷款若想更好地发挥其促进农民收入、农业收入增长的作用，需要将潜在客户瞄准具有一定教育水平的农户（初中及以上学历）。初中、高中及以上学历的农户，通过其他贷款分别提高了收入 34982.6 元和 42748.8 元，然而，这部分收入增长中，非农业收入占据了绝大部分的比重（非农收入增长分别为 26730.9 和 37558.7 元）。所以，发放农地抵押贷款给一定文化水平（初中、高中及以上学历）的农户，是促进贷款流入农业领域、促进农民农业收入增长的最有效途径。

表 18-7　收入促进作用的组群差异结果　　　　　　　　　　单位：元

项目	分类标准	农地抵押贷款			其他贷款		
		户均收入	户均农业收入	户均非农收入	户均收入	户均农业收入	户均非农收入
户主受教育水平	文盲	20535.7	2299.0	18236.7	-5960.7	3832.6	-9793.3
	小学	-18670.3	-1496.8	-17173.2	3331.9	-3469.0	6800.7
	初中	21621.4***	17764.3**	3856.9	34982.6**	8251.6	26730.9***
	高中及以上	61733.9**	29120.6	33645.5*	42748.8***	5190.2	37558.7***
户主年龄	29 岁及以下	39573.0*	32406.7	7166.7	26993.4	5097.6	21896.0
	30~39 岁	23035.2*	17441.3*	7489.2	67880.5***	27383.2**	40497.4***
	40~49 岁	19016.2	13320.7	5695.4	31972.5***	16838.2**	15134.3**
	50~59 岁	34109.4**	9101.8	25007.5*	26932.1***	7281.8**	19650.4**

　　注：在不影响平衡性检验结果的前提下，测算农地抵押贷款对收入的促进作用时，部分分组进行了卡尺内一对三匹配（包括户主学历为高中及以上农户的户均非农收入和户主年龄在 30~39 岁农户的户均农业收入）。

　　除了受教育水平以外，户主年龄也对农户的贷款参与行为有重要影响，并在农户贷款之后，间接影响农户的收入增长。大龄农户受中国传统观念的影响，对贷款资金的使用较为保守，大多使用自有资金来进行生产经营，很少因为生产经营性目的通过贷款融入资金。加之大龄农户通常文化水平低，其对贷款资金一般缺乏有效利用。从表 18-7 可以看出，对其他贷款而言，户主年龄在 29 岁及以下的农户没有通过显著性检验，但对户主年龄 30 岁及以上的农户而言，随着户主年龄的增长，其他贷款对农户收入增长的促进作用在逐渐降低。模型结果显示，对户主年龄在 30~39 岁的农户而言，参与其他贷款后农户户均收入的增长远远高于卡尺内最近邻匹配下其他贷款参与农户的 30722.9 元。可能的原因在于，这类中年农户是农村的中坚劳动力，因为年富力强，可以在生产经营中通过投入较重的劳动强度和较多的劳动时间创造更多的劳动价值，又因为多年的生活经验，其往往对增加家庭收入有一定的想法，并因为拥有足够的社会生活经验避免经营风险。对农地抵押贷款农户而言，可以发现户主年龄在 29 岁及以下和 50~59 岁的农户其贷款后对收入的促进作用更加强烈。原因在于，随着农村青年、中年外出务工的增多，50 多岁农户由于年龄限制逐渐成为如今农村耕作的主要劳动力，其往往也拥有较多的土地经营面积，可以获得较多的农地抵押贷款额度。

18.6　结论与政策建议

1. 农地抵押贷款和其他贷款均促进了农户收入增长，参与农地抵押贷款会提高农户户均收入 18223.8 元，户均农业收入 9807.9 元，参与其他贷款可以提高农户户均收入 28843.4 元，户均非农收入 22691.6 元。相对于其他贷款，农地抵押贷款由于试点时间有限、贷款金额较小，现阶段其对农户的增收作用较弱。然而，相比其他贷款，农地抵押贷款在支持农村农业生产发展上发挥了重要作用，显著提高了农户的农业收入。

2. 由于"自选择"的原因，获得贷款的农户，其收入要远远高于未获得贷款的农户。剔除贷款对农户收入的影响后，贷款参与、未参与农户收入水平仍存在差异。说明农地抵押贷款和其他贷款一样，仅对拥有一定收入水平的农户起到了收入促进作用。收入水平较低下农户由于贷款需求不足或者受到信贷约束，并没有真正从农地抵押贷款和其他形式的贷款中获益，农地抵押贷款无法从根本上解决较贫困农户的收入增长问题。

3. 户主学历为高中及以上的农户，贷款后收入的增长较强烈。同时，高中及以上学历的农户在农地抵押贷款后，会获得比其他形式贷款更高的收入增长。

4. 户主年龄在 29 岁及以下、50~59 岁的农户农地抵押贷款后可以获得较高的户均收入增长；对户主年龄 30 岁及以上的农户而言，随着户主年龄的增长，参与其他贷款对农户收入增长的促进作用在逐渐降低。

基于以上结论，为进一步促进农业生产发展、提高农民收入，农地抵押贷款在试点过程中应做好以下几个方面的工作：

1. 鉴于农地抵押贷款和其他形式的贷款，更多地惠及了拥有一定收入水平的农户。因此，若想解决贫困农户收入增长难题、更好发挥金融扶贫作用，农地抵押贷款还需要在降低贫困农户贷款获取门槛上继续创新。

2. 由于土地薄市场和法律风险的双重约束，农地抵押贷款数额小，农地抵押贷款对农户收入增长的促进作用相对于其他贷款并无优势。针对此，可以健全土地流转交易机制、完善抵押土地流转的相关法律法规，在合理评估土地价值的基础上，提高农地抵押贷款的数额，从而使得农地抵押贷款更有效地促进农民收入增长。

3. 农地抵押贷款在支持农业生产发展，促进农民农业收入增长方面发挥了巨大作用。为更好地促进农业现代化发展，促进农民增收致富，应加速扩大试点推广，提高农地抵押贷款在农户总贷款中的份额。

4. 鉴于户主学历在高中及以上的农户在农地抵押贷款后获得了较高的收入增长，对贷款资金的利用效率较高，农地抵押贷款若想更好地发挥其促进农民收入增长的作用，需要将潜在客户瞄准具有一定教育水平的农户。同时，29岁及以下的农户在农地抵押贷款后可以获得较高的收入增长，在发放农地抵押贷款时，可以适当地提高其贷款额度。本章认为，提高农民的教育文化水平是提高农民收入最根本的途径。

19 农地经营权抵押贷款试点政策效果仿真模拟研究

——以宁夏平罗县 658 份农户数据为例

19.1 引言

破解"三农"问题，推进乡村振兴战略的实施，是中国经济转型期农村经济社会发展的首要问题。在中国以商业性金融为主导的农村金融体系中，缺乏抵押物是农村信贷主体特别是农户面临信贷排斥的一个重要原因，农业的弱质性、高风险性约束了农户资金积累能力，且缺乏金融机构认可的抵押"资产"，从而难以获得信贷资金。农村土地经营权抵押贷款正是国家为了拓宽农户贷款融资渠道，盘活农村"沉睡资产"，在试点地区推行的重要金融创新产品。2008 年 10 月，中国人民银行、中国银行业监督管理委员会联合发布《关于加快农村金融产品和服务方式创新的意见》，由此，农地经营权抵押贷款试点开始在全国范围内开展。2015 年 12 月 27 日，第十二届全国人民代表大会常务委员会第十八次会议授权国务院在部分试点县（市、区）行政区域分别暂时调整实施有关法律规定，并于 2017 年 12 月 27 日延长授权至 2018 年 12 月 31 日。随着 2018 年 12 月 29 日第十三届全国人民代表大会常务委员会第七次会议《关于修改〈中华人民共和国农村土地承包法〉的决定》第二次修正的颁布，农地经营权抵押贷款试点与法律制度有效衔接，"三权分置"条件下农地经营权抵押贷款政策全面推广的法律法规障碍已经突破。

经过十多年的发展，农地经营权抵押贷款政策取得阶段性成效，惠及到了广大农村地区及农业经营主体，取得了良好的政策效果。据统计，截至 2018 年 9 月末，全国 232 个试点地区累计发放农地抵押贷款 964 亿元。但相关研究已证实，农地抵押贷款效果具有显著的异质性，农户面临的抵押融资交易成本依然较高，土地评估价值较低，农户能够获得的资金规模非常有限，使得农户缺乏很高的热情等，这些问题的出现，大大降低了预期的政策效果。因此，本章对农地抵押贷款试点政策效果系统进行仿真建模，分析系统中因素对整体效果的影响机制，以寻找政策优化方案。

通过文献检索发现，国内关于农地抵押贷款政策效果的研究主要集中在从单个因素角度对农地抵押贷款政策效果进行评价。而运用系统动力学方法，从整体系统角度出发，基于试点范围内农地经营权抵押贷款政策效果的预测和仿真模拟研究还不够充分。

系统动力学（System Dynamics, SD）源于 1956 年，是美国麻省理工学院 J. W. Forester 教授提出的能够根据现实事物系统中各因素的相关联系，并借助历史数据建立起来的一种系统动态仿真模型，以此研究未来事物的变化趋势。农地经营权抵押贷款试点政策效果受多重因素影响，是典型的多维度复杂系统。而系统动力学以反馈控制理论为基础，运用计算机仿真技术，能够有效结合定量与定性分析，基于系统整体视角剖析各子系统间的非线性逻辑关系，在系统内部寻找出促进或抑制系统发展的显著影响因素。因此，运用系统动力学方法研究农地抵押贷款试点政策效果仿真模拟具有良好的创新性与适用性。目前，已有文献主要将系统动力学（SD）在土地使用决策、电力系统低碳发展模式、城市汽车发展趋势、农村电商可持续发展、贫困地区减贫效果等社会经济领域进行了应用性分析，在农地经营权抵押贷款政策效果仿真模拟方面尚未见报道。

综合以上考虑，本章以农地经营权抵押贷款试点地区宁夏回族自治区平罗县为例，在法律障碍突破的背景下，运用系统动力学构建农地抵押贷款试点政策效果系统仿真模型，评估试点地区的政策效果，并通过调节相关决策变量，寻找出影响农地经营权抵押贷款政策效果的显著因素、关键因素和敏感因素，为农地经营权抵押贷款政策的实施完善提供依据和指导。

19.2 构建农地经营权抵押贷款试点政策效果仿真模型

19.2.1 系统边界及结构的确定

在系统行为边界方面，通过对农地抵押贷款政策效果的相关文献进行梳理总结，发现国内学者主要从农地抵押贷款对农户的增收效应、福利效应，以及农户贷款的可得性、满意度等方面来评价农地抵押贷款政策效果。结合相关文献及调研数据，本章将宁夏平罗县农地经营权抵押贷款试点政策效果系统划分为：农地抵押贷款可得性子系统、农地抵押贷款响应子系统、农地抵押贷款信贷约束缓解程度子系统、农户家庭年收入子系统4个子系统，共同衡量试点政策整体效果，并构建农地经营权抵押贷款试点政策效果指标体系。农地经营权抵押贷款政策效果指标体系及各子系统影响因素见表19-1。

表19-1 农地经营权抵押贷款政策效果指标体系

研究问题	政策效果衡量指标	各子系统影响因素
农地经营权抵押贷款试点整体效果	农地抵押贷款可得性	土地经营面积、农户信用等级、是否种植或养殖、政策了解程度、贷款经历、社会关系
	农地抵押贷款行为响应	机构信誉评价、贷款期限、机构业务办理积极性、家庭经营类型、政策了解程度、利率评价
	农地抵押贷款信贷约束缓解程度	贷款申请金额、贷款获批金额、土地经营面积、农户信用等级家庭经营类型、社会关系、户主文化程度
	农地抵押贷款家庭年收入	户均年收入、农业年收入、非农业年收入、种植年收入、养殖年收入、土地经营面积，贷款期限外出务工人数

其中，农地抵押贷款可得性子系统主要是指农户能够用自家拥有的农地经营权确权证作为抵押物，向正规金融机构申请贷款并能够获得贷款的经济行为。农户能否获取贷款主要受土地经营面积、信用等级、是否种植或养殖、政策了解程度、社会关系、贷款

经历等因素的影响。

农地抵押贷款响应子系统描述了农户在一定时期内参与农地抵押贷款行为与贷款次数。农户参与农地抵押贷款的次数主要受机构信誉评价、贷款期限、机构业务办理积极性、家庭经营类型、政策了解程度、利率评价等因素的影响。

农地抵押贷款信贷约束缓解程度子系统包含两种情况：一种是指农户在面临资金需求，又缺乏抵押物的情况下，农地抵押贷款能够拓宽农户贷款渠道，增加农户贷款来源；另一种是申请了贷款但未获得足额贷款金额的情况，即农户贷款需求金额与贷款获批金额的差值。农地抵押贷款信贷约束缓解程度主要受贷款申请金额、贷款获批金额、农户信用等级、家庭经营类型等因素的影响。

农户家庭年收入子系统指农户在获得农地经营权抵押贷款后，能够将贷款用于生产投入，从而提高家庭收入的一套系统。家庭年收入直接受家庭人均年收入、农业人均年收入、非农业人均年收入、种植年收入、养殖年收入、土地经营面积、贷款期限、外出务工人数等因素的影响。

在系统时间边界方面，本章需要考虑到各因素对整个农地经营权抵押贷款系统的充分反应时间以及可预测发展的合理时间，模型时间边界确定为 2016—2023 年。

19.2.2　建立系统因果关系图

自试点以来，农地经营权抵押贷款拓宽了农户的信贷渠道，极大提高了农户的信贷可得性。获得贷款的农户会依据首次贷款的情况，再次选择是否继续申请农地抵押贷款，首次贷款经历会显著影响农户对农地抵押贷款的后续响应情况。通过农地抵押贷款，在一定程度上缓解了农户面临的信贷约束，进而对农户的家庭收入水平产生影响。

基于以上对农地经营权抵押贷款政策效果的形成路径分析，构建系统的主要反馈回路：贷款可得性→贷款响应→信贷约束缓解程度→家庭年收入→贷款可得性，并结合上文 4 个子系统的影响因素分析，绘制农地经营权抵押贷款政策效果系统的因果关系图，如图 19-1 所示。

19.2.3　绘制存量流量图

因果关系图只能定性粗略地描述系统的反馈机制，若要进行定量描述，须将图 19-1 所示的因果关系图绘制成存量流量图。因此，根据因果关系图，构建反馈回路设置速率变量及重要的辅助变量，包括以下三种：（1）状态变量 L：农地抵押贷款可得性、农户贷款响应、信贷约束缓解程度、家庭年收入、农地经营权抵押贷款试点整体效果；（2）速率变量 R：贷款可得性变化率、贷款响应率、缓解程度变化率、收入变化率、整体效果变化率；（3）辅助变量 A：贷款申请金额、贷款获批金额、土地经营面积、承包合同剩余年限、利率评价、政策了解程度、家庭经营类型、机构信誉、贷款期限、机构业务办理积极、社会关系、是否种植或养殖。

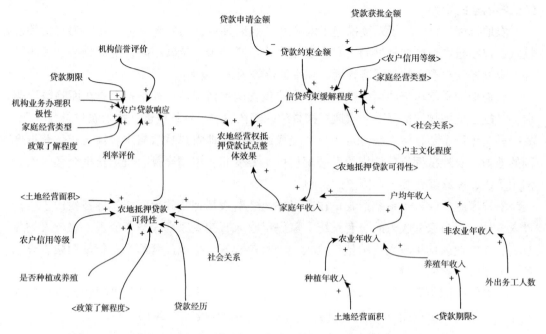

图 19-1　农地经营权抵押贷款政策效果系统的因果关系

分析各子系统之间、变量之间的因果与逻辑关系，绘制存量流量图，见图 19-2。在农地抵押贷款可得性子系统中，土地经营面积与农户信用等级直接影响了贷款可得性，是进行农地经营权抵押贷款业务的重要基石。通过金融机构办理业务积极性与贷款可得性的提高，以及贷款期限的延长等进一步促进农户贷款响应的增加。在信贷约束缓解程度子系统中，最直接的反映就是贷款约束金额的大小，同时户主文化程度、家庭经营类型对其也有一定程度的影响，而贷款获批金额的多少对农户家庭年收入产生直接影响，家庭年收入又是提高贷款可得性的基本动力。在家庭年收入子系统中，家庭年收入主要受到农地经营面积与外出务工人数的影响，除此，贷款期限也是影响种植业和养殖业的重要变量之一。

19.3　数据来源与变量方程赋值

19.3.1　数据来源

本章数据调研采取分层抽样和随机抽样相结合的方法，保证了样本的随机性和代表性。2016—2018 年本团队连续在平罗县选取 9 个乡镇，每个乡镇随机选取不同产业类型（以水稻种植、牛羊养殖为主）的村庄，根据各村常住人口规模，按照不少于 40% 的比例选取 25~70 岁的农户，进行一对一访谈调查，共回收问卷 822 份，问卷内容包括农户家庭基本信息、贷款经历与评价、农村产权抵押融资政策落实情况等，经过筛选，共获得有效问卷 658 份，样本有效率为 80.05%。

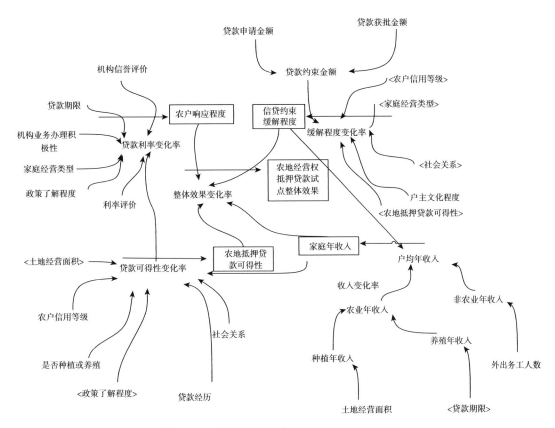

图 19-2　农地抵押贷款政策效果系统存量流量

19.3.2　变量描述性统计

农地经营权抵押贷款系统中各变量的描述性统计结果如表 19-2 所示。数据分析表明，样本农户家庭经营类型主要为纯农业经营与农业为主兼营，累计占样本总数的46.92%；户主多为初中文化水平，占比为 63.90%；高中及以上文化水平的农户占比为11.15%；样本农户土地经营面积范围为 0~50 亩；平均为 17.54 亩；从农户家庭年收入情况来看，受访农户家庭年收入平均为 102 968 元，农业年收入平均为 42 326.03 元；54.16%的农户参与了农地经营权抵押贷款，样本具有较强代表性。

表 19-2　变量定义及描述性统计分析

变量	变量定义	均值	标准差	最小值	最大值
家庭经营类型	1=纯农业，2=农业为主兼营其他，3=非农业为主兼营其他，4=非农业	2.416	0.980	1	4
户主文化程度	1=没上过学，2=小学文化，3=初中文化，4=高中文化，5=大专及以上	2.856	0.823	1	5
土地经营面积	实际观测值/亩	17.543	13.348	0	50

续表

变量	变量定义	均值	标准差	最小值	最大值
家庭年收入	实际观测值/元	102968.000	78697.730	5000	540000
农业收入	实际观测值/元	42326.030	47543.170	0	280000
非农业收入	实际观测值/元	59327.210	71690.520	0	500000
外出务工人数	实际观测值/人	1.587	0.973	0	4
贷款经历	0=无，1=有	0.541	0.499	0	1
贷款申请金额	实际观测值/元	13301640	37192.790	0	300000
贷款获批金额	实际观测值/元	13026.230	37039.000	0	300000
贷款期限	实际观测值/年	0.384	1033	0	10
利率评价	1=非常高，2=有点高，3=一般，4=有点低，5=非常低	2.912	0.408	2	5
社会关系	0=无，1=有	0.249	0.433	0	1
政策了解程度	1=没听说过，2=听说过，3=一般，4=基本了解，5=非常了解	3.371	1.126	1	5
机构业务办理积极性	1=非常不积极，2=不积极，3=一般，4=积极，5=非常积极	3.869	0.489	2	5
机构信誉评价	1=非常不好，2=不好，3=一般，4=积极，5=非常积极	4.105	0.400	3	5
农户信用等级	1=AAA级，2=AA级，3=A级，4=B级，5=C级	—	—	—	—

19.3.3 指标权重的确定

在对农地经营权抵押贷款试点效果的有关指标赋权重时，"农户信用等级"是反映农户偿还债务能力和意愿的相对尺度，很大程度上能够决定农户能否获得农地抵押贷款，是不可忽略的关键变量，但"农户信用等级"数据具有保密性，数据不可得。因此，对包含该变量的子系统采用主观赋权法——G1法替代客观赋权法——熵值法，即针对包含"农户信用等级"指标的"农地经营权抵押贷款可得性""农地经营权抵押贷款信贷约束缓解程度""农户家庭年收入"三个子系统，运用G1法对其进行指标权重的赋值；针对"农地经营权抵押贷款响应"子系统，该子系统指标数据均可得，选用熵值法进行赋权。通过主观赋权法和客观赋权法的结合，保证了仿真模拟结果的科学性。

19.3.4 变量及变量方程赋值

根据农地经营权抵押贷款政策效果系统变量描述性统计（见表19-2）中变量均值对各变量赋初值，并将上述通过G1法与熵值法所计算的指标权重，分别代入农地抵押贷款政策效果系统的各子系统关系方程中，经整理得到系统主要变量及方程如下：

（1）整体效果变化率＝信贷约束缓解程度×0.198＋农地抵押贷款可得性×0.277＋农户贷款响应×0.165＋家庭年收入×0.360。

（2）贷款可得性变化率＝农户信用等级×0.287＋土地经营面积×0.094＋家庭年收入×0.205＋政策了解程度×0.061＋是否种植或养殖×0.146＋社会关系×0.122＋贷款经历×0.085。

（3）贷款响应变化率＝农地抵押贷款可得性×0.179＋家庭经营类型×0.134＋政策了解程度×0.088＋机构业务办理积极性×0.469＋机构信誉评价×0.053＋贷款期限×0.017＋利率评价×0.060。

（4）缓解程度变化率＝农地抵押贷款可得性×0.144＋农户信用等级×0.130＋农户贷款响应×0.187＋家庭经营类型×0.084＋户主文化程度×0.084＋社会关系×0.109－贷款约束金额×0.262。

19.4　情景模拟及仿真结果分析

19.4.1　农地经营权抵押贷款政策整体效果仿真模拟

本章运用 2016 年宁夏平罗县调研数据，以 2016 年作为基期，对农地经营权抵押贷款试点综合效果进行仿真模拟，结果见图 19-3。可以看出，2016—2020 年试点效果增速较慢，年增速约为 6%；2020 年以后，试点效果有较大幅度提升，年增速由 6% 提高到25%。由此得出，随着时间的推移，农地经营权抵押贷款试点整体效果不断增强，且2020 年之后政策效果力度约为 2020 年以前的 4 倍。

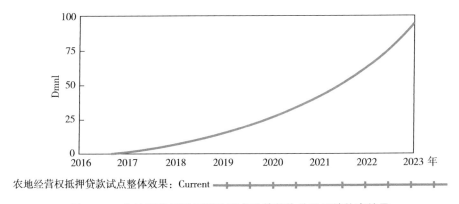

农地经营权抵押贷款试点整体效果：Current

图 19-3　农地经营权抵押贷款试点政策整体效果系统仿真结果

19.4.2　各子系统效果仿真模拟

图 19-4 整体分析了 4 个子系统变化趋势及相互影响情况。可以看出，在农地经营权抵押贷款政策效果中，政策的实施对农户贷款可得性、农户贷款响应、信贷约束缓解程度、农户家庭收入均有显著正向影响。其中，农户家庭收入对试点效果的影响最为显著，影响程度最大；农户贷款可得性变化速率最大，是提高政策效果最有效的途径。

此外，农户贷款可得性呈稳步增长的趋势，且预测在 2018—2023 年，农户"抵押难、贷款难"问题将得到更大程度的缓解。预计 2016—2019 年贷款可得性增长率约为 5%，2019—2021 年贷款可得性增长率约为 7%，2021—2023 年增长率提高到 10%左右。

农地经营权抵押贷款政策对农户贷款响应次数具有显著的正向影响，且预测增长速度越来越快。2016—2020 年农民贷款响应缓慢增长；2020 年以后，农民贷款响应增长速度加快。

农地经营权抵押贷款政策对信贷约束的缓解程度为先"平坦式"后"斜坡式"的增长趋势。2016—2019 年政策对农户面临的信贷约束缓解程度影响具有一定的滞后性，影响不显著；2020 年以后，政策更深一步的落实有效缓解了农户面临的信贷约束，缓解程度快速上升。

预测农民家庭收入逐步上涨，曲线斜率明显由小变大，在 2020 年出现收入效应转折点。2016—2020 年，农民家庭收入以较小的增速平稳式增长；2020 年以后，农民收入增长速度加快，政策效果稳步向好。

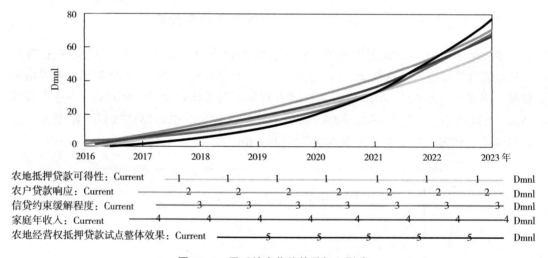

图 19-4　子系统变化趋势及相互影响

19.4.3　模型检验

19.4.3.1　灵敏度分析

为了验证仿真模型模拟的分析结果是否具有较强的可信度，常用"灵敏性与强壮性"对模型进行检验。通常来说，若模型变量在合理范围内的变动导致模型结果变化较大，模型反应过于敏感，则表明模型的强壮性较差，则应考虑模型结果的准确性；若模型结果变化不大，则表明模型的强壮性较强，结果可信度较高。本章运用数值灵敏度分析法，以农地经营权抵押贷款响应子系统为例，在不改变系统中其他因素的情况下，将"机构信誉评价"这一影响因素分别设置为"非常不好"和"非常好"，与初始值"一般"进行对比，观察其效果的数值变化情况，发现模型数值结果变化极小，说明本章所建立的农地经营权抵押贷款试点政策效果仿真模型具有较强的可信度。

19.4.3.2 仿真效果检验

本章选取对试点政策效果起直接衡量作用的 4 个状态变量进行验证。对比数据来源于本团队 2018 年对宁夏平罗相同县域地区农户的随机抽样调查，通过对样本基本特征的描述性统计分析，从中筛选出与基期 2016 年数据有较高匹配度的农户数据，共计 353 份。将 2017 年、2018 年与 2016 年相比较，发现农地经营权抵押贷款可得性逐年提高，且增长趋势与实际相符；同样，农户贷款响应、信贷约束缓解程度和农户家庭年收入均逐年递增，检验结果见表 19-3。所选取变量模拟趋势与实际趋势相拟合，模型的仿真效果得到进一步验证。

表 19-3 模型仿真效果检验

变量	比较值	2016 年	2017 年	2018 年
农地经营权抵押贷款可得性	实际趋势	43.33%	51.62%	57.85%
	模拟趋势	44	46	47
	趋势拟合情况		拟合	
农户贷款响应/次	实际趋势	1.00	1.25	2.05
	模拟趋势	36	37	39
	趋势拟合情况		拟合	
信贷约束缓解程度	实际趋势	33.33%	60.00%	62.50%
	模拟趋势	34	37	39
	趋势拟合情况		拟合	
家庭年收入/元	实际趋势	102 968	123 640	135 700
	模拟趋势	52	52	53
	趋势拟合情况		拟合	

19.4.4 参数情景设置

通过以上分析，仿真模型运行结果具有较强的可信度，因此，本章拟通过改变系统中的变量，寻找能够优化试点效果的决策变量。

本章选取贷款期限、贷款获批金额、农户信用等级和农户利率评价作为 4 个决策变量，设置了以下 4 个政策场景进行模拟仿真。（1）将贷款期限由 1 年延长为 2 年；（2）将农户贷款获批金额由 3 万元提高到 5 万元；（3）将农户信用等级由 "A 级" 提高为 "AAA 级"；（4）分别农户对农地抵押贷款的利率评价由 "一般" 变为 "非常高""非常低"。

将以上 4 种方案模拟结果及具体数值变化趋势，总结见表 19-4。可以看出：贷款期限对农地经营权抵押贷款试点整体效果具有显著的正向影响；提高贷款获批金额能够增加农户对贷款的响应次数，较大程度缓解农户面临的信贷约束，对农户家庭收入水平有显著的改善作用；随着农户信用等级的提高，农户贷款可得性、贷款响应、信贷约束缓解程度、家庭收入均得到显著增加，大幅度提升了试点效果；利率的提高使得农户参与意愿降低，贷款响应次数明显下降，降低了农地经营权抵押贷款的覆盖率，大大减弱了试点政策的预期效果；利率的降低对农户贷款响应和信贷约束缓解程度并没有显著的影响，即降低利率并没有明显提高农户的贷款参与意愿。

表 19-4　各参数情景设置及其仿真结果

方案	农地抵押贷款可得性	农地抵押贷款响应	信贷约束缓解程度	家庭年收入	农地抵押贷款整体效果
初始值（以 2023 年为例）	44	36	34	52	97
贷款期限：1 年变为 2 年	升高（47）	升高（37）	升高（36）	升高（56）	升高（103）
贷款获批金额：3 万元变为 5 万元	升高（47）	升高（37）	升高（38）	升高（56）	升高（102）
农户信用等级：2 级变为 4 级	升高（48）	升高（38）	升高（39）	升高（55）	升高（105）
利率评价：由一般变为非常高	不变（44）	降低（33）	不变（34）	降低（50）	降低（96）
利率评价：由一般变为非常低	不变（44）	不变（36）	升高（35）	降低（51）	不变（97）

19.5　结论与政策建议

本章基于宁夏回族自治区平罗县 658 份农户调研数据，运用系统动力学方法构建农地经营权抵押贷款试点整体效果仿真模型，预测政策效果未来走势。通过调节系统内决策变量，寻找出能够提升政策效果的优化路径，对政策的完善提供指导。得到以下 4 点结论：（1）农地经营权抵押贷款试点整体效果与 4 个子系统的效果呈现同步增长趋势。农地经营权抵押贷款试点整体效果各子系统相互作用、相互影响，共同促进政策效果的提高。（2）在农地经营权抵押贷款政策效果系统中，政策的实施对农户贷款可得性、贷款响应、信贷约束缓解程度、农户家庭收入均有正向影响。其中，农户家庭收入是衡量政策效果的最显著因素，农户贷款可得性变化速率最大，是提高政策效果最有效率途径。（3）贷款期限、贷款获批比例、农户信用等级均为影响政策效果的主要因素，农户信用等级是提高政策效果的关键因素。（4）中小型农户贷款响应对利率变化的敏感度不同。具体来说，农户贷款响应对利率的提高有较强的敏感反应，而对利率降低敏感度不高，即中小型农户对农地抵押贷款利率升高的敏感度要显著强于利率降低。

基于以上结论，得出如下政策建议：（1）充分重视农地经营权抵押贷款可得性、农户贷款响应及信贷约束缓解程度等全流程紧密衔接，在法律障碍突破的条件下，提高各子系统之间的协同作用，促进各子系统相互配合、有机联动，推动试点政策整体效果稳步提高。（2）将农地抵押贷款与当地产业兴旺相结合，着重提高家庭收入。在发展农地抵押贷款的同时，充分把握当地产业发展规律，发挥种植业、畜牧业产业优势，构建产业与金融深度融合的抵押贷款模式，为当地产业发展注入金融活水。（3）依托农村"熟人社会"优势，发挥农村基层组织力量，提高试点基层组织化程度，将农地抵押贷款业务与农村基层组织有效对接，利用"软信息"资源提升贷款客户的甄别能力。实施精准金融服务，细化农户家庭产业类型，使贷款周期与农牧业生产周期相匹配。在农商行、信用社客户信用评级基础上，运用互联网、大数据和新的评估方法，对农户信用等级进行精确精准评估，并实现动态更新，为农地抵押贷款业务的发展提供良好的金融生态环境。（4）加强贷款支持力度，落实农户利率优惠政策。在保障商业银行等主办银行"三性原则"的基础上，针对优质客户可实行基准利率或浮动利率。

20 "审贷分离"视角下家庭务农劳动力禀赋对农地产权评估价值配给的影响

——基于 CRAGG 模型的实证分析

20.1 引言

随着新修订《中华人民共和国农村土地承包法》的生效及实施，发轫于 2008 年的农村土地经营权抵押贷款制度逐渐从政策赋权层面步入法律保护轨道。可以说，农地经营权抵押贷款的法律障碍已然得以消除。十多年来，中国农地经营权抵押贷款试点工作总体沿着"提质、增量、扩面"方针稳步推进。在这一进程中，农地经营权评估价值的金融化实现程度（即抵押价值）成为激活农地资本属性，并有效对接金融机构基于资产抵押信贷供给与抵押农户生产融资需求的关键。

然而，现实中农户抵押农地经营权普遍存在一个问题，那就是各试点区金融机构对来自于农业主管部门评定的农地经营权评估价值认可度存在打折现象。也就是说，部分农户农地经营权的抵押价值往往低于其评估价值，这就造成即使部分抵押农户农地经营权评估价值高于其贷款申请数额及对应利息（即足额抵押），金融机构仍有可能对其贷款申请数额不予完全满足。据 2019 年一项针对辽宁省内 74 家县域法人金融机构和 1590 户农户的实地问卷调查发现，近半数农户农地产权评估价值未得到金融机构的有效认可，实际贷款获得数额通常只有农地产权评估价值的 50% 左右。

为此，参照贷款者实际贷出数额小于借款者申请数额这一信贷数量配给的一般定义，本章将这种农地经营权评估价值未得到认可的情形称之为农地产权评估价值配给，即农户以农地产权评估价值进行足额抵押时，其贷款申请数额高于实际获批数额。造成农地产权评估价值配给现象的根源在于，一方面，农地产权抵押贷款本身无法规避农业生产经营活动存在的各类风险，当抵押农地产权的评估价值不能够涵盖全部贷款风险及损失时，金融机构就会削减抵押农户的贷款申请数额，这使得作为抵押物的农地产权，其评估价值的充足与否并不足以消除信贷配给现象；另一方面，中国农地兼具的社保属性造成了农地产权的不可剥夺性，这就与金融机构对农地经营权的抵押权实现需求产生了矛盾，从而削弱了抵押农地产权作为第二还款源的作用。

与此同时，家庭联产承包责任制使得农户作为农业生产中最基本的活动单元拥有了独立决策的权力。为追求效用最大化，农户家庭会根据市场需求调整其劳动力的配置，而劳动力如何配置与劳动力禀赋密切相关。在农业生产过程中，农户间劳动力禀赋的异质性不仅使得彼此间生产决策存在不同，而且会导致彼此间最终生产成果的经济效益存在差异。一般而言，拥有较高劳动力禀赋的农户家庭农业生产率和务农收入都较高。所以，在农地产权抵押贷款优先满足农业生产项目资金需求的政策导向中，上述因素促使金融机构更多关注承贷主体以家庭务农劳动力禀赋为重要内容的农业生产潜能，以评估其在支撑家庭未来农业经营收入作为第一还款源方面是否可靠。

本章研究的问题是，家庭务农劳动力禀赋对抵押农户农地产权评估价值的影响。具体而言，本章从契合金融机构"审贷分离"信贷管理实践所形成的"配给发生"和"配给程度"两步决策流程出发，试图回答：当农户农地产权抵押融资用于农业生产经营时，家庭务农劳动力数量、质量禀赋如何影响金融机构农地产权评估价值配给决策？不同农地产权抵押贷款运作模式下，两类禀赋又是如何影响金融机构农地产权评估价值配给决策的？两类禀赋对金融机构农地产权评估价值配给决策的影响在农户间是否存在结构性差异？

上述问题极具中国特色，迄今鲜有研究，原因在于，世界上大多数国家或地区采用土地私有制，农民对其抵押的私有土地拥有包括土地经营权在内的完整物权和法律保障，因此私有土地的产权价值具有市场公允性，且易于处置，几乎不存在争议。这些问题在那些采用土地公有制的国家（如越南、泰国等）也甚少存在，因为这些国家早在20世纪60—90年代就开展了农地产权抵押贷款，并形成了农地产权抵押顺利开展所需的产权制度和法律框架。所以，对开展农地产权抵押贷款的绝大多数发展中国家而言，对其农地产权价值配给的研究实质上等同于信贷配给（约束）的研究。而在中国农地"三权分置"改革中，农地经营权作为一种权利创设，其物权的完整性和法律保障的明确性都有所缺失，进而影响到通过市场机制对其进行处置。因此，针对以农地经营权为核心的农地产权评估价值配给问题开展研究对推动中国农地产权金融化有效实现，促进农地金融制度改革，驱动农业高质量发展和实现乡村振兴战略具有重大的现实意义。

围绕农地产权评估价值配给这一重要课题，与本章密切相关的文献主要集中在农地产权抵押贷款能否缓解农户信贷约束方面。然而，这方面的经验研究至今未能形成一致结论。Kemperetal 利用越南农户数据的研究发现，农地产权抵押贷款有助于缓解农户信贷约束。李韬、罗剑朝使用中国宁夏回族自治区农地产权抵押试点区农户数据的研究发现，农地产权抵押贷款更容易满足小农户的信贷需求。Galianiand Schargrodsky、Dowerand Potamites、汪险生等则分别基于印度尼西亚、阿根廷、中国宁夏回族自治区农户数据得出了类似的结论。但是，Yamiand Snyder 通过埃塞俄比亚农户数据表明，农地产权抵押贷款无法有效缓解农户的信贷配给现象。周南等基于中国江苏省农户数据的研究发现，农地产权抵押亦无法改善农户正规信贷的可得性。Menkhoffetal、黄惠春、张龙耀等分别利用泰国北部、中国江苏省农户数据的研究也发现了类似的负面效应。

通过梳理文献，可知已有文献还存在以下不足。一是现有文献鲜有从家庭务农劳动力禀赋这一视角探究农地产权抵押下的信贷约束现象。如上文所述，这是因为在大多数国家或地区，金融机构可以通过市场机制将抵押农地产权作为贷款逾期后的有效还款源，故无须对此问题予以特别关注。国内学者则因较少从抵押贷款第一还款来源的角度进行相关研究，所以也未能充分注意到家庭务农劳动力禀赋在农地产权抵押贷款中的作用与价值。二是就国内相当部分研究而言，其仍属于对现实进行观察并得出结论的定性分析范式，甚少采用与数据匹配的计量模型进行严格实证分析。对此，可能的原因是研究者较少关注或忽略了金融机构贷款发放的业务流程。三是在有关中国农地产权抵押贷款约束问题的研究中，研究者未能考虑到农地经营权作为抵押物可能产生的评估价值配给问题，使得对这一具有中国特色问题的研究力度明显不够。究其原因，可能是在已有研究的样本地区，农地确权工作相当程度上滞后于农地产权抵押贷款试点进程，这不可避免地影响了农地产权价值评估工作的开展，从而研究者也难以就上述问题进行深入考察。

鉴于此，本章聚焦农户农地产权抵押贷款业务中至关重要的农地经营权评估价值的抵押实现程度问题。首先从理论上阐述家庭务农劳动力质量、数量禀赋对农地经营权评估价值配给的影响机理，其次依据两个具有代表性农地产权抵押试点区的微观数据，运用 CRAGG 模型探析抵押农户家庭务农劳动力禀赋对其农地产权评估价值配给的具体影响。与已有研究相比，本章的边际贡献和现实意义在于，一是从农地产权抵押农户家庭务农劳动力数量、质量禀赋出发，探究其对农地产权评估价值配给的影响，这有助于充分认识农地产权抵押贷款业务运作中出现的信贷配给现象及其根源，拓展农村正规信贷配给的研究视域。二是通过契合金融机构"审贷分离"信贷管理实践，运用 CRAGG 模型实证分析务农劳动力禀赋对金融机构农地产权评估价值"配给发生"和"配给程度"两步决策的影响，这为提升农地产权抵押价值、促进农民融资满足提供了实践支撑。

20.2 政策背景与理论框架

20.2.1 政策背景

在政策鼓励与指引下，各农地产权抵押试点区通过探索实践，逐渐形成了"直接抵押"（承贷主体向金融机构直接抵押农地产权）和"间接抵押"（承贷主体依托第三方组织的担保增信向金融机构抵押农地产权）两种主流模式。同时，为促使抵押农地产权价值评估标准统一，试点地区政府相关部门积极主导农地产权价值评估，以供农地产权抵押贷款供需双方在贷款交易中参考。现阶段在贷款违约后，虽然理论上金融机构可以依法处置抵押的农地产权，但实践中更多的是仰赖政府部门出资建立的风险防范基金以及抵押物收储兜底机制解决债务受偿问题。在这种情况下，为规避贷款业务可能产生的风险，金融机构接受的农地产权抵押价值相当程度上低于其评估价值，换言之，抵押农地产权评估价值现实中存在金融机构配给的可能。

中国金融机构农地产权评估价值配给行为来自于其遵循世界各国银行业普遍实行的"审贷分离"信贷管理制度。这种制度将贷款风险审查和贷款数额发放分别交由两个职能部门负责。具体来说，前一部门主要就抵押物价值、贷款对象信用状况等进行风险评估审查，后一部门主要确定贷款发放的额度，并且各类贷款的审查先于贷款的发放。以中国试点的农地产权抵押贷款为例，各试点区的金融机构均设立了"风险管理部"（负责抵押农地产权评估价值的审查）和"信贷审批部"（根据风险管理部抵押农地产权评估价值的审查报告，负责贷款发放）。也就是说，金融机构的抵押贷款发放由两步构成：第一步，足额抵押下，决定是否对农地产权评估价值予以配给（配给发生）；第二步，决定配给程度，以确定最终贷款额度。

20.2.2　理论分析与研究假说

为简化分析，本章假定在农地金融市场中，所有农户都是足额抵押且金融机构信贷政策允许贷款价值比率为 100%（即贷款金额和抵押品评估价值的比例），当金融机构对抵押农户的农地经营权价值（M_0）不认可时，就意味着金融机构对抵押农户贷款额度会予以配给。假设 M_c 为农地产权遭受配给后的价值（也即金融机构认定的抵押价值），L_c 为金融机构最终愿意给予的贷款额度，p 为贷款期限，r 为市场化下的贷款利率，C 为农户违约后金融机构对农地产权的预期处置成本。理论上讲，金融机构要在抵押农户违约后获得足够的债务清偿和风险补偿，接受的农地产权价值应至少等同于其愿意提供贷款额度的本息与处置其预期费用之和，遭受配给的农地产权价值也应符合这一要求。因此，为简化起见，有如下等式成立：

$$M_c = L_c(1 + r)p + C \tag{20-1}$$

由于政府出资建立的风险防范基金以及抵押物收储兜底机制存在，金融机构农地产权预期处置成本几乎为零，即 $C=0$。因此式（20-1）在适用于本章样本区现实情况后，可简化为：

$$M_c = L_c(1 + r)p \tag{20-2}$$

农地产权评估价值配给程度（D_i）可以表示为：

$$D_i = (M_0 - M_c)/M_0 \tag{20-3}$$

式（20-3）中，$D_i \in (0\%, 100\%]$。如果金融机构决定对抵押农户 i 实行农地产权评估价值配给（$C_i = 1$），考虑到期望收益最大化后，则其最优抵押农地产权评估价值配给程度如下所示：

$$\max_{C_i = 0,\ 1} EU\big[(1 - C_i)[L_i(1 + R_i)p_i - b_i] + \max_{0 < D_i \leqslant 1} M_{o_i}(1 - D_i) - b_i\ i = 1, 2, \cdots, N \tag{20-4}$$

上式中，L_i 是未受配给抵押农户 i 拟申请的贷款金额，R_i 和 p_i 分别是对应的贷款利率及期限。D_i 是金融机构对抵押农户 i 确定的最优农地产权评估价值配给程度（$D_i \in (0\%$，$100\%]$）。M_{o_i} 是抵押农户农地产权的评估价值，则 $M_{o_i}(1 - D_i)$ 是金融机构在受配给抵押农户贷款违约后处置其农地产权的预期总收益。b_i 是金融机构对抵押农户申请金额与其农地产权评估价值审查、比较等所支出的全部成本（即沉没成本），例如信息收集费用等。式（20-4）中，$Max[M_{o_i}(1 - D_i) - b_i]$ 反映了金融机构配给农地产权评估价值的期望净收益（即违约后处置农地产权预期总收益扣除对其审查比较的全部成本），这样的净收益与金融机构未配给农地产权评估价值所产生的净收益 $[L_i(1 + R_i)p_i]$ 相加，二者之和的最大化价值（MaxEU）便构成了金融机构农地产权价值配给最大化的总期望净收益。因此，从经济学一般意义而言，式（20-4）最大化目标模型体现了各变量构成的"收益-成本"原则高度抽象概念。无疑，在现实中，这一模型不仅是存在的，而且反映了一个重要事实：金融机构真实的农地产权评估价值配给行为一定是要实现其预期总收益最大。

接下来，式（20-4）既然是金融机构对农地产权评估价值配给期望的最大收益方程表达，金融机构期望收益的实现就取决于农地产权抵押农户自身的相关因素。这是因为，抵押农地产权依附于具体的抵押农户，作为抵押贷款的参与方之一，农户自身的家庭经济社会特征及其禀赋不可避免地影响到金融机构对其抵押物价值的考量与评判。在古典经济学框架下，农户农业生产效用最大化的实现离不开对自身生产要素的合理有效配置，在技术短期内不变的情况下，根据"柯布-道格拉斯"（C-D）生产函数模型，劳动力、资金与土地成为决定农业经营收益的三个关键，在不考虑土地流转（土地转出户一般来说也无法参与农地产权抵押）的情况下，如果保持土地要素存量不变，对抵押农户来说，当资本要素存量不足需要向金融机构融资时，决定其农业经营收益的便是其劳动力禀赋的强弱。总体而言，在农业经营收益仍然为农地产权抵押贷款第一还款源并且抵押物处置难题并未得以有效解决的情况下，弱的劳动力禀赋会增加金融机构对其农地产权评估价值的配给，进而削弱贷款申请数额。

进一步，在古典经济学框架下，家庭务农劳动力禀赋通常包含劳动力数量和劳动力质量两个范畴。因此，家庭务农劳动力禀赋对金融机构农地产权评估价值的配给行为也应从数量禀赋和质量禀赋两个层面进行讨论。首先，延续恰亚诺夫的分析思路，在农户家庭的基本生活保障来自于农业生产的条件下，劳动力禀赋高低更多取决于劳动力数量的多寡，即家庭务农劳动力数量越多，若家庭拥有的农田也多，则农业产出就越多，从而农业生产总值就越高。然而，在中国农地细碎化长期存在的条件下，较多的务农劳动力投入有限的农业生产所形成的过密化不仅降低了劳均边际产出，还增加了农户家庭经济收入的农业生产路径依赖。这种路径依赖的成因在于农户家庭劳动力总体质量偏低，无法实现劳动力从农业向非农业转移，从而造成这类农户家庭相当缺乏非农业经济收入。此外，考虑到农业生产经营风险客观存在的现实（例如自然灾害、农产品价格波动），农户家庭的农业收入通常具有不确定性。所以，综合而言，务农劳动力偏多农户家庭非农业收入的匮乏和农业收入的不确定性使得其贷款偿还能力相对脆弱，金融机构也由此会增加对此类农户家庭农地产权评估价值的配给概率。其次，按照舒尔茨的人力资本理论，劳动力禀赋的关键是劳动力质量。在农业生产中，由务农劳动力受教育水平、务农年限等所表征的家庭劳动力质量越高，越有助于农户提升农业生产资源配置效率，增强农业生产技术水平，转变农业生产方式，提高生产经营风险的应对能力，最终促进农户家庭农业经营收入的高质量增长。同时，务农劳动力质量高也有助于释放农户家庭闲置劳动力从事非农就业，拓宽家庭经济收入来源，并提高家庭总收入。总之，家庭务农劳动力质量禀赋越高，农户经济收入来源就越多，其贷款偿还能力就越强，也就越会降低金融机构对其农地产权评估价值的配给概率。

基于以上分析，本章认为抵押农户家庭务农劳动力数量、质量禀赋对其农地产权评估价值配给决策会产生差异性影响。其中，数量禀赋会增加金融机构农地产权评估价值配给概率，质量禀赋则会降低金融机构农地产权评估价值配给概率。为此，本章从家庭务农劳动力禀赋视角剖析其对抵押农户农地产权评估价值遭受金融机构配给的决策机理（见图20-1），并提出以下假说：

H1：家庭务农劳动力数量、质量禀赋对金融机构农地产权评估价值配给发生和配给程度的影响具有差异性。

H1a：家庭务农劳动力数量禀赋会增加金融机构对农地产权评估价值配给发生的概率以及配给程度。

H1b：家庭务农劳动力质量禀赋会降低金融机构对农地产权评估价值配给发生的概率以及配给程度。

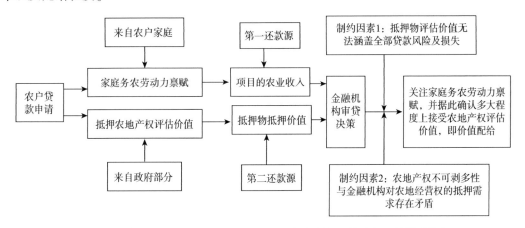

图20-1 家庭务农劳动力禀赋影响金融机构农地产权评估价值配给的决策机理

20.2.3 理论模型

如上所述，农户采用农地产权进行抵押融资时，其家庭务农劳动力禀赋强弱便成为金融机构对其抵押农地产权评估价值配给与否的重要考量。同时，包括家庭务农劳动力禀赋特征在内的相关因素一般也具有严格的外生性，一方面，它们不会在短时期内发生改变，例如家庭务农劳动力数量以及平均受教育水平等；另一方面，它们在金融机构做出配给行为之前便已存在或发生，例如农户融资经历。结合本章研究目标，这些外生变量由家庭务农劳动力禀赋和其他外生控制变量两部分构成。基于这些外生变量，金融机构会对抵押农户i的农地产权评估价值做出是否配给（$C_i = 0$ 或 $C_i = 1$）和多大程度配给（D_i）两个决策。上述两个决策同这些变量的变量集 Z_i 和 X'_i、X''_i 的相关关系可分别用下式表示：

$$C_i = h(\gamma'_{C_i} Z_i + \gamma''_{C_i} X'_i, \ \varepsilon_{c_i}) \tag{20-5}$$

$$D_i = g(\beta'_{D_i} Z_i + \beta''_{D_i} X''_i, \ \varepsilon_{D_i}) \tag{20-6}$$

式（20-5）和式（20-6）中，γ'_{C_i} 和 β'_{D_i} 是家庭务农劳动力禀赋 Z_i 对应的系数，γ''_{c_i} 和 β''_{D_i} 则是其他外生控制变量集 X'_i、X''_i 对应的系数，ε_{C_i} 和 ε_{D_i} 分别是影响金融机构农地产权评估价值配给发生（C_i）和配给程度（D_i）的未观察到因素。对金融机构不同决

策部门而言，面对同一抵押农户，其农地产权评估价值配给是否发生和配给程度决策均能共享相同信息，也就是在式（20-5）和式（20-6）中，除家庭务农劳动力禀赋相同外，两式中其他外生控制变量集 X_i'、X_i'' 中的变量也是相同的。总之，式（20-5）和式（20-6）分别是金融机构农地产权评估价值配给是否发生、配给程度两个行为高度抽象的数理模型，能够吻合金融机构评估价值实际配给决策过程。现实中，金融机构从风险规避、预期收益、第一还款源等角度出发，综合考量贷款逾期后抵押农地产权处置困境，结合抵押农户家庭务农劳动力禀赋及其他家庭经济社会特征，判断出农地产权评估价值配给是其经济决策"收益-成本"比最高的。因此，抵押农户家庭务农劳动力禀赋特征就成为影响金融机构农地产权评估价值配给决策的关键要素。

20.3 研究设计

20.3.1 数据来源及样本概况

本章数据来源于课题组 2019 年在全国农地产权抵押贷款试点区（宁夏平罗、同心两县）进行的实地调查。为确保样本质量，调查组采用两步法进行抽样。第一步采用定额抽样法（QuotaSampling），以确定调查地点。在此环节，首先，在两县按农地产权抵押业务高、较高、中等、较低、低活跃程度（业务规模占全县总业务的比例）5 个层级各抽取 1 个乡镇，共抽取 10 个乡镇；其次，在每个样本乡镇中抽取 6 个行政村作为样本村，共抽取 60 个样本村。第二步采用方便抽样法（Convenience Sampling），在确定的调查村抽取 15~20 个农户作为金融机构农地产权抵押贷款样本服务对象进行调查，剔除信息不真实及数据有奇异值的农户，最终得到金融机构农地产权抵押贷款服务对象 745 个，平罗、同心各为 330 和 415 个。样本选取兼顾了中国现行农地产权抵押试点"直接抵押"（平罗县）和"间接抵押"（同心县）两种主流模式，具有典型性和代表性。

基于前文农地产权评估价值配给的定义，本章将全样本划分为未约束农户和受约束农户，分别为 595 及 150 户，可知金融机构农地产权评估价值配给发生率为 20.13%。同时，依照上文农地产权评估价值配给程度测算公式，样本地区农地产权评估价值配给程度最低为 16.7%，最高为 87%，平均配给程度为 37.02%。这反映出两个重要事实：一是两地金融机构都没有做出完全拒绝贷款发放的决策，这在一定程度上表明作为抵押物的农地产权评估价值是得到金融机构认可的，农户的贷款申请或多或少都会得到金融机构的满足；二是按照防控贷款风险的市场运作原则，两地金融机构都对部分农户农地产权评估价值予以配给，降低了贷款发放额度。

20.3.2 变量选取

20.3.2.1 因变量：配给发生与配给程度

如上文所述，本章重点关注抵押农地产权评估价值配给发生和配给程度两个决策行为。为此，本章使用的因变量有两个，一是"配给发生"，二是"配给程度"。两个因变量取值均依据上文所述概念及测算公式得出,其中"配给程度"取值范围为 0~1 的小数。

20.3.2.2　关注变量:农户家庭务农劳动力禀赋

如上所述,农业经营收益是农地产权抵押贷款的第一还款源,也是金融机构对农地产权评估价值做出配给决策的重要依据,而家庭务农劳动力禀赋高低与农业经营收益好坏密切相关,家庭务农劳动力禀赋由此可能具有内生性。这是因为:一方面,农户农业收益可能会对家庭务农劳动力禀赋产生影响,农业生产高收益者通常拥有更好的劳动力禀赋;另一方面,农户农业收益可能是源于工作经验、能力等某些难以观察的劳动力禀赋。所以,上述情形会遗漏变量,从而导致模型存在内生性问题。在难以找到十分适合的工具变量进行两阶段最小二乘回归(2SLS)的情况下,为尽可能地削弱内生性的影响,本章对模型中内生性问题的处理均采用传统的代理变量法(Proxy Variable),即找出影响金融机构农地产权评估价值配给决策的家庭务农劳动力禀赋的代理变量纳入模型。在本章中,家庭务农劳动力禀赋由劳动力数量与质量两个维度构成,为此,参照 BarroandLee、马九杰等的做法,家庭务农劳动力数量是指农户家庭中 16~65 岁主要从事农业工作且不再进行全日制学习的家庭成员,而家庭务农劳动力质量则使用家庭务农劳动力平均受教育年限和平均务农年限两个指标。

20.3.2.3　控制变量

本章参考农地产权抵押贷款约束的已有文献,并结合现实观察,选取土地距干线公路的距离、土地是否为高标准农田、土地面积作为衡量抵押物农地产权所附着的农地空间、质量及数量等特征的变量,选取家庭人口负担率、农业收入占家庭总收入比重、农业经营主业、农业经营规模、家庭是否有农业机械、劳均农业收入、正规融资经历反映抵押农户家庭农业经营情况及参与正规融资经历特征。上述变量说明见表 20-1。

表 20-1　变量定义及其说明

变量类别	变量名称	变量说明	均值	标准差
因变量	配给发生	抵押农地产权评估价值配给发生,是=1,否=0	0.2013	0.4011
	配给程度	抵押农地产权评估价值配给程度,百分比小数	0.3702	0.1852
关注变量	劳动力数	抵押前家庭中 16~65 岁主要从事农业工作且不再进行全日制学习的家庭成员,单位:个	1.7172	0.8054
	教育年限	抵押前家庭务农劳动力平均受教育年限,单位:年	6.7748	3.5811
	务农年限	抵押前家庭务农劳动力平均务农年限,单位:年	25.5013	10.4903
控制变量	人口负担	抵押前家庭中非劳动力人数占家庭人口总数的比重,百分比小数	0.3638	0.2527
	农收占比	抵押前农业收入占家庭总收入比重,百分比小数	0.4929	0.2787
	农营主业	抵押前家庭农业经营主业,种植业=1,养殖业=0	0.4477	0.4976

续表

变量类别	变量名称	变量说明	均值	标准差
控制变量	农营规模	抵押前家庭农业生产经营在村中属于大规模，是 = 1，否 = 0	0.1139	0.3180
	劳均收入	抵押前家庭农业劳动力人均年收入，单位：万元	0.9108	1.2819
	农业机械	抵押前家庭是否有农业机械，是 = 1，否 = 0	0.5670	0.4958
	土地位置	抵押土地距干线公路的距离，单位：公里	2.7703	4.6075
	土地高标	抵押土地是否为高标准农田，是 = 1，否 = 0	0.5683	0.4956
	土地面积	抵押土地面积，单位：亩	162178	12.6154
	融资经历	抵押前是否遭受正规融资约束经历，是 = 1，否 = 0	0.2399	04273
	社会资本	抵押前家庭成员或亲朋好友在正规金融机构或政府部门任职（过），是 = 1，否 = 0	0.3311	0.4794
	县域变量	样本农户所处县域，平罗县 = 1，同心县 = 0	0.4424	0.4970

注：a. "配给程度"变量观察值为 150，其余变量观察值均为 745；b. "土地高标"主要用抵押承包地总体是否田块平整、排灌顺畅、旱涝保收、道路通达（即田块是否直接通达田间道路，如机耕路等）4 个指标综合评价，分为高标准（4 个"是"）和非高标准（3 个"是"及其他）农地。

20.3.3　描述性统计

基于本章的研究目标，表 20-2 重点给出了农地产权评估价值"未配给"和"受配给"两组样本农户家庭务农劳动力禀赋均值差异的 t 检验结果。经过对比，发现在 1% 和 5% 的显著性水平上，农地产权评估价值未受配给的农户家庭务农劳动力人数更少，平均受教育年限和务农年限更长。简单的均值比较虽然可以粗略反映农地产权评估价值"未配给"和"受配给"两类农户家庭务农劳动力禀赋的区别，但要更精确地分析劳动力禀赋对农地产权评估价值配给的影响，仍需要采用适宜的计量模型进行量化分析。

表 20-2　农地产权评估价值未配给与受配给样本农户家庭务农劳动力禀赋的均值差异

变量	未配给	受配给	差异
劳动力数	1.6677（0.0322）	1.9133（0.0694）	−0.2455**（0.0730）
教育年限	7.3933（0.3028）	6.6191（0.1448）	0.7742***（0.3261）
务农年限	25.8386（0.4346）	25.1533（0.8190）	0.6853***（0.4588）

注：a. **、***分别表示在 5%、1% 统计水平上显著，括号内数字为标准误；b. "受配给"、"未配给"样本量分别为 150 个及 595 个；c. 为节省篇幅，控制变量组间均值差异的 t 检验结果，以及与表 2 检验结果一致但采用非参数 Wilcoxon 秩和检验结果都未予列示。

20.3.4　模型选择与构建

本章旨在考察农地产权抵押农户家庭务农劳动力禀赋对金融机构农地产权评估价值配给决策的影响，这就要求所建立的计量模型能够刻画金融机构配给决策流程。如上所述，按照"审贷分离"的信贷管理制度，金融机构对农地产权评估价值的配给决策过程包括配给发生和配给程度两步。这就意味着，金融机构一旦做出对抵押农户农地产权评估价值的配给决策（配给发生），则"配给程度"必然为"正值"。与之相反，如果金融机构认可并接受抵押农户的农地产权评估价值（配给未发生），则"配给程度"显然为"零值"。由上可知，金融机构对抵押农户农地产权评估价值"配给程度"取值为"正值"和"零值"两种。显然，这种数据结构使得研究者将面临归并数据（Censored Data）问题。因此，基于前述理论模型，如果要对总样本中"配给程度"（正值）进行计量分析，需要先对"零值"数据进行处理。

一般而言，采用 Heckman 两步模型可以解决此类"零"值问题。但是，该模型要解决的是偶然断尾（Incidental Truncated）产生的未被观察的"虚假零值"（Faith Zeros），这与金融机构对农地产权评估价值未予配给产生的且能够被观察到的"真实零值"（Truth Zeros）完全不同。为解决上述问题，参照 Cragg 提出的研究思路，本章运用 CRAGG 模型来估计家庭务农劳动力禀赋对金融机构农地产权评估价值配给两步决策的影响。CRAGG 模型既可以对审查样本进行一致和有效估计，同时也能有效解决受限因变量问题。在效用最大化理论框架下，CRAGG 模型实际上为两阶段联立方程，首先分析家庭务农劳动力禀赋等外生变量如何影响金融机构对农地产权评估价值配给发生行为（C_i）；如果价值配给发生，则进一步考察外生变量如何影响金融机构农地产权评估价值的配给程度（D_i）。从审查样本的二元选择变量特征出发，CRAGG 模型第一部分采用 Probit 模型处理农地产权评估价值配给发生行为（C_i，用"0"、"1"分别代表"未发生"、"发生"）。当第一部分带有"0"值的数据截断工作完成后，第二部分拟处理变量则是正值变量，即连续数据（农地产权评估价值配给程度 D_i），所以使用断尾回归模型（Truncreg Regression）处理。如果农地产权评估价值得到金融机构认可（$C_i = 0$，即评估价值配给未发生），则有 $D_i = 0$；相反，如果农地产权价值配给发生（$C_i = 1$），则有 $D_i > 0$。进一步，设定 $P(\cdot)$、$f(\cdot)$ 分别为概率方程和密度方程表达式，则当 $C_i = 0$ 和 $C_i = 1$ 时，分别有方程式 $p(C_i = 0)$ 和 $p(C_i = 1) \cdot f(D_i | C_i = 1) = p(C_i = 1) \cdot f(D_i > 0)$ 存在。具体说明如下：

首先，运用 Probit 模型估计家庭务农劳动力禀赋等外生因素对农地产权价值配给发生与否（ic）的影响，如下所示：

$$p(C_i = 1) = \Phi(\gamma'_{c_i} Z_i + \gamma''_{c_i} X'_i) \tag{20-7}$$

$$p(C_i = 0) = \Phi(-\gamma'_{c_i} Z_i - \gamma''_{c_i} X'_i) \tag{20-8}$$

式（20-7）及式（20-8）中，$\Phi(\cdot)$ 为标准正态累计分布函数。与式（20-5）相同，Z_i、X'_i 分别是影响抵押农地产权评估价值配给发生决策的家庭务农劳动力禀赋和其他外生变量集，γ'_{c_i}、γ''_{c_i} 则是对应的系数。

其次，如果抵押农地产权价值配给发生（$C_i = 1$），则构建断尾回归方程以确定价值配给程度（$D_i > 0$）如下：

$$f(D_i \mid D_i > 0) = \frac{f(D_i)}{p(D_i > 0)} = \frac{\dfrac{1}{\sigma}\varphi\left(\dfrac{D_i - \beta'_{D_i}Z_i - \beta''_{D_i}X''_i}{\sigma}\right)}{\varPhi\left(\dfrac{\beta'_{D_i}Z_i + \beta''_{D_i}X''_i}{\sigma}\right)} \tag{20-9}$$

公式（20-9）中 $\varPhi(\cdot)$ 为标准正态概率密度函数，$\varPhi(\cdot)$ 含义同上，Z_i、X''_i 分别是影响抵押农地产权评估价值配给程度决策的家庭务农劳动力禀赋和其他外生变量集，β'_{D_i}、β''_{D_i} 则是对应的系数。

最后，联立 Probit 和断尾回归两个模型得到如下 CRAGG 模型对数似然方程：

$$InL = \sum_{C_i=0} In\varPhi(-\gamma'_{c_i}Z_i - \gamma''_{c_i}X'_i) + \sum_{D_i>0} \{ In\varPhi(\gamma'_{c_i}Z_i + \gamma''_{c_i}X'_i)$$

$$+ In\left[\frac{1}{\sigma}\varphi\left(\frac{D_i - \beta'_{D_i}Z_i - \beta''_{D_i}X''_i}{\sigma}\right) - In\varPhi\left(\frac{\beta'_{D_i}Z_i + \beta''_{D_i}X''_i}{\sigma}\right)\right] \tag{20-10}$$

式（20-10）右边分为前后两部分，各自呼应 Probit 和断尾回归模型，分别表明抵押农地产权评估价值配给发生与否，以及配给发生后，农地产权评估价值遭受配给的程度。为了从方程总体考察估计结果，本章采用极大似然估计法对 CRAGG 模型进行联立估计。

20.4 实证结果分析

20.4.1 家庭务农劳动力禀赋对农地产权评估价值配给的影响：全样本估计

为确保估计结果稳健可靠，本章先进行如下处理。首先，考虑到农地产权抵押运作模式不同，以及样本区域间经济社会因素也存在差异，本章加入了县域变量（虚拟变量）为控制变量，以减少由于遗漏变量导致的估计偏误。其次，结合上文所述金融机构不同部门面对同一农户可以共享全部信息的特点，以及 CRAGG 模型具有高度灵活性，可以允许两部分模型使用的自变量完全相同的特性，本章未设置识别变量。再次，考虑到在控制变量中，抵押前家庭务农劳动力平均收入（劳均收入变量）可能与因变量存在互为因果关系导致的内生性问题，本章对模型涉及的关键自变量和控制变量进行相关性检验。结果表明，所有自变量间相关系数最大仅为 0.139，其余均未超过 0.09，表明关键自变量与控制变量间相关性非常弱，这说明在模型分析中，即使劳均收入等控制变量存在诸如内生性等引起的估计偏误，也不会影响关键自变量的参数估计。最后，对各自变量进行多重共线性检验，结果表明，最大的方差膨胀因子（VIF）值为 4.61，小于 10，说明自变量之间不存在共线性问题，可以全部纳入方程进行分析。各自变量对金融机构农地产权评估价值配给发生及程度影响的 CRAGG 模型估计结果（见表 20-3）表明：在 1%显著水平上，Wald 检验结果拒绝了 CRAGG 方程参数不显著的原假设，表明参数整体上非常显著，模型拟合度良好且具有较强解释力。

以下，重点分析务农劳动力禀赋对金融机构农地产权评估价值配给发生、配给程度的影响。从表 20-3 中配给发生决策（第 3 列）和配给程度决策（第 4 列）的估计结果来看，呈现出 3 个特点：其一，家庭务农劳动力数量显著正向影响金融机构农地产权评估价值的配给发生、配给程度决策；其二，表征家庭务农劳动力质量的 2 个指标，劳动力平均受教育年限和平均务农年限显著负向影响金融机构农地产权评估价值配给发生、配给程度决策；其三，家庭务农劳动力数量和质量禀赋对金融机构农地产权评估价值配给决策的影响方向截然相反。

表 20-3　家庭务农劳动力禀赋对金融机构农地产权评估价值配给的影响

自变量	配给发生		配给程度
劳动力数	0.1531*** (0.0961)		0.0222** (0.0225)
教育年限	−0.0353*** (0.0214)		−0.0008** (0.0050)
务农年限	−0.0016* (0.0074)		−0.0011* (0.0020)
人口负担	−0.3773 (0.3239)		−0.0227 (0.0910)
农收占比	−0.2197 (0.3483)		50.0049 (0.0947)
农营主业	0.0839 (0.1768)		0.0007 (0.0465)
农营规模	−0.1577 (0.2092)		−0.0007 (0.0465)
劳均收入	−0.1543** (0.0560)		−0.0336*** (0.0133)
农业机械	0.1892 (0.1405)		−0.0003 (0.0378)
土地位置	−0.0076 (0.0156)		−0.0069*** (0.0041)
土地高标	−0.6744** (0.1347)		−0.0071 (0.0512)
土地面积	0.0016 (0.0059)		0.0004 (0.0013)
融资经历	1.8773*** (0.1386)		0.0052 (0.0419)
县域变量	0.1179 (0.1846)		−0.0063 (0.0587)
极大似然函数值		−179.4259	
观察值		745	
Wald (14)		216.72***	

注：括号内数值为稳健性标准误；*、**、*** 分别表示 10%、5%、1%的显著水平，下同。

具体来看，在金融机构农地产权评估价值配给发生、配给程度两个决策阶段，务农劳动力数量显著增加了金融机构农地产权评估价值配给发生的概率及配给程度，即家庭务农劳动人数越多，不仅越容易遭受金融机构农地产权评估价值的配给，而且配给程度也会提高。对此，可能的原因是，农业劳动力越多就意味着家庭贷款还款源更多依赖于农业经营活动本身，而这种经营活动易受天气、市场、健康等风险冲击，削弱农户按期还本付息的能力，即使是足额抵押，金融机构也会认为此类农户贷款风险高，进而降低对其抵押农地产权评估价值的认可。反之，家庭务农劳动力平均受教育年限以及平均务农年限越长，金融机构对其农地产权评估价值配给的概率越小，配给程度也就越低，其原因在于：一方面，受教育年限越长的务农劳动力具备更强的资源配置能力、更好的专业技能学习能力，农业生产经营收益也会更高；另一方面，务农年限越长，务农经验就越丰富，从而能够灵活地安排农业生产，降低各种生产经营风险，有利于获取最大收益。这些方面无疑都与农地产权抵押贷款促进农业生产经营的政策初衷相吻合，金融机构由此会降低对此类农户农地产权评估价值的配给概率。上述实证结果也印证了前文理论分析：在小农户有限的农业生产条件下，过多的务农劳动力数量所形成的过密化生产会降低劳均边际产出，进而负面影响着金融机构对抵押农户农地产权评估价值的接受程度；而务农劳动力平均受教育年限、务农年限所内生于人力资本的知识及经验却能有效促进农业收入水平的提升，从而有助于降低金融机构对其农地产权评估价值的配给概率。综上所述，假说 H1、H1a 和 H1b 均得到证实。

上述发现还具有更深层次的含义：一是对理论研究所表明的农地产权抵押可以提高农户信贷可获性、降低农村信贷约束的主流观点提出了挑战；二是与部分经验发现的农地产权抵押无法改善农户正规信贷获得的结论相呼应。立足于前述发现与已有研究结论的异同，本章认为，从金融机构"审贷分离"的视角考察影响农地产权评估价值金融化实现程度的关键要素无疑更贴近现实、更具有创新性。这是因为：一方面，这一研究视角将农地产权抵押贷款最重要的两个参与主体（金融机构和农户）进行了有效对接；另一方面，这一研究视角也充分契合金融机构信贷管理制度，且与世界金融行业共识完全吻合。在开展抵押贷款业务中，世界金融行业普遍视承贷主体预期经营收入为第一还款源，抵押物为第二还款源。其中，承贷主体自身生产经营潜能最能彰显其利用贷款获取预期经营收入的高低。现有研究更多地从农地产权抵押机制的外部治理环境、内部治理结构等理论层面进行分析，而本章则经验考察了如何提升农地产权抵押价值的有效性，是对现有研究的重要补充与完善。

总之，实证分析结果表明，在家庭务农劳动力数量、质量禀赋对金融机构农地产权评估价值配给决策的影响中，只有质量禀赋有利于降低农地产权评估价值的配给概率，而数量禀赋却起着相反的作用。

20.4.2 稳健性检验

为了检查上文实证结果的稳健性，本章进行如下考虑：首先，自变量增加的稳健性检验。增加变量的目的，在于控制基准模型量化分析中未考虑到的因素。在本章中，则具体涉及社会资本这一变量（变量赋值及说明见表 20-1），其用意是考察农户社会地位及关系所构成的社会资本对金融机构农地产权评估价值配给决策的影响。结果表明，与基准实证分析结果（见表 20-3）相比，核心自变量、控制变量的估计结果、误差项相关系数以及相关检验结果未有较大变化，表明本章基本估计结果是稳健的。

其次，农地产权评估价值配给指标替换的稳健性检验。农地产权足额抵押下，金融机构对农地产权评估价值予以配给意味着其同时对贷款申请数额予以配给，即信贷数量配给。因此，结合上文理论分析并参照信贷数量配给的一般概念，对农地产权评估价值配给发生及程度采用信贷数量配给定义重新度量，即贷款批准数额小于贷款申请数额视为遭受信贷数量配给。同时，参考信贷配给一般定义，信贷数量配给程度为"（贷款申请数额–贷款获批数额）/贷款申请数额"。CRAGG 模型回归结果在信贷数量配给定义下依然稳健。

最后，模型比较的稳健性检验。考虑到 CRAGG 模型是 Tobit 模型的扩展，即 Tobit 模型嵌套于（Nested）CRAGG 模型。具体而言，Tobit 模型是 CRAGG 模型当 $Z_i = X_i$ 及 $\gamma_i = \beta_{D_i}/\sigma$ 的特例，且 Tobit 模型假设所有观测变量对金融机构农地产权评估价值配给有着相同的影响。也就是说，同一变量对金融机构农地产权评估价值"配给发生""配给程度"两步决策的影响是一样的。显然，这一假设限制性非常强。然而，出于对模型使用合理性的考察，以及确保实证结果稳健性的需要，仍有必要基于样本数据来比较 CRAGG 和 Tobit 两个模型的适用性。为此，本章使用 LinandSchmidt 提到的似然比检测法（Likelihood Ratio Test）进行检验：

HP0：模型假设满足 Tobit

HP1：模型假设满足 CRAGG

$$LR = 2\left(InL_{CRAGG} - InL_{TOBIT}\right) \sim X_p^2 \tag{20-11}$$

式（20-11）中，LR 服从自由度（P）为独立变量数（等于 CRAGG 模型相对于 Tobit 模型增加的参数个数，包括常数）的 χ^2 分布，InL_{CRAGG} 和 InL_{TOBIT} 分别是 CRAGG 和 Tobit 模型对数极大似然估计值。如果 $LR = X_p^2$，则接受 HP0，否则选择 HP1。在 1%显著性水平下，根据式（20-11）对样本数据的检验结果显示：

$$LR = 122.92 > X_p^2 = 30.58 \tag{20-12}$$

因此，拒绝原假设 HP_0。这证明，用 CRAGG 模型考察金融机构农地产权评估价值配给明显优于 Tobit 模型。总之，以上比较结果表明本章所得结论是稳健的。

20.4.3 家庭务农劳动力禀赋对农地产权评估价值配给的影响：分模式比较与组群差异分析

20.4.3.1 分模式比较

在中国农村土地经营权抵押贷款试点过程中，虽然各试点区在试点流程上趋于成熟，但运作模式多少存在不同。因此，有必要分抵押贷款运作模式，验证以上结论是否依旧成立，估计结果见表20-4。

表20-4 不同抵押模式下家庭务农劳动力禀赋对金融机构农地产权评估价值配给的影响

自变量	配给发生		配给程度	
	间接抵押（同心）	直接抵押（平罗）	间接抵押（同心）	直接抵押（平罗）
劳动力数	0.2656*** (0.1245)	0.3308** (0.3335)	0.0167** (0.0305)	0,0281* (0.0340)
教育年限	−0.0081** (0.0252)	−0.0942** (0.0698)	−0.0138*** (0.0060)	−0.0130 (0.0093)
务农年限	−0.0193* (0.0105)	−0.0735** (0.0223)	−0.0047** (0.0030)	−0.0036* (0.0028)

续表

自变量	配给发生		配给程度	
	间接抵押（同心）	直接抵押（平罗）	间接抵押（同心）	直接抵押（平罗）
人口负担	0.2879*** (0.4360)	-0.4855 (0.7567)	0.0614** (0.1222)	-0.0434 (0.1297)
农收占比	-0.4388*** (0.5870)	-0.8724* (0.6926)	-0.0002** (Ji566)	0.0587 (0.1557)
农营主业	-0.4184* (0.3677)	0.0917 (0.3209)	-0.0110* (0.0942)	0.0041* (0.0565)
农营规模	-0.4641 (0.3279)	-0.4151 (0.4236)	-0.0775 (0.0768)	-0.0657 (0.0723)
劳均收入	-0.1099* (0.0605)	-0.5319** (0.6448)	0.0353** (0.0125)	-0.0379*** (0.0833)
农业机械	0.4397 (0.2056)	0.4051 (0.3184)	-0.0582 (0.0557)	-0.0075 (0.0528)
土地位置	-0.0017 (0.0229)	-0.0484** (0.0283)	-0.0085 (0.0071)	-0.0072*** (0.0050)
土地高标	-0.4468*** (0.0560)	-0.9037*** (0.6041)	-0.0369*** (0.0517)	-0.0152 (0.1356)
土地面积	0.0032 (0.0085)	0.0081 (0.011D)	-0.0006 (0.0019)	0.0009 (0.0017)
融资经历	1.7655*** (0.1929)	2.0561*** (0.4792)	-0.0309*** (0.0524)	0.0058* (0.0655)
极大似然函数值	同心：-92.9973；平罗：-14.1264			
观察值	同心：415；平罗：330			
Wald（13）	同心：92.11***；平罗：46.43***			

由表 20-4 可知，虽然农地产权抵押贷款存在不同运作模式，但在家庭务农劳动力禀赋对金融机构农地产权评估价值配给的影响方面几乎一致，仅有的差别体现在金融机构在"配给程度"决策中对家庭务农劳动力"平均受教育年限"的关注点不同。从现实观察来看，由于缺乏贷款担保增信环节，直接抵押模式下的金融机构需独立承担所有贷款风险。因此，在直接抵押模式下，金融机构会更关注抵押农户第一还款源（农业生产收益）的稳妥性。同时，采用直接抵押贷款模式的平罗县系国家级产粮大县，当地的农业生产经营方式仍处在由传统农业向现代农业转型的过程中，加之粮食生产方式短时期内难有变化，因此金融机构会更注重劳动者的生产经历。也就是说，在粮食生产的诸环节中，由抵押农户生产经历所累积的从业经验，比其受教育年限更能降低金融机构对其农地产权评估价值的配给程度。然而，这种不同从本质上看并无实质性差异，都是金融机构审核承贷主体以家庭务农劳动力禀赋能否支撑未来家庭农

业经营收入作为第一还款源的行为表现。总之，分模式比较研究表明，对家庭务农劳动力数量、质量两类禀赋而言，只有质量禀赋有助于降低金融机构农地产权评估价值的配给决策这一发现总体上也呼应了上文的研究结论。

20.4.3.2 组群差异分析

前述研究从总体角度考察家庭务农劳动力禀赋对金融机构农地产权评估价值配给决策的影响，但无法体现这种影响在样本农户中的组群差异（即结构性差异）。现实中，农民高度异质化使得农户间正规融资情况也存在显著差异，因此有必要探究这种影响在农户间的组群差异。

进一步，在中国家庭普遍存在家长制的情形下，家庭经济决策和主要收入来源深受户主的影响。同时，现行政策规定农地承包经营权抵押贷款需要承包农户户主本人或经户主本人书面同意方可向金融机构提交申请。因此，作为表征人力资本变量的户主年龄和受教育程度，通常反映了农户家庭借贷渠道的选取以及风险偏好的程度。金融机构在放贷决策中统筹考虑户主的年龄及其受教育程度。近年来，随着城乡融合进程不断加快，农村人口老龄化现象明显，其进度快于全社会平均水平。年龄过高、文化程度偏低的农村留守人群往往面临着严重的借贷配给情况。此外，一般而言，户主年龄越大，其务农年限也相应越长，年龄高低也能折射出户主从事农业经营活动的相关经历。从而以户主年龄、受教育年限作为分组依据，关注家庭务农劳动力禀赋对农地产权评估价值配给影响的组群差异就显得极为必要。鉴于此，本章以样本农户户主的年龄、受教育程度为基本特征进行样本分组处理，探究家庭务农劳动力禀赋对农地产权评估价值配给影响的组群差异，比较结果见表20-5。

表20-5 家庭务农劳动力禀赋对农地产权评估价值配给影响的组群差异

变量	分类标准	配给发生			配给程度		
		劳动力数	教育年限	务农年限	劳动力数	教育年限	务农年限
户主年龄	40岁及以下	0.4981 (0.2044)	−0.0410** (0.0393)	−0.0172* (0.0160)	0.5247** (0.0095)	−0.0016* (0.0021)	−0.0009* (0.0008)
	40~50岁（含）	0.0689* (0.1498)	−0.0966** (0.0332)	−0.0049* (0.0124)	0.0140 (0.0128)	−0.0043** (0.0026)	−0.0004* (0.0010)
	50岁以上	0.0560 (0.2148)	−0.0526 (0.0401)	−0.0043 (0.0132)	0.0078 (0.0183)	−0.0029 (0.0035)	−0.0011 (0.0009)
户主受教育程度	小学及以下	0.1768* (0.1394)	−0.0758* (0.0516)	−0.0281** (0.0141)	0.0221** (0.0096)	−0.0056* (0.0031)	−0.0013* (0.0008)
	初中	0.0967 (0.1382)	−0.1792* (0.0895)	−0.0141** (0.0105)	0.0039 (0.0095)	−0.0055** (0.0054)	−0.0008* (0.0007)
	高中及以上	2.1776 (0.8115)	−0.1843 (0.1437)	−0.0161 (0.0350)	0.1088 (0.0391)	−0.0021 (0.0114)	−0.0010 (0.0021)

由表 20-5 可知，一方面，户主处在 40 岁及以下、40~50 岁（含）两个年龄段的家庭务农劳动力禀赋对金融机构农地产权评估价值配给决策产生显著性影响。总体来说，这种影响依旧是劳动力质量禀赋降低了农地产权评估价值配给的概率，而劳动力数量禀赋则与之相反。有意思的是，对于户主为 50 岁以上年龄段的农户家庭，务农劳动力禀赋对金融机构农地产权评估价值配给决策没有显著影响。对此，可能的解释是，户主 40 岁及以下、40~50 岁（含）分别代表青年、中年的农户家庭，这两类家庭成员正处于年富力强的状态，从事农业生产会有更好的收益，因此务农劳动力禀赋对金融机构农地产权评估价值更具参考价值。而户主 50 岁以上则意味着属于中老年家庭，这类家庭务农劳动力平均年龄通常偏大。一般而言，虽然年龄偏大可能会有更丰富的务农经验，但现阶段中国农村农业生产方式总体仍处在由传统农业向现代农业转型阶段，农业生产经营对劳动力体力要求仍占相当比重的情况下，中老年务农劳动力意味着劳动力质量总体偏低，进而导致劳动生产率下降，同时中老年务农劳动力掌握现代化农业生产技能及知识存在一定的现实困难，加之丰富的务农经验并不必然会弥补此类家庭财富增收能力不强的现实，因此金融机构可能策略性地"忽视"了此类家庭务农劳动力禀赋对其农地产权评估价值的影响。

另一方面，户主受教育程度为小学及以下、初中两个阶段的农户家庭，其务农劳动力禀赋会显著地影响农地产权评估价值，与上文一致，这种影响也是劳动力质量禀赋显著减少农地产权评估价值配给概率，而劳动力数量禀赋则与之相反。有趣的是，户主受教育程度为高中的农户家庭，其务农劳动力禀赋对农地产权评估价值也没有显著影响。对此有违常识的分析结果，可能的解释是，户主受教育程度越高，其在工业部门获得工作及高工资的可能性越大。现阶段在城乡收入差距尚未明显缩小的情况下，此类户主会更愿意离农脱农，这显然背离了农地产权抵押贷款扶持农业生产的政策初衷，也无法有效提升农业经营收益作为第一还款源的可靠性。因此，金融机构也就很少关注此类农户家庭务农劳动力禀赋对其农地产权评估价值配给的影响。与之相反，户主受教育程度低的农户家庭，外出务工或从事非农就业可能存在困难，不得不依靠农业生产经营为家庭提供基本生活保障。所以，金融机构会更关注户主受教育程度偏低的农户家庭，以寻求提高抵押贷款的使用效率。也就是说，务农劳动力禀赋会显著影响此类农户家庭农地产权评估价值遭受配给的概率和程度。

总之，上述研究结果表明，家庭务农劳动力禀赋对农地产权评估价值配给的影响是存在结构性差异的，这种差异折射出农地产权抵押贷款试点在强调普惠金融多层次、广覆盖的同时，也需要找准靶向、突出重点客户人群，以更好地实现农地金融改革的政策目标，并提高贷款的使用效率。

20.5 结论与政策建议

本章研究了农户家庭务农劳动力禀赋对金融机构农地产权评估价值配给的影响。理论分析部分，建立了务农劳动力禀赋对金融机构农地产权评估价值配给决策影响的理论框架。实证分析部分,利用一手实地调查数据,从务农劳动力数量、质量禀赋两个维度估计了家庭务农劳动力禀赋对金融机构农地产权评估价值配给发生、配给程度两步决策的影响。尤为重要的是,作为一个显著特点,本章特别强调,结合金融机构"审贷分离"实践是全面考察家庭务农劳动力禀赋对农地产权评估价值配给发生、配给程度影响的关键。实证分析结果既补足了对这一领域研究不够深入的缺陷,也证实了 CRAGG 模型应用于直接估计家庭务农劳动力禀赋对金融机构农地产权评估价值配给决策影响的合理性、有效性及必要性。

本章的主要研究结果表明,在控制土地特征、其他家庭经济社会特征之后,家庭务农劳动力数量、质量两类禀赋对金融机构农地产权评估价值配给决策产生了差异性的影响。具体来说,以务农劳动力平均受教育年限、平均务农年限为表征的务农劳动力质量禀赋不同程度地降低了农地产权评估价值配给发生的概率及配给程度,而务农劳动力数量禀赋则与之相反。按农地产权抵押运作模式分组后的实证研究总体上也得出了类似的结论,从而支持了上述判断。组群差异的分析结果则表明,相较于中老年和受教育程度较高的户主,务农劳动力禀赋对户主为青年、中年、受教育程度偏低的农户家庭农地产权评估价值配给的影响显著。

为促进农地产权评估价值足额抵押化的有效实现,本章有如下政策建议:一是加快农村一、二、三产业融合发展,推动农产品就地加工转化增值,将小农户融入能发挥当地资源禀赋优势的农业产业链,促进家庭富余务农劳动力从传统种植、养殖向农产品加工、运输、营销等环节适度转移,通过优化务农劳动力数量配置来提升家庭农业生产总值,进而降低遭受金融机构农地产权评估价值配给的概率。二是对户主为青年、中年,以及教育程度为初中、小学及以下的农户家庭,只要其愿意继续从事农业生产经营,就应采取诸如技能培训、知识再教育等加强人力资源素质的做法提升其家庭务农劳动力质量,以助其获得更好的农业经营收益,从而提升农地产权评估价值的金融化程度。三是针对户主年龄偏大的农户家庭务农劳动力质量禀赋难以提高、以及户主受教育程度较高的农户家庭务农劳动力务农意愿不强的问题,应鼓励这些农户家庭用抵押融资资金向社会化服务主体(如农民行业协会)购买农业生产全流程服务,提升农业生产经营效益,通过生产方式和经营方式创新缓解甚至消除金融机构对其抵押农地产权评估价值的配给。

21　农地经营权抵押贷款可得性对农业生产效率的影响研究

——以宁夏平罗县和同心县723户农户为例

21.1　引言

在深化农业供给侧结构性改革的背景下，农业发展目标亟须由满足量的需求转变为满足质的需求以实现农业经济的持续增长和农业现代化的顺利转型，而农业生产效率能否得到提升是衡量农业发展质量好坏的重要标准。农村金融作为农村经济发展的核心，是优化农村资源配置和解决农村资金约束的重要推动力量。近年来，为深化农村金融改革和提高信贷支农绩效，农村信贷产品呈现出多元化特征，尤其是通过抵押农地获取资金有效解决了农户抵押物不足的问题，对破解农户"融资难、融资贵"这一坚冰发挥了极其重要的催化作用。为加快农地经营权抵押贷款由点到面并逐步在全国施行，近年来中央政府密集出台了相应政策文件。2014年11月，中共中央办公厅、国务院办公厅共同印发的《关于引导农村土地承包经营权有序流转发展农业适度规模经营的意见》指出，坚持农村土地集体所有权，稳定农户承包权，放活农地经营权，为引导农地经营权有序流转提供了重要依据。2015年8月国务院颁布的《开展农村承包土地的经营权和农民住房财产权抵押贷款试点的指导意见》明确指出要稳妥有序开展农地经营权抵押贷款业务，增加农业生产中长期和规模化经营的资金投入，促进农民增收致富和农业现代化快速发展。2015年12月，全国人大常委会决议授权国务院在包括北京市大兴区等232个试点县（市、区）行政区域，暂时调整相关法律，允许农地作为抵押品进行融资。2016年3月，人民银行与财政部、农业部等多部委联合下发了《农村承包土地的经营权贷款试点暂行办法》要求金融机构简化贷款手续，加强贷款风险控制，全面提高贷款服务质量和效率。那么农地经营权抵押贷款对农业生产效率作用如何？不同贷款模式下农地经营权抵押贷款可得性对农业生产效率是否具有差异呢？这是评价农地经营权抵押贷款政策效果的全新视角，也是审视农村金融与农业经济能否实现协调发展的重要方面。

21.2　文献综述及研究假说

21.2.1　文献综述

目前，国内外学者关于农业信贷对农业生产效率作用效果的研究，结论存在较大争议。部分学者认为信贷对农业生产效率起到促进作用。Chaovanapoonphol等运用超越对数随机前沿生产函数实证分析了泰国北部地区水稻种植农户的生产技术效率，结果表明借贷金额对水稻生产效率具有显著的正向作用。田伟等运用超越对数随机前沿生产函数和 1998—2010 年中国 30 个省份的投入与产出的面板数据实证分析得出农业金融支持体系对农业生产具有积极作用。尹雷等通过 DEA Malmquist 指数和 GMM 方法实证分析了 1991—2009 年中国 30 个省份农业生产效率，结果表明增加农村金融发展规模有利于农业全要素生产率的提高。另外学者认为农业信贷对农业生产效率起到抑制作用。Battese 等运用超越对数随机前沿生产函数实证分析了巴基斯坦小麦种植农户的生产效率，结果表明信贷可得性对小麦生产效率起到负向作用。钱良信通过对数型柯布-道格拉斯生产函数实证分析了 1978—2008 年中国中部 6 省的农业技术效率，结果表明农业贷款抑制农业技术效率的提高。王振红等运用建立向量误差修正模型和山东省 1952—2010 年农业生产数据，实证分析得出农业贷款不利于农业生产率的改善。另有部分学者认为农村金融对农业生产效率的作用效果不能一概而论，应将农村金融体系进行细分，从而比较其不同构成部分对农业生产效率的影响。Li 运用 DEA-tobit 法实证分析了 2006 年中国 31 个省份的农业生产技术效率，结果表明农村正规信贷对农业生产技术效率具有积极作用，而非正规信贷对农业生产技术效率具有抑制作用。宋春光等通过随机前沿生产函数和 2001—2006 年的中国 30 个省份的农业生产数据实证分析得出合作性金融对中国农业技术效率的提高有着明显的促进作用，而政策性金融支持对农业技术效率的促进作用不显著。围绕农地经营权抵押贷款研究，现有文献多数是针对制度设计、意愿、贷款可得性、贷款响应以及收入等方面展开了深入研究。

总体来看，已有研究还存在以下不足：第一，关于信贷对农业生产效率的研究，国内以宏观分析为主，侧重从微观角度特别是农户层面的实证分析偏少，国外虽重视信贷对农业生产效率的微观考察，但也未考察农地经营权抵押贷款对农业生产效率的作用效果以及不同模式间的异质性；第二，忽略了农地经营权贷款可得性和农业生产效率内生性的问题，金融机构在实施放贷的过程中要对申请贷款农户的资质进行筛选和比较，因此农地经营权抵押贷款可得性与农户自身及其家庭特征密不可分，这些因素有可能会影响农户农业生产效率，从而可能导致模型估计结果有偏。

为探索农地经营权抵押贷款的可得性对农业生产效率的作用效果，本章从农户视角切入，并运用具有不同贷款模式的农地经营权抵押贷款试点的农户农业生产数据加以实证分析。考虑到传统 DEA-IV-Tobit 模型要求内生变量具有连续性特征，但农地经营权抵押贷款可得性为虚拟内生变量，而两阶段最小二乘法可作为内生变量，为虚拟变量的受限被解释变量模型的最佳渐进估计方法。鉴于此，本章选用 DEA-2SLS 模型实证分析农地经营权抵押贷款可得性对农户农业生产效率的影响以及不同贷款模式下的异质性，以期从合理评价农地经营权抵押贷款改革成效继而探索出有效贷款模式以促进农业生产效率的提高。

21.2.2　研究假说

农业生产效率是指，以按照生产要素配置的最优比例生产所能达到的最大产出作为标准，衡量农户对生产要素的利用状况。农地经营权抵押贷款是指以承包土地的经营权作抵押、由银行业金融机构向符合条件的承包方农户或农业经营主体发放的、在约定期限内还本付息的贷款。农地经营权抵押贷款是农业生产系统的重要组成部分，其分别通过信贷约束效应、投资效应和规模效应等途径影响农户农业生产决策，进而影响农户农业生产效率。由于利率管制、道德风险等问题的存在，中国农村信贷市场效率低下，农户受到较高程度的信贷约束现象普遍存在。相关研究表明，农地抵押融资可有效拓宽农村抵押担保物范围，提高贷款可得性，缓解农村地区信贷约束程度。首先，在均衡信贷约束的情况下，获贷会增加所有投入要素的使用量，而在非均衡信贷约束的情况下，获贷既会影响投入要素的使用量，也会影响要素间相对使用强度，受信贷约束制约性较小的投入会替代受信贷约束制约性较大的投入，从而降低农户生产性资金约束以最大程度增加农业产出水平。具体来讲，其作用途径主要是通过影响资本与劳动的替代程度来促使农户采用资本密集型等生产方式来提高农业生产效率；或者采用先进的种植技术，如机械栽培和自动灌溉等以改善生产条件，促进农业生产效率的提升。农地产权不稳定抑制了农地长期投资的积极性，因此会带来农业生产效率损失。而农地经营权抵押融资作为农村土地改革的重大突破，其允许将农地作为抵押物进行融资，进一步稳定和深化了农户农地经营权，有利于农户形成较为稳定的收益预期，增强了农户农业投资的信心，从而有利于农业生产效率的提升。此外，在城镇化进程加速的背景下，农地抛荒、闲置问题成为农业现代化转型发展的桎梏，通过农地经营权抵押融资能够鼓励农地经营权流转，激活"沉睡"的土地资本，提高土地利用率，促进农业经营组织化和规模化，从而有利于农业生产效率的提高。据此，本章提出第一个假说：农地经营权抵押贷款可得性对农户农业生产效率具有促进作用。

农地经营权抵押融资模式依据实施主体的不同可大体归纳为两类：政府主导型模式和市场主导型模式。政府主导型模式是以政府作为农地抵押融资的主导者，由其出台相关政策文件并成立价值评估、土地流转等专门机构的自上而下的融资模式；市场主导型模式是以农户作为农地抵押融资的主导者，由其自发成立土地承包权抵押贷款协会，贷款小组内贷款会员相互提供担保，而贷款协会以贷款会员入股的土地经营权价值为限提供总担保的自下而上的农地经营权抵押的融资模式。两种融资模式在本质上存在明显的区别，政府主导型模式具有外生性金融特征，是基于政府行为建立的金融制度；市场主导型模式金融具有内生性金融特征，是由微观经济主体经过博弈形成的具有均衡性质的金融制度。因此，在政府主导型模式下受到的"内部人控制"效应相对较弱，市场主导型模式下受到的"内部人控制"效应相对较强。"内部人"追求的是其自身借贷金额的最大化，而不是整个信贷资源配置的最优化，可能导致农业生产的无效率状态。尤其是在我国现有产权制度和农村金融监督体系不完善的前提下，农村金融市场不具备完全竞争条件，而政府作为第三方介入农地经营权抵押贷款之中，能够凭借法制约束等手段有效地遏制农户道德风险和逆向选择行为的发生，对农户按时归还贷款施加更有力约束，从而激发农户从事农业生产的积极性和提高农业产出水平。此外，在政府主导型模式下，以相关文件规范金融机构农地经营权贷款业务的运作流程,并以设立风险补偿基金的途径对不良贷款进行兜底,从而减轻了供给型信贷约束;通过设立农村产权交易中心等专业机构,强化了农地经营权的财产属性,并降低了土地流转的交易成本和搜寻成本,因此,政府主导型模式对缓解信贷约束、增加农业投资和促进农地流转等方面具有更强的作用效果,因而更加有利于农业生产效率的提高。据此,本章提出第二个假说:相较于市场主导型模式,政府主导型模式更有利于农业生产效率的提高。

21.3　数据来源与模型设定

21.3.1　数据来源

本章数据来源于本章研究团队分别于 2015—2016 年对宁夏平罗县通伏乡、姚伏镇等 8 个乡镇和宁夏同心县石狮开发区管委会、王团镇等 6 个乡镇进行的实地调研。调研方式采用分层随机抽样方法对农户进行"一对一"访谈式调查。宁夏平罗农地经营权抵押贷款试点实行以农地经营权作为抵押物来直接进行融资的政府主导型模式;宁夏同心农地经营权抵押贷款试点实行以贷款协会和联保人依据农户入股农地经营权的价值提供反担保来间接进行融资的市场主导型模式。目前,两个地区农地经营权抵押贷款业务均得到有效开展,试行状况良好。调研共采访从事农业生产农户数为 877 户,本章采用的有效样本数为 723 户,平罗地区为 288 户,同心地区为 435 户,问卷有效率为 82.44%。样本数据涵盖了不同农地经营权抵押贷款试点地区的从事农业生产农户的总体特征,具有良好的覆盖度和代表性。调查结果显示,样本农户户主性别以男性居多,所占比例为 85.75%;受教育程度多数为小学和初中文化,所占比例为 75.93%;从家庭经营类型来看,以农业经营为主业经营类型所占比例为 51.18%;全部样本中获得农地经营权抵押贷款农户 279 户,所占比例为 38.59%,平罗地区和同心地区获得农地经营权抵押贷款农户分别 57 户和 222 户,所占比例分别为 19.79% 和 51.03%。

21.3.2　模型设定

21.3.2.1　农业生产效率的测度

数据包络分析(DEA)是 1978 年由 Charnes 提出的测算决策单元间相对有效性的非参数估计方法,其克服了生产函数形式设定偏差等参数估计方法的不足,并且不受投入、产出数据量纲影响。本章选取产出导向的 BCC 模型测度农地经营权抵押贷款试点地区农户农业生产效率,主要基于以下几点考虑:首先,我国农业生产市场,并不是完全竞争市场,因此决策单元往往不能以最优规模进行生产,更适用于规模报酬可变(VRS)的 BCC 模型;其次,对于人多地少的中国来说,最大可能增加农业产出,依旧是关乎国计民生的核心问题,因此选择产出导向更符合中国农业生产实际情况。该种方法测度的农业生产效率值区间为(0,1],数值越大表示效率越高。产出导向的 BCC 模型可表示为:

$$
\begin{cases}
max\mu \\
X_{i0} > \sum_{j=1}^{n} X_{ij}\lambda_j \\
Y_{r0} < \sum_{j=1}^{n} Y_{rj}\lambda_j \\
\sum_{j=1}^{n} \lambda_j = 1 \\
i = 1.2, \cdots, m; \ r = 1, 2, \cdots, s; \ j = 1.2, \cdots, n
\end{cases} \tag{21-1}
$$

式（21-1）中，X_{ij} 表示第 j 个农户的第 i 个投入；Y_{rj} 表示第 j 个农户的第 r 个产出；λ_j 表示第 j 个农户的非负权重；μ 表示第 j 个农户的效率值。

本章将农地经营权抵押贷款试点地区的农业生产系统分为投入与产出两大系统：投入系统由资本、劳动和土地 3 要素构成，确定生产性支出为资本要素，包括种子、农药、化肥、机械及饲料等费用；确定农业劳动力数量为劳动要素；确定土地经营面积为土地要素；产出系统由农户农业收入构成，从而建立农地经营权抵押贷款试点地区农户农业生产的投入—产出模型，并利用软件 deap2.1 测度各农户农业生产效率值，具体结果见表 21-1。

21.3.2.2　农地经营权抵押贷款可得性对农户农业生产效率的影响：两阶段最小二乘法

从已有文献来看，农地经营权抵押贷款可得性取决于户主个人特征（年龄等）和家庭经营特征（耕地面积等）。如果上述因素被遗漏，而没有作为解释变量纳入农户农业生产效率模型中，会造成模型的残差项与农户农地经营权抵押贷款可得性变量相关。具体设定如下：

$$
effic = \alpha_0 + \beta_0 C + \gamma_0 X + \varepsilon_0 \tag{21-2}
$$

$$
C = \alpha_1 + \beta_1 IV + \gamma_1 X + \varepsilon_1 \tag{21-3}
$$

$$
effic = \alpha_2 + \beta_2 C + \gamma_2 X + \varepsilon_2 \tag{21-4}
$$

式（21-2）是基于 OLS 线性模型估计，式（21-3）和式（21-4）是对式（21-2）的两阶段最小二乘法估计。其中，C 表示农户是否获得农地经营权抵押贷款，IV 表示工具变量，X 表示其他影响农户农业生产效率的变量，主要包括户主个体特征变量、农户家庭特征变量、物质资本变量和社会资本变量，α_0、α_1、α_2、β_0、β_1、β_2、γ_0、γ_1 和 γ_2 为待估参数，ε_0、ε_1 和 ε_2 为随机干扰项。利用最小二乘法对式（21-3）估计可以得到 C 的拟合值 $\hat{C}$。再将 $\hat{C}$ 代入式（21-4）进行农地经营权抵押贷款可得性对农业生产效率的无偏估计。

为纠正农地经营权抵押贷款可得性的内生问题带来的估计偏差，本章采用政策认知变量作为农地经营权抵押贷款可得性的工具变量。本章选择该工具变量主要基于以下两点，第一，该工具变量对农地经营权抵押贷款可得性具有正向作用，随着农户对农地经营权抵押贷款政策了解程度的加深，其对农地经营权抵押货款需求也随着提高，金融机构供给意愿也随之增强，因此，有助于提高农地经营权抵押贷款的可得性；第二，该工具变量并不直接影响农户农业生产决策，从而并不直接影响农业生产效率，因此较好地满足了工具变量的要求。

其中，控制变量的影响机理解释如下：

户主个体特征变量中，男性户主相较于女性思想更为开阔，对新鲜事物的接受能力较强，更加倾向于采用新技术，从而提高农业产出水平，因此理论预期户主为男性将会提高农业生产效率。户主受教育程度以其受教育年限来衡量，分别设定未上过学、小学、初中、高中和大专以上文化的户主受教育时间为 0 年、5 年、8 年、11 年和 14.5 年。户主受教育程度越高，则有助于其发挥主观能动性，从而提升其创造能力和劳动生产能力；同时，户主掌握着家庭农业生产资源配置的决策权，受教育程度更高的户主对农业生产资源配置的决策更趋于科学化和合理化，有利于提高农业产出水平，因此理论预期户主受教育程度的增加将会改善农业生产效率。

家庭特征变量中，家庭规模以家庭总人口数来衡量，家庭规模越大表明家庭衣食住行等的日常花销越多，而繁重的消费性支出可能会占用部分农业生产性资金，对农业生产资本投入产生挤兑作用，最终导致农业产出水平下降，因此理论预期该变量对农业生产效率具有负向作用。家庭赡养负担以供养比来衡量，供养比是指家庭中供养人数与家庭总人口数的比值，而家庭供养比越大，说明该家庭结构以老人和学龄儿童为主，青壮年劳动力相对匮乏，家庭农业生产面临的劳动力约束较重。在农业现代化经营的背景下，该家庭将以机械作业来代替短缺的劳动力，而均机械水平的增加将会提高农业生产效率。因此理论预期该变量对农户农业生产效率具有正向作用。家庭经营类型用是否以农业经营为主业虚拟变量来衡量，相较于以农业经营为辅业的农户，以农业经营为主业的农户在农业资源禀赋和农业生产技能方面具有更大的优势，因此理论预期该变量对农业生产效率具有促进作用。

家庭物质资本变量中，家庭生产性实物资产价值以用于进行农业生产的树木、农业设施及牲畜等财产总值来衡量，家庭生产性实物资产价值越高，表明其从事农业生产经营的物质基础较为丰富，农业生产的积极性得以提高，因此预期该变量对农业生产效率具有正向作用。家庭居住条件以农户居住房屋的优劣程度来衡量。家庭居住条件越好，表明农户经济条件较为优越，而经济条件是农户承担农业生产成本和风险的保障，因此预期该变量将会起到改善农业生产效率的作用。

家庭社会变量，本章以是否有家庭成员或亲戚朋友担任（过）村干部来衡量。村干部在获取农业社会化服务方面存在明显的优势。而以血缘、亲缘为纽带形成的关系网络使得家庭成员或亲戚朋友担任（过）村干部的农户在获取农业社会化服务上也居于优先地位，而获取农业社会化服务对提高农业专业化程度和农业产出水平具有重要作用，因此理论预期该变量将对农业生产效率具有正向作用。变量的定义及描述性统计见表 21-1。

表 21-1 变量的定义及描述性统计

变量	变量定义	赋值说明	均值	标准值	最小值	最大值
投入—产出体系	产出体系借贷发生当年农业收入（In-come）	实际观测值（万元）	4.595	4.289	0.100	35.000
	借贷发生当年生产性支出（Captial）	实际观测值（万元）	1.931	2.421	0.060	16.000
	借贷发生当年农业劳动力（Labour）	实际观测值（人）	2.185	0.889	1.000	7.000
	借贷发生当年土地经营面积（Land）	实际观测值（亩）	20.803	25.916	1.000	255.000
核心变量	是否获得农地经营权抵押货款（X1）	否=0，是=1	0.386	0.487	0.000	1.000
户主个体特征变量	户主性别（X2）	女=1，男=0	0.858	0.350	0.000	1.000
	户主受教育程度（X3）	户主受教育年限（年）	6.554	3.256	0.000	14.500
家庭特征变量	家庭规模（X4）	家庭总人口数（人）	4.396	1.568	1.000	12.000
	供养比（X5）	供养人数与家庭总人口数的比值	0.386	0.240	0.000	0.830
	经营类型（X6）	以农业经营为辅业=0，以农业经营为主业=1	0.512	0.500	0.000	1.000
物质资本变量	生产性实物资产价值（万元）（X7）	实际观测值	3.323	5.910	0.000	50.000
	居住水平是否良好（X8）	差=0，好=1	0.895	0.307	0.000	1.000
社会资本变量	是否有家庭成员或亲戚朋友担任（过）村干部(X9)	否=0，是=1	0.130	0.337	0：000	1.000
工具变量	政策认知变量（IV）	没听说过=0，听说过一点=1，一般=3，基本了解=4，非常了解=5	3.091	1.271	1.000	5.000

21.4 实证研究结果与分析

21.4.1 全部农户农业生产效率影响因素的回归结果

表 21-2 模型（1）中报告了在不考虑内生性情况下农地经营权抵押贷款可得性对农户农业生产效率的 OLS 估计结果，结果表明农地经营权抵押贷款可得性对全部农户农业生产效率具有促进作用，并通过了显著性水平为 5%的显著性检验。因为可能存在未纳入计量模型且共同影响农地经营权抵押贷款可得性和农户农业生产效率的遗漏变量，而政策认知变量与农地经营权抵押可得性正相关且又不会直接影响农户农业生产效率，因此选用政策认知变量作为工具变量来检验模型是否存在内生性问题。首先，本章分别使用

Durbin 卡方统计量和 Wu-Hausman F 统计量检验农地经营权抵押贷款可得性的外生性，其估计值分别为 12.3871 和 12.4112，因此均在 1% 的显著性水平上拒绝了农地经营权抵押贷款可得性外生于全部农户农业生产效率的原假设；其次，使用了 Cragg-Donald Wald F 统计量检验弱工具变量问题，其估计值为 82.5460，因此在 10% 显著性水平下拒绝弱工具变量假设，由此可认为农地经营权抵押贷款可得性存在内生性，并且选用政策认知变量作为其工具变量是合理的。模型（2）汇报了在纠正内生性偏误后，农地经营权抵押贷款可得性对全部农户农业生产效率的影响仍显著为正，并且通过了显著性水平为 1% 的统计性检验，该回归结果表明农地经营权抵押贷款可得性对全部农户农业生产效率具有明显的促进作用，这主要是因为农地经营权抵押贷款缓解了农户的信贷约束，并通过增加农业投资和促进农地流转等途径改善了农户农业生产效率，这验证了本章提出的第一个假说。农地经营权抵押贷款可得性变量的回归系数呈现出明显变化，未纠正内生性偏差前获得农地经营权抵押贷款农户农业生产效率提高为 3.05%，纠正内生性偏差后获得农地经营权抵押贷款农户农业生产效率提高至 17.61%，这说明内生性问题会造成回归系数向下偏倚，因此忽略内生性问题将会低估农地经营权抵押贷款可得性对农户农业生产效率的正向作用效果。在影响农户农业生产效率的其他变量上，模型（1）表明户主受教育程度、家庭规模、供养比、是否以农业经营为主业和生产性实物资产价值均对全部农户农业生产效率具有显著正向影响。在纠正内生性偏差后，模型（2）表明供养比对农户农业生产效率不具有统计意义的显著性，而居住条件变量对全部农户农业生产效率的促进作用增强，并通过了显著性水平为 10% 的统计检验，这与前文的理论预期基本一致。

21.4.2 不同模式下农户农业生产效率影响因素的回归结果

表 21-2 模型（3）中报告了在不考虑内生性情况下农地经营权抵押贷款可得性对政府主导型模式下农户农业生产效率的 OLS 估计结果，表明该模式下农地经营权抵押贷款可得性对农户农业生产效率具有正向作用，但未通过统计检验。对政府主导型模式下农地经营权抵押贷款可得性进行外生性检验，Durbin 卡方统计量和 Wu-Hausman F 统计量估计值分别为 8.6735 和 8.6013，因此分别在 1% 显著性水平下拒绝了农地经营权抵押贷款可得性外生于农户农业生产效率的原假设；Cragg-Donald WaldF 统计量估计值为 53.0780，因此在 10% 的显著性水平上拒绝了政策认知变量为弱工具变量的假设，因此政策认知变量对政府主导型模式下农地经营权抵押贷款可得性也具有较强的解释力，不存在弱工具变量问题。模型（4）汇报了纠正农地经营权抵押贷款可得性内生偏误后，政府主导型模式下该变量对农户农业生产效率具有显著的正向作用，通过了 1% 显著性水平上的统计检验。表 21-2 模型（5）中报告了在不考虑内生性情况下农地经营权抵押贷款可得性对市场主导型模式下农户农业生产效率的 OLS 估计结果，表明该模式下农地经营权抵押贷款可得性对农户农业生产效率具有正向作用，并通过统计 5% 显著性水平上的统计检验。本章仍选用政策认知变量作为市场主导型模式下农地经营权抵押贷款可得性的工

具变量，Durbin 卡方统计量和 Wu-Hausman F 统计量估计值分别为 4.1104 和 4.0447，因此在 5%显著性水平下拒绝了农地经营权抵押贷款可得性外生于农户农业生产效率的原假设；Cragg-Donald Wald F 统计量估计值为 61.7820，因此在 10%的显著性水平上拒绝了农户对农地经营权抵押贷款政策认知变量为弱工具变量的假设。模型（6）汇报了纠正农地经营权抵押贷款可得性内生偏误后，在市场主导型模式下该变量对农户农业生产效率具有显著的正向作用，通过了 1%显著性水平上的统计检验。在纠正内生性偏差后，两种贷款模式下农地经营权抵押贷款可得性对农户农业生产效率的正向作用效果均明显增强。政府主导型模式下，相较于未获得农地经营权抵押贷款农户，获得农地经营权抵押贷款农户的农业生产效率提高了 23.63%，而在市场主导型模式下，获得农地经营权抵押贷款农户的农业生产效率较之于未获得农地经营权抵押贷款农户的农业生产效率提高了 12.12%，表明政府主导型模式下农地经营权抵押贷款可得性对农户农业生产效率的提升作用更强，这验证本章第二个假说。

在其他影响农户农业生产效率的变量上，模型（4）和模型（6）表明在两种模式下户主受教育程度、以农业经营为主业和生产性实物资产价值均对农户农业生产效率具有显著正向影响。户主受教育程度变量在政府主导型模式和市场主导型模式下均对农业生产效率具有显著正向影响，分别通过了 1%和 10%的显著性水平检验；是否以农业经营为主业变量在两种模式下也具有显著促进作用，均通过了 1%的显著性水平检验，并且在政府主导型模式下上述变量回归系数高于市场主导型模式，这是由于平罗地区农地流转程度较高，农业主导产业以大规模经营为主，农业生产决策的精准性是规模化农业生产经营效益高低的关键影响因素，而受教育程度较高的户主对生产决策精准性的把控能力更强，有助于农业生产效率的提高；此外，规模经营会带来规模经济，因此在平罗地区以农业经营为主变量对农户农业生产效率的提升作用更加明显。生产性实物资产价值对两种模式下农户农业生产效率也均通过了 1%的显著性水平检验，而在市场主导型模式下生产性实物资产价值变量的回归系数高于政府主导型模式，这是由于同心县气候干旱缺水，相较于平罗县，其农耕地中旱耕地占较大比重，而生产性实物资产投资能改善较为恶劣的生产条件以充分利用旱地资源，因此生产性实物资产投资的增加对同心地区农户农业生产效率的促进作用更为显著。家庭规模和供养比变量在政府主导型模式下对农户农业生产效率产生了正向影响，并且分别通过了 5%的显著性水平检验，而在市场主导型模式下家庭规模和供养比变量对农户农业生产效率并无显著促进作用。这是由于平罗地区户均耕地面积高于同心地区，而平罗地区户均农业劳动投入量低于同心地区，因此需要依靠更多的资本投入和机械作业来代替相对稀缺的劳动力投入，而家庭规模和供养比是决定农业生产资本投入和机械使用量的重要影响因素，因此相对于同心县，家庭人口特征变量对平罗地区农户农业生产效率的提升作用更加显著。

表 21-2 全部农户农业生产效率影响因素的回归结果

变量	全部农户		政府主导型模式		市场主导型模式	
	模型（1）OLS	模型（2）2SLS	模型（3）OLS	模型（4）2SIS	模型（5）OLS	模型（6）2SLS
X1	0.0305** (0.0137)	0.1761*** (0.0449)	0.0374 (0.0288)	0.2363*** (0.0711)	0.0361** (0.0159)	0.1212*** (0.0471)
X2	0.0183 (0.0180)	0.0146 (0.0189)	0.0635** (0.0278)	0.0488 (0.0306)	0.0042 (0.0226)	0.0008 (0.0230)
X3	0.0070*** (0.0020)	0.0085*** (0.0022)	0.0138*** (0.0036)	0.0139*** (0.0039)	0.0038 (0.0024)	0.0042* (0.0024)
X4	−0.0089* (0.0051)	−0.0162*** (0.0060)	−0.0210* (0.0116)	−0.0267** (0.0118)	−0.0030 (0.0058)	−0.0051 (0.0062)
X5	0.0550* (0.0323)	0.0502 (0.0343)	0.1065* (0.0591)	0.1219** (0.0618)	0.0525 (0.0394)	0.0528 (0.0402)
X6	0.1328*** (0.0139)	0.1264*** (0.0152)	0.1543*** (0.0244)	0.1424*** (0.0266)	0.1139*** (0.0169)	0.1069*** (0.0182)
X7	0.0092*** (0.0017)	0.0088*** (0.0017)	0.0083*** (0.0023)	0.0079*** (0.0022)	0.0104*** (0.0024)	0.0102*** (0.0024)
X8	0.0275 (0.0189)	0.0367* (0.0198)	0.0254 (0.0447)	0.0273 (0.0286)	0.0208 (0.0204)	0.0199 (0.0204)
X9	0.0320 (0.0199)	0.0043 (0.0231)	0.0381 (0.0369)	0.0022 (0.0430)	0.0239 (0.0218)	0.0078 (0.0235)
常数项	0.0980*** (0.0327)	0.0692** (0.0345)	0.0390 (0.0638)	0.0405 (0.0541)	0.1035*** (0.0384)	0.0766** (0.0392)
外生性检验			—		—	
Durbin 卡方统计量		12.3871***		8.6735***		4.1104**
Wu-Hausman F 统计量		12.4112***		8.6013***		4.0447**
弱工具变量检验						
Cragg-Dunald Wald F 统计量		82.5460*		53.0780*		61.7820*

注：括号中的数字为回归方程系数的标准误差；*、**、***分别表示在 10%、5%、1%的水平上通过了显著性检验；模型结果均为稳健回归结果。

21.5　研究结论与政策启示

21.5.1　研究结论

本章运用 DEA-2SLS 模型实证分析了农地经营权抵押贷款可得性对农户农业生产效率的影响以及不同贷款模式下的异质性，得出以下结论：因存在遗漏变量，农地经营权抵押贷款可得性与农业生产效率之间存在内生性，忽略内生性将会低估农地经营权抵押贷款可得性对农业生产效率的正向作用效果；户主受教育程度、是否以农业经营为主业、生产性实物资产价值、农地经营权抵押贷款可得性对政府主导型和市场主导型模式下农户农业生产效率均具有显著正向作用；相较于未获得农地经营权抵押贷款农户，在政府主导型模式下获得农地经营权抵押贷款农户的农业生产效率提高了 23.63%，而在市场主导型模式下获得农地经营权抵押贷款农户的农业生产效率提高了 12.12%，因此相较于市场主导型模式而言，政府主导型模式下农地经营权抵押贷款可得性对农户农业生产效率的提升作用更为明显。

21.5.2　政策启示

基于本章的研究结论，得出以下政策建议：（1）亟须深化农地经营权抵押贷款改革。应积极推进农地经营权抵押贷款试点并加大改革力度，降低各涉农金融机构业务操作风险，增强金融机构农地经营权抵押贷款供给意愿，鼓励金融机构根据农户生产资金需求特征，创新信贷产品和服务机制，加大农地经营权抵押贷款政策宣传力度，提高农地经营权抵押贷款的可得性，从而满足农户农业生产资金需求，提高农业生产效率，以实现农业可持续性发展的要求。（2）逐步推广政府主导型农地经营权抵押贷款模式。积极调整农地经营权贷款模式由市场主导型模式逐渐向政府主导型模式过渡，降低"内部人控制"效应，增强农地经营权抵押贷款政策透明度和规范性，以便有效通过缓解信贷约束、增加农业投资和规模经营等途径提升农地经营权抵押贷款可得性对农户农业生产效率的促进作用。（3）优化农地经营权抵押试点地区农业经济发展外部环境。在推行农地经营权抵押贷款政策的同时，提升农村地区教育水平，加强农业基础设施建设，警惕由于农业比较利益低下和兼业背景下导致的农户非农化经营倾向，以增强农地经营权抵押贷款可得性与农业发展的耦合度从而进一步提升农户农业生产效率。

22　西部地区农村产权抵押融资政策效果评价
——基于陕西、宁夏的农户数据

发展农业，一靠政策，二靠科技，三靠投入。解决"三农"问题，要靠金融强力支持与推动。必须推进农村金融创新，构建多层次的农村金融服务体系，才能满足"三农"发展多元化的信贷需求，促进农村经济和谐发展。农村产权抵押融资是破解农户和农村中小企业抵押难、担保难、贷款难的有效途径。从政策效果来看，农村产权抵押融资拓宽了农户、农村中小企业抵押物范围，扩大了农村信贷规模，提升了农村金融服务效率。因此，合理有效评价农村产权抵押融资政策效果对进一步完善农村产权抵押融资政策体系、满足农户贷款需求具有重要现实意义。

22.1　文献综述

在农村产权抵押融资模式可行性方面，邓纲认为农村产权抵押融资制度改革的合理性得到了普遍认同，但仍存在农村产权交易市场发展不完善、司法系统对产权抵押的法律效力尚未正式确认等问题。肖诗顺和高锋从理论上证明了土地权利可以作为农村金融机构进行贷款交易的标的，通过数据证实以农村土地承包经营权为抵押形式的贷款模式，对于缓解农村资金"瓶颈"具有积极作用。张文律运用制度经济学分析认为，农村产权抵押融资满足了农民、金融机构、地方政府的利益需求，可视为制度变迁的主体内化外部利润的结果，是一种新的帕累托改进。

同时，国内学者以农村金融需求意愿为切入点，研究农村产权抵押融资的影响因素。王磊和白雪研究得出，农户参与农村林权抵押贷款主要受户主文化程度、家庭总收入、林地面积、林区交通情况、对林权抵押贷款了解程度5个因素的影响。王平和邱道持基于农户意愿视角，探讨农户对农村土地抵押贷款的需求，提出应开放农村土地抵押贷款、建立城乡统一的土地市场，并分析了农户土地抵押贷款的影响因素。马鹏举和罗剑朝研究发现户主性别、家庭人口、土地面积、人均收入、社会关系对农户参与农村产权抵押融资意愿具有显著正向影响。

在农户满意度及政策效果评价方面，Baronet 和 Gerber 通过构建客户满意度的评价指标体系，测量了客户对社区危机中心的服务满意度，研究认为客户对工作者的评价决定了40%的客户满意度。李燕凌和曾福生运用 CSI—Probit 模型分析了农户对农村公共品供给满意度及其影响因素。研究认为 CSI 值处于同一类型的市（州），其影响因素表现出明显的共性特征。樊丽明和骆永民分析了农民对农村基础设施的满意度，研究表明农民对灌溉和环保基础设施的满意度较低。对满意度影响最大的是与其他村基础设施比较的优越感，说明农村基础设施建设不仅"患寡"更"患不均"。朱玉春等采用有序 Probit 模型分析不同收入层农户关于农村公共品的供给评价。结果表明，农户对乡镇政府评价、农户参与满意度及参与方式是影响不同收入层农户评价供给效果的关键因素。廖媛红运用 SEM 模型研究农民专业合作社的内部信任、产权安排与成员满意度之间的关系。结果表明，合作社传统的产权安排以内部信任为中间环节，直接和间接对成员满意度产生影响。

目前，国内文献集中于农户参与农村产权抵押融资影响因素的研究，在政策效果评价方面，现有研究主要从农民个人特征、农户家庭特征和区域经济水平等角度选取变量，忽略了农民的心理认知状况，即农民对农村产权抵押融资政策的理解程度，对农村金融机构的服务满意度。本章将涉及农民的理解认知、参与感受状况统一定义为农户心理认知，借鉴已有研究成果对相关变量进行梳理。实证研究以陕西、宁夏地区参与农村产权抵押融资的农户为研究对象，着重从农户个体信息、农户经济特征、农户心理认知、农村金融环境 4 个方面选取变量。通过建立多元有序 Logistic 模型评价农村产权抵押融资政策效果，探索影响农户评价产权抵押融资效果的主要因素，解析提高其政策效果的有效途径。

22.2 研究方法、数据来源及变量选择

22.2.1 研究方法

农户对农村产权抵押融资政策效果的评价属于有序多分类变量，按照李克特量表将农户对农村产权抵押融资效果划分为 5 个等级：非常不满意、不满意、一般、满意、非常满意。研究选用多元有序 Logistic 模型评价农村产权抵押融资政策效果，并分析其主要影响因素。

采用 Logistic 模型是其变量可以不满足正态分布或同方差的要求，其函数形式为：

$$p(y = j \mid x_j) = \frac{1}{1 + e^{-(\alpha + \beta X_i)}}$$

其中：X_i 表示第 i 个指标，y 代表农户对农村产权抵押融资政策效果评价的某一等级的概率。建立累计 Logistic 模型：

$$Logit(P_i) = In\left[\frac{p(y \le j)}{p(y \ge j + 1)}\right] = \alpha_j + \beta X$$

其中：$P_i = p(y = j)$，$j = 1, 2, 3, 4, 5$；X 表示影响农户评价的指标，β 是一组与 X 对应的回归系数，α_j 是模型的截距。在得到 α_j 和 β 的参数估计后，某种特定情况（如 $y = j$）发生的概率通过以下等式得：$p(y = j \mid X) = \dfrac{e^{-(\alpha + \beta X_i)}}{1 + e^{-(\alpha + \beta X_i)}}$。

22.2.2 数据来源及描述性统计

本章所使用的数据来自研究课题于 2013 年 7—8 月的农户调查，调查问卷涉及
2009—2012 年农经济投入与产出的数据，主要包含农户的基本信息、贷款经历与评价、
农村产权抵押融资政策落实情况、未来融资需要等模块。鉴于陕西杨凌示范区、高陵区，
宁夏同心县都开展了农村产权抵押融资，故将调研区限定在这 3 个地区。为保证问卷数据
质量和样本的代表性，在每一个调查地区选择农户人均收入水平相当的乡镇，首先从乡镇
政府部门了解农村产权抵押融资的总体情况，对当地农户按照经济水平分为 3 个等级，其
次从各等级的农户中随机抽取相应数量的样本，以入户访谈形式进行调查，由此确保调研
样本精确性。经过筛选分析，共获取 694 份合格样本数据，来自 3 个地区的 9 个乡镇，其中
参与农村产权抵押融资的农户有 382 户，将这些样本农户作为研究对象（见表 22-1）。

表 22-1 调查农户基本特征

项目	统计指标	比例（%）
性别	男	74.35
	女	25.65
家庭规模（人）	1~2	4.45
	3~4	37.96
	5~6	47.12
	7 以上	10.47
经营类型	纯农业	19.37
	农业为主兼营其他	28.80
	非农为主兼营其他	43.46
	非农业	8.38
年龄（岁）	20~29	8.12
	30~39	19.11
	40~49	34.03
	50~59	24.87
	60 及以上	13.87
文化程度	文盲	5.76
	小学	28.01
	初中	46.86
	高中	16.23
	大专及以上	3.14

382 户样本农户所在地区主要集中在农区，占比 95.29%，来自小城镇、县城郊区的
农户均占比 2.36%。研究对象具有以下特征：以男性为主，占比 74.35%；以中青年为

主，年龄分布近似正态分布；以小学和初中文化水平为主，其中小学及以下占比 28.77%，初中文化占比 46.86%，高中及以上文化占比 19.37%，表明农户的文化程度普遍较低；家庭规模以 5~6 人为主，占比 47.12%，表明农村家庭规模从大家庭向中小家庭转变；农户家庭的经营类型主要是非农业为主兼营其他，占比 43.46%，而经营纯农业的农户占比 19.37%，表明农户的经营重心逐渐偏向非农业。

22.2.3 变量选择

研究选取农户对农村产权抵押融资政策效果的主观评价为因变量，选取 4 大类共 16 个自变量，即农户个体信息（所在地区、性别、年龄、文化程度）、农户经济特征（家庭规模、经营类型、家庭年均收入、耕地面积）、农户心理认知（政策了解程度、参与抵押愿意、满足资金需要、实际解决困难）、农村金融环境（机构数目、交通便利、机构信誉、服务满意），其变量定义、统计性描述及预期作用方向见表 22-2。

表 22-2　变量说明及统计性描述

变量名称	变量代码	变量定义	均值	标准差	预期作用方向
因变量					
	y	农户对农村产权抵押融资效果评价	1=非常不满意，2=不满意，3=一般，4=满意，5=非常满意	3.67	0.700	
自变量					
农户个体信息	X1	所在地区	1=农区，2=小城镇，3=县城郊区	4.07	0.886	负向
	X2	性别	1=男，2=女	1.26	0.437	不明确
	X3	年龄	1=20~29 岁，2=30~39 岁，3=40~49 岁，4=50~59 岁，5=60 岁以上	3.05	0.915	不明确
	X4	文化程度	1=文盲，2=小学，3=初中，4=高中，5=大专及以上	2.83	0.878	正向
农户经济特征	X5	家庭规模	1=1~2 人，2=3~4 人，3=5~6 人，4=7 人以上	2.64	0.729	负向
	X6	经营类型	1=纯农业，2=农业为主兼营其他，3=非农业为主兼营其他，4=非农业	2.41	0.894	不明确
	X7	家庭年均	1=5000 元以下，2=5001~10000 元，3=10001~20000 元，4=20001~50000 元，5=50000 元以上	4.06	0.930	正向
	X8	耕地面积	1=1~3 亩，2=4~6 亩，3=7~9 亩，4=9 亩以上	3.80	0.959	正向

续表

变量名称	变量代码	变量定义	均值	标准差	预期作用方向
农户心理认知	政策了解程度 X9	1=没听说过，2=听说过一点，3=一般，4=基本了解，5=非常了解	3.63	0.776	正向
	参与抵押意愿 X10	1=非常不愿意，2=不愿意，3=一般，4=愿意，5=非常愿意	3.36	1.015	正向
	满足资金需要 X11	1=完全不满足，2=不满足，3=一般，4=满足，5=全部满足	3.84	0.704	正向
	实际解决困难 X12	1=完全没帮助，2=帮助较小，3=一般，4=帮助较大，5=帮助很大	4.07	0.886	正向
农村金融环境	机构数目 X13	1=非常少，2=比较少，3=一般，4=比较多，5=非常多	2.07	0.910	正向
	交通便利 X14	1=非常不方便，2=不方便，3=一般，4=方便，5=非常方便	3.84	0.704	正向
	机构信誉 X15	1=非常不好，2=不好，3=一般，4=好，5=非常好	3.63	0.776	正向
	服务满意 X16	1=非常不满意，2=不满意，3=一般，4=满意，5=非常满意	3.63	0.776	正向

注：X7家庭年均收入根据2009—2012年家庭年均收入求算数平均值得到。

22.2.3.1 农户个体信息

农户所在地区的地理位置和经济发展水平的差异，会在宏观上影响农户对农村产权抵押融资政策效果的评价。各地乡镇政府部门不同的管理方式也会对农户参与产权抵押融资的意愿与行为产生影响，导致农户的不同评价。性别、年龄、文化程度作为农户的个体特征，对政策效果影响是不同的。根据实地调研观察，文化水平较高的中青年更理解农村产权抵押融资政策内容，更易接受产权抵押贷款。

22.2.3.2 农户经济特征

将影响农户对产权抵押融资政策效果评价的经济特征设定为家庭规模、经营类型、家庭年均收入、耕地面积。马鹏举等研究认为家庭规模、家庭年均收入、耕地面积等因素对农户参与产权抵押融资意愿有显著影响。由此推断其对政策效果评价也具有一定程度的影响。家庭耕地面积较大的农户可能从事多种类型的农业和非农业生产，需要更多的资金支持，从而影响到政策效果的评价。

22.2.3.3 农户心理认知

农户参与农村产权抵押融资是否满足了农户的资金需求、解决了实际困难，这是评价产权抵押融资政策效果的直接因素。选取政策了解程度这一指标是为了研究广大农民是否真正理解其政策内涵与操作流程，而不是盲目参与。参与产权抵押愿意反映了农户是否存有顾虑，在参与之前是否相信此项政策效果。这部分是对产权抵押融资政策效果综合层面的评价。

22.2.3.4 农村金融环境

农村产权抵押融资政策效果的评价与农村金融环境有直接联系。农村金融机构数目的多少，设立网点的覆盖率高低，交通便利程度是对农村金融环境的综合考量。农村金融机构的信誉、提供服务的质量显然会影响农户贷款的积极性，这些因素都会影响农户对产权抵押融资政策效果的评价。

22.3 实证分析

22.3.1 农户对农村产权抵押融资政策效果评价

调查结果显示，4.71%的农户对农村产权抵押融资政策的效果非常满意，评价为"满意"的农户占比64.66%，24.61%的农户认为政策效果一般，评价为"不满意"和"非常不满意"的占比6.02%。可见农户对产权抵押融资政策的效果总体较为满意，但与农户的预期还有一定差距，评价"非常满意"的农户很少，大约30%的农户认为其政策效果一般或不太理想，因此产权抵押融资政策落实还有很大的提升空间。农户对农村产权抵押融资政策效果的评价见表22-3。

表22-3 农户对农村产权抵押融资政策效果评价

政策效果	非常不满意	不满意	一般	满意	非常满意
比例（%）	1.31	4.71	24.61	64.66	4.71

22.3.2 模型估计

运用SPSS20.0统计软件，对调查的数据进行多元有序Logistic回归分析，通过输出的模型拟合信息，可知最终模型的卡方值是77.096，显著性为0.0000，表明最终模型是显著的。输出的两个拟合度统计量值，Pearson卡方统计量和偏差卡方统计量的显著性均为1.000，因此接受模型拟合情况良好的原假设。根据以上模型的综合检验结果可判定模型能有效拟合样本数据。农户对政策评价影响因素的Logistic模型估计结果见表22-4。

根据表22-4建立多元有序Logistic回归模型估计式如下：

$$Logit(P_i) = \alpha_j + \beta X$$

其中：$j = 1, 2, 3, 4, 5$；$\alpha_1 = 4.322$，$\alpha_2 = 5.995$，$\alpha_3 = 8.144$，$\alpha_4 = 12.593$；

$\beta X = 0.258x_1 + 0.325x_2 + 0.166x_3 + 0.504x_4 - 0.041x_5 - 0.093x_6 - 0.220x_7 + 0.392x_8 + 0.202x_9 + 0.297x_{10} + 0.272x_{11} + 0.469x_{12} - 0.062x_{13} + 0.106x_{14} + 0.063x_{15} + 0.404x_{16}$

由于因变量只能取5种值，因此只需建立4个累计模型，第5类的概率可以由1减去前4类的概率得到。

表 22-4 Logistic 模型估计结果

项目	参数	估计	标准误	Wald	df	显著性	95%置信区间	
							下限	上限
评价	非常不满意=1	4.322	1.581	7.473	1	0.006	1.223	7.420
	不满意=2	5.995	1.542	15.109	1	0.000	2.972	9.017
等级	一般=3	8.144	1.562	27.178	1	0.000	5.083	11.206
	满意=4	12.593	1.669	56.957	1	0.000	9.322	15.863
农户个体信息	所在地区	0.258	0.342	0.572	1	0.449	-0.411	0.928
	性别	0.325	0.272	1.425	1	0.233	-0.209	0.859
	年龄	0.166	0.103	2.617	1	0.106	-0.035	0.368
	文化程度	0.504***	0.135	14.039	1	0.000	0.240	0.768
农户经济特征	家庭规模	-0.041	0.156	0.069	1	0.793	-0.346	0.264
	经营类型	-0.093	0.132	0.503	1	0.478	-0.352	0.165
	家庭年均收入	-0.220	0.140	2.493	1	0.114	-0.494	0.053
	耕地面积	0.392***	0.135	8.473	1	0.004	0.128	0.655
农户心理认知	政策了解程度	0.202*	0.105	3.684	1	0.055	-0.004	0.409
	参与抵押意愿	0.297**	0.136	4.767	1	0.029	0.030	0.563
	满足资金需要	0.272**	0.136	4.011	1	0.045	0.006	0.538
	实际解决困难	0.469***	0.135	12.128	1	0.000	0.205	0.733
农村金融环境	机构数目	-0.062	0.127	0.242	1	0.623	-0.311	0.186
	交通便利	0.106	0.160	0.442	1	0.506	-0.207	0.419
	机构信誉	0.063	0.195	0.103	1	0.749	-0.320	0.445
	服务满意	0.404**	0.187	4.697	1	0.030	0.039	0.770

注：*、**、***分别表示10%、5%、1%的显著性水平。

22.3.3 实证结果分析

22.3.3.1 农户个体信息

文化程度对农村产权抵押融资政策效果评价产生显著的正向影响，与预期方向相符。文化程度越高的农户对产权抵押融资政策的理解更深刻，对预期的政策效果要求较高，贷款资金能投入到多渠道的生产经营中，能真实反映对政策效果的评价。相反，文化程度低的农户对政策内涵认识不足，认为能够贷款即可，将资金用于日常生活等方面，因此其对政策效果评价影响不显著。另外，所在地区、性别、年龄对农户评价影响均不显著。作为满足农户生产生活需求的资金而言，一般不会因为农户个体性别、年龄差异而导致对资金的需求不一样。农户个体对资金的需求受农户的生活生产行为影响，而农户的生活生产行为是长期积累形成的，因此这些因素不会显著影响政策效果的评价。

22.3.3.2 农户经济特征

耕地面积对农村产权抵押融资政策效果评价具有显著的正向影响，与预期方向一致。

原因在于耕地较多的农户，可能需要投入更多的资金，农户将部分土地抵押后也不会影响正常的生产和生活，贷款资金能及时投入到生产中，创造更大的收益，充分发挥产权抵押融资政策效果。

农户家庭规模、经营类型对政策效果评价无显著影响的可能原因有：农户较多为兼业类型，农忙时从事农业生产，非农忙时部分家庭成员外出打工，农业、非农业界定不明确。无论何种经营类型，都可能会在扩大经营时期对资金需求较大。家庭年均收入主要来自农业和非农业两方面，各收入水平的农户对资金的需求是一致的，因此家庭年均收入的提高不会影响农户的评价。

22.3.3.3 农户心理认知

政策了解程度、参与抵押愿意、满足资金需要、实际解决困难等，都对政策效果评价产生显著的正向影响。农户对产权抵押融资政策的了解程度会影响到农户是否愿意参与产权抵押融资，在具备可行性且风险可控的前提下，农户对产权抵押了解越深入，越倾向参与其中。农户的参与不仅反映了农户对资金的需求，更重要的是农户参与意愿会促使融资政策更符合农户的期望，促使农村产权抵押融资更有效率。

满足资金需要、实际解决困难是政策效果的直接体现。农村产权抵押金融制度催生了土地等农村产权的解放，能够提供适合农业需要的以农村产权作金融长期贷款的信用制度安排，初步解决了农民贷款抵押难、资金筹措难、农村产权变现难等突出难题。因此，满足农户的资金需要、解决生产中的实际困难是评价政策效果的重要因素。

22.3.3.4 农村金融环境

服务满意度对产权抵押融资政策效果评价具有显著正向影响。农村信用社是农户进行产权抵押贷款的放贷机构，良好的服务可以提高农户参与产权抵押的积极性，前期正确引导与后期跟踪监督，都会促使农户将产权抵押贷款效益最大化。因此，对政策效果评价具有显著的正向影响。

农村金融机构数目、交通便利程度、机构信誉对政策效果评价无显著影响。在实地调研中了解到，各样本乡镇中农村金融机构与农户居住地相距较近，并且多数农户家庭拥有摩托车等交通工具，公共交通也很方便，导致交通便利程度对政策效果评价影响不显著。农村金融机构覆盖率与机构信誉相比以前有大幅度提高，农村金融整体环境较为良好。因此，对政策效果评价无显著影响。

22.4 结论与讨论

本章研究得出以下结论：农村产权抵押融资政策效果总体较为理想；文化程度、耕地面积、政策了解程度、参与抵押意愿、满足资金需要、实际解决困难、服务满意度对农户关于农村产权抵押融资政策效果评价影响显著，但选取的其他因素对农户的评价无影响。

根据研究结论，建议应重点做好以下几方面工作：第一，扩大农村产权抵押融资覆盖范围。农村产权抵押融资提供了适合农业需要的以农村产权作金融长期贷款的信用制度安排，扩大农村产权抵押融资范围对开放农村金融市场，加大新型农村金融机构试点，鼓励农村金融组织、业务和产品创新具有重要的促进作用。同时，农村产权抵押融资是提高西部农村金融市场配置效率、促进农民增收的可行举措。第二，完善农村产权抵押融资政策执行机制。西部地区农户对农村产权抵押融资具有不同层次需求的特点，不同类型的农户需求差异很大，导致对产权抵押融资政策效果的评价也出现明显差异。因此，不仅要确定农村产权抵押融资的总体需求情况，还必须针对不同类型的农户，明确农村产权抵押贷款的数量与次序，完善政策的执行机制，扩大受益面。第三，鼓励农户参与产权抵押融资管理。农民文化程度对农村产权抵押融资效果的影响显著，因此，应通过大力发展农户参与产权抵押融资管理，利用农户的自我约束与自身优势，将贷款投入到先进的农业生产技术，以提高农民的收益，通过农户参与产权抵押融资管理最大化其政策效果。

农村普惠金融篇

23 西部地区农村普惠金融发展困境、障碍与建议

23.1 引言

农村金融一直以来是现代金融体系中最薄弱的一个环节，主要表现在金融市场供求不平衡，金融服务覆盖面以及供给规模不足，适度竞争局面还没有形成。与城镇地区相比，农村"融资难、融资贵"问题尤为突出。为改变长期以来农村金融供求失衡的状态，促进农村经济健康可持续发展，有必要加快农村金融改革，建立完整高效、功能齐全的农村金融服务体系。2013 年 11 月，党的十八届三中全会通过的《关于全面深化改革若干重大问题的决定》明确提出"发展普惠金融"，正式将发展普惠金融作为中国全面深化改革的重要内容之一。2016 年 1 月，国务院印发了《推进普惠金融发展规划（2016—2020 年）》，从金融体系、产品与服务、基础设施、政策法规等方面提出了总体思路与发展目标，为普惠金融的实践操作提供了政策指引。2016 年中央"一号文件"也再次提出，要加快构建多层次、广覆盖、可持续的农村金融服务体系，发展农村普惠金融，降低融资成本，全面激活农村金融服务链条。除了政策支持，2015 年年初，中国银监会专门成立普惠金融部，负责推进银行业普惠金融工作以及融资性担保机构、小额贷款公司和网络借贷等新金融业态的监管，给普惠金融发展提供了明确的实践操作指引，使各地普惠金融服务逐渐展开。

普惠金融具有共享发展的理念，其发展目标是使金融服务惠及所有市场主体和社会群体。对于农村普惠金融而言，目标群体是作为弱势产业、偏远地方和社会弱势群体的农业产业、农村贫困地区及低收入农民。农村普惠金融就是要通过提高农村金融服务覆盖面与渗透率，改善农村金融生态环境与基础设施条件，为被正规金融体系难以覆盖的客户群体（诸如农村贫困农户与小微企业等）提供金融服务。然而，就目前中国农村经济发展尤其西部农村来看，金融环境较差、市场活跃度不够；金融服务单一、产品创新乏力，供给依然不足；金融制度及体系建设滞后，金融知识普及率低，信贷、保险和互联网等金融排斥严重，农户、中小企业的信贷需求有效满足程度超低。西部农村金融的这些问题严重制约了它的经济发展，影响到居民收入水平的提高和生活状况的改善，延缓了扶贫工作的进程，因此，有必要深入剖析造成现阶段西部地区普惠金融发展困境的原因，揭示农村普惠金融发展面临的主要障碍和制约因素。

普惠金融也称包容性金融，其核心是有效、全方位地为社会所有阶层和群体提供金融服务，尤其是那些被传统金融忽视的农村地区、城乡贫困群体及小微企业。这一概念最早被联合国用于"2005 国际小额信贷年"的宣传中，后被联合国和世界银行大力推行。2006 年联合国"建设普惠金融体系"蓝皮书认为，普惠金融的目标是在健全的政

策、法律和监管框架下，每一个发展中国家都应有一整套的金融机构体系，共同为所有层面的人口提供合适的金融产品和服务。在中国，焦瑾璞于2006年在北京召开的亚洲小额信贷论坛上正式使用了"普惠金融"这一概念。2016年1月，国务院在《推进普惠金融发展规划（2016—2020年）》中首次从国家层面对普惠金融的概念进行了界定，规划同时确定将农民、小微企业、城镇低收入人群和残疾人、老年人及其他特殊群体列为普惠金融主要服务对象。

目前，国内学者主要围绕普惠金融的内涵、实践模式、发展前景以及与其他金融服务的联系和比较方面展开了一些讨论。焦瑾璞对普惠金融的概念、内涵及普惠金融体系的产生与发展进行了深入的剖析；吴国华对普惠金融国际发展经验也做了系统的介绍；杜晓山则针对中国农村经济发展情况提出了建立可持续性发展的农村普惠性金融体系的建议。针对普惠金融的发展障碍和困难，学界也进行了探讨，卢清波认为从中国的根本制度和基本国情出发，中国普惠金融发展仍面临顶层设计欠缺、政策机制不配套、市场发育不平衡和金融风险控制难等矛盾。刘萍萍等指出中国农村金融的发展距离普惠金融还有很大差距，具体表现在金融机构的布局偏离农村、服务对象偏离农户且发展缓慢；新型农村金融机构的盈利能力较差、风险较高等。董晓林等认为目前普惠金融作为政府主导的制度变革尚未形成一个竞争性的鼓励金融创新的农村金融体系，不符合普惠金融可持续发展的内在要求，农村普惠金融体系建设需要以更加市场化的方式推动，且金融创新不足，农村金融供给成本高、效率低下的状况并没有得到实质性改变，农村金融市场供需不均衡并没有得到根本改善。目前国内对普惠金融的实证研究等则主要侧重于对不同地区普惠金融发展水平测度、金融普惠指数测算，且研究结果表明各地区差异较大，刘亦文等、周再清等的研究也进一步证实中国各地区普惠金融发展程度整体还比较低，各区域发展不均衡，经济核心地带发展水平比边缘地带更高、更稳定。

从诸多研究文献来看，已有研究在普惠金融的内涵、实践模式、发展前景以及与其他金融服务的联系和比较方面积累了较为丰富的成果，对普惠金融在中国的发展困境、面临的问题也进行了一些讨论。总体来看，已有研究多源于全国层面或集中于东部、中部地区，而对处于经济发展相对滞后的西部地区关注较少。鉴于此，本章从普惠金融供给主体、需求主体、基础条件三个方面分析西部地区普惠金融发展的主要困境、障碍，以期为政策咨询提供可靠依据。

23.2 发展现状

2014年，世界银行全球普惠金融调查（Global Findex）从金融服务的可得性、覆盖面、服务质量、供给主体多样化及类型、金融消费者需求的满足度、保护力度以及国家政策支持等多个维度，对144个经济体的15万名15岁以上成年人进行了调查。结果显示，中国普惠金融发展处于全球中上水平，远远超过发展中国家的平均水平；在银行账户保有率、储蓄情况、支付习惯和筹集应急基金能力等方面排名靠前，但在个人借款选择、按揭贷款、信用卡使用和应急基金资金来源多样化等方面的排名则相对靠后。

23.2.1 整体战略规划和顶层设计逐渐形成

2008 年国际金融危机以后，提高全球金融体系的稳定性和普惠性，已成为全球金融界和政界的共识。纵观全球，从国家层面制定普惠金融发展战略已经成为一种新趋势。国际性组织如 G20、世界银行、普惠金融联盟（AFI）和各区域性发展银行都鼓励和推动各自成员国在这方面做出实质性的努力。例如，2011 年 G20 及其下属的全球普惠金融合作伙伴组织（GPFI）各成员国在首届普惠金融合作组织论坛上达成了为各国制定或提升普惠金融发展战略提供支持的共识。2012 年世界银行启动普惠金融支持框架（Financial Inclusion Support Framework），为各国制定和实施国家战略提供系统性支持。2013 年世界银行行长金墉提出 2020 年实现"普遍的金融参与"的宏大战略目标并号召世界各国共同响应。

目前，全球多个国家已制订了普惠金融发展战略。其中，比较有代表性的是普惠金融联盟（AFI）倡议的《玛雅宣言》。截至 2014 年 9 月，全球有 54 个国家的中央银行或相关部门签署了《玛雅宣言》。截至 2015 年 5 月，在普惠金融联盟成员国中，已有 31 个国家制定出台了普惠金融发展战略，还有 27 个国家正在制定战略的过程中。2016 年 1 月，中华人民共和国国务院发布《推进普惠金融发展规划（2016—2020 年）》，明确提出根据"政府引导、市场主导"的原则，确立我国普惠金融发展的总体目标，即到 2020 年全面建成与小康社会相适应的普惠金融服务和保障体系，标志着普惠金融正式被纳入国家层面总体经济社会发展战略。

23.2.2 普惠金融供给主体更加丰富

在传统金融机构与新金融形态融合发展的背景下，多层次、多类型、差异化的普惠金融新业态正在加速形成。目前，我国农村金融市场上普惠金融供给主体可分为四大类：传统银行类机构、非银行金融机构、农村合作金融、以互联网为代表的新金融形态，具体包括：国有大型商业银行、政策性银行、股份制商业银行、城市商业银行、农村合作金融机构（含：农村商业银行、农村合作银行、农村信用社）、新型农村金融机构（包括：村镇银行、小额贷款公司和农村资金互助社）、保险公司、证券公司、基金公司等，近年来互联网金融平台、融资担保等专注于小额分散普惠金融业务的公司数量也急剧增长。

银行类金融机构数量稳步增长。截至 2017 年年末，全国银行业共有法人机构 4470家，从业人员 394.79 万人，全国银行业金融机构营业网点总数达到 22.66 万个，中国银行业金融机构境内外资产总额 252.00 万亿元。银行网点的分布密度和人均银行网点占有量均处于国际中等水平。2012—2017 年我国东部、中部、西部、东北地区银行业法人机构数量、银行业从业人员数量、银行业金融机构营业网点数分布如表 23-1、表 23-2、表 23-3 所示。

表 23-1　2012—2017 年全国各地区银行业法人机构数量　　　　单位：个

年份	全国	东部地区	中部地区	西部地区	东北地区
2012	3747	1251	873	1259	364
2013	3949	1311	983	1291	364
2014	4091	1522	978	1235	356
2015	4197	1461	1045	1307	384
2016	4311	1486	1092	1353	380
2017	4470	1556	1110	1407	397

表 23-2　2012—2017 年全国各地区银行业从业人员数量　　　　单位：万人

年份	全国	东部地区	中部地区	西部地区	东北地区
2012	338.15	149.65	71.28	81.41	35.81
2013	355.04	156.57	75.27	84.86	38.34
2014	372.20	168.23	75.56	88.58	39.83
2015	379.04	167.42	80.13	90.72	40.77
2016	379.62	164.08	81.75	92.75	41.04
2017	394.79	173.57	86.81	92.98	41.43

表 23-3　2012—2017 年全国各地区银行业金融机构营业网点数量　　　　单位：万个

年份	全国	东部地区	中部地区	西部地区	东北地区
2012	20.21	7.98	4.73	5.60	1.90
2013	20.89	8.26	4.95	5.68	2.00
2014	21.80	8.94	4.95	5.84	2.07
2015	22.09	8.82	5.21	5.92	2.14
2016	22.28	8.84	5.30	6.04	2.10
2017	22.66	9.13	5.38	6.04	2.11

　　农村金融机构改革稳步推进，组织体系进一步完善，东部、西部地区新型农村金融机构呈快速发展势头，如表 23-4、表 23-5、表 23-6、表 23-7 所示。2012—2016 年东部地区村镇银行和贷款公司占比最高，西部地区农村资金互助社和小额贷款公司占比最高。此外，县域银行业网点建设数量颇为可观。截至 2015 年年末，全国县域银行业网点数量达到 11 万个，全国 24 个省（区）的全部乡镇都实现了基础金融服务全覆盖，全国近 2/3 的行政村实现了基础金融全覆盖。截至 2017 年 12 月末，全国银行业金融机构乡镇覆盖率为 95.99%，行政村基础金融服务覆盖率为 96.44%。

　　小额贷款公司的作用日益凸显。据人民银行统计报告显示，截至 2015 年年末，全国共有小贷公司 8910 家，从业人员 11.73 万人，实收资本 8459.29 亿元，贷款余额

9411.51 亿元。与此同时，越来越多的金融租赁公司、消费金融公司、汽车金融公司、财务公司、货币经纪公司、典当行等都纷纷开始布局小微金融市场，较好地满足了消费者多样化、特色化、差异化需求。

证券公司数量和保险公司数量逐渐扩张。截至 2016 年年底，全国共有证券公司 140 多家，基金公司 121 家，证券机构服务网点基本覆盖地级市。保险法人公司和分支机构分别有 160 家和 1585 家，各县区分支机构增至 6.70 万家，在广大农村，保险服务网点从无到有，并迅速发展到 2.20 万个，保险业已经覆盖了全部的县（区）和大部分乡镇。

随着互联网的深入发展，众筹融资、P2P 网贷、移动支付等互联网新型金融业态蓬勃发展，渗透到大型银行覆盖不到的各个角落，成为普惠金融的有力践行者，丰富了农村普惠金融供给主体。

表 23-4　2012—2016 年全国各地区村镇银行分布情况　　单位:%

年份	东部地区	中部地区	西部地区	东北地区
2012	32.20	25.00	29.60	13.20
2013	33.90	24.40	30.20	11.50
2014	33.50	28.90	25.60	12.00
2015	29.10	29.20	26.40	10.30
2016	39.00	27.60	24.40	9.00

表 23-5　2012—2016 年全国各地区贷款公司分布情况　　单位:%

年份	东部地区	中部地区	西部地区	东北地区
2012	26.50	20.40	32.70	20.40
2013	28.60	20.40	30.60	20.40
2014	28.60	20.40	30.60	20.40
2015	27.10	20.80	31.30	20.80
2016	19.40	14.90	50.80	14.90

表 23-6　2012—2016 年全国各地区农村资金互助社分布情况　　单位:%

单份	东部地区	中部地区	西部地区	东北地区
2012	22.30	22.20	44.40	11.10
2013	46.10	15.40	30.80	7.70
2014	46.20	15.40	30.80	7.60
2015	40.10	13.30	33.30	13.30
2016	40.00	13.30	33.30	13.40

表 23-7　2012—2016 年全国各地区小额贷款公司分布情况　　　　单位:%

年份	东部地区	中部地区	西部地区	东北地区
2012	27.20	23.60	33.10	16.10
2013	29.90	20.90	29.70	14.50
2014	29.90	19.90	35.60	14.60
2015	28.10	20.50	35.10	16.30
2016	27.30	20.60	35.00	17.10

23.2.3　金融基础设施建设进程加快

金融基础设施建设对实现融资渠道便利化、多样化，提高融资透明度，维护金融稳定具有重要作用。目前，我国金融基础设施建设进程加快，大大提高了金融服务的效率，金融服务环境得到了明显改善。

23.2.3.1　助农取款服务点建设成效显著

近年来，国家陆续出台了各类支农补贴、新型农村社会养老保险、新型农村合作医疗保险等惠农政策，并依托银行卡进行资金发放。由于大部分农村乡镇位置偏僻、交通不便，没有金融服务机构或基本金融设施缺乏，已有的金融网点和设施也多集中于县城区域和乡镇中心，农村居民存取现金不便，需频繁奔波往返银行网点和所在村之间，既费时费力，又要承担较高交通费用。因此，通过银行卡收单机构在农村乡（镇）、村的指定合作商户服务点布放受理终端，金融机构就能向借记卡持卡人提供小额取款和余额查询业务。

通过助农取款服务点建设，农村金融服务的可得性进一步提高。截至 2017 年末，全国银行网点乡镇覆盖率达 96%，平均每万人拥有银行网点 1.59 个。全国共设置银行卡助农取款服务点 91.40 万个（其中，加载电商功能的 13.98 万个），覆盖村级行政区 51.56 万个，村级行政区覆盖率达 97.34%，村均 1.73 个。其中，农村地区助农取款服务点共办理支付业务（包括取款、汇款、代理缴费）4.51 亿笔，金额 3651.92 亿元，农村地区银行卡助农取款服务人均支付业务笔数为 0.46 笔。

23.2.3.2　支付工具推广普及

我国银行发卡量快速增长，其中信用卡发卡量加速增长，人均持卡量持续提升，如图 23-1、图 23-2 所示。截至 2017 年年底，我国银行卡累计发卡量 70.30 亿张，2016 年新增发卡量 6.60 亿张，同比增长 10.30%。其中，借记卡累计发卡量 62.40 亿张，当年新增发卡量 5 亿张，同比增长 8.60%；信用卡累计发卡量 7.90 亿张，当年新增发卡量 1.60 亿张，同比增长 25.90%，借记卡与信用卡比例为 7.90∶1，人均持卡量 5.06 张。

图 23-1　2012—2017 年我国银行卡发行量

（资料来源：中国金融统计年鉴（2012—2017 年）. 中国金融年鉴杂志社. 下同）

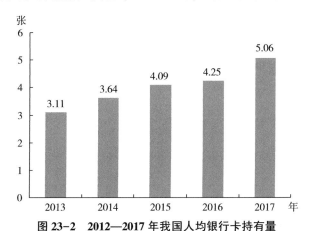

图 23-2　2012—2017 年我国人均银行卡持有量

23.2.3.3　银行结算账户持续增加

我国银行个人结算账户数量稳定增加，截至 2017 年年末，个人结算账户数目已经达到 91.69 亿户，占银行结算账户的 99.41%，同比增长 10.42%，人均拥有 6.63 个账户。如图 23-3 所示。

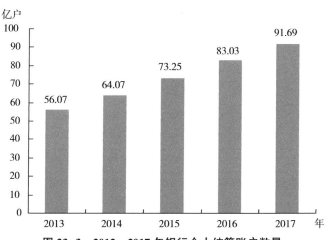

图 23-3　2012—2017 年银行个人结算账户数量

23.2.3.4　信用体系建设逐步完善

目前，我国金融业征信市场初步形成，市场化的信用评级、信用调查等征信机构迅速发展。依托互联网技术，征信体系建设正向纵深推进，向信用大数据智能化应用方向发展。互联网征信主要是通过采集个人或企业在互联网交易或使用互联网各类服务过程中留下的信息数据，并结合线下渠道采集的信息数据，利用大数据、云计算等技术进行信用评估活动。

互联网征信活动主要有以下三类：一是以阿里巴巴为代表的电商平台对用户在网上交易的行为数据进行采集、整理、加工，提供给阿里小贷或与其合作的商业银行，经过深度挖掘和评估，形成对客户的风险定价，用于信贷审批决策。二是以宜信、陆金所为代表的 P2P 网贷平台客户信用系统，并用于自身平台业务评级。三是以网络金融信息共享系统（NFCS）、小额信贷行业信用信息共享服务平台（MSP）为代表的同业信息数据库通过采集 P2P 平台借贷两端客户信息，向加入该数据库的 P2P 等机构提供查询服务。目前，阿里巴巴、腾讯、平安集团正在积极申请征信牌照，上海资信旗下的网络金融征信系统 NFCS 日均信用查询量已超过 3000 次，小额信贷行业信用信息共享服务平台（MSP）有信用交易信息记录的自然人信息主体数量已将近 150 万人。

23.2.4　弱势群体金融服务水平有所提升

"一委一行两会"*在制定监管政策时，积极利用差异化监管政策鼓励和引导金融机构为小微企业、贫困人口等弱势群体服务，"三农"、小微企业和欠发达地区金融服务的覆盖面、便利度和服务质量均有所提高。在服务"三农"方面，人民银行对农村中小金融机构实施了差别化存款准备金政策，并积极推动农业发展银行改革，对农村商业银行发放支农、支小专项再贷款，鼓励和引导金融机构加大对"三农"信贷的支持力度。目前，银行业涉农贷款和小微企业贷款已连续 5 年实现"两个不低于"**。如表 23-8 所示。

表 23-8　2012—2017 年涉农贷款及"三农"贷款情况　　　　　　　　单位：万亿元

贷款种类	2012 年	2013 年	2014 年	2015 年	2016 年	2017 年
银行业金融机构涉农贷款	17.62	20.88	23.60	26.35	28.20	30.95
农村（县及县以下）贷款	14.54	17.29	19.44	21.61	23.55	—
个人涉农贷款	3.71	4.63	5.52	6.32	—	—
农户贷款余额	3.62	4.50	5.36	6.15	7.08	—
农林牧渔业贷款	2.73	3.04	3.34	3.51	3.69	—
企业涉农贷款	13.07	17.76	16.99	18.73	—	—
农村企业涉农贷款	10.35	11.88	13.37	14.66	—	—

资料来源：（1）中国人民银行．中国农村金融服务报告．中国金融出版社，2012—2014 年；（2）中国人民银行．中国银行业服务改进情况报告．中国银行协会，2012—2016 年；（3）中国金融年鉴杂志社．中国金融统计年鉴（2012—2017 年）。

在服务小微企业方面,人民银行积极实施小微企业信贷政策导向效果评估,针对中小企业贷款占比较高的金融机构实行定向降准,引导和支持金融机构针对小微企业生产、经营特点进行产品与服务方式创新,支持金融机构发行专项用于小微企业贷款的金融债券,推出供应链票据和定向可转换票据等金融工具,拓宽多元化融资渠道。全国各省(区、市)小微企业综合金融服务覆盖率在 70%以上,全国小微企业申贷获得率超过 91%。

23.2.5 互联网金融发展迅猛

互联网技术取得了突破性进展,催生了传统金融领域的革命性变革。互联网金融迅速崛起,越来越多的社会大众通过互联网支付、移动支付、P2P 网贷、众筹等新型金融业态享受到金融服务的便利。

互联网的普及范围越来越广泛,网上银行、手机银行业务快速增长。根据中国互联网络信息中心(CNNIC)公布的第 41 次《中国互联网络发展状况统计报告》,截至 2017 年 12 月,我国网民规模达 7.72 亿人,互联网普及率达到 55.80%,超过全球平均水平(51.70%)4.10 个百分点,超过亚洲平均水平(46.70%)9.10 个百分点。其中手机网民数量 7.53 亿人,农村网民数量达到 2.09 亿人,占所有网民数量的 27.00%,互联网在农村地区普及速度较快,为移动支付等互联网金融提供了新的市场空间。2012—2017 年网民规模、互联网普及率、手机网民数量、手机网民占比如表 23-9 所示。

表 23-9 2012—2017 年我国网民规模及各指标情况

指标	2012 年	2013 年	2014 年	2015 年	2016 年	2017 年
网民数量(万人)	56400	61758	64875	68826	73125	77198
互联网普及率(%)	42.10	45.80	47.90	50.30	53.20	55.80
手机网民数量(万人)	41997	50006	55678	61981	69531	75265
手机网民占整体网民比例(%)	74.50	81.00	85.80	90.10	95.10	97.50
农村网民数量(万人)	15566	17662	17846	19540	20036	20900
农村互联网普及率(%)	24.20	28.10	28.80	31.60	32.00	35.40

数据来源:中国互联网络信息中心. 中国互联网络发展状况统计报告. 中国统计出版社,2012—2016 年。

《中国互联网络发展状况统计报告》数据显示,2017 年互联网支付用户规模 5.69 亿人,网民渗透率达到 73.71%;中国移动支付交易规模增至 202.90 万亿元,增长率为 28.70%;移动支付用户规模 5.62 亿人,移动网民渗透率达到 72.80%。

互联网支付的便捷促进了互联网金融的发展。2017 年网上银行交易达 1171.72 亿笔,同比增长 37.86%;网上银行个人客户达 14.31 亿户,同比增长 17.32%;个人网银交易金额达 1725.38 万亿元,同比增长 32.77%。其中,手机银行个人客户达 15.02 亿户,同比增长 28.28%;手机银行交易达 969.29 亿笔,同比增长 103.42%;交易金额达 216.06 亿元,同比增长 53.70%。

从实际效果看，互联网金融通过提供网络理财、转账、线上贷款、支付、消费等金融服务，在一定程度上可以降低交易成本，解决借贷双方信息不对称，降低了财富管理的门槛，不仅有效缓解了欠发达地区因金融基础设施薄弱带来的金融服务难以获得问题，还推动了越来越多被正规金融排斥的群体参与互联网支付、网络借贷、网络投资，以获得更多的金融服务。

23.3 现实困境与主要障碍

从目前西部地区情况来看，普惠金融发展受到来自供给、需求以及基础配套条件等多方面障碍，各方因素共同制约了西部农村普惠金融的发展。

23.3.1 供给主体

23.3.1.1 涉农金融机构少、农村金融服务供给不够充分

目前，西部主要的县域金融机构是中国农业银行、农业发展银行、邮政储蓄银行、农村信用社（农村商业银行）四类机构，其中农业银行只在少数乡镇中存在服务网点，农业发展银行也只普及到县城，农村金融机构以农村信用社（农村商业银行）占据首要地位，邮政储蓄银行、村镇银行在农村业务覆盖程度较低。从中国农业发展银行对西部信贷的供给来看，资金投放主要集中在粮棉油收购业务，投入方向单一，服务渠道过窄，局限性过强。国有商业银行考虑到经营风险和营业成本，其发展重心更多的集中在城市地区。农村信用社的改革虽取得明显进展，但由于金融机构过于单一，基本的金融服务竞争格局尚未形成，很多地区出现农商行一家独大的局面，农村金融市场竞争度低，服务供给量总体不足。

23.3.1.2 金融服务功能单一、创新能力不足

受地域条件限制，西部地区农村金融机构普遍呈现网点分散、产品与服务单一等特点，金融服务功能单一，很多乡镇只有最基本的存、贷、汇业务。欠发达地区的金融市场不健全，能够提供融资的渠道较少，基金、股票、债券、信托等金融服务又仅限于银行业金融机构的代理业务和互联网，农户并不能直接从有形的证券交易所、信托投资公司等获得相关金融服务。金融机构新业务开发不足、发展迟缓，银行业金融机构作为普惠金融的主要供给主体，难以针对不断变化的新兴金融服务需求做出快速、有效的反应，导致整个金融体系向新兴产业渗透的能力不足，缺乏创新性。

23.3.1.3 金融产品同质化严重，客户准入门槛高

从西部地区金融产品来看，中小银行普惠金融的产品同质化现象比较严重，尤其是借贷产品结构单一，贷款利率偏高，存在价格性排斥，导致借贷实际发生率不高，个性化服务更是乏善可陈。为了缓释风险，多数中小银行普惠金融产品均设有附加抵质押担保要求，这对轻资产的小农户而言无异于提高了准入门槛。此外，金融服务人性化不足，信贷手续烦琐，在主要依靠熟人担保而非财产性担保的情况下，金融机构出于风险防范考量，采取的限制性措施较多，间接抑制了信贷的实际发生。

23.3.1.4 金融服务覆盖不均衡，存在结构性排斥

在各国普惠金融发展实践中，普遍存在结构性排斥问题，在中国西部突出表现为金融资源配置不均衡、弱势群体受到金融排斥。就东、西部金融服务分布来看，西部地区较东部金融服务明显缺失。同时，在政策激励不足、利润最大化等因素影响下，金融机构更青睐于服务大中型企业和城市优质客户，而农业生产受自然条件影响较大，相对于其他行业抗风险能力低，且农民对农产品市场发展前景的预测、预判能力较低，另外，农业还面临着较高的市场风险，因此，金融机构在同等情况下更愿意将资金投放到非农领域，在市场化发展程度较低的情况下，西部农村农户更容易受到金融排斥，导致大量积累资金流向非农领域。

23.3.1.5 金融机构吸储多于放贷，逆向资金流动较为普遍

西部作为中国经济发展相对滞后地区，农户收入来源较为单一，而出于生活必需和应对风险的考虑，小农户尤其是低收入农户更注重储蓄，导致村镇金融机构网点也大多成为吸收储蓄的窗口，较少开展贷款等金融服务，就弱势群体及其面对的金融服务而言，呈现明显的吸储多于放贷的格局，弱势群体"存多借少"，进而产生相反的资金逆向流动；农村资金"抽水机"效应不同程度存在，加剧了农村与城市、农业与非农行业间金融服务的供给失衡。

23.3.2　需求主体

23.3.2.1　普惠金融目标群体意愿不强

虽然各级政府、管理部门和金融机构对普惠金融发展高度重视，不断加大金融普惠措施的制定和实施力度，但普惠金融主要的惠及目标群体——老少边穷地区、小弱散农户及特殊群体等主动使用金融手段的意愿不强，甚至存在较强的排斥。除基本储蓄业务外，普通民众对其他金融服务缺乏了解，对新业务不熟悉、接触少，对程序过繁、过多的金融服务业务存在畏难甚至拒斥心理。民众金融风险意识普遍缺乏，盲目轻信、跟风从众等非理性行为较为突出。由于个体在面向复杂的金融市场时面临明显的信息不对称问题，在缺乏有效监管制度和金融消费者保护制度的情况下，普通民众容易被诱导或误导而采取不理性的金融行为，进而会导致与自身承受能力不相称的重大损失。

23.3.2.2　金融服务需求日益呈现出多样化、多元化、多层次的特点

虽然农村合作金融、邮政储蓄银行已经向农户发放小额信用贷款和农户联保贷款，但发放金额仅能满足农户和小微企业的日常生产生活需要。由于农民和小微企业缺乏必要的担保抵押品，加之发放贷款的机构较少，贷款利率又高，导致农户很难获得大额度贷款。农村居民对银行所提供相关服务的接受与认知能力较差，高昂的支付结算成本使得欠发达地区居民和小微企业进行支付结算的机会大大减少，用卡环境并不理想。因此，农民对银行就形成了一种交易成本高、服务效率低下、贷款额度低的印象，主观上不愿向银行借款，也不愿将自己的资金来源及资产负债情况公开。

23. 3. 3　基础配套条件

23. 3. 3. 1　农村普惠金融发展的政府主导力量不足

地方政府在践行普惠金融的过程中，总是将焦点放在城镇，对农村关注度不够。关于发展农村普惠金融的相关优惠政策不到位，难以起到对金融机构的引导作用，缺乏和金融机构的深度合作。另外，监管部门对农村金融监管资源配置不合理，农村金融差别化监管制度不完善。对往往需要重点监管的领域监管不到位，而对应该放松监管的领域却约束较多。例如监管部门在基层农村的监管力量不足，对民间金融存在监管缺失。为了防范金融风险，监管部门实施严格的市场准入限制，抑制了农村小微型金融机构的发展。

23. 3. 3. 2　农村融资担保体系仍不健全

欠发达地区提供各类产权的担保范围和规模普遍较小，融资担保途径较少，离普惠金融全方位提供服务的要求还有一定差距。金融机构发放贷款主要是质押贷款，而农民能提供的质押物相对较少，村镇银行、农民资金互助社等新型金融机构或类金融机构由于达不到人民银行规定的加入征信系统的条件和要求，不能共享信用信息，农户往往得不到正规金融的融资。以小微信贷为例，小微企业贷款管理费用通常较高、信贷风险较大、综合回报率偏低，金融机构难以通过提高贷款利率补偿信贷风险，对小微企业信贷仍存在惜贷行为。

目前西部地区虽已成立农业信贷担保公司，力图使担保体系发挥增信作用，提供更系统、更全面的融资服务，但担保公司成立较晚，农户认同度较低，担保权能有限，仍存在融资渠道狭窄等问题。

23. 3. 3. 3　普惠金融基础设施建设相对落后

西部幅员辽阔，普惠金融需要覆盖的地域范围广大，而有些地区金融基础设施建设受地理地质等自然条件限制较大，基础设施建设投入和维护成本较高，物理网点布设依然存在较大困难，ATM 机具的布放在农村地区比较稀疏，POS 机也由于受手续费、认知程度低等因素影响，在农村推广使用的难度较大，特别是在网络微信和支付宝的新型支付形式影响下，传统的金融支付方式受到重大冲击。在部分地区，由于开展农村金融服务的比较收益低，金融机构缺乏对金融服务基础设施更新换代的积极性，金融服务设施年久失修、陈旧劣质；同时，通信和网络设备工具落后、匮乏，现代通信知识缺乏，现代金融知识有限且实际操作能力差，相关费用承担能力弱，发展互联网金融和移动金融业务的相关基础设施还极不完善，与城市地区存在着巨大的差距，制约了金融机构在西部大力推广网络支付和手机支付业务。

23. 3. 3. 4　普惠金融保障制度不健全

小额信贷业务是普惠金融的主要构成部分。现阶段，中国小额贷款公司的监管机构主要是政府及政府授权部门，其经营业务性质与主要监管机构的职能不对接致使监管存在盲区，形成潜在的地方性金融风险，不利于小额信贷行业的健康运行和发展。保险方面，由于农户存在天然弱质性，农业保险往往赢利能力较差，商业保险机构很少主动愿意开办农业保险。而政策性农业保险对农业的赔偿力度有限，再加上农村居民对于农业保险认识不到位、政府补贴跟进不及时到位，致使农村居民获得农业保险的难度较大、机会较少。

总体来看，虽然西部农村普惠金融发展取得了一定成效，但仍存在一些深层次问题，普惠金融服务还不能很好地满足不断变化的农村金融需求，西部农村普惠金融发展仍面临着诸多现实困境和障碍，多层次、多样化、适度竞争的农村普惠金融体系尚未形成，农村金融机构普惠服务水平需要进一步提高。

23.4 现实困境的成因分析

根据农村普惠金融发展的现实困境和影响因素分析发现，造成西部地区农村普惠金融发展面临障碍的主要问题在于供需主体的信息不对称、金融产品的缺失及配套设施的不完善。从需求主体来看，一方面，金融服务对象受自身文化素质、资源禀赋等的制约又导致普惠金融有效需求不足且层次较低，其对普惠金融发展的支持度和认知程度在很大程度上影响了农村普惠金融的发展，大部分农村普通农户对普惠金融了解甚少，简单地将普惠金融与银行贷款划为等号，造成农户仅以贷款来界定普惠金融服务的发展；普通民众对基本储蓄业务之外的其他金融服务缺乏了解，对新业务不熟悉、接触少，对程序过繁、过多的金融服务业务存在畏难甚至自我排斥心理；另一方面，由于农民缺乏必要的担保抵押品，加上欠发达地区发放贷款的机构较少，贷款利率又高，导致农户很难获得大额度贷款，对农户在认知上可能造成金融服务不公平的印象。另外，农村居民对于银行所提供相关服务的接受与认知能力较差，高昂的支付结算成本使得西部地区农户进行支付结算的机会大大减少。

从供给主体来看，银行普惠供需错位失衡。一方面，金融覆盖面、供给规模、产品种类、服务质量等供给仍存在不足，农村金融服务主体主要是农村信用社，服务功能单一、创新能力不足，很多乡镇只有最基本的存、贷、汇业务，能够提供融资的渠道较少；另一方面，目前西部地区的金融服务人性化不足，农村信用社出于规避风险的考虑，放贷审核手续烦琐，贷款抵押品标准过高，间接抑制了信贷的实际发生，尤其是对于低收入且缺乏社会关系的人群，普惠金融未得到很好的落实，造成了普惠金融服务的条件排斥。

从配套基础设施来看，保险普惠缺位，其在产品保障力度、赔付兑现程度、政策扶持力度等方面严重不足，农户难以获得较为优质的普惠金融服务，且西部地区幅员辽阔，一些地区金融基础设施建设受地理地质等自然条件限制较大，基础设施建设投入和维护成本较高，物理网点布设依然存在较大困难，在农村推广使用的难度较大，农户服务评价及满意程度较低，市场失灵、局面失控，严重限制了融资途径。同时，互联网普惠金融发展十分滞后，基础设施建设薄弱，农村互联网通信设备落后和匮乏，网络普及率低，导致农户网络应用水平低下且互联网金融接受度不高，使得在西部农村地区发展互联网金融和移动金融业务的相关基础设施极不完善，进而导致银行等金融机构开办的互联网金融服务无法得到应用，金融机构难以在西部农村大力推广网络支付和手机支付业务，严重制约了新型金融营销手段的落实推广，造成了实际意义上普惠金融服务的物理排斥。

23.5 政策建议与对策

国际经验表明，农村普惠金融具有三重功能：加快农村经济发展、调节农村金融结构、促进农村社会成功转型。前述研究结果表明，当前西部农村普惠金融水平普遍偏低，其发展面临诸多严峻挑战和困境。具体表现在：（1）银行普惠供需错位失衡。农村金融覆盖面、供给规模、产品种类、服务质量等供给面不够充分，服务对象受自身文化素质、资源禀赋等的制约导致普惠金融有效需求不足且层次较低。（2）农村保险普惠缺位，其在产品保障力度、赔付兑现程度、政策扶持力度等方面严重不足，农户服务评价及满意程度较低，市场失灵依然存在。（3）互联网普惠金融发展滞后，基础设施建设薄弱，农村网络普及率低、应用水平低下且互联网金融可及度不高，严重制约了普惠金融新产品的推广。不断提高农村普惠金融覆盖率、可得性和满意度，需要对农村普惠金融体系顶层设计进行战略改进，优化农村金融与"大金融"相衔接的普惠金融发展体制机制，推进农村金融产品和服务方式创新，重构农村信用体系，加强普惠金融教育，完善农村金融基础设施及配套服务，打通农村金融"最后一公里"。

23.5.1 优化农村普惠金融发展体制机制，推进农村金融产品和服务方式创新

23.5.1.1 完善农村普惠金融，发展政府扶持体制

加快全国统一的企业和个人信用信息数据库建设，积极发展专业化的社会征信机构，构建政府扶持、多方参与、市场运作的普惠金融担保机制，鼓励政府出资的各种信用担保机构积极开展担保业务，建立以政策性担保为主体、互助性担保为辅助，商业性担保积极参与并能有效控制、分散和化解风险的多元担保体系，加大政府优惠政策和资金扶持力度，如出资设立贷款风险补偿金、对贷款给予税后优惠、提供财政担保资金等，在财政、税收政策上给予优惠，引导金融机构扩大普惠金融业务，撬动农村金融机构开展普惠金融的主动性和积极性。

23.5.1.2 建立农村普惠金融统计体系，形成定期发布制度，并建立健全农村普惠金融指标体系

衡量普惠金融的三个维度是：（1）金融服务的可得性；（2）金融服务的使用情况；（3）金融产品与服务的质量。考虑到农村普惠金融发展的阶段性和数据的可获得性，结合农村普惠金融的特点，吸收和借鉴《G20 普惠金融指标体系》，在整合、甄选目前有关部门涉及普惠金融管理数据基础上，设计形成包括普惠金融可得情况、使用情况、服务质量的统计指标体系，并重点突出政策环境及互联网金融（涉及账户的普及率、信贷的普及率、数字支付、网上支付、移动支付普及率，以及 ATM 机和银行网点的密度、代理

商支付服务普及率，客户账户的使用频度和消费者保护等）等指标，建立具有权威性的农村普惠金融指标体系。开展普惠金融专项调查和统计，全面掌握普惠金融服务基础数据和信息。从区域和机构两个维度对宏观总体、分区域、地区农村普惠金融指数进行测算，并形成定期发布制度，以此指导农村普惠金融发展。

23.5.1.3　因地制宜推广与农村经济环境相适应的普惠金融发展模式

针对西部各地区农村普惠金融水平及影响因素的差异性，农村金融机构应因地制宜提供差异化的金融产品与服务，在经济落后地区应增加营业网点和 ATM 自助机的覆盖；在偏远地区可设立新型、便民的金融服务便利店代理服务，发展乡村能人作为金融服务联络员；在人口密集的乡镇社区等合理布局农村金融服务点，提供农村超市、农资经营点、农业保险营销点等综合化服务，同时积极推广基于规模经营的集中服务模式、基于产业链的联合服务模式、基于"银村合作"的综合服务模式、基于渠道延伸的业务撮合模式等普惠金融服务创新模式，为新型农村经营主体提供个性化优质金融服务。此外，还要大力发展手机银行、网上银行等中间业务服务，提高普惠精准度。

23.5.1.4　完善基层金融服务网络体系，促进农村金融产品创新和服务方式创新

将普惠金融的触角向偏远乡村延伸。一是在乡镇及较大的村，积极建设全能型、自助型的金融便利店，派驻工作人员提供业务咨询、受理、操作帮助等服务，配置 ATM、存取款一体机、发卡机、3G 移动金融终端等，为客户提供一站式服务；二是在较小和偏远的村，因地制宜利用村级便民服务中心、农村商店、卫生室等场所建立农信服务点，聘请村级联络员、农村商户等为操作员，配置流动服务车、助农 POS 或助农终端，为客户提供小额存取款、代缴费等基础服务。自助终端等渠道开通水、电、煤、电信、广电、市民卡等自助签约缴费业务；三是进一步完善基层服务网络和服务功能，全面推广网上银行、手机银行，培育客户金融消费习惯，加快提高电子银行替代率，让广大城乡居民不出村和社区就能得到金融服务。

23.5.2　重构农村信用体系，加强普惠金融教育，提升农村居民金融素养

23.5.2.1　实施信用户、信用村、信用乡（镇）评定等农村信用工程，促进征信体系全覆盖

制定出台农村居民个人信用体系建设行动方案，全面推动信用户、信用村、信用乡（镇）建设，加快实现人民银行征信体系城乡全覆盖。通过开展入户走访、实地调查，完善农村居民基本信息信用档案，逐步实现农村信用档案电子化，有效推进电子档案全覆盖管理，通过运用定性和定量指标判定，科学评价农村居民信用状况，按综合分值确定居民信用等级，按信用等级实行差异化金融服务。推动行政信息与金融信息互联互通，整合公安、工商、法院、税务、国土、环保、民政等部门依照法律、行政法规规定公开的信息，设立县域农户综合信用信息中心，建立农户信用信息共享平台。

23.5.2.2　加强金融知识普及教育，培养社会公众信用意识和契约精神

《中国普惠金融发展报告（2016）》最新发布的一组数据表明：通过有效增加金融服

务的普惠性，促进信贷服务，农户能够显著地增加收入。而农户的金融素养和能力（包括金融知识和金融行为两个指标）越高，越有可能通过参与农村普惠金融而增加收入。

深入推进金融知识普及教育，加大对普惠金融的宣传力度，建立普惠金融发展信息公开机制，定期发布农村普惠金融指数和普惠金融白皮书。广泛利用电视广播、书刊杂志、数字媒体等渠道，开展金融知识普及活动，尤其要针对农村贫困人口、困难人群、创业农民、创业大中专学生、残疾劳动者等开展专项教育活动，使其掌握基本金融知识，增强运用金融知识和金融产品改善生产生活的能力，培育形成"有贷必有还"的正确理念。注重培养社会公众的信用意识和契约精神，增强居民守法履约意识，切实提高参与普惠金融的积极性。

23.5.2.3 树立社会公众金融风险意识，促进金融意识和维权意识同步提高

运用各种信息媒介开展金融风险宣传教育，促进强化公众金融风险防范意识，树立"收益自享、风险自担"观念，增强自我保护能力。督促金融机构加强信息披露和风险提示，引导金融消费者根据自身风险承受能力和金融产品风险特征进行理性投资与消费。加强金融消费权益保护，切实维护和保护金融消费者合法权益，促进金融意识和维权意识同步提高。

23.5.3 加快农村普惠金融基础设施与基础条件建设

23.5.3.1 继续推进西部农村支付体系建设，为农村居民提供便利支付服务

农村金融机构要大力推广适应农村需要的非现金支付工具和终端，拓展并延伸支付清算网络农村地区的辐射范围，开展支付结算特色服务。在已开通农民工银行卡服务、小额助农取款服务基础上，进一步推动西部农村非现金支付工具的普及。采用网上银行、微信转账、电话银行等方式开展农产品收购方面的非现金支付，简化资金流转环节。加快完善内部清算网络体系，以灵活方式尽快接入中国人民银行跨行支付系统。在支付服务供给不足的乡镇开办手机支付业务，为农村居民提供便利的账户查询、交易付款、税费缴纳、小额转账、补贴发放等支付服务。

23.5.3.2 积极运用大数据、云计算、互联网金融技术，加大农村信贷技术创新

促进互联网、大数据、云计算的广泛应用，降低农村普惠金融运行成本和风险，扩大服务覆盖面，克服农村地理空间障碍。积极鼓励网络支付机构服务电子商务发展，为农村提供小额、快捷、便民支付服务，提升支付效率。发挥网络借贷平台融资便捷、对象广泛的优势，引导其将服务对象向小微企业、农户和各类低收入人群集聚。加大信贷技术创新，提高搜集、处理农村客户"软信息"能力。并加大计算机网络安全设施的投入，降低互联网金融发展的技术风险，完善法律监管制度，建立市场准入和退出机制，对互联网金融实行综合监管。

23.5.3.3 稳妥推进农村数字金融发展，实现农村普惠金融多样化、智能化、个性化

数字信息技术的应用至少从两方面能够改善现有的普惠金融服务，一是通过使用智

能手机、支付手段、网络和通信服务等提升金融服务效率和服务范围，二是大数据分析共享、云计算又能够对现有的征信体系进行完善和补充，最终可以填补农村金融的"数字鸿沟"，提高普惠金融服务的针对性和精准性。因此，应加大对信息技术、数字技术的运用力度，实现金融产品服务的多样化、智能化、个性化，扩大有效供给，提高供给水平。例如，借助新型媒介"微博""微信"等社交平台，实现农产品实时化、简约化营销，可推进农村物联网金融发展。大力推动农村数字金融基础设施建设，推广"互联网+电商+金融""C2C"等有效的普惠金融模式，逐步实现农村金融电子化。

24 数字普惠金融发展、收入差距与农村经济增长

24.1 引言

随着大数据、云计算等信息化技术的发展，数字普惠金融通过信息化技术及数字金融产品创新，拓展了自身的触达能力和服务范围，实现人工和交易成本的"双降"以及工作效率与风控能力的"双升"。农村地区数字普惠基础设施建设和数字化技术日益完善，催生出数字农贷、"电商+农村供应链金融"等金融支农新模式，加之有大数据风控、农业产业链的生态金融模式等创新手段的助力，农村数字鸿沟等瓶颈问题得到很大程度缓解。数字普惠金融的发展能够有效缩小城乡收入差距，但中国收入分配差距现状依旧不容乐观，农村内部收入差距持续扩大。虽然中国农村经济增长取得显著成绩，农民收入稳步提高，精准扶贫工作取得一定成效，但不能忽视农村内部收入差距的拉大可能对农村经济增长带来的阻滞效应。

目前学术界关于金融发展、收入差距与经济增长三者之间的影响机制研究已经取得较为丰富的成果，为本章提供了良好的研究基础，但鲜有文献对数字普惠金融发展、农村内部收入差距和农村经济增长三者之间的关系进行系统深入的研究。本章主要探讨以下问题：数字普惠金融的发展、农村内部收入差距与农村经济增长三者之间是否存在某种作用机制，以及如何进一步更好地发挥数字普惠金融在农村内部收入差距与农村经济增长关系中的调节作用。本章将数字普惠金融发展纳入收入差距与经济增长关系的研究范畴，计算 2011—2019 年中国 31 个省份农村内部收入差距的基尼系数，同时基于北京大学 2021 年发布的数字普惠金融发展指数第三期，构建面板门槛回归模型，实证检验数字普惠金融发展水平、收入差距与农村经济增长之间可能存在的非线性门槛关系，论证数字普惠金融的发展对收入差距与农村经济增长之间关系的影响，为在数字金融发展大背景下，深入认识农村内部收入差距与农村经济增长的关系提供理论依据和现实解释。

24.2 理论分析与研究假设

传统经济增长理论将土地、劳动、资本、企业家才能作为影响经济增长的四大生产要素，提出制约经济增长的三大原因为资源约束、技术约束、体制约束。收入分配主要通过影响物质资本和人力资本等生产要素影响潜在产出，进而影响经济增长率和人均产出水平，对经济增长产生正向或负向效应。近些年，以互联网技术为契机的数字普惠金融蓬勃发展，金融覆盖面扩大、效率提高，低收入群体与金融资源之间的距离缩短，促使农村地区金融市场进一步完善，为弱势群体提供创新创业信贷支持和信息资源，拉动衣着、居住、日用品、交通通信以及其他商品和服务的消费经济，促进低收入群体的物

质资本和人力资本投资。因此，理论上数字普惠金融能够通过物质资本和人力资本投入间接对收入差距与经济增长之间的关系产生影响。基于此，提出以下假设：

假设 H1：数字普惠金融的发展能够影响收入差距与经济增长之间的关系。

金融作为融通各生产要素资源的手段，当以信贷市场为代表的金融市场发育不完善时，金融资源配置不均衡，金融服务覆盖面、可得性和满意度处于较低状态，弱势群体获取金融服务时面临较高的进入门槛，低收入经济主体对于物质资本和人力资本的投入较少，且低收入群体更倾向于对相对回报率更高的人力资本进行投资，减少对物质资本的投入，而在经济发展的早期或经济处于较低水平时，物质资本积累是经济增长的主要源泉。另外，在发展初期，数字金融具有一定的使用门槛，即使用时需要支付相关费用，低收入人群囿于生活较贫困、金融素养低、"数字鸿沟"等原因，无法或不愿意支付金融服务费用，因此未能享受到数字便捷支付、网络借贷等，而较高收入人群可以利用便捷的数字金融链式服务创造财富。因此，在金融市场发展不完善时期，收入差距可能会抑制经济的发展。

随着金融市场日趋成熟，逐渐克服传统金融在地域与空间上的制约，经济弱势群体进入金融市场的门槛逐步降低，延伸了金融服务触角，通过第三方支付、网络信贷、网络投资、数字保险、"互联网+商业银行"等多个渠道增加中小微企业以及低收入群体了解和获取金融服务的机会，盘活农村产业资本，一方面促进收入分配与再分配的合理化，另一方面促使低收入经济主体增强物质资本和人力资本的投资力度，使得低收入群体能够获得更高的金融资本回报以及高物质资本、人力资本投资回报。当物质资本位于较高水平时，人力资本对于推动经济增长起着主导作用，为经济增长增添动能。因此，随着数字普惠金融发展逐步完善，收入差距会增强经济发展动能。基于此，提出以下假设：

假设 H2：收入差距与经济增长之间存在基于数字普惠金融发展的门槛效应。

假设 H2a：数字普惠金融发展初期，收入差距对经济增长具有抑制作用。

假设 H2b：随着数字普惠金融发展逐步完善，收入差距对经济增长产生促进作用。

24.3 研究设计

24.3.1 变量选取

被解释变量：农村经济发展水平（RGDP）。参考丁志国等的做法，采用各省份农村人均 GDP 衡量该地区农村经济发展水平，具体含义为农林牧副渔业增加值与各省份乡村人口数量之比。

解释变量：农村内部收入差距（GINI）。采用基尼系数衡量各省份的农村内部收入差距。基于 2011—2019 年中国 31 个省份的统计年鉴数据，对各省份全部样本农村居民按人均可支配收入由小到大进行排序，并按照低、中低、中等、中高、高收入将样本农村居民进行划分，设 W_i 为第 i 组农村居民总收入占全部样本农村居民总收入的比重，P_i 为人口频数（$i=1, 2, \cdots, 5$），则各省份农村内部收入差距 GINI 计算方法为：

$$GINI = 1 - \sum_{i=1}^{n} 2B_i = 1 - \sum_{i=1}^{n} P_i(2Q_i - W_i) \qquad (24\text{-}1)$$

其中,

$$Q_i = \sum_{i=1}^{n} W_i$$

为从 1 到 i 的累积收入比重; B 为洛伦兹曲线右下方的面积;

$$\sum_{i=1}^{n} W_i = 1, \quad \sum_{i=1}^{n} P_i = 1$$

门槛变量: 数字普惠金融发展 (IFI。采用北京大学数字金融研究中心 2021 年 4 月 17 日出版的《北京大学数字普惠金融指数 (2011—2020 年)》第三期中, 各省份数字普惠金融发展指数以及覆盖广度 (Coverage)、使用深度 (Depth) 与数字化程度 (Dig) 指数。

控制变量。农村居民受教育水平 (EDU)。受教育水平作为人力资本的衡量指标, 是影响收入差距与经济发展的重要因素, 因此本章将农村居民受教育水平纳入控制变量, 借鉴陆铭等 (2005) 的方法, 用各省份农村人均受教育年限衡量。城镇化水平 (CITY)。新型城镇化的发展对农村经济增长起着不可忽视的推动作用, 因此本章将各省份城镇化水平纳入控制变量, 具体用非农业人口占总人口比重衡量。农业现代化水平 (AMI), 用各省份单位面积农业机械总动力衡量。

具体变量定义及计算方法见表 24-1。

表 24-1 变量定义

变量类型	名称	含义	计算方法
被解释变量	农村经济发展水平 (RGDP)	农村人均 GDP	
解释变量	农村内部收入差距 (GINT)	基尼系数	见式 (1) 包含数字金融服务的覆盖广度, 使用深度和数字化程度三个维度的 33 个具体指标
门槛变量	数字普惠金融发展指数 (IF1)	北京大学数字普惠金融指数	
控制变量	农村居民受教育水平 (EDU) 城镇化水平 (C/TY) 农业现代化水平 (AM)	农村人均受教育年限 (年) 各地区非农业人口所占比例 单位面积农业机械总动力	(小学人口×6+初中人口×9+高中人口×12+大专及以上人口×16)/6 岁及以上总人口城镇人口/总人口 农业机械总动力/耕地面积

24.3.2 数据来源、描述性统计及三维关系图

24.3.2.1 数据来源与变量描述性统计

本章采用了中国 2011—2019 年 31 个省份 (不含港澳台) 的 279 组面板数据。农村经济发展水平指标中, 各地区农林牧副渔业增加值数据来源于历年《中国农村统计年鉴》。农村内部收入差距指标来源于历年各省份统计年鉴, 个别数据缺失的省份如辽宁、安徽、青海等, 采用该省份各地级市农村人均可支配收入的变异系数对缺失的基尼系数

进行补充。农村居民受教育水平基础数据来自《中国农村统计年鉴》；城镇化水平数据来自《中国人口和就业统计年鉴》；农业机械总动力和耕地面积数据均来自《中国统计年鉴》《中国农业统计年鉴》。变量描述性统计结果见表24-2。

表 24-2　各变量的描述性统计结果

变量	观测值	均值	标准差	最小值	最大值
农村经济发展水平（RGDP）	279	1.127	0.488	0.322	2.904
农村内部收入差距（GINI）	279	0.277	0.055	0.132	0.472
数字普惠金融发展指数（1F7）	279	202.349	91.627	18.330	410.280
覆盖广度（IFI_Coverage）	279	182.319	90.542	1.960	384.660
使用深度（IFI_Depth）	279	196.984	91.454	6.760	439.910
数字化程度（IFI_Dig）	279	278.400	117.673	7.580	462.230
农村居民受教育水平（EDU）	279	9.085	1.143	4.367	12.934
城镇化水平（CITY）	279	0.565	0.133	0.228	0.896
农业现代化水平（AMI）	279	8.490	3.703	3.057	17.554

24.3.2.2　三维关系图

进一步利用 Matlab 软件对 2011—2019 年中国 31 个省份数字普惠金融发展水平、农村内部收入差距、农村经济发展水平三个核心变量之间的关系进行三维立体图直观描述，见图 24-1。X 轴、Y 轴、Z 轴分别代表农村内部收入差距、农村经济发展水平、数字普惠金融发展水平。从右向左可以发现，图形前期虽然不够平滑，但整体呈下降趋势；中期在拐点处达到最低点后，呈平滑增长趋势；后期从最高点处呈平滑下降趋势。因此，三维立体图整体呈"下降—上升—下降"趋势。初步从数据分布角度，估计在数字普惠金融发展的影响下，农村内部收入差距对农村经济发展的影响呈"抑制—促进—抑制"的变化趋势，三者之间存在基于数字普惠金融发展的门槛效应。下文将运用面板门槛回归模型进行实证检验。

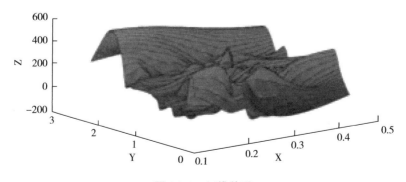

图 24-1　三维关系

24.3.3 模型构建

依据理论分析和三维关系图，本章建立面板数据门槛回归模型，以数字普惠金融发展水平（IFI）作为门槛变量，对收入差距与经济增长之间的非线性关系进行实证分析。同时考虑到模型中可能存在多个门槛值，扩展原单一门槛模型，构建面板双门槛回归模型如下：

$$RGDP_{i,t} = \mu_i + \beta'_1 GINI_{i,t} I(IFI_{i,t} \leq \gamma_1) + \beta'_2 GINI_{i,t} I(\gamma_1 < IFI_{i,t} \leq \gamma_2)$$
$$+ \beta'_3 GINI_{i,t} I(IFI_{i,t} > \gamma_2) + \alpha_{i,t} X_{i,t} \qquad (24-2)$$

其中，i 代表省份；t 代表年份；$GINI_{i,t}$ 为第 i 个省份 t 时期的农村内部收入差距；$RGDP$ 为第 i 个省份 t 时期的农村经济发展水平；β_i 表示不同门槛区间内农村内部收入差距的系数；$IFI_{i,t}$ 为门槛变量，将所有观测值分割为三个区间，表示第 i 个省份 t 时期的数字普惠金融发展水平；γ_1 为待估门槛值；$I(\cdot)$ 为指标函数；$X_{i,t}$ 为控制变量；$\alpha_{i,t}$ 为控制变量待估参数；$\varepsilon_{i,t}$ 为随机扰动项。式（24-2）等价于：

$$RGDP_{i,t} = \begin{cases} \mu_i + \beta'_1 GINI_{i,t} + \alpha_{i,t} X_{i,t} + \varepsilon_{i,t}, & IFI_{i,t} \leq \gamma_1 \\ \mu_i + \beta'_2 GINI_{i,t} + \alpha_{i,t} X_{i,t} + \varepsilon_{i,t}, & \gamma_1 < IFI_{i,t} \leq \gamma_2 \\ \mu_i + \beta'_3 GINI_{i,t} + \alpha_{i,t} X_{i,t} + \varepsilon_{i,t}, & IFI_{i,t} > \gamma_2 \end{cases} \qquad (24-3)$$

24.4 实证结果分析

24.4.1 数字普惠金融发展水平的总体门槛效应检验

24.4.1.1 时间序列平稳性检验

考虑到所用数据为宏观经济数据，数据的非平稳性可能造成虚假回归现象，应先进行单位根检验。本章采用相同单位根检验 Levin-Lin-Chu 和不同单位根检验 ADF-Fisher 相结合的方法检验数据的平稳性，结果见表 24-3。可以看出，原始变量均拒绝 I（0）；各变量的一阶差分满足 I（1）序列，均拒绝单位根存在假设，表明面板数据为零均值、常方差的稳定随机白噪声序列，具有较好的平稳性。

表 24-3 单位根检验结果

变量	检验形式	Levin-Lin-Chu 检验（t 值）	ADF-Fisher 检验（Chi-square 值）	结论
RGDP	(C, T, 1)	−30.965***	189.723***	平稳
GINI	(C, T, 1)	−14.158***	252.584***	平稳
IFI	(C, T, 1)	−16.586***	175.442***	平稳
EDU	(C, T, 1)	−13.241***	121.653***	平稳
CITY	(C, T, 2)	2.003	93.426***	平稳
AMI	(C, T, 1)	−8.111***	140.673***	平稳

注：*、**、***分别表示在 10%、5%、1%的水平上显著，下同。

24.4.1.2 Hausman 检验

运用 Hausman 检验对面板数据的固定效应和随机效应进行选择。结果表明，卡方值（chi2）为 9.81，P 值为 0.0809，在 10% 的显著性水平上拒绝固定效应和随机效应系数不存在差异的原假设，应使用固定效应模型。

24.4.1.3 门槛效应存在检验

采用 Bootstrap 法检验是否存在门槛效应，并确定真实门槛值个数。通过抽样 1000 次，计算 F 统计量和 P 值，结果见表 24-4。单一门槛和双重门槛效应的 F 统计量分别为 86.18、33.34，均在 1% 的显著性水平上通过检验，此时门槛估计值为 122.03、209.93。而三重门槛效应未通过检验，不能拒绝原假设。这表明，在数字普惠金融发展的影响下，农村内部收入差距与农村经济增长之间存在显著的双重门槛非线性关系，假设 H1 得到验证。

表 24-4 门槛效应存在检验：以数字普惠金融发展水平为门槛

模型	门槛值	F 值	P 值	临界值		
				1%	5%	10%
单一门槛	122.030	86.18 ***	0.000	38.123	29.238	23.022
双重门槛	122.030 209.930	33.34 ***	0.039	45.723	30.779	26.801
三重门槛	297.690	9.93	0.763	39.686	31.688	26.619

24.4.1.4 数字普惠金融发展水平整体门槛回归模型估计结果与分析

结合 Hausman 检验与门槛效应检验结果，对模型（2）进行固定效应面板门槛回归，结果见表 24-5。

表 24-5 面板门槛回归模型估计结果

参数	全国样本	数字普惠金融发展水平		
		IFI≤122.03	122.03<IFI≤209.93	IFI>209.93
GINI	0.976 *** (2.50)	−3.313 *** (−4.28)	3.443 *** (3.14)	0.293 (0.81)
EDU	0.022 (0.08)	0.167 * (1.88)	0.167 * (1.86)	0.015 *** (2.23)
CITY	0.326 * (1.73)	−13.878 *** (−2.85)	0.195 (0.14)	0.065 (0.36)
AMI	0.026 * (1.67)	0.117 ** (2.21)	0.249 ** (2.09)	0.011 (1.31)
_cons	0.029 (0.09)	6.037 *** (2.92)	2.091 (0.80)	1.188 (0.356)
个体效应	控制	控制	控制	控制

续表

参数	全国样本	数字普惠金融发展水平		
		IFI≤122.03	122.03<IFI≤209.93	IFI>209.93
时间效应	控制	控制	控制	控制
N	279	59	79	141
R	0.312	0.708	0.607	0.597
F	8.190***	7.269***	6.690***	13.45***

注：括号内的数值为经 Robust 修正后的 t 统计量，下同。

估计结果显示，基于门槛值 122.03 和 209.93，将中国各省份的数字普惠金融发展水平分为低水平、中等水平和高水平三个区间。以全国样本回归时，农村内部收入差距（GINI）的回归系数为 0.976，且在 1%的水平上显著为正，表明整体上农村内部收入差距与农村经济增长呈正相关关系。在数字普惠金融发展的低水平区间（低于第一门槛值 122.03），农村内部收入差距对农村经济增长的影响系数为-3.313，在 1%的水平上显著为负，此时农村内部收入差距的拉大抑制经济增长，假设 H2a 得到证实。当数字普惠金融发展水平跨越第一门槛值 122.03，但低于第二门槛值 209.93（122.03<IFI≤209.93）时，农村内部收入差距对农村经济增长的影响系数为 3.443，由负值变为正值，此时适当的农村内部收入差距有利于农村经济增长，假设 H2b 得到证实。当数字普惠金融发展水平跨越第二门槛值 209.93 时，收入差距对农村经济增长有正向影响，但未通过显著性检验。以上结论与三维立体图结果一致。综上表明，以数字普惠金融发展水平为门槛变量时，农村内部收入差距与农村经济发展之间呈明显的"U"形关系。假设 H2 得以验证。

此外，比较 31 个省份在 2011—2019 年间的数字普惠金融发展水平与门槛值发现，介于低水平区间的样本量为 59，占总样本的 27.189%；介于中等水平区间的样本量为 79，占 28.315%；介于高水平区间的样本量为 141，占 50.538%。即同一省域的数字普惠金融发展水平在不同年份所处的门槛区间不同；各省份农村收入差距与农村经济发展的"U"形关系由抑制转为促进的时间拐点也存在显著差异。早在 2012 年，北京、福建、广东、江苏、上海、天津、浙江的数字普惠金融发展水平已超过 122.03，即这些省份的农村收入差距对农村经济发展有显著正向影响；2013 年，除贵州、青海、西藏外，其余省份均步入"U"形曲线上升阶段；截至 2014 年，全国所有省份数字普惠金融发展水平均跨越第一门槛值（122.03），处于"U"形曲线递增区间。因此，目前中国各省份适度的农村内部收入差距有利于当地农村经济发展。

观察控制变量回归结果，农村居民受教育水平（EDU）系数显著为正，这与多数学者的研究结论一致，即受教育水平越高，能够从外界获得更多的就业和投资机会，提升农村人力资本水平，越有利于经济增长。全部样本回归中，城镇化水平（CITY）通过5%水平的显著性检验，表明推动城镇化进程有利于农村经济增长。但在数字普惠金融发展水平较低的地区，城镇化水平（CITY）对农村经济增长具有 1%水平上的显著负向影响，反映了高水平的城镇化率对农村经济发展具有促进作用，而数字普惠金融发展水平较低的地区，城镇化在质和量上发展不够充分，对农村经济发展未能产生显著促进作用。农业现代化水平（AMI）的系数显著为正，即随着农业现代化水平的提高，农村居民农业收入提高，有助于当地农村经济发展。

24.4.2　数字普惠金融各维度的门槛效应检验

24.4.2.1　覆盖广度门槛效应检验

检验结果见表24-6，可以发现单一门槛和双重门槛效应均在1%水平上通过检验，三重门槛未通过显著性检验，即农村内部收入差距对农村经济增长的影响存在基于覆盖广度的双重门槛效应。

表24-6　门槛效应检验结果：以覆盖广度为门槛

	门槛值	F值	P值	临界值		
				1%	5%	10%
单一门槛	88.180	92.53***	0.000	34.126	24.665	20.350
双重门槛	88.180 194.170	58.88***	0.004	41.968	30.328	24.600
三重门槛	281.050	10.04	0.795.	37.003	29.533	26.510

基于门槛值88.180和194.170，将样本分为覆盖广度偏低、中等和高三个子样本分别回归，结果见表24-7。可以看出，覆盖广度偏低水平组（覆盖广度≤88.18）中农村内部收入差距的系数为-4.724，在1%水平上显著；中等水平组（88.18<覆盖广度≤194.17）系数为2.648，在1%水平上显著为正；而高水平组（覆盖广度>194.17）系数为2.741，在1%的水平上显著。回归结果表明，以覆盖广度为门槛，农村内部收入差距对农村经济增长的影响效应同样呈现"抑制—促进"的"U"形趋势。即覆盖广度较低时，农村内部收入差距的拉大不利于农村经济增长；随着覆盖广度的提高，内部收入差距逐渐对经济增长产生显著正向影响，此时适度的收入差距对经济增长产生促进效应；随着覆盖广度水平提高到194.17以上，促进效应进一步增强。

表24-7　门槛模型估计结果：以覆盖广度为门槛

	全国样本	覆盖广度≤88.18	88.18<覆盖广度≤194.17	覆盖广度>194.17
GINI	1.010*** (2.58)	-4.724*** (-7.95)	2.648*** (3.23)	2.741*** (2.137)
EDU	0.013 (0.28)	0.173 (1.29)	0.105 (0.62)	0.013 (0.54)
CITY	1.206* (1.732)	-15.140*** (-4.76)	0.0551 (0.04)	6.08** (1.821)

	全国样本	覆盖广度≤88.18	88.18<覆盖广度≤194.17	覆盖广度>194.17
AMI	0.028*	0.049	0.064	0.012
	(1.81)	(0.93)	(0.68)	(1.06)
N	279	53	99	127

注：由于篇幅限制，截距项、个体效应、时间效应、R^2、F值等回归结果不展示。表24-9、表24-11同。

24.4.2.2 使用深度门槛效应检验

检验结果见表24-8，单一门槛效应和双重门槛效应分别在1%和10%水平上通过检验，同样农村内部收入差距对农村经济增长的影响存在基于使用深度的双重门槛效应。

表24-8 门槛效应检验结果：以数字普惠金融使用深度为门槛

	门槛值	F值	P值	临界值		
				1%	5%	10%
单一门槛	111.960	62.29***	0.000	26.686	18.449	14.715
双重门槛	111.960 182.700	19.61*	0.056	28.623	19.418	15.549
三重门槛	182.260	5.70	0.164	19.881	13.007	10.765

基于门槛值111.96和182.70，将全国样本分为使用深度低、中、高三个子样本分别回归，结果见表24-9。可以看出，在使用深度低水平组（使用深度≤111.96）中，农村内部收入差距的系数为-4.246，在1%水平上显著；使用深度中等水平组（111.96<使用深度≤182.70）的系数为0.310，在10%水平上显著为正。这一回归结果表明，当使用深度水平较低时，农村内部收入差距对农村经济增长具有显著负向影响，此时农村内部收入差距的拉大抑制农村经济增长；而随着使用深度水平的提高，农村内部收入差距的拉大逐渐有利于农村经济的增长。

表24-9 门槛模型估计结果：以数字普惠金融使用深度为门槛

	全国样本	使用深度≤111.96	111.96<使用深度≤182.70	使用深度>182.70
GINI	0.945***	-4.246***	0.310*	0.491*
	(2.40)	(-4.11)	(2.031)	(1.98)
EDU	0.024	0.389*	0.209	0.021*
	(0.52)	(1.91)	(1.00)	(1.70)
CITY	1.293***	-12.939*	14.328***	0.409
	(2.189)	(-1.91)	(2.42)	(1.11)
AMI	0.027*	0.029	-0.086***	0.024
	(1.74)	(0.956)	(-2.67)	(1.39)
N	279	49	84	146

24.4.2.3 数字化程度门槛效应检验

检验结果见表 24-10，单一门槛效应在 1% 的显著性水平上通过检验，双重门槛和三重门槛效应未通过显著性检验。农村内部收入差距对农村经济增长的影响存在基于数字化程度的单一门槛效应。

表 24-10 门槛效应检验结果：以数字化程度为门槛

	门槛值	F 值	P 值	临界值		
				1%	5%	10%
单一门槛	75.610	50.05***	0.000	28.674	19.991	16.673
双重门槛	75.610 163.500	2.27	0.876	39.127	25.411	20.880
三重门槛	240.420	5.48	0.592	25.446	16.915	13.698

基于门槛值 75.610，将全国样本分为数字化程度低、高两个子样本分别回归，由于数字化程度低的样本量仅有 30 个，不满足回归条件。因此，仅列出全国样本与数字化程度高的样本回归结果，见表 24-11。可以看出，随着数字化程度的加深，适度的农村内部收入差距将更有利于农村经济增长。

表 24-11 门槛模型估计结果：以数字化程度为门槛

	全国样本	数字化程度>75.61
GINI	1.044*** (2.68)	1.106*** (2.34)
EDU	0.018 (0.39)	0.028 (0.58)
CITY	0.296** (2.41)	0.219** (1.93)
AMI	0.025* (1.93)	0.034* (1.87)
N	279	249

24.5 内生性与稳健性检验

24.5.1 内生性检验

由于模型估计结果可能存在遗漏变量偏误、双向因果关系等导致的内生性问题，采用以下检验方法：（1）遗漏变量的内生性处理。考虑到固定模型中无法加入不随时间变化的变量，如地理区域等因素，为避免存在遗漏变量偏误，采用随机效应模型进行估计，比较两者估计结果。（2）双向因果关系的内生性处理。考虑到收入差距的工具变量不易寻找，采用农村内部收入差距滞后一期作为工具变量，并参考陈强的做法，采用系统广义矩估计（GMM）模型处理可能存在的因果内生问题。估计结果中的系数方向与基准回归结果一致，且系统 GMM 估计的 P 值为 0.832，接受原假设，表明工具变量外生，选取较为合理。

24.5.2　稳健性检验

采用以下稳健性检验方法：（1）核心解释变量的替代指标进行估计。选取农村居民人均可支配收入的变异系数代替基尼系数进行门槛回归。（2）对样本数据进行上下 1% 的异常值缩尾处理。结果显示，各变量回归结果与表 24-5 基准回归结果基本一致，本章实证结果具有较好的稳健性。

24.6　结论与建议

本章结合传统经济增长理论，从理论和实证层面分析数字普惠金融的发展对收入差距与经济增长关系的影响，研究发现：在数字普惠金融发展影响下，收入差距与经济增长之间呈明显的"U"形关系；2014 年以来，得益于数字普惠金融发展的影响，中国各省份的农村内部收入差距有利于当地农村经济的增长。据此，本章认为数字普惠金融的发展能够显著改善农村内部收入差距与农村经济增长之间的关系，规避农村贫富差距过大对农村经济增长产生的抑制效应，发展数字普惠金融能促进社会金融资源的公平配置，拉动农村经济增长，实现社会和谐稳定。

因此，本章提出以下建议：第一，大力发展欠发达地区的数字普惠金融，因地制宜地创新数字普惠金融产品和多样化服务的供给方式，积极引导数字普惠金融优先重点服务低收入群体，保持适度的农村内部收入差距，促进农村经济稳步增长，避免欠发达地区陷入"数字陷阱"。第二，着重发展数字普惠金融覆盖广度，将数字技术广泛运用于各金融业务场景，形成协同联动、可复制、易推广的综合化数字金融服务。第三，随着数字普惠金融不断深化，应推进覆盖广度、使用深度和数字化程度三者均衡发展，提高数字金融覆盖广度、使用深度，助力乡村振兴。

25 数字普惠金融对弱相对贫困的非线性影响

25.1 引言

在现行标准下，全面脱贫后，相对贫困成为有效衔接我国脱贫攻坚和乡村振兴两大战略必须直面的问题，相对贫困主要体现为贫困群体的社会发展权利和可行能力不足。目前基于这一内涵提出的强相对贫困线、多维贫困指数和社会贫困线等相对贫困测度方法均不适用于发展中国家，因此一些学者针对发展中国家提出了更加科学的弱相对贫困线方法，该方法避免了强相对贫困线收入增长背后个体社会资源差异度量的缺陷，并且比多维贫困涉及维度少，也避免了单一收入维度的弊端，同时还是比社会贫困线更严格的衡量指标。我国在 G20 峰会上提倡构建数字金融基础设施生态系统，成为推动普惠金融体系的构建重点，其发展理念与共同富裕相向而行，更有利于缩小贫富差距和缓解相对贫困。

目前鲜有文献研究数字普惠金融对弱相对贫困的影响，大部分研究聚焦数字普惠金融对相对贫困的影响，且尚未形成统一定论。鉴于此，本章选取 2011—2020 年我国 296 个地级及以上城市的面板数据，首先，运用双向固定效应和系统 GMM 模型检验数字普惠金融与弱相对贫困之间的非线性关系和区域影响差异。其次，构建面板平滑转换模型（PSTR）探讨存在非线性关系的原因。最后，将弱相对贫困变动总效应进一步分解为增长、分配、人口流动和残差四个效应，并探讨数字普惠金融对各变动效应的影响。

25.2 分析框架与研究假设

数字普惠金融能够缓解相对贫困已得到大多数学者的认可，但也有学者认为低收入群体由于人力资本匮乏等问题，难以通过数字普惠金融服务购买理财产品获得更收入。不同观点产生的原因是不同经济发展阶段和区域差异导致其对相对贫困呈现非线性影响。经济发展初级阶段，金融部门准入门槛相对较高，弱势群体被金融机构排斥在外；当发展到一定阶段后，金融发展开始惠及弱势群体从而有利于减贫。从区域差异看，相较于中西部地区，东部地区有更高的资本配置效率，能够形成金融与经济的良性循环，从而保证金融机会公平。

数字普惠金融发展在初期对贫困改善不明显的原因，主要是弱势群体因为无法越过门槛而无法享受发展带来的红利。具体门槛变量方面，已有研究认为不同数字普惠金融水平会产生"数字鸿沟"或"数字红利"效应，较低的金融水平使得对弱势群体"普而不惠"。随着数字普惠金融广度的提升，低收入人群可通过扩大融资渠道和提升信贷可得性来降低信贷融资约束，数字红利效应开始凸显，从而有效消除贫富差距。

325

目前，相对贫困变动分解主要分为增长和分配效应，其中增长效应是用平均消费（收入）变动来解释收入增长因素导致的贫困变化，而分配效应是仅由收入差距带来的贫困变化。这两种以外的因素统称为残差效应，对残差项的分解又包括了不完全分解和完全分解两种方法。前者大多数学者分析认为人口流动是残差项的主要因素，但鲜有学者将其从残差因素中真正剥离出来进行实证验证，后者残差因素被具象为人口流动的某种效应，认为人口流动可以改善歧视性因素对工资的影响，带来城乡居民收入差距"帕累托改进"的可能。因此，人口流动不仅直接影响相对贫困，还会通过影响增长和分配间接影响相对贫困。

基于以上分析，提出如下假设：

假设 H1：数字普惠金融对弱相对贫困存在非线性影响，不同区域的影响存在异质性。

假设 H2：数字普惠金融对弱相对贫困的影响存在数字普惠金融水平的门槛效应。

假设 H3：弱相对贫困的变动效应可分解为增长、分配、人口流动和残差效应，数字普惠金融对各效应的影响存在异质性。

25.3 研究设计

25.3.1 研究方法

25.3.1.1 数字普惠金融对弱相对贫困的非线性影响模型

为了检验数字普惠金融与弱相对贫困间的非线性关系，建立如下公式：

$$InP_{it} = \alpha_0 + \beta_0 Indif_{it} + \beta_1 Indif_{it}^2 + \sum_{j=1}^{7} \theta_j InX_{it} + \varphi_i + \mu_i + \varepsilon_{it} \qquad (25-1)$$

其中，P 为弱相对贫困发生率，dif 为数字普惠金融发展指数，dif_{it}^2 为数字普惠金融指数的平方，$\sum_{j=1}^{7} X$ 表示控制变量的集合，i 代表城市，t 代表年份，φ_i 表示个体固定效应，μ_i 表示时间固定效应，ε_{it} 为随机误差项，其余为相应系数。为解决量纲不统一问题并增强数据平稳性，对所有变量进行对数化处理，为 0 的变量以 0.001 代替。

为控制其他可能影响被解释变量但未包含在模型中的因素，本章使用双向固定效应进行估计，并对 dif_{it}^2 进行了中心化处理以解决其与 dif 的共线性问题；同时，为解决异方差问题，使用聚类稳健标准误。鉴于样本是短面板数据，本章也选择系统 GMM 估计模型作为对比，并且考虑到我国区域存在发展差距，进行了分样本回归。

25.3.1.2 数字普惠金融对弱相对贫困的门槛效应模型

采用 Gonzalez 等的面板平滑转换模型（PSTR）探究数字普惠金融与弱相对贫困的门槛效应，该模型较好地解决了面板门槛模型（PTR）门槛值前后突变的问题，能更好地反映数字普惠金融与弱相对贫困之间的截面异质性，且其参数可随着转换变量的变化做平滑的非线性转换，更符合经济现实，是研究非线性机制转换效应的经典模型。具体公式如下：

$$InP_{it} = \beta_2 Inx_{it} + \sum_{j=1}^{r} \beta_{3j} Inx_{it} g(Indif_{it}^2; \gamma_j, C_j) + \varphi_i + \mu_i + \varepsilon_{it}$$

$$g(Indif_{it}^2; \gamma_j, C_j) = \{1 + exp[-\gamma \prod_{j=1}^{m} Indif_{it} - C_j]\}^{-1}, \gamma > 0, C_1 \leqslant \cdots \leqslant C_m \quad (25-2)$$

其中，$g(Indif_{it}^2; \gamma_j, C_j)$ 为转换函数，取值范围为 0~1，该函数采用常规逻辑函数形式；$Indif_{it}^j$ 是转换变量；γ_j 为转换函数的斜率系数，γ_j 越大，表示不同区制间转换速度越大；C_j 是位置参数；m 为位置参数的个数；r 为转换函数的个数；$\ln x$ 是所有解释变量的集合，其余符号含义与式（25-1）相同。

25.3.1.3　数字普惠金融对弱相对贫困分解效应的影响模型

为进一步探讨数字普惠金融如何影响弱相对贫困总变动及其分解效应，从而找到治理弱相对贫困的长效机制，本章建立如下方程：

$$ZXY = \alpha_1 + \beta_4 dif_{10} + \sum_{m=1}^{7} \beta_{4m} X_{10} \quad (25-3)$$

$$Growth = \alpha_2 + \beta_5 dif_{10} + \sum_{m=1}^{7} \beta_{5m} X_{10} \quad (25-4)$$

$$Distribution = \alpha_3 + \beta_6 dif_{10} + \sum_{m=1}^{7} \beta_{6m} X_{10} \quad (25-5)$$

$$Flow = \alpha_4 + \beta_7 dif_{10} + \sum_{m=1}^{7} \beta_{7m} X_{10} \quad (25-6)$$

$$Residual = \alpha_5 + \beta_8 Indif_{10} + \sum_{m=1}^{7} \beta_{8m} X_{10} \quad (25-7)$$

其中，ZXY 为弱相对贫困发生率变动总效应，$Growth$ 为增长效应，$Distribution$ 为分配效应，$Flow$ 为人口流动效应，$Residual$ 为残差效应，dif_{10} 为数字普惠金融 2020 年减去 2011 年的指数值。式（25-3）至式（25-7）使用的是横截面数据，故采用普通最小二乘法对其进行估计，由于弱相对贫困发生率的变动效应大部分为负数，故此处不再作对数化处理。

25.3.2　数据说明

本章的样本为 2011—2020 年 292 个地级市（数据严重缺失的儋州被剔除）及北京、天津、上海和重庆四个直辖市，共计 296 个地级及以上城市。数字普惠金融指数来自市级层面《北京大学数字普惠金融指数》（2011—2020 年），其余变量来源于《中国城市统计年鉴》《中国统计年鉴》以及各省份、各城市的统计年鉴和统计公报，部分缺失值通过历年政府工作报告或线性插值法补充。

25.3.3　变量选择

25.3.3.1　被解释变量

参照胡联等的做法，选择弱相对贫困发生率作为考察的被解释变量，具体公式为：

$$P = (-1/2m)(n + q\sqrt{n^2 - 4me^2}/\sqrt{q^2 - m}), q = b + 2z/\mu \quad (25-8)$$

其中，μ 为人均可支配收入，z 为弱相对贫困线，其余符号为由 L 决定的代数。z 通过如下公式衡量：

$$z_J^U = \$1.90 + \max[0.7(1 - G)\mu - \$1.00, 0] \qquad (25-9)$$

其中，z 的最小值是 2011—2020 年世界银行的贫困标准日收入 1.90 美元；G 为由 L 决定的基尼系数。

弱相对贫困发生率总变动按如下公式分解：

$$P(\mu_1, L_1) - P(\mu_0, L_0) = [P(\mu_1, L_0) - P(\mu_0, L_1)] + [P(\mu_0, L_1)$$
$$- P(\mu_0, L_0)] + P(\mu_1, L_0) - P(\mu_1, L_0) + R' \qquad (25-10)$$

其中，$P(\mu_1, L_1) - P(\mu_0, L_0)$ 为增长效应，表示该期间仅由收入水平变动导致的弱相对贫困发生率变动；$[P(\mu_1, L_0) - P(\mu_0, L_1)]$ 为分配效应，表示该期间仅由收入分布变动导致的弱相对贫困发生率变动；$[P(\mu_0, L_1) - P(\mu_0, L_0)]$ 为人口流动效应，表示该期间由于人口流动导致的弱相对贫困发生率变动；R' 为残差效应，表示该期间除增长、分配和人口流动效应外引起弱相对贫困发生率变动的其他因素。

25.3.3.2 核心解释变量

本章的核心解释变量为数字普惠金融，用北京大学数字普惠金融总指数表示，该指数由北京大学数字金融研究中心联合蚂蚁金服集团利用海量数据编制而成，具有一定的代表性和可靠性。该指数除总指数外，还包括覆盖广度、使用深度和数字化程度等分类指数。

25.3.3.3 工具变量

数字普惠金融可能缓解弱相对贫困，但也可能收入高的家庭更有能力使用数字普惠金融，因此两者之间存在互为因果的内生性问题。参照黄倩等的做法，选择互联网宽带接入率和移动电话普及率两个工具变量进行内生性检验，其中移动电话普及率通过移动电话年末用户数除以常住人口表示，互联网宽带接入率通过互联网宽带接入用户数除以常住人口表示。

25.3.3.4 控制变量

参考已有研究成果，控制变量包括经济发展水平、产业结构、城镇化水平、政府干预、教育水平、养老保障水平和医疗保障水平。

25.4 结果分析

25.4.1 数字普惠金融对弱相对贫困的非线性影响

25.4.1.1 基准回归

为保证序列平稳性，在进行模型估计前对所有变量进行了 IPS 和 ADF 单位根检验，结果显示相关变量均以 1% 的显著性水平证明不存在单位根，表明序列是稳定的。基准回归结果如表 25-1 所示，可以看出不论是双向固定效应还是系统 GMM 回归，$\ln dif^2$ 对弱相对贫困均呈现显著正向影响，影响系数分别为 0.072 和 0.043，表明数字普惠金融对弱相对贫困的影响初步呈现"U"形特征，说明数字普惠金融对弱相对贫困的影响是非线性的，假设 H1 得到验证。

表 25-1　数字普惠金融对弱相对贫困全样本回归结果

参数	双向固定效应	系统 GMM
lndif	−0.012（0.243）	0.378***（0.116）
lndif^2	0.072***（0.018）	0.043***（0.013）
R^{-sq}	0.070	—
AR（1）	—	−4.950［P=0.000］
AR（2）	—	−4.800［P=0.426］
Hansen 检验	—	293.450［P=0.965］
样本量	2960	2368

注：*、**和***分别表示在 10%、5%和 1%的水平下通过检验；圆括号内为标准误差，方括号内为 P 值；限于篇幅未列出控制变量的回归结果。下同。

25.4.1.2　分样本回归

进一步考察数字普惠金融对不同区域弱相对贫困的影响，回归结果如表 25-2 所示。双向固定效应模型中 lndif^2 的系数在东部、中部地区均显著，西部地区不显著但系数为正，说明数字普惠金融对弱相对贫困的影响在不同区域呈现异质性，进一步验证了**假设1**。具体来看，东部地区呈"U"形特征，即先抑制后加剧，这是因为东部地区的经济发展水平在全国领先，数字普惠金融有着较高的资本配置效率，能使弱势群体真正受益，从而有效减缓贫困。但随着金融参与主体越来越多，弱势群体承受的金融波动和风险增长，增大了他们的生活或生产成本从而导致了返贫。中部地区为倒"U"形，相较于东部地区，中部地区数字普惠金融的减贫作用发挥得较晚，因为起初中部地区金融服务的门槛相对较高，很多弱势群体还被排斥在外，随着数字普惠金融惠及更多的弱势群体，这时减贫效应才开始显现。西部地区则呈正向线性影响，说明西部数字普惠金融还未产生减贫效应，这是因为西部金融抑制问题仍然突出，初始资本水平偏低与农村金融机构"嫌贫爱富"本性的双重因素使贫困群体未能享有平等的金融权利，尚未形成数字普惠金融促进经济发展的良性市场环境。

表 25-2　数字普惠金融对弱相对贫困分样本回归结果

参数	东部		中部		西部	
	双向固定效应	系统 GMM	双向固定效应	系统 GMM	双向固定效应	系统 GMM
lndif	0.004（0.914）	0.375（0.262）	−0.249（0.510）	0.261***（0.120）	0.124*（0.070）	0.389**（0.154）

续表

参数	东部		中部		西部	
	双向固定效应	系统GMM	双向固定效应	系统GMM	双向固定效应	系统GMM
$lndif^2$	0.166*** (0.039)	0.142*** (0.035)	−0.040*** (0.013)	0.0005 (0.009)	0.009 (0.009)	−0.004 (0.011)
R^{-sq}	0.187	—	0.384	—	0.270	—
AR（1）	—	−4.320 [P=0.000]		−5.020 [P=0.000]		−1.480 [P=0.138]
AR（2）	—	2.430 [P=0.015]		0.210 [P=0.831]		−1.070 [P=0.283]
Hansen检验		99.780 [P=0.0001]	—	98.660 [P=1.000]		90.100 [P=1.000]
样本量	1010	808	1000	800	950	760

25.4.1.3 稳健性与内生性检验

为保证回归结果的稳健性，本章选择数字普惠金融的覆盖广度和使用深度两个二级指标替换原核心解释变量重新估计，结果显示两项指标的二次项系数均显著为正，与原回归结果保持一致，表明基准回归结果是稳健的。如前文所述，为消除数字普惠金融与弱相对贫困间可能存在双向因果关系导致的内生性问题，选择移动电话普及率和互联网宽带接入率作为工具变量，采用两阶段最小二乘法（2SLS）对全样本进行估计，结果显示 $Indif^2$ 的系数仍显著为正，说明基准回归结果基本不受内生性影响。

25.4.2 数字普惠金融对弱相对贫困门槛效应影响

前文理论分析提到，二者存在非线性关系的原因可能是存在数字普惠金融水平门槛效应，因此以数字普惠金融作为转化变量，采用面板平滑转换模型（PSTR）验证门槛效应。在进行门槛效应估计前，运用 Matlab 进行线性和剩余非线性效应检验，以验证模型（2）的正确性和合理性，结果显示所有线性检验都在1%的水平下拒绝原假设，表明数字普惠金融与弱相对贫困具有明显的截面异质性；剩余非线性检验结果显著接受 $r=2$，表明模型存在剩余非线性，即有两个转换函数，另外 AIC 和 BIC 最小时 $m=1$，因此最终取 $r=2$，$m=1$（限于篇幅，结果未列出）。

通过剩余非线性效应检验再次验证了数字普惠金融对弱相对贫困的影响存在非线性特征，说明模型（2）的设计是正确和合理的，接下来通过非线性最小二乘法（NLS）对模型（2）进行估计，结果如表25-3所示。结果显示存在两个位置参数分别为5.091、5.209，表明对弱相对贫困的影响存在数字普惠金融水平的双重门槛效应。具体而言，当 $c \leq 5.091$ 时，影响系数显著为 −0.262；当 $5.091 < c \leq 5.209$ 时，影响系数不显著，为0.537（$\beta_2 + \beta_{31}$），可能的原因是随着数字普惠金融发展，增加的金融服务成本和波动抵

消了金融发展的减贫效果；当 $c>5.209$ 时，影响系数显著，为 -1.436（$|\beta_2+\beta_{31}+\beta_{32}|>0.262$），表明在越过第二门槛值后，金融发展水平较第一门槛值前得到了突破性的提升，产生的规模效应减小了金融服务成本和金融波动带来的负面影响，随之增强的"长尾效应"也强化了数字普惠金融的减贫效应。因此，假设 H2 得到验证。

表 25-3　门槛效应的 PSTR 模型回归结果

参数	线性系数 β_2	非线性系数 β_{31}	剩余非线性系数 β_{32}
lndif	-0.262^{***}（0.065）	0.799（0.183）	-1.973^{**}（0.901）
位置参数 c	$c_1=5.091$		$c_2=5.209$
平滑参数	$\gamma_1=29.955$		$\gamma_2=11.114$

25.4.3　数字普惠金融对弱相对贫困变动效应影响

从表 25-4 的弱相对贫困各变动效应均值可以看出，近年来我国弱相对贫困治理取得不错的成效，弱相对贫困总体上平均下降了 15.04%，从分解情况来，增长和分配效应分别下降了 15.68% 和 17.40%，人口流动和残差效应分别增长了 1.72% 和 16.32%。增长和分配效应下降的主要原因是，我国逐年递增的中央财政专项扶贫资金遏制了收入差距的负向影响，同时近年来人均可支配收入水平的快速上涨引起的增长效应也开始发挥减贫功效。而人口流动和残差效应上涨的主要原因是，城镇化过程中农村优质劳动力流失，进城务工也不能与城市人口享有同等福利，人口流动并不能有效降低弱相对贫困，这也是乡村振兴战略中国家鼓励和引导农村劳动人口回流农村的原因，而残差项包括除以上的其他因素，需要对其进行更深入的分解研究才能具体分析。

从对弱相对贫困变动的影响效应来看，数字普惠金融对收入分配和人口流动效应影响分别显著为 -1.058 和 0.785，这与变动分解趋势保持一致，说明数字普惠金融平台带来的规模收益和边际成本递减让弱势群体的利益在数字金融中得到尊重和保护，改善了收入分配情况，但是人口非均衡流动使得公共资源被挤占，弱势群体陷入更加贫困的境地。另外，对增长和残差效应的影响不显著，表明数字普惠金融对各分解效应影响存在异质性。因此假设 H3 得到验证。

表 25-4　弱相对贫困变动效应分解统计

参数	ZXY	Growth	Distribution	Flow	Residual
均值（%）	-15.04	-15.68	-17.40	1.72	16.32
dif	-1.328^{***}（0.244）	-0.273（0.166）	-1.058^{***}（0.245）	0.785^{***}（0.181）	-0.782（0.629）
R^{-sq}	0.158	0.027	0.134	0.206	0.120

25.5 结论与建议

本章的主要结论如下：首先，数字普惠金融能有效缓解弱相对贫困，但两者间存在显著的非线性关系，同时对我国东、中、西部不同地区弱相对贫困的影响分别呈现"U"形、倒"U"形和正向线性影响；其次，数字普惠金融对弱相对贫困的影响存在数字普惠金融水平的双重门槛效应，其中跨过第二门槛值后的对弱相对贫困的抑制效应大于未跨过第一门槛值前；最后，我国弱相对贫困发生率整体呈现下降趋势，分配和增长效应能减小弱相对贫困发生率，而人口流动和残差效应则增大发生率。此外，数字普惠金融对增长和残差效应的影响不显著，对分配和人口流动效应的影响分别显著为负和正，表明数字普惠金融主要通过改善收入分配减缓弱相对贫困，但促使人口流动带来了贫困的加剧。

基于上述研究结论，本章建议如下：第一，充分发挥数字普惠金融的减贫作用，并根据地区数字普惠金融水平因地制宜地配置资源。如东部地区加强高质量数字普惠金融的发展，注重防范金融风险；中西部地区通过产业金融支持增强贫困群体自生能力，促进其资本和财富的积累。第二，关注数字普惠金融在减贫过程中呈现的门槛效应。应充分扩大普惠金融的覆盖范围和服务内容，优化数字普惠金融发展的营商环境，创新金融风险和波动防范机制。第三，利用数字普惠金融对收入分配的改善，强化减贫效果，充分发挥数字普惠金融的作用，引导人口合理流动。利用数字普惠金融对再分配进行完善，对于尾部群体加大市场和政府多元化投入；通过增加对落后区域和弱势群体的金融服务、资源划拨鼓励和引导弱势群体回流农村，提供就业、创业和农业生产的金融扶持，使他们也能富裕地扎根农村。

农村金融市场篇

26 农村金融市场开放度测度与演化

——基于新型农村金融机构省际数据的实证分析

26.1 引言

农村金融是我国金融改革发展的重要组成部分。2006 年 12 月，银监会制定了农村金融开放政策，放宽农村地区银行业金融机构的准入门槛，允许设立三类新型金融机构。自 2007 年 10 月起，这一政策推向全国，标志着我国农村金融进入开放时代。农村金融开放从根本上打破了原有农村金融市场中以国家投资为主的资本构成。

截至 2013 年年末，累计解决了 1 249 个乡镇金融机构空白和 708 个乡镇金融服务空白问题，涉农贷款余额 20.9 万亿元，同比增长 18.5%，高于各项贷款平均增速 4 个百分点。农村金融市场开放用市场化模式增进金融效率，形成了向农户和中小企业小额贷款的机制，但由于银监会和中国人民银行对农村金融开放政策实行"双线"主导，政策并未达到预期效果，由于金融排斥，新型农村金融机构存在流动性与可持续性问题。周业安发现金融开放的市场化过程本身能够影响经济增长，因此评价农村金融市场开放效果的前提是，科学评价农村金融开放程度，回答农村金融开放程度是多少、开放不足还是开放过度、与最优开放程度的距离等问题。但是鲜见农村金融市场开放程度的研究。本章将运用基尼系数和区位熵方法构建农村金融开放度指数，进而对 2008—2013 年我国及30 个省（区、市）、东中西部三大区域和八大经济区域的农村金融市场开放程度进行测度。

26.2 文献综述

农村金融市场开放，是通过放松金融监管，让市场机制来决定金融资源的价格，并利用金融市场机制优化农村金融资源的配置，形成农村内部、城乡间、区域间相对统一的金融体系。农村金融市场开放是促进经济金融健康发展的众多解决方案中的一种，是通过引入新的机构和市场参与者改变现有市场结构，建立竞争性市场机制的方案。开放过程中需要注意开放速度、开放程度、开放顺序等问题。农村金融开放的最大化将是金融城乡一体化、金融区域一体化和金融全球化。

金融开放程度的测度，陈雨露等认为主要有两类度量方法：主观打分法和客观事实法。主观打分法采用二元法或 5 分法，进行主观的评分。Eichen-green 用 0 和 1 两个虚拟变量表示"完全开放"和"不开放"来表示，Quinn 用 0~4 分别表示完全封闭（0）至完全开放（4），以 0.5 为步长。黄金老将利率市场化程度等 8 个指标分为 5 个等级：极低、低、中、高、极高，其权重分别为 1、2、3、4、5 来度量金融开放。

客观事实法通常用 3 种指标体系来表示实际开放程度：国内储蓄率与国内投资率组合、利率的国内外差异以及金融服务业的开放。Feldstein 和 Horilka 以一国储蓄率和投资率之间的相关性来衡量实际金融开放度。李治国考察了我国区域间储蓄投资相关性以衡量区域间的金融分割。Edwards 和 Klan 用国内外利率差构建模型计算开放度值，当开放程度为 0 时，利率不受外国因素影响；当完全开放时，国内利率等于国际市场利率。Lane 和 Milesi Ferretti 以资本组合、直接投资和负债占 GDP 的比重来衡量金融开放。姜波克从资本规模角度测度金融开放水平，用直接投资总额、证券投资总额与 GDP 比重反映资本市场开放，用央行国上述方法从主观打分设计和市场结构变动给农村金融市场开放度测度提供了思路，但已有文献中的指标内容或计算公式并不完全适合。这是因为农村金融市场开放的主要措施是降低银行、保险、担保等金融机构的准入条件，增加农村金融机构数量和资金供给，通过改变市场结构、增加金融市场竞争程度，来提高金融资源配置的效率。

上述方法从主观打分设计和市场结构变动给农村金融市场开放度测度提供了思路，但已有文献中的指标内容或计算公式并不完全适合。这是因为农村金融市场开放的主要措施是降低银行、保险、担保等金融机构的准入条件，增加农村金融机构数量和资金供给，通过改变市场结构、增加金融市场竞争程度，来提高金融资源配置的效率。

产业组织理论对市场结构和产业聚集度的研究提供了新的思路和方法。通常，衡量市场竞争结构的方法有市场集中率、赫芬达尔指数、基尼系数、区位熵等。

市场集中率（Concentration ratio，CR）是指某一产业中规模最大的前 K 家企业累计的占有率的总和。其公式如下：

$$CR_n = \sum_{i=1}^{k} S_i \bigg/ \sum_{i=1}^{K} S_i \qquad (26-1)$$

其中，K 的典型估计值是 4、8 和 20。因此，四企业集中率（CR_4）是在衡量行业中四个最大企业的市场占有率之和。通常测量集中率用的是从业人数、资产总额、产量、产值、销售量、销售额等。

赫芬达尔-赫希曼指数（Herfindahl-HirschmanIndex，HHI）是衡量市场结构的主要指标，用于衡量市场竞争和垄断关系，是行业内所有企业市场份额 S_i 的平方和。其公式如下：

$$HHI = \sum_{i=1}^{K} S_i^2 = \sum_{i=1}^{K} \left(\frac{X_i}{X}\right)^2 \qquad (26-2)$$

赫芬达尔指数 HHI 对大企业所给的权重较大，对其市场份额也反映得比较充分。当某行业由独家企业垄断时，HHI 等于 1；当每个企业具有相同的份额时，HHI 等于 $1/k$，因此 HHI 在 $1/k \sim 1$ 之间变动。

基尼系数（Gini Coefficient）是计算收入分配公平程度的指标，其方法是等分布线（对角线）与洛仑兹曲线之间区域和对角线下方三角形面积的比率。用于市场结构衡量时，反映了某种子类型企业的市场份额占该产业市场份额的比重，其公式如下：

$$Gini = \sum_{i=1}^{n} X_i / \sum_{i=1}^{K} X_i \tag{26-3}$$

其中，分子为以市场份额排序后按百分比衡量的 n 家企业的市场份额之和；分母为该行业所有企业的市场份额总和

区位熵（Location Quotient，LQ）是比率的比率，是一个地区的市场结构与全国水平的市场结构之间的变动与差异，以此来评价该地区的市场化程度。其公式如下：

$$LQ_{ij} = \frac{L_{ij}/L_i}{L_j/L} \tag{26-4}$$

其中，L_{ij} 表示 i 地区 j 子产业的市场指标（销售额、从业人数、产值、资产总额等）；L_i 表示 i 地区该产业的市场指标总和（销售额、从业人数、产值、资产总额等）；L_j 表示全国范围子产业的市场指标（销售额、从业人数、产值、资产总额等）；L 表示全国该产业的市场指标总量（销售额、从业人数/产值、资产总额等）。

对比几种方法发现，市场集中率、赫芬达尔指数、基尼系数都是绝对指标，区位熵是相对指标，相同点是都依据一定的市场份额划分市场结构，市场集中率和赫芬达尔指数以企业的市场份额划分市场结构，基尼系数、区位熵以某个百分比水平划分市场结构。在衡量方法上，市场集中率、基尼系数、区位熵都用市场份额之和来衡量，只有赫芬达尔指数用市场份额平方和衡量。从全面性角度考虑，所选指标应当既包括反映该省水平的绝对指标，又包括能反映各省相对水平的相对指标；从可比性角度考虑，两类指标应当使用相同的计算方法使测度结果既能满足单个省的历史比较，又能满足不同省份的横向比较的分析需要。基尼系数和区位熵两种方法使用了相同的指标构建方法，能够满足全面性和可比性的分析要求，因此本章应用这两种方法分别构建农村金融开放度绝对指数和相对指数。

26.3 农村金融市场开放度测度

本章设计思路是用逐步开放新型农村金融机构准入引起的农村金融市场结构变化来设计指数以衡量农村金融市场开放的程度。

26.3.1 农村金融市场开放的指标

张金清提出，从金融开放参与者的市场准入、金融服务开放、实现途径三方面构建指标来衡量金融开放。本章借鉴这一思路将农村金融开放的指标确定为三个维度，即新型农村金融机构的覆盖面、新型农村金融机构的竞争能力、非正规金融机构的正规化程度。

维度1：新型农村金融机构的覆盖面。新型农村金融机构是获得准入的农村金融市场参与者，其覆盖面表示该地区内金融机构在多大程度得到覆盖。这是我国农村金融开放的重要目标。截至 2012 年年末，县域物理网点数量达到 11.3 万个，年均增长超过 1 000 个；乡镇新布设 ATM 机、POS 机等电子机具 231.7 万台，较 2007 年增长 29.5 倍；

在 40 万个行政村设置了助农取款服务点，小额取现转账电话覆盖 30.4 万个行政村。农村保险服务网点达到 2.2 万个。文中用新型农村金融机构的营业网点数目表示。

维度 2：新型农村金融机构的服务能力。服务能力体现了新型农村金融机构对中低收入农户和农村中小企业的资金需求满足程度，只有提供满足市场需要的服务，才能逐步争夺农村信用社的市场份额。衡量服务能力可以用投入和产出两类指标。新型农村金融机构的服务策略首先不是产出或盈利，而是开拓业务占领和巩固市场。投入类指标更好地反映出该机构的经营成本策略、服务意愿和服务能力，其中从业人员的数量决定了农村金融机构服务的广度和深度。因此选用投入类指标，用新型农村金融机构从业人数表示。

维度 3：非正规金融机构的正规化程度。农村非正规金融的兴起作为一种底层改革，对农村金融制度变迁有重要意义。但非正规的金融蕴含着金融系统性风险。农村金融市场开放，给了非正规金融正规化的市场机会，有利于化解金融风险、形成健康的农村金融市场。新型农村金融机构通过吸引民间资本建立并扩大规模，资产规模反映民间资本参与农村金融市场的行为及其程度。文中用新型农村金融机构的资产规模表示。

26.3.2　维度权重的确定方法

权重的确定方法有主观法和客观法两类，本章采用客观法中的变异系数法测算各个指标的权重。变异系数法是在用多个指标对一个问题进行综合评价时，如果一项指标的变异系数较大，则说明该指标在衡量该维度的差别方面具有较明显的信号，那么这个指标就应该赋予较大的权重，反之，则赋予较小的权重。公式如下：

$$W_i = \frac{CV_i}{\sum\limits_{i=1}^{n} CV_i} = \frac{S_i / \bar{X_i}}{\sum\limits_{i=1}^{n} S_i / \bar{X_i}} \tag{26-5}$$

其中，CV_i 代表各个指标的变异系数；$\bar{X_i}$ 代表各指标的平均值；S_i 代表各指标的标准差。

26.3.3　指数构建

分别运用基尼系数和区位熵方法，构建了农村金融开放度绝对指数和相对指数。绝对指数只反映本区域内的开放程度，无法进行横向比较。相对指标可以反映该区域与全国平均金融开放度的相对变化。公式分别如下：

$$AFO_J = \sum\limits_{i=1}^{n} W_i A_{ij} = \sum\limits_{i=1}^{n} W_i (O_{ij} / O_i) \tag{26-6}$$

$$AFO_X = \sum\limits_{i=1}^{n} W_i R_{ij} = \sum\limits_{i=1}^{n} W_i \left(\frac{O_{ij} / O_i}{G_i / G} \right) \tag{26-7}$$

其中，AFO_J、AFO_X 分别表示 j 省（区、市）的农村金融开放度绝对指数和相对度指数；i 为指标编号（$i=1, 2, 3$），W_i 为指标 i 的权重；A_{ij} 和 R_{ij} 为 j 地区新型农村金融开放各维度的值；O_{ij}/O_i 为 j 地区新型农村金融机构指标 i 值占 j 地区全部农村金融机构指标值的比重；G_i/G 表示全国范围新型农村金融业指标 i 值占全国范围农村金融机构 i 指标值的比重。

AFO_j 取值范围为 0~1 之间，为便于分析，借鉴美国司法部使用 HHI 指数时的做法，本章将其值乘上 10 000，这样 AFO 的取值范围为 0~10 000。由于新型农村金融市场份额较小，这种处理更加便于分析。

AFO_X 是一个相对值，当 AFO_X >1 时，表示该地区农村金融开放程度高于全国平均水平；当 AFO_X =1 时，表示该地区农村金融开放程度与全国平均水平相当；当 AFO_X <1 时，该地区农村金融开放程度低于全国平均水平。两个指标结合使用，就能准确测度农村金融市场的开放程度。

26.3.4 数据来源与样本描述

农村金融开放度的度量涉及新型农村金融机构和农村金融市场总体两类。农村金融市场（银行业）由大型金融机构、中小型农村金融机构和新型农村金融机构构成。大型金融机构包括中国农业银行三农金融事业部、中国邮政储蓄银行涉农信贷业务、国家开发银行涉农业务、中国农业发展银行等，中小型农村金融机构包括农村信用社、农村商业银行和农村合作银行，新型农村金融机构包括村镇银行、贷款公司、农村资金互助社和小额贷款公司。它们在进入市场的门槛条件上存在差异，中小、新型农村机构进入市场的壁垒较高，可能面临着较高的经营风险，而大型金融机构则没有进入壁垒，由于只是分支机构，所以经营风险不高。洪正认为，以国有金融资本主导农村金融实际上不可靠。小额贷款公司的发展呈现出城市化倾向，设立的主体以民营企业为主，设立的地区向大城市尤其是中心城区集中，而偏远落后地区则相对较少。因此本章的衡量范围将不包括大型金融机构和小额贷款公司。

各区域农村金融机构总体数据由该区域内农村信用社、农村商业银行、农村合作银行之和得到，全国农村金融总体数据由汇总各省总体的数据得到。本章所用的各个指标的数据来源于 2008—2013 年中国人民银行发布的《区域金融运行报告》。鉴于数据的缺失，去掉了西藏、台湾、香港和澳门的数据。由于吉林省 2013 年数据缺失，用 2012 年的数据进行了替换处理。样本描述如表 26-1 所示。

表 26-1 农村金融开放度指标的样本描述

指标名称（单位）	样本	平均值	标准差	变异系数	权重
营业网点数（个）	180	39.07	47.65	1.22	0.34
从业人员数（人）	180	694.17	793.35	1.14	0.31
资产规模（亿元）	180	90.78	112.92	1.24	0.35

26.4 我国农村金融市场开放度演化

26.4.1 中国农村金融开放度演化

运用式（26-6），计算出全国水平的农村金融开放度绝对指数（相对指数仅适合于各区域，不能计算全国水平）。结果如表26-2所示。

表26-2 中国农村金融开放度指数（2008—2013年）

年份	2008	2009	2010	2011	2012	2013	平均值
农村金融开放度指数	54	198	111	243	283	366	209

26.4.1.1 我国农村金融总体开放程度非常低，平均开放度209

2013年我国新型农村金融机构的市场份额仅有366，如图26-1所示。这说明新型农村金融机构市场份额很小，我国农村金融开放处于初期阶段。

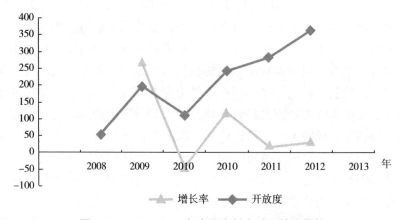

图26-1 2008-2013年中国农村金融开放度指数

26.4.1.2 农村金融开放速度加快

2008—2013年我国农村金融市场开放程度年均增长速度为62.4%，2010年出现了小幅调整，其原因是银监会的农村金融开放政策执行未达到预期目标。2011年以来我国出台了一系列重要政策以加大农村金融开放力度，例如，2011年银监会放松了村镇银行的准入条件，加速了农村金融市场开放，农村金融市场的竞争态势逐步加强。

26.4.1.3 农村金融市场开放提高了农村金融市场活力

市场开放不仅发挥了"鲶鱼效应"，提高了市场效率，还共同做大了"蛋糕"，扩大了农村金融的总体规模。一方面，新型农村金融机构为了巩固市场份额，积极提高服务水平和经营效率；另一方面，总体规模扩大，农村金融整体资产规模由2006年的4.18万亿元增长到2013年年末的20.67万亿元。

26.4.2 省际农村金融市场开放度演化

表 26-3 显示了 2008—2013 年我国 30 个省（区、市）的农村金融市场开放度。通过分析各省农村金融市场开放度绝对指数发现：第一，各省份的农村金融开放程度普通较低，历史最高值仅 976，2008 年 6 个省（区）农村金融开放度低于 10，几乎没有新的参与者进入农村金融市场，2013 年仍有青海等 4 个省区的农村金融开放度低于 200，陕西省、福建省、河北省农村金融开放度平均水平低于 100。第二，开放程度增速快，省际差距增大。2013 年天津、辽宁、浙江、内蒙古、宁夏、广西 6 个省（市、自治区）的开放度指数超过 500，新疆等 7 省（区）的开放度指数超过 400。

表 26-3 30 个省的农村金融开放度绝对指数（2008—2013 年）

省份	2008年	2009年	2010年	2011年	2012年	2013年	平均值	省份	2008年	2009年	2010年	2011年	2012年	2013年	平均值
北京	13	129	121	216	562	383	237	河南	6	131	54	183	328	463	194
天津	27	343	128	179	320	522	253	湖北	39	63	87	202	275	329	166
河北	4	237	17	57	74	167	93	湖南	14	47	75	268	208	249	144
山西	172	285	32	111	144	231	163	广东	3	172	49	97	171	201	116
内蒙古	132	976	222	384	588	655	493	广西	9	81	94	192	370	565	219
辽宁	15	25	290	387	496	694	318	海南	183	287	150	287	287	323	205
吉林	41	258	182	270	417	315	247	重庆	57	57	117	257	361	481	221
黑龙江	10	34	110	203	267	290	152	四川	18	80	116	203	260	323	167
上海	186	502	193	167	208	424	280	贵州	22	217	56	114	199	338	158
江苏	65	264	103	198	320	431	230	云南	25	438	88	124	212	291	196
浙江	149	301	146	285	375	504	293	陕西	24	182	42	41	60	82	72
安徽	41	318	110	918	303	426	353	甘肃	0	174	128	156	154	231	151
福建	26	44	52	74	120	175	82	青海	101	186	114	164	117	103	131
江西	7	83	87	192	348	425	190	宁夏	72	87	199	435	483	587	310
山东	11	82	94	102	204	285	130	新疆	90	152	80	820	268	492	317

然而，2010 年以后，开放度省际分布曲线由集中变得分散，差距在拉大，如图 26-2 所示。

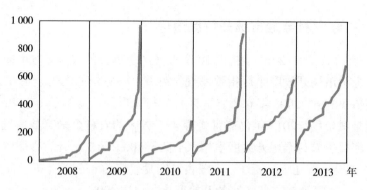

图 26-2 230 个省 2008—2013 年农村金融开放度分布

表 26-4 显示了 30 个省（市、自治区）的农村金融市场开放度相对指数。按照 AFO X 大于 1.1、0.9~1.1、0.65~0.9、小于 0.65 分为四组，代表开放程度高、中高、中低、低。分析发现存在着开放程度省际不平衡的现象。一方面开放程度上不平衡，2013 年开放程度"高"省平均相对开放 1.55，而开放度"低"省平均相对开放度仅 0.43。另一方面，开放分布不平衡，两极分化严重。中高、中低两组的省份数少于高和低两组的省份数。

26.4.3 三大区域的农村金融开放度演化

表 26-5 显示了三大区域的农村金融市场开放。首先，三大区域的农村金融开放度总体水平逐年提高，2013 年三大区域之间开放度已经非常接近。其次，呈现出东部、西部高，中部低的"U"形特征。西部地区增长最快。由于西部地区受到农村金融政策的倾斜和扶持力度最大，新型农村金融机构参与积极，2013 年除陕西、四川、贵州、甘肃、广西 5 省（区）略低于全国水平，其他均高于全国水平。中部地区仅山西和河南高于全国平均水平，其余 4 省的农村金融开放度均低于全国水平。如图 26-3a 和图 26-3b 所示。

表 26-4 30 个省（区、市）农村金融市场开放度相对指数分组表（括号内为组内平均值）

年份	高（>1.1）	中高（0.9~1.1）	中低（0.65~0.9）	低（<0.65）
2008	上海、海南、山西、浙江、内蒙古、青海、新疆、宁夏、江苏、甘肃、重庆（3.03）	吉林、安徽、湖北（1.07）	天津、福建、云南、陕西（0.68）	贵州、四川、辽宁、湖南、北京、山东、黑龙江、广西、江西、河南、河北、广东（0.29）
2009	内蒙古、上海、云南、天津、安徽、浙江、山西、江苏、吉林、河北、贵州、海南（1.95）	青海、陕西（0.96）	甘肃、广东、河南、新疆、北京（0.79）	宁夏、四川、江西、广西、山东、湖北、重庆、湖南、福建、黑龙江、辽宁（0.31）

续表

年份	高 (>1.1)	中高 (0.9~1.1)	中低 (0.65~0.9)	低 (<0.65)
2010	辽宁、内蒙古、上海、宁夏、吉林、海南、浙江、北京、甘肃、重庆、青海、四川、天津、江苏、黑龙江、安徽 (1.79)	广西、湖北、云南、江西 (0.96)	山东、新疆、湖南 (0.81)	贵州、河南、福建、广东、陕西、山西、河北 (0.45)
2011	安徽、新疆、宁夏、辽宁、内蒙古、海南、浙江、湖南、吉林 (2.07)	重庆、黑龙江、四川、湖北、江苏、北京 (0.95)	上海、江西、广西、河南、天津、甘肃、青海 (0.80)	云南、山西、贵州、山东、广东、福建、河北、陕西 (0.40)
2012	北京、内蒙古、宁夏、辽宁、吉林、广西、浙江、重庆、江西、江苏、河南、安徽、海南、天津 (1.54)	湖北、黑龙江、四川、新疆、上海 (1.03)	云南、山东、湖南、贵州、广东 (0.76)	甘肃、山西、青海、福建、河北、陕西 (0.42)
2013	辽宁、内蒙古、宁夏、广西、天津、浙江、新疆、河南、重庆、安徽、江苏、江西、上海、吉林 (1.55)	北京、四川、湖北、贵州、海南、黑龙江、山东 (0.99)	云南、湖南、山西、甘肃 (0.78)	广东、河北、福建、青海、陕西 (0.43)

表 26-5　2008—2013 年东部、中部、西部地区的农村金融市场开放度

指数	区域	2008 年	2009 年	2010 年	2011 年	2012 年	2013 年
开放度绝对指数	东部	57	184	126	194	294	363
	中部	47	154	74	313	267	354
	西部	56	239	114	263	279	377
开放度相对指数	东部	1.49	0.94	1.32	0.88	1.16	1.12
	中部	1.22	0.83	0.77	1.44	1.03	1.10
	西部	1.46	1.25	1.19	1.19	1.08	1.16

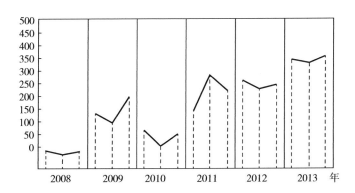

图 26-3a　东部、中部、西部的农村金融开放度

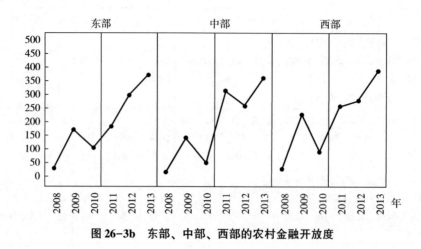

图 26-3b　东部、中部、西部的农村金融开放度

26.4.4　八大经济区域的农村金融开放度演化

表 26-6 显示八大经济区域的农村金融开放度。进一步对八大经济区域进行分析：第一，八大经济区域的农村金融开放度差异非常大。黄河中游地区和东部沿海地区的平均开放度最高，南部沿海地区的农村金融开放度最低，黄河中游地区的开放度比南部沿海地区高出一倍。第二，八大区域农村金融开放度提升速度非常快。2008 年北部沿海、东北地区、长江中游、西南地区开放度指数分别为 14、22、25、26，2013 年分别达到 339、433、357、399，增长了 15~24 倍。第三，2012 年长江中游和西北地区出现了回落但随后继续增长，反映出这两个区域内农村金融市场可能存在激烈的博弈。如图 26-4a 和图 26-4b 所示。

表 26-6　2008—2013 年八大经济区域农村金融开放度

指数	经济区域	2008 年	2009 年	2010 年	2011 年	2012 年	2013 年	平均值
	黄河中游地区	103	464	103	226	353	450	283
	东部沿海地区	133	356	147	217	301	453	268
	东北地区	22	105	194	287	393	433	239
开放度 绝对指数	长江中游地区	25	128	90	395	283	357	213
	大西北地区	70	156	113	323	217	299	196
	西南地区	26	175	94	178	281	399	192
	北部沿海地区	14	198	90	139	290	339	178
	南部沿海地区	71	72	84	153	193	233	134

续表

指数	经济区域	2008年	2009年	2010年	2011年	2012年	2013年	平均值
开放度 相对指数	东部沿海地区	3.51	1.82	1.54	1.02	1.22	1.37	1.75
	黄河中游地区	2.71	2.5	1.08	1.02	1.37	1.41	1.68
	东北地区	0.59	0.55	2.03	1.29	1.45	1.43	1.22
	大西北地区	1.83	0.81	1.16	1.47	0.83	0.93	1.17
	长江中游地区	0.67	0.67	0.93	1.83	1.09	1.11	1.05
	西南地区	0.69	0.9	1	0.79	1.09	1.21	0.95
	南部沿海地区	1.85	0.38	0.95	0.7	0.76	0.7	0.89
	北部沿海地区	0.37	1.01	0.88	0.61	1.19	1.03	0.85

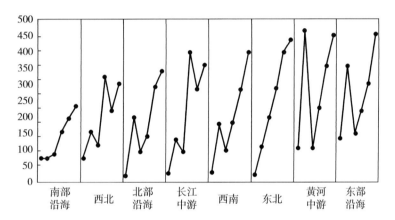

图 26-4a 八大经济区域农村金融开放度

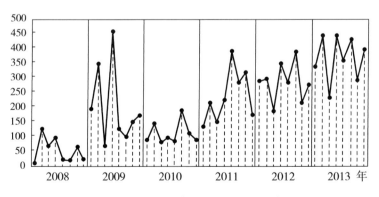

图 26-4b 八大经济区域农村金融开放度

26.5　结论与政策启示

26.5.1　结论

本章从新型农村金融机构引起农村金融市场结构变化的视角，运用基尼系数和区位熵构建指标，从新型农村金融机构的覆盖面、服务能力和非正规金融机构正规化程度等三个维度衡量农村金融市场开放程度，构建了开放度绝对指数和相对指数，分别衡量区域内开放度水平及与上一级区域的相对水平。

基于2008—2013年的省际数据，分别测度了全国及30个省份、东中西部三大区域和八大经济区域的农村金融开放程度。分析发现：第一，我国农村金融市场开放总体程度水平非常低，农村金融开放处于初期阶段。第二，各省农村金融开放程度普遍较低，省际差距在拉大。2013年天津、辽宁、浙江、内蒙古、宁夏、广西6个省（区、市）开放度指数均超过了500，新疆等7省（区）开放度指数超过400，但陕西、福建、河北三省农村金融开放度平均水平低于100。第三，从东、中、西三大区域看，西部农村金融开放度最高、东部次之、中部最低，呈"U"形特征，但开放程度差异并不显著。第四，八大经济区域开放度差异大，提升速度快。

26.5.2　政策启示

26.5.2.1　加快推动农村金融市场开放，缩小农村金融开放的区域差异

第一，扩大村镇银行的准入，对于设立村镇银行超过一定数量的发起行或投资人，给予一定的政策支持或奖励。鼓励在中西部地区、老少边穷地区、农业主产区和小微企业聚集地区设立村镇银行，扩大村镇银行的覆盖面。第二，推动农村资金互助社的发展，鼓励管理民主、运行规范、带动力强的当地专业合作社或龙头公司等新型农村经济组织与农村资金互助社合作发展。第三，推动农村金融租赁公司、信托公司、理财公司等非银行金融机构发展，鼓励开展大型农机具融资租赁等多元化金融服务支持农业现代化发展。大力发展农村汽车金融公司、农村消费金融公司等，为农村居民提供适合的消费金融服务，激发农村地区消费潜力。第四，构建动态的农村金融区域协调发展机制。逐步将发展重心向经济落后区域转移，从动态上给予各地区平等的农村金融开放条件。加强区域政策协调，建立开放度高的区域向开放度低的区域的反哺机制。实施有区域针对性的金融政策和金融调控机制。

26.5.2.2　农村金融开放的同时，继续深化农村金融体制改革

第一，在保持县域法人地位不变的前提下，推进农村信用社产权制度和组织形式改革，实施市场化、企业化改革，提高治理水平和经营管理水平，发挥支农服务主力军作用。第二，推动大型涉农金融机构的改革。深化中国农业银行"三农金融事业部"改革，尽快实现营业网点覆盖全部县域支行，加大"三农"信贷投放和资源配置力度优化。邮政储蓄银行提升县以下机构网点功能，稳步发展小额涉农贷款业务，促进农村资

金回流。完善农业发展银行改革方案，科学定位、强化职能，创新服务，加大对农业开发和水利、贫困地区公路等农业农村基础设施建设的贷款力度。

26.5.2.3　完善农村金融市场良性运转的制度基础

第一，健全农村金融监管体系。针对农业和农村中小企业贷款以及农村新型金融机构的特点，探索建立差异化的监管技术和制度。第二，完善金融机构评级体系、审计监督机制、支付体系、流动性保障机制、信息披露机制，创造有利于农村金融机构进入国内外货币和资本市场的机制，如创造投资基金发行、债券发行、资产证券化等。第三，适时推出存款保险制度，完善市场退出机制。由于新型农村金融机构资本规模小、抗风险能力差，存款保险制度可以增强存款人的信心，减少因金融机构倒闭引发的存款挤兑风险。第四，为新型农村金融机构的健康成长提供良好的孵化条件。借鉴对高新企业孵化的经验，设立新型农村金融机构孵化机构，为新型农村金融机构发展提供资金和条件，承担其部分或全部组建成本和开办费用。培育农村或涉农融资担保机构和再担保机构，发展涉农融资担保业务，完善农村金融风险分担机制。提供新型农村金融机构微型金融技术支持和业务培训，使其掌握向小微企业和农民发放贷款的技术，提高市场适应力和竞争力。

26.5.2.4　创新农村金融产品和服务方式

第一，发展农业产业链金融，建立农产品订单—保单—信贷的联动机制，大力推广农村微贷技术，普及应用现代金融工具，增强金融产品契合度。第二，加快推动农业保险发展。推广保障适度、保费低廉、保单通俗的农业保险产品，大力发展农房、农机具、渔业、设施农业保险，巩固种养殖业保险，扩大重要"菜篮子"产品保险覆盖面，创新发展价格指数、天气指数、小额信贷保证保险等新型险种。第三，开展抵质押担保创新。增加林权抵押贷款规模，探索农村土地承包经营权和农民住房财产权抵押贷款有效的模式，开展以大型农业机械设备、运输工具、林木所有权、林地使用权、水域滩涂养殖权、承包土地收益权、农产品订单、知识产权等为标的的新型抵质押担保方式。第四，利用互联网金融普惠性和跨地域性的优势，推动农村金融与城市金融的融合。加大农村地区ATM、自动存取款机、POS机、多媒体自助查询机等金融自助服务机具的覆盖，方便村民利用计算机、电话、手机等网络通信终端在线自助办理金融服务，逐步推广基于互联网金融的支付转账、小额信贷、消费信贷、投资理财等金融产品。

27　农村金融市场开放对农业经济增长的影响及其分解研究

——基于空间 Durbin 面板模型的实证分析

27.1　引言与文献综述

农村金融市场开放，可通过设立新型农村金融机构，吸引民间资本进入农村金融领域，打破农村金融市场的垄断，由市场机制实现农村金融资源的最优配置。

农村金融市场开放对农业经济增长的影响一直是国内外研究的热点问题。Jayaratne 等认为放开银行分支机构设立限制、增加营业网点数量，会使银行竞争加剧、银行贷款质量提高，从而促进经济增长。Dehejia 等运用美国银行业 1900—1940 年的数据研究发现，银行分支机构扩张加快了农业机械化的进程。Burgess 等认为 1977—1990 年印度农村银行分支机构的扩张显著降低了农村贫困程度，增加了非农产出。梁静雅等分析了新型农村金融机构的特征，认为农村金融市场开放没有达到预期效果。洪正认为由商业银行组建的村镇银行和贷款公司难以长期持续经营，而农村资金互助社与专业合作社或龙头公司联合发展可显著改善农村融资状况。丁志国等认为增加金融机构贷款网点比例和机构数量对缩小城乡收入差距具有显著作用，而依靠政策引导金融机构扩大涉农贷款比例和扩大贷款覆盖面收效甚微。

已有研究文献分析了金融市场开放、金融机构扩张对经济增长的作用，但专门探讨农村金融市场引入新型金融机构对农业经济增长影响的研究还比较少。此外，已有文献未将空间因素纳入分析框架。本章首先建立一个农村金融市场开放对农业经济增长影响的基本模型，然后选取 2004—2013 年的省际面板数据，运用空间 Durbin 面板模型进行实证分析，把影响分解为直接影响、间接影响和总影响，全面分析农村金融市场开放对农业经济增长的作用机制。

27.2　农村金融市场开放对农业经济增长影响的理论分析

本研究参考张小波等的观点，建立农业经济增长的柯布-道格拉斯生产函数如下：

$$y = f(K, L, I) = T \cdot K^{\alpha} L^{1-\alpha} + I \cdot K \tag{27-1}$$

其中，I 表示知识禀赋，$I>0$；T 是技术水平，$T>0$；$0<\alpha<1$。$T \cdot K^{\alpha} L^{1-\alpha}$ 是满足新古典的生产函数，满足资本报酬递减。农村金融市场开放从金融结构、金融效率、金融功能和金融服务四个方面对资本积累和技术进步产生作用，进而影响农业经济增长。金融结构的变动将提高市场的竞争程度，进而提高金融效率、改善金融功能。结构健全、功能完善的金融体系能够有效促进资本积累和技术进步，进而促进产出增长；相反，受到

金融体系发展水平及效率的影响，资本积累、技术创新也可能在一定程度上受到限制，从而影响产出水平。

将农村金融市场开放引入生产函数，表达式如下：

$$Y = f(K, L, I) = T(AFO, X) \cdot K^{\alpha}L^{1-\alpha} + I(AFO, Z) \cdot K \qquad (27-2)$$

其中，农村金融市场开放 AFO 及变量 X 是技术水平 T 的函数，同时农村金融市场开放及变量 Z 是知识禀赋 I 的函数。设 L=1，对式（27-2）关于 AFO 求偏导，得到式（27-3）：

$$\frac{\partial y}{\partial AFO} = \frac{\partial T(AFO, X) \cdot K^{\alpha}}{\partial AFO} + \frac{\partial I(AFO, Z) \cdot K}{\partial AFO} \qquad (27-3)$$

其中，$y=Y/L$，$k=K/L$。等式右边第一项表明金融市场开放通过提高投资转化储蓄的效率，促进资本积累，推动农业经济增长；第二项表明金融市场开放过程通过促进技术、管理、知识、信息等要素的吸收与提高，提升创新水平，增加知识禀赋，从而推动农业经济增长。根据空间经济学观点，这一作用机制也是本地变量直接影响和区域外变量间接影响的共同结果（见图 27-1）。

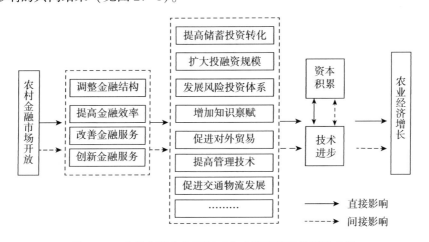

图 27-1 农村金融市场开放对农业经济增长的影响机制

27.3 模型、变量与数据说明

27.3.1 模型设定

为了表述与实证的方便，我们把式（27-3）重新表述为以下形式：

$$InY_{it} = \alpha_t + \beta_1 AFO_{it} + \beta_2 InZ_{it} + \mu_{it} \qquad (27-4)$$

其中，Y 表示农业经济增长；AFO 表示农村金融市场开放程度；Z 为控制变量集合，下标 i 表示地区，下标 t 表示年份；β_1 表示农村金融市场开放的影响方向和程度，β_2 表示各控制变量的影响方向和程度；α_t 为截距，μ_{it} 为随机扰动项。

27.3.2　变量选择与数据说明

本章采用中国分省数据，样本包含大陆 30 个省（自治区、直辖市），不考虑西藏及港、澳、台地区。样本的时期跨度为 2004—2013 年。

27.3.2.1　被解释变量为农业经济增长（Y）

本章选择人均第一产业增加值作为被解释变量来反映农业经济增长，人均水平采用各省年末乡村人口数；数据来源于 2005—2014 年《中国统计年鉴》。

27.3.2.2　解释变量为农村金融市场开放程度（AFO）

中国农村金融市场开放是通过降低金融机构的准入条件，增加农村金融机构数量和资金供给，改变金融市场结构，提高金融市场竞争程度，进而提高金融资源配置的效率。因此，从新进入参与者引起农村金融市场变化的角度能够较准确地度量农村金融市场开放的程度。新进入的农村金融机构所占市场份额越大，说明市场开放程度越高。本章从新进入的农村金融机构的业务覆盖面份额、服务能力份额、非正规金融机构正规化程度等三个方面来衡量农村金融市场开放的程度。

新进入的农村金融机构业务覆盖面份额用新进入农村金融机构营业网点数占农村金融机构营业网点总数的比重表示。新进入的农村金融机构的服务能力份额用新进入的农村金融机构从业人数占农村金融机构从业总人数的比重表示。非正规金融机构的正规化程度用新进入农村金融机构的资产规模占农村金融机构总资产规模的比重表示。

各个指标的权重 w_i 采用变异系数法计算，最后运用式（27-5）计算农村金融市场开放指数。

$$AFO_j = \sum_{i=1}^{n} w_i A_{ij} \qquad (27-5)$$

其中，AFO_j 表示 j 省（自治区、直辖市）的农村金融市场开放指数，i 为 3 个指标编号（$i=1，2，3$）；w_i 为指标 i 的权重；A_{ij} 为 j 地区农村金融市场开放各指标的值。AFO_j 取值范围为 0~1。为便于分析，将其值乘上 10000，这样 AFO_j 的取值范围为 0~10000。由于目前新进入农村金融机构市场份额较小，这种处理更便于分析。

2008—2013 年各省（自治区、直辖市）农村金融市场开放指数如表 27-1 所示。由于 2006 年年底我国开始开放农村金融市场，2007 年获批筹建并建立的新机构极少，因而将 2004—2007 年各省（自治区、直辖市）的农村金融市场开放指数设置为 0。本部分数据来源于 2008—2013 年中国人民银行发布的《区域金融运行报告》。

表 27-1　30 个省（自治区、直辖市）的农村金融市场开放指数（2008—2013 年）

省份	2008 年	2009 年	2010 年	2011 年	2012 年	2013 年	省份	2008 年	2009 年	2010 年	2011 年	2012 年
北京	13	129	121	216	562	383	河南	6	131	54	183	328
天津	27	343	128	179	320	522	湖北	39	63	87	202	275
河北	4	237	17	57	74	167	湖南	14	47	75	268	208

省份	2008 年	2009 年	2010 年	2011 年	2012 年	2013 年	省份	2008 年	2009 年	2010 年	2011 年	2012 年
山西	172	285	32	111	144	231	广东	3	172	49	97	171
内蒙古	132	976	222	384	588	655	广西	9	81	94	192	370
辽宁	15	25	290	387	496	694	海南	183	287	150	287	287
吉林	41	258	182	270	417	315	重庆	57	57	117	257	361
黑龙江	10	34	110	203	267	290	四川	18	80	116	203	260
上海	186	502	193	167	208	424	贵州	22	217	56	114	199
江苏	65	264	103	198	320	431	云南	25	438	88	124	212
浙江	149	301	146	285	375	504	陕西	24	182	42	41	60
安徽	41	318	110	918	303	426	甘肃	60	174	128	156	154
福建	26	44	52	74	120	175	青海	101	186	114	164	117
江西	7	83	87	192	348	425	宁夏	72	87	199	435	483
山东	11	82	94	102	204	285	新疆	90	152	80	820	268

27.3.2.3 控制变量

为了控制其他变量对农业经济增长的影响，本章选择农业资本积累、农业劳动力、技术创新及农产品贸易作为控制变量。数据来源于《中国统计年鉴》和国家统计局网站。

变量说明与描述如表 27-2 所示。为了消除多重共线性问题，文中对 AFO 以外的变量取自然对数，并用 CPI 进行了数据平减。

表 27-2 变量说明与描述性统计

变量	变量名	变量说明	均值	标准差	最小值	最大值
农业经济增长	Y	第一产业增加值/乡村人口	8.471728	0.527702	7.072433	9.764016
农村金融开放	AFO	农村金融市场开放指数	125.586700	170.844100	0	976
农业资本积累	Invest	农林牧渔全社会固定资产投资总额值	4.793841	1.125224	1.642165	6.948442
农业劳动力	Labor	乡村从业人员数	7.079476	0.993293	5.143942	8.510700
技术创新	Inno	技术市场成交额	3.350395	1.691067	-1.703790	7.923211
农产品贸易	Trade	按境内目的地和货源地进出口总额	5.432789	1.634030	1.581267	9.433835

27.4 农村金融市场开放对农业经济增长影响的实证检验

27.4.1 空间相关性检验

检验局部地区是否存在空间相关性与空间异质性一般用局部 Moran 指数或 Moran 散

点图。本章用邻接矩阵来构建空间权重矩阵 w_{ij}。若地区 i 和地区 j 边界相邻，w_{ij} 值为 1；否则为 0。由于海南省与各省地理上不相邻，但与广东省最近，经济关联最密切，因而将海南省与广东省空间权重设为 1。

通过对各省（自治区、直辖市）被解释变量的 Moran 散点图分析可知，大多数省（自治区、直辖市）处于第 I、III 象限，表明我国省际农业经济增长存在空间相关性和空间异质性。

27.4.2 空间 Durbin 模型

LeSage 等认为空间 Durbin 模型同时加入空间滞后项和空间相关项，不仅可以衡量本地区解释变量对该地区的影响，而且可以通过权重矩阵与解释变量乘积来衡量相邻地区解释变量对该地区的影响，即空间溢出效应，其公式如下：

$$y_{it} = \delta \sum_{j=1}^{n} w_{ij} y_{ij} + \beta \cdot x_{it} + \sum_{j=1}^{n} w_{ij} x_{ij} \theta + \mu_i + \gamma_t + \varepsilon_{it} \qquad (27-6)$$

其中，下标 i、j 表示地区，t 表示年份；y_{it} 为被解释变量，即农业经济增长；δ 为空间回归系数，w 为空间权重矩阵，$\sum_{j=1}^{n} w_{ij} x_{ij}$ 为空间滞后变量；x 为解释变量，β 是 x 的参数值；θ 反映相邻地区的解释变量对于被解释变量的影响方向和程度；μ_i 和 γ_t 分别代表地区和时间效应，ε_{it} 为随机扰动项。当 $\theta = 0$ 时，空间 Durbin 模型退化为空间滞后模型；当 $\theta + \delta\beta = 0$ 时，空间 Durbin 模型退化为空间误差模型。

27.4.3 直接影响和间接影响的分解

LeSage 等（2009）指出，由于引入了空间变量，模型中自变量矩阵 WX 的系数 θ 并不代表真实的偏回归系数，得到的结论是有误的。他提出将解释变量对被解释变量的影响按照来源分解为直接影响和间接影响。直接影响说明解释变量对本地因变量的影响；间接影响说明解释变量对其他地区因变量的影响。将前文的空间 Durbin 模型重新写为：

$$y = (I - \delta W)^{-1} \alpha + (I - \delta W)^{-1} (X\beta + wX\theta) + (I - \delta W)^{-1} \gamma + (I - \delta W)^{-1} \varepsilon \quad (27-7)$$

求 y 关于第 1 到 N 个地区的解释变量 X 中第 k 个变量的偏导数为：

$$\left[\frac{\partial y}{\partial X_{it}} \cdots \frac{\partial y}{\partial X_{Nk}} \right] = \begin{bmatrix} \dfrac{\partial y_1}{\partial X_{2k}} & \cdots & \dfrac{\partial y_1}{\partial X_{Nk}} \\ \vdots & \vdots & \vdots \\ \dfrac{\partial y_N}{\partial X_{1k}} & \cdots & \dfrac{\partial y_N}{\partial X_{Nk}} \end{bmatrix} = (I - \delta W)^{-1} \begin{bmatrix} \beta_k & w_{12}\theta_k & \cdots & w_{1N}\theta_k \\ w_{21}\theta_k & \beta_k & \cdots & w_{2N}\theta_k \\ \vdots & \vdots & \vdots & \vdots \\ w_{N1}\theta_k & w_{N1}\theta_k & \cdots & \beta_k \end{bmatrix} \quad (27-8)$$

其中，LeSage 等将直接影响定义为等式最右边矩阵对角线元素值和的平均值，将间接影响定义为非对角线元素所有行和列元素的和的平均值，并提出用最大似然估计得到的方差-协方差矩阵模拟直接影响和间接影响的分布。

27.4.4 实证结果分析

由于对计量模型的选择和估计结果关系到影响分解的准确性,本章构建模型 (1) ~ (6) 分别仅考虑农村金融开放、农业资本、农业劳动、技术创新和农产品贸易的空间滞后项,发现只有包括农业劳动空间滞后项的模型 (3) 和包括技术创新空间滞后项的模型 (4) 以及同时考虑农业劳动和技术创新空间滞后项的模型 (6) 参数显著。因此,空间 Durbin 模型选择模型 (3)、模型 (4)、模型 (6)。

首先,Hausman 检验表明,模型 (3)、模型 (4) 选择固定效应模型;模型 (6) 值为负值,可以认为拒绝原假设,应选择固定效应模型。然后,利用自然对数似然 (Log likelihood) 和 Wald 检验在不同模型中进行选择。此外,对解释变量空间滞后项系数是否显著进行 F 检验。根据空间变量滞后项系数 ρ 和 σ 的值计算 ρ/σ,发现模型 (3)、模型 (6) 值显著为正,模型 (4) 显著为负,进一步表明省际农业经济增长之间存在显著的空间依赖性。

从表 27-3 模型估计结果可以看出,农业经济增长不仅受到本省解释变量的影响,还受到其他地区解释变量的影响。

运用最大似然空间 Durbin 模型对模型 (3)、模型 (4)、模型 (6) 进行效应分解的测算,表 27-4 报告了直接影响、间接影响和总影响的估计量。正如 LeSage 等指出的,表 27-4 的参数估计是有偏的,而表 27-4 中的估计值是可靠的。

表 27-3 空间 Durbin 模型估计结果 (2004—2013 年)

模型	(1)	(2)	(3)	(4)	(5)	(6)
AFO	0.0005639***	0.0006278***	0.0005455***	0.000588***	0.000616***	0.000523***
Invest	0.3127137***	0.3124085***	0.3364889***	0.310646***	0.321963***	0.326392***
Labor	−0.2547743***	−0.2596951***	−0.2540056***	−0.25061***	−0.25772***	−0.24779***
Inno	−0.0609740***	−0.0627559***	−0.0635913***	−0.06518***	−0.05701***	−0.06645***
Trade	0.1663537***	0.1724944***	0.1608746***	0.173382***	0.163289*	0.165278***
W_AFO	0.0000767					
W_Invest		0.0047878				
W_Labor			0.0279692***			−0.02389***
W_Inno				0.018536***		0.01513*
W_Trade					0.003876	
Hausman	7.17***	15.69***	14.73***	16.67***	15.16***	−4.49
F 检验	117.8285***	121.3625***	121.8606***	128.2562***	120.8691***	109.8596***
LogL	−65.5902	−66.7519	−57.3755	−58.9614	−66.6996	−51.8991
R²	0.7070	0.7131	0.7139	0.7242	0.7122	0.7248
ρ/σ	−0.002421769	0.00675162	0.081367157	−0.02237	−0.00612	0.049479

模型	(1)	(2)	(3)	(4)	(5)	(6)
Wald 检验	706. 9712	728. 1751	731. 1636	769. 5372	725. 2149	769. 0169

注：*、**、***分别表示 10%、5%、1%的显著性水平。

表 27-4　农业经济增长各变量的影响分解（2004—2013 年）

解释变量	模型	直接影响	间接影响	总影响
AFO	模型（3）	0. 0005***	0. 0001***	0. 0005***
	模型（4）	0. 0006***	0. 0000***	0. 0006****
	模型（6）	0. 0005***	0. 0000***	0. 0005***
Invest	模型（3）	0. 3008***	0. 0348***	0. 3356***
	模型（4）	0. 3199***	−0. 0094***	0. 3106*
	模型（6）	0. 3059***	0. 0202***	0. 3261***
Labor	模型（3）	−0. 2271***	−0. 0263***	−0. 2534***
	模型（4）	−0. 2431***	−0. 0075***	−0. 2506***
	模型（6）	−0. 2322***	−0. 0154***	−0. 2476
Inno	模型（3）	−0. 0568***	−0. 0066***	−0. 0634**
	模型（4）	−0. 0671***	0. 0020***	−0. 0652***
	模型（6）	−0. 0623**	−0. 0041***	−0. 0664**
Trade	模型（3）	0. 1438***	0. 0166***	0. 1605***
	模型（4）	0. 1681***	0. 0052***	0. 1733**
	模型（6）	0. 1549***	0. 0102	0. 1651***

1. 农村金融市场开放对农业经济增长的影响分析，3 个模型中农村金融市场开放对农业经济增长的总影响均显著为正，直接影响均显著为正并且其值相差不大，表明农村金融市场开放对本区域农业经济增长存在正向影响。农村金融市场开放的间接影响均为非负值，且都通过显著性检验，但 3 个值均远小于其对应的直接影响，表明尽管农村金融市场开放对其他区域存在着正向空间溢出效应，但远小于其对本区域的作用。

农村金融市场开放的间接影响值不高，可能是由于样本期内农村金融市场的开放度还较低，金融机构数量、规模和运行效率无法满足正常的金融需求，金融体系的功能未能有效发挥，阻碍了金融资源在本区域和区域间农业领域流动，甚至导致金融资源从农业领域流向非农业领域。农村金融市场开放是转变农业经济增长方式的重要契机。一方面，我们可以利用金融制度变革带来的制度红利促进本地农业经济增长；另一方面，农村金融市场的开放能够提高农村与外部经济的关联度和依存度，利用农村金融市场开放的间接影响，可以有效缩小与外部经济的差距。

2. 控制变量对农业经济增长的影响分析，首先分析农业资本投入的影响。从 3 个模型的结果看，农业资本投入的总影响均显著为正，这符合前文模型的分析，说明农村金融市场开放对扩大资本投入规模、提高资本投入效率具有重要意义，进而有利于农业经济增长。3 个模型中农业资本投入均存在显著的正的直接影响，并且其值是所有解释变量中最大的，表明本区域农业经济增长主要依赖于农业资本投入的拉动。农业资本投入的间接影响值均显著且远小于其对应的直接影响，但模型（3）、模型（6）报告的结果为正向，模型（4）为负向，不能确定农业投入的间接影响的方向。

其次，分析农业劳动的影响。3 个模型中农业劳动均存在显著负向总影响和直接影响，同时存在显著的负的间接影响，说明农业劳动力过剩是我国农业经济发展中面临的重要问题，增加劳动力数量不仅不能拉动本区域农业经济增长，而且还会对其他区域造成不良影响，所以必须转变农业发展方式，才能促进农业经济增长。

再次，分析技术创新的影响。3 个模型中技术创新均显示负向影响，对本区域的直接影响为负，模型（3）、模型（6）报告的间接影响为负值，而模型（4）报告的间接影响为正值。这可能是由于农村金融市场不完善，不能有效提供技术创新需要的投资并分散投资风险，从而导致技术创新无法对农业经济增长发挥应有的作用。

最后，分析农产品贸易的影响。3 个模型中农产品贸易均存在显著的正向总影响，直接影响和间接影响也都是正值，这表明贸易对于拉动区域内农业经济增长意义重大，农产品贸易能够促进农业生产的现代化、标准化和规范化，进而提高农业经济增长的质量。

3 个模型报告的控制变量的间接影响值均远小于对应的直接影响值。可能的原因是，由于地理封闭和城乡二元结构等因素的影响，农村地区受外部正面或负面影响都较小，较低的外部经济关联度限制了生产率的提高和农业经济的增长。

27.5 结论与政策启示

本章计算了 2004—2013 年中国 30 个省（自治区、直辖市）农村金融市场开放的指数，将农村金融市场开放的影响分解为直接影响、间接影响，衡量农村金融市场开放对农业经济增长的影响程度。

本研究的主要结论如下：第一，农村金融市场开放对农业经济增长具有显著的正向影响；第二，农村金融市场开放的间接影响远小于其直接影响；第三，农业资本投入和农产品贸易对农业经济增长存在显著正向影响，农业劳动、技术创新对农业经济增长具有负向影响；第四，农业劳动对农业经济增长存在显著的负向间接影响，农产品贸易对农业经济增长存在显著的正向间接影响。

基于上述研究结论，我们得到以下政策启示：第一，加快推动农村金融市场开放。在数量和规模上应放宽农村金融的准入条件，允许民间资本成为村镇银行主发起人；在布局上应加大对中西部地区以及贫困、落后地区的扶持力度；逐步拓宽农村保险和理财投资的服务领域，构建功能完善的农村金融服务体系，提供更丰富的农村金融产品和服务。第二，提高农村劳动力素质，完善技术创新机制和农产品流通机制，促进农业经济的增长。一是积极发展农业职业教育和技术培训，培养新型职业农民，提高农业劳动力的素质；二是支持企业开展农业科技研发，鼓励科研院所、大专院校、科技队伍科研成果的转化与推广，促进农机、化肥、农药、育种等科技创新；三是促进农产品流通和农产品贸易发展，完善农产品流通网络建设，发展涉农电子商务。第三，促进金融资源在各区域间的有效流动。应尽快打破金融资源区域间流动的制度壁垒，更好地发挥农村金融开放的资源配置作用。

附录一 公开发表学术论文目录（2015—2022 年）

论文题目	论文作者	发表期刊
农户对农地经营权抵押贷款响应及其影响因素——基于零膨胀负二项模型的微观实证分析	曹 瓅 罗剑朝	中国农村经济 2015/12
基于农户收入异质性视角的产权抵押融资约束分析——以陕西、宁夏两省区为例	曹 瓅 罗剑朝	统计与信息论坛 2015/10
农村承包地经营权抵押贷款业务评价及影响因素——基于金融机构客户经理视角	曹 瓅 罗剑朝	财经科学 2015/10
农村土地承包经营权抵押贷款供给效果评估——基于农户收入差距的视角	曹 瓅 罗剑朝	南京农业大学学报（社会科学版）2015/05
不同收入水平农户参与农地承包经营权抵押融资意愿分析——基于陕西、宁夏农户调查数据验证	牛晓冬 罗剑朝 牛晓琴	经济理论与经济管理 2015/09
农村合作金融机构资本充足率影响因素研究——以陕西省为例	张 珩 罗剑朝	农业技术经济 2015/07
农地抵押融资试验模式比较与适用条件	房启明 罗剑朝 曹 瓅	华南农业大学学报（社会科学版）2015/03
农户土地承包经营权抵押贷款的行为响应——基于 Poisson Hurdle 模型的微观经验考察	李 韬 罗剑朝	管理世界 2015/07
农村金融市场开放度测度与演化——基于新型农村金融机构省际数据的实证分析	武晓明 罗剑朝	华东经济管理 2015/04
农地抵押融资运行模式国际比较及其启示	罗剑朝 庸 晖 庞玺成	中国农村经济 2015/03
农村土地产权抵押融资的联立选择行为及其影响因素分析——基于不同兼业程度农户的调查	黎 毅 罗剑朝 曹 瓅 房启明	华东经济管理 2015/03
农户产权抵押借贷行为及对家庭福利效果影响分析	曹 瓅 罗剑朝	大连理工大学学报（社会科学版）2015/01
加大农村金融市场开放力度推进农村金融创新与发展——"农村金融创新与发展"国际学术会议综述	罗剑朝 曹燕子 曹 瓅	西北农林科技大学学报（社会科学版）2015/01
西部地区农村产权抵押融资政策效果评价——基于陕西、宁夏的农户数据	杨 希 罗剑朝	西北农林科技大学学报（社会科学版）2015/01
中英农村金融制度比较研究及其经验借鉴	房启明 罗剑朝	经济体制改革 2016/06
农地抵押融资意愿与最优土地规模	房启明 罗剑朝 蔡起华	华南农业大学学报（社会科学版）2016/06

论文题目	论文作者	发表期刊
农户风险意识与承担能力对农地经营权抵押贷款行为响应影响研究——来自宁夏平罗 732 户农户数据的经验考察	孟 楠 罗剑朝 马 婧	农村经济 2016/10
农地承包经营权抵押融资研究	牛晓冬 罗剑朝 牛晓琴	西北农林科技大学学报（社会科学版）2016/05
农村金融市场开放对农业经济增长的影响及其分解研究——基于空间 Durbin 面板模型的实证分析	武晓明 罗剑朝	经济经纬 2016/05
基于 Logistic-DEA 的农村土地承包经营权抵押贷款试点风险控制效果评估	占治民 罗剑朝	武汉大学学报（哲学社会科学版）2016/05
两权抵押贷款中几个问题有待重视	罗剑朝	农村经营管理 2016/09
农村合作金融机构信贷风险内控体系评价研究	张云燕 刘 清 王磊玲 罗剑朝	中国农业大学学报 2016/08
产权抵押贷款下农户融资方式选择及其影响因素研究——来自宁夏同心 517 个样本的经验考察	王青文 罗剑朝 张 珩	中国土地科学 2016/07
不同收入层次下的农户借贷需求意愿	牛 荣 罗剑朝 张 珩	华南农业大学学报（社会科学版）2016/03
产权改革对农信社资本充足率的影响及其区域差异研究——以陕西省为例	张 珩 罗剑朝 牛 荣	农业技术经济 2016/04
西安作为丝绸之路经济带新起点的战略构想研究	张 珩 赵寅科 罗剑朝	重庆大学学报（社会科学版）2016/02
产权抵押贷款下的农户信贷约束分析	牛 荣 张 珩 罗剑朝	农业经济问题 2016/01
不同模式下农地经营权抵押融资试点农户满意度评价及影响因素研究——以山东寿光、陕西高陵和宁夏同心 447 户农户为例	梁 虎 罗剑朝	财贸研究 2017/11
差序政策信任：农地金融扶贫贷款"冷遇"经验解释	占治民 罗剑朝 闫玉涵	西北农林科技大学学报（社会科学版）2017/06
农地抵押贷款借贷行为对农户收入的影响——基于 PSM 模型的计量分析	梁 虎 罗剑朝 张 珩	农业技术经济 2017/10
农户分化、农地经营权抵押融资与农户福利——基于陕西与宁夏农户调查数据验证	牛晓冬 罗剑朝 牛晓琴	财贸研究 2017/07
种植业技术密集环节外包的个体响应及影响因素研究——以河南和山西 631 户小麦种植户为例	段 培 王礼力 罗剑朝	中国农村经济 2017/08
农户农地经营权抵押贷款影响因素研究	曹 瓅 罗剑朝	财经问题研究 2017/07
产权改革与农信社效率变化及其收敛性：2008—2014 年——来自陕西省 107 个县（区）的经验证据	张 珩 罗剑朝 牛 荣	管理世界 2017/05

论文题目	论文作者	发表期刊
农村普惠金融发展水平及影响因素分析——基于陕西省107 家农村信用社全机构数据的经验考察	张　珩　罗剑朝 郝一帆	中国农村经济 2017/01
农户认知对其参与农地经营权抵押贷款行为的影响研究	马　婧　罗剑朝	人文杂志 2018/11
农地经营权抵押贷款对农户收入的影响及模式差异：实证与解释	张　珩　罗剑朝 王磊玲	中国农村经济 2018/09
农村互联网金融农户忠诚度影响因素研究	王　芹　罗剑朝	西北农林科技大学学报（社会科学版）2018/06
农地抵押贷款后农户融资满意度与忠诚性研究——基于业务模式、土地规模、收入水平及其交互作用	梁　虎　罗剑朝 曹　瓅	西安财经学院学报 2018/05
政府与市场不同主导模式下农地抵押贷款供给意愿研究	梁　虎　罗剑朝	现代财经（天津财经大学报）2018/09
农地经营权抵押贷款可得性对农业生产效率的影响研究——以宁夏平罗县和同心县 723 户农户为例	杨丹丹　罗剑朝	农业技术经济 2018/08
基于 Logit-ISM 模型的农户参与产业链融资意愿影响因素实证分析	耿士威　罗剑朝	武汉金融 2018/08
社会资本、收入水平与农户借贷响应——来自苹果主产区 784 户农户的经验分析	张　珩　罗剑朝 罗添元　王磊玲	经济与管理研究 2018/08
农户参与农业产业链融资意愿研究——基于农户收入差距的视角	耿士威　罗剑朝	金融理论与实践 2018/06
家庭农场贷款需求影响因素分析	曹燕子　罗剑朝	统计与决策 2018/08
土地经营权抵押贷款供给制约因素研究——以宁夏同心县、平罗县、陕西高陵区、杨凌示范区和山东寿光市试点地区为例	罗剑朝	西部金融 2018/01
家庭农场主贷款满意度影响因素研究——以河南省 305个家庭农场为例	曹燕子　罗剑朝 张　颖	西北农林科技大学学报（社会科学版）2018/01
农地经营权抵押贷款对农户收入影响的实证检验	曹　瓅　陈　璇 罗剑朝	农林经济管理学报 2019/06
农村信用社管理模式的国际经验、选择条件与地方实践	张　珩　罗剑朝 程名望　张家平	农村金融研究 2019/11
贫困治理视角下的中国返贫研究演进与发展（1989—2019 年）	王佳楣　张伯斗 罗剑朝	生产力研究 2019/10
大学农业科技推广体系金融支持机制研究	罗博文　杨丹丹 罗剑朝	农村金融研究 2019/09
西部地区农村普惠金融发展困境、障碍与建议	罗剑朝　曹　瓅 罗博文	农业经济问题 2019/08

论文题目	论文作者	发表期刊
农村信用社发展制度性困境与深化改革的对策——以陕西省为例	张 珩　罗剑朝　郝一帆	农业经济问题 2019/05
社会资本、金融素养与农户创业融资决策	曹 瓅　罗剑朝	中南财经政法大学学报 2019/03
农地经营权抵押贷款试点政策效果仿真模拟研究——以宁夏平罗县 658 份农户数据为例	魏立乾　罗剑朝	中国土地科学 2019/05
科技金融投入差异对科技创新效率的影响研究——基于陕西省 237 家企业的经验考察	常 亮　罗剑朝	西安财经学院学报 2019/02
农地抵押贷款参与、农户增收与家庭劳动力转移	梁 虎　罗剑朝	改革 2019/03
农业园区科技创新能力影响因素分析	常 亮　罗剑朝	北方园艺 2019/05
做好涉农改革创新这篇大文章	罗剑朝	西部大开发 2019/01
供给型和需求型信贷配给及影响因素研究——基于农地抵押背景下 4 省 3459 户数据的经验考察	梁 虎　罗剑朝	经济与管理研究 2019/01
"审贷分离"视角下家庭务农劳动力禀赋对农地产权评估价值配给的影响——基于 CRAGG 模型的实证分析	李 韬　罗剑朝	中国农村经济 2020/12
融集聚对经济增长的空间溢出效应及时空异质性研究——基于产业结构的调节效应检验	梅冰菁　罗剑朝	新疆大学学报（哲学·人文社会科学版）2020/06
农户农地信用担保融资方式选择及其影响因素研究——来自 3 省份农户调查的微观证据	胡 杰　罗剑朝	世界农业 2020/10
农地流转、生计策略与农户收入——基于西部 6 省市调研分析	黎 毅　王 燕　罗剑朝	农村经济 2020/09
农户分化、社会网络资本与信贷配给——基于陕西与山西农户调查数据的验证	牛晓冬　罗剑朝　牛晓琴	农村金融研究 2020/09
农户联保贷款参与意愿及其影响因素研究——基于陕西永寿农户调查	胡 杰　罗剑朝　万素晨　罗博文	农业现代化研究 2020/05
农村信用社双重绩效的空间格局、地区差异与分布动态研究	张 珩　程名望　罗剑朝	数量经济技术经济研究 2020/07
新冠肺炎疫情对"三农"发展的冲击、影响与建议	李晋阳　罗博文　魏立乾　罗剑朝	农村金融研究 2020/05
保险素养、收入差异与农民商业保险参与	李 韬　李晓旭　罗剑朝	西北农林科技大学学报（社会科学版）2020/03
地经营权抵押融资可得性及影响因素分析	曹 瓅　罗剑朝	中国农业大学学报 2020/02
财政补贴、研发投入与企业创新绩效——制度差异下有调节的中介效应模型检验	梅冰菁　罗剑朝	经济经纬 2020/01
农业生物资产浮动抵押融资模式研究——以杨凌农商行生猪资产抵押融资试点项目为例	罗剑朝　魏立乾　梅冰菁	农村金融研究 2021/11

续表

论文题目	论文作者	发表期刊
农业信用担保业务供给意愿及其概率预测	胡杰　李晋阳　罗剑朝	西北农林科技大学学报（社会科学版）2021/06
现代种业育繁推一体化发展与金融支持问题	周自展　罗剑朝	农村金融研究2021/09
农村金融、产业兴旺与农户收入——以陕西省为例	周自展　王亚平　罗剑朝	武汉金融2021/04
农地认知、农地确权与农地流转——基于西部6省（市、区）的调研分析	黎毅　王燕　罗剑朝	经济与管理研究2021/01
基于不同农户分化类型的农地经营权抵押贷款需求研究——来自陕西高陵的实证分析	牛荣　闫啸　罗剑朝	北京联合大学学报（人文社会科学版）2021/01
数字普惠金融发展、收入差距与农村经济增长	王亚平　魏立乾　罗剑朝	统计与决策2022/18
感知价值和政府干预能提高农户农业信用担保贷款满意度吗？	罗剑朝　郭显　胡杰	农业经济与管理2022/04
数字普惠金融对弱相对贫困的非线性影响	黎毅　刘娟　罗剑朝	统计与决策2022/14
社会资本对农户农业信用担保融资意愿与行为的影响	庄腾跃　胡杰　罗剑朝	农业现代化研究2022/05
农村劳动力流动对农户家庭多维贫困影响的实证	李宝军　罗剑朝	统计与决策2022/08
农业生物资产抵押价值评估方法研究	罗博文　胡杰　李晋阳　罗剑朝	农村金融研究2022/04
社会资本与农户融资约束——基于农户分化和农地金融创新的异质性检验	胡振　聂雅丰　罗剑朝	农业技术经济2022/05
破解地方金融机构支持县域经济发展之谜	张珩　程名望　罗剑朝　李礼连	财贸经济2022/02

附录二 出版学术专著、教材目录
（2015—2022 年）

学术专著、教材	出版社	出版时间
《农村金融计量研究方法及应用》	中国金融出版社	2015 年
《农村金融发展报告》	中国金融出版社	2015 年
《中国农村金融前沿问题研（1990—2014）》	中国金融出版社	2015 年
《货币银行学》	中国农业出版社	2021 年

附录三　主持国家级、省部级科研课题情况
（2015—2022 年）

项目来源	项目名称	项目编号
国家自然科学基金面上项目	农业生物资产价值动态评估、抵押融资模式与风险管理政策研究	72273105
国家自然科学基金面上项目	农业信用担保制度有效性评价、风险控制与体系构建研究	71873100
国家自然科学基金面上项目	农村土地承包经营权抵押融资试点效果评价、运作模式与支持政策研究	71573210
中央农办、农业农村部乡村振兴专家咨询委员会软科学课题	金融赋能乡村振兴政策取向和实施路径研究	rkx20221801
中央高校基本科研业务费专项资金资助项目	乡村振兴金融政策创新团队	2452022074
教育部首批新文科研究与改革实践项目	新文科背景下高等农林院校金融学专业改造提升与一流专业建设实践研究	
陕西省农业协同创新与推广联盟重大项目	新时代陕西省农业农村现代化重大现实问题与政策研究	LMZD201804 LMZD202006
陕西省人大财政经济委员会	关于"十四五"我省地方金融体制改革与金融发展规划编制的建议	
陕西省金融学会重点研究课题	金融支持乡村振兴研究——以陕西省为例	
陕西省金融学会重点研究课题	普惠金融发展模式：理论与实践	
陕西省金融学会重点研究课题	土地经营权抵押贷款制约因素研究	
中央高校基本科研业务费人文社科培育项目重大培育项目	农村金融深化、产业融合与乡村振兴战略研究	2452019155

附录四 科研获奖及荣誉称号情况
（2015—2022 年）

获奖项目名称或荣誉称号	奖励名称、等级、机构	获奖时间
国家级一流本科专业—金融学负责人	教育部	2022.06
宝钢优秀教师奖	宝钢教育基金会	2019.11
"优秀教师"	陕西工商管理硕士学院	2016.10
主持起草"关于加快农村金融立法的建议"	获十二届全国人大四次会议代表建议答复	2016.09
《产权改革与农信社效率变化及其收敛性：2008—2014——来自陕西省107个县（区）的经验证据》	陕西省第十四次哲学社会科学优秀成果论文类一等奖	2019.02
《农户土地承包经营权抵押贷款的行为响应——基于 Poisson Hurdle 模型的微观经验考察》	陕西省第十三次哲学社会科学优秀成果论文类三等奖	2018.02
《金融支持乡村振兴研究——以陕西省为例》	陕西省金融学会 2019—2020 年度重点研究课题二等奖	2021.01
《普惠金融发展模式：理论与实践》	陕西省金融学会 2017—2018 年度重点研究课题一等奖	2019.01
《土地经营权抵押贷款供给制约因素研究》	陕西省金融学会 2015—2016 年度重点研究课题一等奖	2017.01
《陕西农村金融产品供给与需求的非均衡研究》	陕西省金融学会 2013—2014 年度重点研究课题一等奖	2015.01
《农户土地承包经营权抵押贷款的行为响应——基于 Poisson Hurdle 模型的微观经验考察》	陕西高等学校人文社会科学研究优秀成果二等奖	2017.02
《产权抵押贷款下农户信用担保方式选择意愿研究以宁夏同心县为例》	指导王青文硕士学位论文荣获 2014 年校研究生优秀学位论文	2017.06
《产权抵押贷款下农户信用担保方式选择意愿研究以宁夏同心县为例》	指导王青文硕士学位论文荣获 2017 年校研究生优秀学位论文	2017.06
《农村信用社产权改革效果研究以陕西为例》	指导张珩博士学位论文荣获 2017 年度陕西省优秀博士学位论文	2017.06
《农村信用社产权改革效果研究以陕西为例》	指导张珩博士学位论文荣获 2019 年度陕西省优秀博士学位论文	2019.06
《西北地区农村承包地经营权抵押融资绩效及形成机理比较研究》	指导博士生曹瓅论文获清华大学中国农村研究院"清华农村研究博士论文奖学金"	2016.07

获奖项目名称或荣誉称号	奖励名称、等级、机构	获奖时间
《产权改革与农信社效率变化及其收敛性：2008—2014》	指导博士生张珩论文获 2016 清华大学农村研究博士生论坛优秀论文奖	2016.07
《农村普惠金融发展水平及影响因素分析》	指导博士生张珩等论文获陕西省第四届研究生创新成果展评奖一等奖	2018.02
《产权改革与农信社效率变化及其收敛性》	指导博士生张珩等论文获陕西省第三届研究生创新成果展评奖一等奖	2017.09

主要参考文献

[1] 奥山忠信. 贫困与收入差距：皮凯蒂与马克思的对话 [M]. 李菁, 译. 北京：经济科学出版社, 2020：40

[2] 巴曙松, 林文杰, 袁平. 当前农村信用联社体制的缺陷及出路 [J]. 中国农村经济, 2007 (S1)：126-128.

[3] 贝多广, 莫秀根. 中国普惠金融发展报告 (2019) [M]. 北京：中国金融出版社, 2021：75

[4] 曹廷求, 刘海明. 信用担保网络的负面效应：传导机制与制度诱因 [J]. 金融研究, 2016 (01)：145-159.

[5] 曾寅初, 刘媛媛, 于晓华. 分层模型在食品安全支付意愿研究中的应用——以北京市消费者对月饼添加剂支付意愿的调查为例 [J]. 农业技术经济, 2008 (01)：84-90.

[6] 陈鹏, 刘锡良. 中国农户融资选择意愿研究——来自10省2万家农户借贷调查的证据 [J]. 金融研究, 2011 (07)：128-141.

[7] 陈强. 高级计量经济学及Stata应用 [M]. 北京：高等教育出版社, 2010：235-238.

[8] 陈雨露, 罗煜. 金融开放与经济增长：一个述评 [J]. 管理世界, 2007 (04)：138-147.

[9] 程名望, 盖庆恩, Jin Yanhong, 等. 人力资本积累与农户收入增长 [J]. 经济研究, 2016 (01)：168-181, 192.

[10] 程名望, 史清华, Jin Yanhong, 等. 农户收入差距及其根源：模型与实证 [J]. 管理世界, 2015 (07)：17-28.

[11] 崔红志. 农村老年人主观幸福感影响因素分析——基于全国8省（区）农户问卷调查数据 [J]. 中国农村经济, 2015 (04)：72-80.

[12] 丁志国, 赵晶, 赵宣凯, 吕长征. 我国城乡收入差距的库兹涅茨效应识别与农村金融政策应对路径选择 [J]. 金融研究, 2011 (07)：142-151.

[13] 范香梅, 张晓云. 社会资本影响农户贷款可得性的理论与实证分析 [J]. 管理世界, 2012 (04)：177-178.

[14] 范亚莉, 丁志国, 王朝鲁, 李雯宁. 政策性与独立性：农业信贷担保机构运营的动态权衡 [J]. 农业技术经济, 2018 (11)：69-79.

[15] 郭亚军. 综合评价理论、方法及应用 [M]. 北京：科学出版社, 2007：33-38.

[16] 郭忠兴, 汪险生, 曲福田. 产权管制下的农地抵押贷款机制设计研究——基于制度环境与治理结构的二层次分析 [J]. 管理世界, 2014 (09)：48-57, 187.

[17] 何明生, 帅旭. 融资约束下的农户信贷需求及其缺口研究 [J]. 金融研究,

2008（07）：66-79.

［18］洪正.新型农村金融机构改革可行吗？——基于监督效率视角的分析［J］.
经济研究，2011（02）：44-58.

［19］胡枫，陈玉宇.社会网络与农户借贷行为——来自中国家庭动态跟踪调查
（CFPS）的证据［J］.金融研究，2012（12）：178-192.

［20］胡联，姚绍群，宋啸天.中国弱相对贫困的评估及对2020年后减贫战略的启
示［J］.中国农村经济，2021（01）：72-90.

［21］胡士华，李伟毅.农村信贷融资中的担保约束及其解除［J］.农业经济问题，
2006（02）：68-71，80.

［22］黄惠春.农村土地承包经营权抵押贷款可得性分析——基于江苏试点地区的经
验证据［J］.中国农村经济，2014（03）：48-57.

［23］黄玲.金融开放的多角度透视［J］.经济学（季刊），2007（02）：421-442.

［24］黄宇虹，樊纲治.土地确权对农民非农就业的影响——基于农村土地制度与农
村金融环境的分析［J］.农业技术经济，2020（05）：93-106.

［25］黄祖辉，刘西川，程恩江.贫困地区农户正规信贷市场低参与程度的经验解释
［J］.经济研究，2009（04）：116-128.

［26］金烨，李宏彬.非正规金融与农户借贷行为［J］.金融研究，2009（04）：63-79.

［27］李谷成，冯中朝，范丽霞.小农户真的更加具有效率吗？来自湖北省的经验证
据［J］.经济学（季刊），2010（01）：95-124.

［28］李建军，彭俞超，马思超.普惠金融与中国经济发展：多维度内涵与实证分析
［J］.经济研究，2020（04）：37-52.

［29］李婧，朱承亮，郑世林.不良贷款约束下的农村信用社绩效——来自陕西省8市
86个县（区）的证据［J］.中国农村经济，2015（11）：63-76.

［30］梁爽，张海洋，平新乔，等.财富、社会资本与农户的融资能力［J］.金融
研究，2014（04）：83-97.

［31］刘峰，许永辉，何田.农户联保贷款的制度缺陷与行为扭曲：黑龙江个案
［J］.金融研究，2006（09）：171-178.

［32］刘西川，陈立辉，杨奇明.农户正规信贷需求与利率：基于Tobit Ⅲ模型的经
验考察［J］.管理世界，2014（03）：75-91.

［33］吕炜，张晓颖，王伟同.农机具购置补贴、农业生产效率与农村劳动力转移
［J］.中国农村经济，2015（08）：22-32.

［34］马光荣，杨恩艳.社会网络、非正规金融与创业［J］.经济研究，2011
（03）：83-94.

［35］马克思，恩格斯.马克思恩格斯选集第三卷［M］.北京：人民出版社，
1995：209

［36］马晓青，刘莉亚，胡乃红，等.信贷需求与融资渠道偏好影响因素的实证分析

[J]．中国农村经济，2012（05）：65-76，84.

[37] 米运生，钱颖，杨天健，等．农地确权是否扩大了信贷可得性的贫富差距[J]．农业经济问题，2020（05）：54-65.

[38] 牛荣，罗剑朝，张珩．陕西省农户借贷行为研究[J]．农业技术经济，2012（04）：24-30.

[39] 普兰纳布·巴德汉，克利斯托弗·尤迪．发展微观经济学[M]．陶然，译．北京：北京大学出版社，2002：74.

[40] 钱忠好．农地承包经营权市场流转：理论与实证分析——基于农户层面的经济分析[J]．经济研究，2003（02）：83-91，94.

[41] 任保平．从经济增长质量到高质量发展[M]．北京：经济科学出版社，2022：263.

[42] 檀学文．走向共同富裕的解决相对贫困思路研究[J]．中国农村经济，2020（06）：21-36.

[43] 童馨乐，褚保金，杨向阳．社会资本对农户借贷行为影响的实证研究——基于八省1003个农户的调查数据[J]．金融研究，2011（12）：177-191.

[44] 涂冬波，蔡艳，丁树良．认知诊断理论[M]．北京：北京师范大学出版社，2021：20-22.

[45] 托尔·格奥尔格·雅各布森．Stata统计分析社会科学应用指南[M]．柏建岭，曾永艺，译．北京：清华大学出版社，2021：191.

[46] 王文成，周津宇．农村不同收入群体借贷的收入效应分析——基于农村东北地区的农户调查数据[J]．中国农村经济，2012（05）：77-84.

[47] 王选庆．中国农地金融制度管理创新研究[J]．中国农村观察，2003（03）：25-34，80.

[48] 魏众．中国转型时期的贫困变动分析[J]．经济研究，1998（11）：65-69.

[49] 温涛，朱炯，王小华．中国农贷的"精英俘获"机制：贫困县与非贫困县的分层比较[J]．经济研究，2016（02）：111-125.

[50] 吴卫星，吴锟，王琎．金融素养与家庭负债——基于中国居民家庭微观调查数据的分析[J]．经济研究，2018（01）：97-109.

[51] 吴一恒，马贤磊，马佳，等．如何提高农地经营权作为抵押品的有效性？——基于外部治理环境与内部治理结构的分析[J]．中国农村经济，2020（08）：40-53.

[52] 武力，贺耀敏．中国经济这十年（2012—2022）[M]．北京：经济科学出版社，2022：158.

[53] 徐翠萍，史清华，Holly Wang. 税费改革对农户收入增长的影响：实证与解释——以长三角15村跟踪观察农户为例[J]．中国农村经济，2009（02）：22-33.

[54] 徐丽鹤，袁燕．财富分层、社会资本与农户民间借贷的可得性[J]．金融研究，2017（02）：131-146.

［55］徐少君，金雪军．农户金融排除的影响因素分析——以浙江省为例［J］．中国农村经济，2009（06）：62-72.

［56］徐小阳，李洁，金丽馥．普惠金融对农村教育贫困的纾解效应［J］．中国农村经济，2020（09）：41-64.

［57］许玉韫，张龙耀．农业供应链金融的数字化转型：理论与中国案例［J］．农业经济问题，2020（04）：72-81.

［58］杨菁．农村数字普惠金融创新发展研究［M］．北京：中国金融出版社，2021：33.

［59］杨汝岱，陈斌开，朱诗娥．基于社会网络视角的农户民间借贷需求行为研究［J］．经济研究，2011（11）：116-129.

［60］杨涛，杜晓宇．"数字金融+高质量发展"理论与实践［M］．北京：中国金融出版社，2022：3

［61］杨婷怡，罗剑朝．农户参与农村产权抵押融资意愿及其影响因素实证分析——以陕西高陵县和宁夏同心县919个样本农户为例［J］．中国农村经济，2014（04）：42-57.

［62］姚耀军，陈德付．中国农村非正规金融的兴起：理论及其实证研究［J］．中国农村经济，2005（08）：45-51.

［63］叶兴庆．为实施乡村振兴战略提供制度保障［J］．中国农村经济，2020（06）：15-18.

［64］易小兰．农户正规借贷需求及其正规贷款可获性的影响因素分析［J］．中国农村经济，2012（02）：56-63，85.

［65］易行健，张波，杨汝岱，杨碧云．家庭社会网络与农户储蓄行为：基于中国农村的实证研究［J］．管理世界，2012（05）：43-51，187.

［66］尹志超，宋全云，吴雨．金融知识、投资经验与家庭资产选择［J］．经济研究，2014（04）：62-75.

［67］张杰．中国农村金融制度调整的绩效：金融需求视角［M］．北京：中国人民大学出版社，2007：12，35.

［68］张景娜，张雪凯．互联网使用对农地转出决策的影响及机制研究——来自CFPS的微观证据［J］．中国农村经济，2020（03）：57-77.

［69］张龙耀，王梦珺，刘俊杰．农地产权制度改革对农村金融市场的影响——机制与微观证据［J］．中国农村经济，2015（12）：14-30.

［70］张士云，李博伟．种粮大户社会资本、雇佣劳动与生产效率关系研究——基于道德风险的视角［J］．农业技术经济，2020（04）：66-78.

［71］张晓玫，宋卓霖．保证担保、抵押担保与贷款风险缓释机制探究——来自非上市中小微企业的证据［J］．金融研究，2016（01）：83-98.

［72］郑毓盛，于点默．小额贷款的理论、实践和危机［J］．中国农村经济，2013（08）：88-96.

［73］中国人民银行农村金融服务研究小组．中国农村金融服务报告 2022［M］．北京：中国金融出版社，2023：8

［74］钟甫宁，纪月清．土地产权、非农就业机会与农户农业生产投资［J］．经济研究，2009（12）：43-51.

［75］周南，许玉韫，刘俊杰，张龙耀．农地确权、农地抵押与农户信贷可得性——来自农村改革试验区准实验的研究［J］．中国农村经济，2019（11）：51-68.

［76］周绍杰，张俊森，李宏彬．中国城市居民的家庭收入、消费和储蓄行为：一个基于组群的实证研究［J］．经济学（季刊），2009（04）：1197-1220.

［77］朱玉春，王蕾．不同收入水平农户对农田水利设施的需求意愿分析——基于陕西、河南调查数据的验证［J］．中国农村经济，2014（01）：76-86.

［78］祝红梅．普惠金融：中国实践与展望［M］．北京：中国金融出版社，2023：3-14

［79］邹杰玲，董政祎，王玉斌．"同途殊归"：劳动力外出务工对农户采用可持续农业技术的影响［J］．中国农村经济，2018（08）：83-98.

［80］Alberto Abadie, David Drukker, Jane Leber Herr, et al. Implementing Matching Estimators for Average Treatment Effects in Stata［J］. The Stata Journal, 2004（3）：290-311.

［81］Dennis P. Quinn. Capital account liberalization and financial globalization, 1890 - 1999：a synoptic view［J］. International Journal of Finance Economics, 2003（3）：189-204.

［82］James Heckman, Salvador Navarro - Lozano. Using Matching, Instrumental Variables, and Control Functions to Estimate Economic Choice Models［J］. The Review of Economics and Statistics, 2004（1）：30-57.

［83］Jyotsna Jalan, Martin Ravallion. Does piped water reduce diarrhea for children in rural India［J］. Journal of Econometrics, 2003（1）：153-173.

［84］Kehinde Adekunle Adetiloye. Agricultural Financing in Nigeria：An Assessment of the Agricultural Credit Guarantee Scheme Fund（ACGSF）For Food Security in Nigeria（1978-2006）［J］. Journal of Economics, 2012（1）：39-48.

［85］Luigi Guiso, Paola Sapienza, Luigi Zingales. The Role of Social Capital in Financial Development［J］. The American Economic Review, 2004,（3）：526-556.

［86］Martin Petrick. A microeconometric analysis of credit rationing in the Polish farm sector［J］. European Review of Agricultural Economics, 2004,（1）：25.

［87］Nicole Woolsey Biggart, Richard P. Castanias. Collateralized Social Relations：The Social in Economic Calculation［J］. American Journal of Economics and Sociology, 2001,（2）：471-500.

［88］Pavel Ciaian, Jan Fałkowski, d´Artis Kancs. Access to credit, factor allocation and farm productivity［J］. Agricultural Finance Review, 2012（1）：22-47.

[89] Ranjula Bali Swain. The demand and supply of credit for households [J]. Applied Economics, 2007 (21): 2681-2692.

[90] Richard Williams. Generalized Ordered Logit/Partial Proportional Odds Models for Ordinal Dependent Variables [J]. The Stata Journal, 2006 (1): 58-82.

[91] Robin Burgess, Rohini Pande. Do Rural Banks Matter? Evidence from the Indian Social Banking Experiment [J]. The American Economic Review, 2005 (3): 780-795.

[92] Sebastian Galiani, Ernesto Schargrodsky. Property rights for the poor: Effects of land titling [J]. Journal of Public Economics, 2010 (9): 700-729.

[93] Stephen R. Boucher, Michael R. Carter, Catherine Guirkinger. Risk Rationing and Wealth Effects in Credit Markets: Theory and Implications for Agricultural Development [J]. American Journal of Agricultural Economics, 2008, (2): 409-423.

后 记

金融活，经济活；金融稳，经济稳。全面推进乡村振兴、加快建设农业强国，是党中央着眼全面建成社会主义现代化强国作出的战略部署。习近平总书记在2017年中央农村工作会议上强调，要强化金融服务方式创新，提升金融服务乡村振兴能力和水平。党的二十大报告提出，健全农村金融服务体系。这就要求对金融服务乡村振兴进行全新思考、深入剖析、系统论证，探索适合农业农村特点的农村金融服务体系。

2015—2022年，中共中央继续连续发布以"三农"（农业、农村、农民）为主题的中央一号文件，其中，2022年中央一号文件首次将"强化乡村振兴金融服务"单列为一项重要内容，表明中央对金融加大支持乡村振兴力度有更高期待，同时也必须认识到现代金融业在产业和区域发展中的重要作用，把金融功能真正延伸到乡村地区，着力解决农业农村现代化和农业强国、金融强国建设中农村金融发展不平衡不充分问题，促进城乡金融资源均衡配置。

收入本书的论文，是从本人以第一作者或通讯作者在2015—2022年公开发表的90篇中文学术论文中挑选的27篇论文，按照研究主题，划分为农户与家庭农场信贷行为篇、农业信用担保制度篇、农村信用社改革与发展篇、农村土地承包经营权抵押模式篇、农村普惠金融篇、农村金融市场篇六篇，并被纳入农村金融创新团队系列丛书出版。

归纳起来，本著作具有以下明显特点：

1. 研究内容前沿性。研究内容大部分是我主持完成或在研的国家自然科学基金项目或其他项目阶段性成果，这些项目选题都是当前农村金融领域的重点、难点或热点问题，也是备受社会关注的重大科学问题，体现了研究的前瞻性和前沿性，当然这些成果也是阶段性的结论和认识，还需要结合新的实践丰富发展。

2. 研究方法定量化。计量经济学的发展，为经济学管理学定量研究提供了多样化的分析工具。研究方法定量化，是经济学管理学发展的大趋势，因为定量方法引入研究中可以增强研究结果的可检验性与可验证性，使科学研究更具有科学价值。这些论文较好地处理了定量研究与定性研究的关系，将计量经济学模型作为研究的工具，而没有唯模型化唯公式化，且与研究的科学问题具有较好的适配性。

3. 研究数据真实性。收录本书的绝大部分论文，都是以课题组在东、中、西、东北地区实地调查和问卷调查收集整理数据基础上完成的，调查过程既是获得感性认识的过程，也是积累数据、案例的过程，体现了研究的针对性和"将论文写在大地上"的问题意识与问题导向。这些数据和案例均来自课题组"一对一"采访、调查、记录，并开发形成了若干数据库，确保了研究数据的准确性与真实性。

4. 研究结论针对性。各篇论文，在实证分析或案例研究后，均提出了相关政策启示或对策建议，这些建议也是针对各研究主题提出，分散在每篇论文后段，具有较好的针对性和参考价值，可供相关部门决策参考。

出版本专著的目的，一方面是对过去8年学术成果的总结和梳理，反映作者在农村金融领域的探索过程和足迹；另一方面，通过本书出版，给学界、业界和政策决策部门提供交流学习的参考资料，以期引起更多的争鸣、批评与讨论。

在本书付梓之际，对这些论文的其他作者表示衷心感谢！他们是：张珩、李韬、曹爍、黎毅、曹燕子、张云燕、王磊玲、庞玺成、房启明、罗博文、梁虎、李晋阳、胡杰、王亚平、牛晓冬、魏立乾、武晓明、庸晖、郭显、万素晨、王青文、杨丹丹、牛荣、胡振等，他们在与我合作或跟随我攻读博士、硕士学位过程中，秉承"诚朴勇毅"的校训和"经国本，解民生，尚科学"的办学理念，勤奋努力，追求上进，科研素质与科研能力得到显著提高，征得其同意，将这些论文结集出版。李晋阳、陈良、訾超等在编写过程中做了文字校对等工作，付出了辛苦劳动。

收录本书的论文在选题、数据调查分析整理、方法选取及撰写定稿过程中曾参阅了国内外大量的文献资料，在此对这些文献的作者表示感谢。由于中国经济金融实践不断发展，农村金融理论也在不断创新中，书中观点也是阶段性的认识，疏漏之处在所难免，恳请读者批评指正。

罗剑朝

二〇二四年五月